Una historia optimista
Memorias

Una historia optimista

Memorias

JORDI SOLÉ TURA

AGUILAR

© 1999, Jordi Solé Tura

© De esta edición:
1999, Grupo Santillana de Ediciones, S. A.
Ediciones El País, S. A.
Torrelaguna, 60. 28043 Madrid
Teléfono 91 744 90 60
Telefax 91 744 90 93

- Aguilar, Altea, Taurus, Alfaguara, S. A.
Beazley 3860. 1437 Buenos Aires
- Aguilar, Altea, Taurus, Alfaguara, S. A. de C. V.
Avda. Universidad, 767, Col. del Valle,
México, D.F. C. P. 03100
- Ediciones Santillana, S. A.
Calle 80 Nº 10-23
Bogotá, Colombia

Proyecto gráfico y diseño de cubierta: OMB

Fotografías interior: *El País*, Agencia Efe y archivo del autor

1ª edición: Noviembre de 1999

ISBN: 84-03-59609-X
Depósito legal: M-39.550-1999
Impreso en España por Rotapapel, S. L. Móstoles (Madrid) - Printed in Spain

Todos los derechos reservados. Esta publicación no puede ser reproducida, ni en todo ni en parte, ni registrada en o transmitida por, un sistema de recuperación de información, en ninguna forma ni por ningún medio, sea mecánico, fotoquímico, electrónico, magnético, electroóptico, por fotocopia, o cualquier otro, sin el permiso previo por escrito de la editorial.

Índice

Palabras previas		13
Capítulo I:	Los primeros pasos	17
Capítulo II:	Los años tristes	35
Capítulo III:	El cambio	57
Capítulo IV:	La Universidad	69
Capítulo V:	La militancia política	81
Capítulo VI:	La clandestinidad y la carrera universitaria	95
Capítulo VII:	La gran política	107
Capítulo VIII:	La batalla de las ideas y la catástrofe personal	125
Capítulo IX:	El primer exilio	145
Capítulo X:	La Pirenaica	165
Capítulo XI:	La huida	185
Capítulo XII:	La ruptura	201
Capítulo XIII:	El regreso a casa	215
Capítulo XIV:	La Capuchinada	231
Capítulo XV:	*Catalanismo y revolución burguesa*	245
Capítulo XVI:	Mayo de 1968	263
Capítulo XVII:	La cárcel	275
Capítulo XVIII:	Bandera Roja	289
Capítulo XIX:	Los cuarenta años	315
Capítulo XX:	Otro PSUC, otro PCE	331
Capítulo XXI:	La oscuridad y la luz	351
Capítulo XXII:	El final del túnel	373

A mi magnífica familia
de Barcelona, Mollet,
Lleida y Panamá.
A todas mis amigas.
A todos mis amigos.

*En ma terra del Vallès
tres turons fan una serra,
quatre pins un bosc espès,
cinc quarteres massa terra.
"Com el Vallès no hi ha res."*

PERE QUART

Palabras previas

No sé si el lector o la lectora que me acompañen en los primeros capítulos de este libro estarán de acuerdo con el título que le he puesto porque la historia que empiezo a narrar no es, precisamente, muy optimista. Pero creo que si tienen la paciencia de seguirme hasta el final acabarán compartiendo su sentido.

Cuando me decidí a escribir estas memorias y avancé capítulo a capítulo tuve la impresión de que estaba narrando una historia dura y pesimista, pero cuando las terminé y las releí de una sola tirada llegué a otra conclusión. Es, ciertamente, una historia dura en la que tanto yo como los demás protagonistas recibimos golpes muy fuertes, pero es también una historia sin retrocesos personales ni colectivos, sin renuncias ni abandonos. A menudo nos equivocamos y nos metemos en callejones de difícil salida, pero nunca renunciamos a seguir adelante y después de cada golpe nos curamos las heridas y reemprendemos el camino. Y al final la historia termina bien. Por esto creo que, en términos generales, es una historia optimista.

También lo es porque episodio tras episodio las fuerzas de los que batallan por la democracia aumentan, agrupan y suman en vez de disminuir, dividir y restar. Naturalmente hay un poco de todo y en más de un momento parece que todo se hunde y que no hay nada que hacer frente al implacable sistema franquista. Pero no tardan en aparecer brechas donde antes no las había y surgen nuevas voluntades de lucha donde parecían haber desaparecido para siempre.

No sé si esto lo he reflejado adecuadamente ni si lo he explicado bien o mal. De hecho soy un novato en estas lides y es la primera vez que he escrito un libro en el que soy el principal protagonista y, por consiguiente, corro el peligro de ver las cosas desde un solo ángulo y de ofrecer una visión unilateral de muchos episodios colectivos que, precisamente por serlo, requieren una percepción más amplia.

Pese a todo me he decidido a escribir unas memorias. Creo que es un buen ejercicio y que todo el mundo tendría que practicarlo con mayor o menor denuedo. A diferencia de otros países cercanos, como Francia o Gran Bretaña por ejemplo, el nuestro no es especialmente proclive a las memorias personales y a las autobiografías, y esto es un grave error y una gran pérdida cultural. Cuando fui nombrado ministro de Cultura del gobierno socialista una de las ideas que me rondaban era crear una especie de archivo general de memorias personales al que tuviesen acceso todas las ciudadanas y todos los ciudadanos como autores y como lectores. Pero la escasez de recursos y la brevedad del ejercicio me impidieron llevarlo a cabo. No digo esto para justificar el atrevimiento de publicar las mías pero el lector comprenderá que si pensaba que todos deberían publicar sus propias memorias es lógico que yo cumpla con esta especie de deber general. Lo cierto es que están ahí y que los lectores que tengan la paciencia de leerlas sacarán sus propias conclusiones.

El periodo que abarca este volumen empieza en los orígenes y termina en el momento en que, después de las primeras elecciones democráticas de 1977, soy nombrado miembro de la ponencia redactora de nuestra Constitución democrática, el honor más grande de mi vida. Esto significa que, para bien o para mal, me comprometo a escribir un segundo volumen. Por consiguiente, los lectores quedan avisados y me exonero de toda culpa si la segunda entrega les coge desprevenidos.

Dicho esto, dejo en sus manos el veredicto. No sé cuál va a ser, pero me gustaría que me viesen como una persona tranquila y sensata que no ha pretendido ni pretende cambiar el mundo de arriba a abajo a fuerza de memoriales, pero que ha intentado y seguirá intentando contribuir a forjar un mundo sin discriminaciones ni injusticias. Ya sé que decir esto es fácil y que conseguirlo es muy difícil. Desde que a finales del siglo XVIII se proclamaron los grandes principios de lo que hoy entendemos por socialismo, o sea, la libertad, la igualdad y la fraternidad o, como decimos ahora, la solidaridad, el mundo ha conocido y sigue conociendo terribles catástrofes humanas e increíbles episodios de violencia y muerte en nombre de falsas creencias y de falsas ideologías intolerantes, pero también se han producido grandes avances hacia la igualdad y el bienestar. Sé que no veré la plena realización de estos grandes principios pero mientras viva espero que podré seguir aportando algo, por pequeño que sea, a la marcha de la humanidad hacia un mundo mejor en el que, por fin, sea realidad aquello de "a cada uno según sus necesidades, de cada uno según sus posibilidades", la definición más perfecta de lo que llamamos el Estado del Bienestar.

Dicho así esto parece una utopía y la verdad es que nunca me han gustado las utopías ni las retóricas con que a veces se envuelven. Simplemente creo que es posible un mundo más igualitario que acabe con las discriminaciones entre los sexos y los colores de la piel, un mundo en el que vayan desapareciendo las banderas y los himnos que dividen y separan hasta llegar a una sola bandera y un solo himno. Y que cuando esto ocurra los historiadores que se dediquen a explorar nuestro presente desde la lejanía del tiempo puedan encontrar las huellas de todos los que hemos hecho cuanto hemos podido, por pequeño que sea, para avanzar un paso o dos en el larguísimo camino del futuro.

Y aquí termino. Entrego las páginas al lector o lectora y él o ella son ahora el dueño y señor o la dueña y señora de mis placeres y mis angustias como escritor. No puedo ni debo pedir benevolencia porque escribir y publicar es un atrevimiento. No voy a pedir elogios, aunque me gustaría mucho recibirlos. Y, desde luego, no voy a pedir críticas porque vendrán por sí solas.

El mayor elogio que he recibido en mi vida me lo hizo mi compañero de ponencia constitucional José Pedro Pérez Llorca, después de una dura polémica sobre el texto que estábamos elaborando. "Tú defiendes con mucha fuerza tus propuestas y tus principios —me dijo—, pero siempre tienes en cuenta las propuestas y los principios de los demás." Mi mayor recompensa sería que ésta fuese, también, la conclusión del lector o la lectora que me hayan seguido hasta el final.

Capítulo I

Los primeros pasos

A mi generación le cayó encima toda la historia de España cuando apenas acababa de abrir los ojos y entre mis recuerdos borrosos de aquel alud retengo dos especialmente vivos e intensos.

El primero es una cárcel. A un lado de la inmensa reja, mi madre me coge de la mano y al otro lado está mi tío Feliu Tura. Los dos gritan para hacerse entender y mi madre llora. A derecha e izquierda hay muchas mujeres con niños como yo, cogidos de la mano, y al otro lado de la reja muchos hombres más. Todos gritan como mi madre y mi tío. Aquello debía de ser el día después del 6 de octubre de 1934. Yo tenía, por tanto, cuatro años.

El segundo es una mañana de verano. Todavía estoy en la cama pero oigo gritos en la tienda de la panadería. Mi madre me dice que unos militares están haciendo no sé qué muy lejos de Mollet, en un lugar raro y exótico llamado África. A las pocas horas pasan por la calle camiones repletos de hombres con el puño en alto. Aquello era el 18 o el 19 de julio de 1936 y yo tenía seis años.

Después vinieron tres años terribles, tres años de guerra, y un día del mes de enero entraron en el pueblo columnas de italianos y de marroquíes y todo cambió de repente. Mi lengua catalana fue prohibida y cuando se abrieron nuevamente las escuelas la única lengua permitida era el caste-

17

llano. Todo lo que hasta entonces era blanco se convirtió en negro y viceversa. Una parte de mi familia estaba en la cárcel o en el exilio. Por la calle veía pasar a parientes míos esposados y con un guardia civil a cada lado. Yo aún no había cumplido nueve años.

Naturalmente, aquello no me ocurrió sólo a mí. Pero si lo recuerdo con tanta nitidez es porque condicionó para siempre mi visión de las cosas esenciales. Muchos años después, en la primavera de 1997, visité el pueblo de Corbera d'Ebre, en la comarca catalana de la Terra Alta. Con mis compañeros socialistas de allí recorrí las ruinas del pueblo antiguo, destruido durante la guerra civil por las tropas y las baterías del general Franco desde la cercana Serra de Pàndols y mientras me las mostraban sentí una emoción profunda, como si llorase desde muy adentro. Comprendí entonces que durante muchos años he vivido con estas lágrimas ocultas en lo más hondo de mí porque no he olvidado ni las causas ni las consecuencias de aquella tragedia, de aquella guerra feroz que condicionó mi descubrimiento inicial del mundo.

Nací, pues, el año 1930, el 23 de mayo concretamente, en plena caída final de la monarquía y once meses antes de la proclamación de la República. Fue, según me han contado, en la misma casa del pintor Juan Abelló, convertida hoy en museo y en el momento en que sonaban las sirenas de las fábricas del turno de tarde. Mollet del Vallés, mi pueblo, era entonces un núcleo urbano de unos seis mil habitantes, a mitad de camino entre el campo y la industria y ya con una cierta crisis de identidad —¿pueblo o suburbio?— porque sólo dieciocho kilómetros lo separaban de Barcelona. Subsistía todavía el núcleo agrícola de las quince o veinte masías entre Mollet y Gallecs, pero la balanza se inclinaba ya hacia la industria, con las grandes fábricas textiles de Can Fábregues y Can Mulá y la poderosa Tenería Moderna Franco-Española, a la que todos denominaban "La Pellería". Las sirenas llamaban a los trabajadores de cada turno, sonaban muy pronto, hacia las cuatro de la mañana, a las doce señalaban el final del turno matinal y a la una y media llamaban a los trabajadores del turno de tarde. A cada toque de sirena las calles que conducían a las fábricas, como la mía, la de Berenguer III, se llenaban de gente que terminaba o se incorporaba al trabajo. Crecí, por consiguiente, con la convicción de que aquel era el ritmo natural de los días.

El sector principal era el de los trabajadores industriales, entre los cuales existía ya un importante grupo de inmigrados, la mayoría de Murcia. El núcleo urbano se extendía por la orilla derecha del río Besós, entre el ferrocarril de Francia y el del norte, o sea, el de Puigcerdá. Era un núcleo relativamente extenso, con una amplia plaza del Ayuntamiento, una bonita fuente modernista en el centro de la misma, un sólido campanario del siglo XV rematado con un torreón también modernista, un torrente que atravesaba el centro del pueblo y que regularmente lo inundaba, un puente donde los hombres se reunían a charlar y por ello lo llamaban el "Pont de la mandra", nombre que suena más contundente en catalán que en castellano y que significa literalmente el "Puente de la pereza", dos cines y una buena extensión de campos y bosques. Al otro lado del Besós el continuo urbano empalmaba con Sant Fost de Capcentelles i Martorelles —que todos llamábamos precisamente "la otra banda" o "la otra orilla"— que trepaban hacia La Conreria y la sierra que nos separaba del mar. Estábamos, pues, en el centro del cuadrado formado por Barcelona, Sabadell, Granollers y Badalona. Teníamos dos estaciones de ferrocarril, una línea regular de autobuses con Barcelona y mucha tierra por ocupar. Todo anunciaba, pues, un salto importante hacia la industria y un declive de la agricultura.

Fui el tercer hijo del matrimonio Pere Solé Sisó y Vicenta Tura Valldeoriola. Mi hermano mayor, Joan, me llevaba casi trece años. Un segundo hermano, Narcís, murió poco después de cumplir los dos años.

No conocí a mi padre porque murió cuando yo tenía apenas siete meses. Me crié, por tanto, sin la referencia del padre y aunque mi hermano Joan llenó en parte el vacío, la ausencia del padre fue un dato que nunca pude contrastar con lo que hubiese podido significar su presencia. Era así, pura y simplemente, y nunca me planteé ninguna alternativa imposible. Pero a menudo he pensado que si él hubiese vivido yo no habría empezado a trabajar de panadero tan pronto y mi vida habría transcurrido, seguramente, de otra manera.

Fue más tarde, ya adolescente, cuando empecé a sentir una gran curiosidad por la figura de mi padre. Mi madre no guardaba de él un buen recuerdo y nos traspasaba inconscientemente sus frustraciones conyugales y su resentimiento por una relación matrimonial que no funcionó y que, por otro lado, terminó pronto y en el peor de los momentos. Pero conocí a amigos suyos que me dieron de él una imagen muy diferente. Era la imagen de un hombre alegre, emprendedor y fantasioso. Cuando empezaron a circular los primeros automóviles montó un taller-garaje y se arruinó. Intentó un negocio de importación de melones de Valencia que también se fue a pique. Con una indudable visión del futuro intentó crear una línea regular de autobuses entre Mollet y Barcelona, pero otros se le adelantaron. Le gustaba recorrer las fiestas mayores de la comarca y cuando tenía algún duro se lo jugaba y lo perdía. Con los bolsillos vacíos entró a trabajar de obrero en la Tenería mientras mi madre hacía lo mismo en la fábrica textil de Can Mulá, algo que nunca le perdonó. Finalmente, cuando murió el abuelo materno y mi madre cobró la legítima, alquilaron una casa en el número 35 de la calle Berenguer III, pidieron préstamos e instalaron una panadería a la que llamaron, bellamente, "L'Espiga Molletana", pero que todo el mundo conoció siempre por "Ca la Vicenta".

Cuando apenas habían empezado a devolver el préstamo mi padre murió en una oscura intervención quirúrgica y mi madre se encontró con todo el peso de la deuda encima, sin más fuerza ni ayuda que su propia capacidad de trabajo y la de mi hermano, que tenía poco más de doce años. Debió de ser una situación terrible. Mi madre trabajó como una esclava para salir del agujero y lo consiguió. No tuvo ninguna otra relación sentimental ni sexual, pasó la vida atada al trabajo y cuando al final lo dejó debió de sentir un inmenso vacío. Fuimos, por consiguiente, una familia de tres personas de generaciones muy separadas y, por ello mismo, destinadas a una cierta soledad.

Una de las consecuencias de la temprana muerte de mi padre fue que tuve una relación infantil y adolescente mucho mayor con la rama Tura que con la rama Solé. Las dos tenían sus raíces en el campo pero la segunda generación, la de mis padres, ya dio el salto a la industria y el comercio. La dos familias tenían, como era costumbre, un apodo. Los Solé eran los de Can Batista, los Tura los de Can Pinyonaire. El apodo se ha mantenido hasta hoy. Hay gente de Mollet y de Gallecs que todavía me trata como uno de Can Pinyonaire y no hace mucho, en uno de los pasillos de la clínica de Mollet donde habían operado a mi hermano, un señor me preguntó, al verme por allí, si habían operado a alguien de Can Pinyonaire y con la misma naturalidad le dije que sí.

Can Pinyonaire era la masía de los Tura, que provenían del Alto Vallés, más concretamente de Sant Feliu de Codines, Caldes de Montbui i Sant Quirze Safaja. De pequeño iba allí muchos sábados por la tarde a regar los huertos de judías y de tomates y entraba en el corral de las vacas a ver cómo mis primos las ordeñaban en medio de un terrible hedor de estiércol que a mí me parecía un olor celestial. En aquella masía, convertida en Centro Cívico, pasó una temporada el pintor Joaquim Mir y en una de sus obras retrató partes de su interior, con una de mis tías apoyada en la gran escalera que todavía subsiste.

El abuelo, Joan Tura, del que hemos encontrado una libreta con notas autobiográficas muy interesantes, había sido capitoste del Somatén y alcalde entre 1915 y 1916. O sea que debió de ser un hombre de orden y uno de los escasos recuerdos que conservo es su escopeta del Somatén. El matrimonio Joan Tura y Margarida Valldeoriola tuvo cinco hijos, un varón y cuatro mujeres. El varón, Feliu, el *hereu*, siguió una línea opuesta a la del abuelo y fue uno de los fundadores y dirigentes de la Unió de Rabassaires y miembro activo de Esquerra Republicana. Fue encarcelado tras el dramático 6 de octubre de 1934, fue alcalde de Mollet durante la República y tuvo que ir al exilio al terminar la guerra civil. Era mi padrino, pero de aquellos que siempre se olvidaban de regalarme la mona de Pascua y la dejaban para "el año que viene". Tanto por su condición de cabeza de la familia Tura y por su protagonismo político como por su ausencia, por su exilio, fue una de las personas que más han influido en mi vida, según he ido constatando a lo largo de los años.

Las cuatro hermanas se dispersaron al morir el abuelo. Tanto el *hereu* como tres de las hermanas tuvieron tres hijos o hijas y esto hace una familia numerosa. Dos de las hermanas, mi madre y la tía Laia, se casaron con dos hermanos Solé y por esto una rama de la familia, con mis primas Maria, Neus y Rosa, ya fallecida, lleva los mismos apellidos que yo. Esto es lo que ha sido y es la familia Tura: un tronco del que han salido dos o tres generaciones con una notable vocación política, con diputados y alcaldesas, siempre gente de izquierda. En el momento de escribir estas líneas, la alcaldesa de Mollet es Montserrat Tura, hija de un primo hermano mío. Y en las primeras elecciones al Parlament de Catalunya el diputado más joven fue Marcel Planellas, hijo de Joan Planellas, otro primo hermano, más hermano que primo, de la familia Tura.

La rama Solé también hacía los hijos y las hijas de tres en tres. También dio gente ligada a la política, la mayoría de izquierda, aunque alguna rama lateral se puso al lado de la sublevación franquista No conocí a ninguno de los dos abuelos, pero sí a las dos abuelas. Recuerdo vagamente a la abuela Solé como una mujer severa que me asustaba un poco. La abuela Tura, en cambio, era una mujer modesta y silenciosa que hacía unas judías y un fricandó sensacionales.

Crecí, pues, con la República y guardo de ella un gran recuerdo. Me gustaba la escuela de la señorita Barcala, donde hice el parvulario, con un jardín pequeño y florido que me parecía inmenso y que regaba a menudo con una enorme manguera, como premio por una buena nota. Prefigurando mi incompetencia en los trabajos manuales, cuando cogía la manguera me mojaba más yo que las plantas y las flores, pero siempre me ha quedado el recuerdo de aquella actividad inolvidable y desde entonces siempre me ha alegrado el olor de la tierra húmeda y me ha deprimido la tierra seca. Conservo una fotografía con todos mis compañeros y mis compañeras de la escuela Barcala, soy capaz de recitar los nombres de casi todos y lo que menos me gusta es mi pinta de niño formal, con los brazos cruzados, una intensa mirada recta hacia adelante y un peinado de raya bien marcada. En aquella escuela de la señorita Barcala fui feliz. Allí comencé a interesarme por la geografía, allí hice amigos que han durado toda la vida y, en definitiva, allí empecé a descubrir que más allá de mi casa, más allá de la panadería, había muchas más cosas y gentes muy diversas.

Después, durante la guerra, fui a una escuela primaria en un local que llamaban "La Cervesería" porque había sido, efectivamente, una cervecería. La maestra, María Carrasco, era una pariente mía, casada con Joan Mayol, un primo de la rama Solé. Fue una experiencia sensacional, con tantos amigos y amigas del parvulario de la señorita Barcala y tantos amigos nuevos de Mollet y de los alrededores. Recuerdo los textos como si los tuviese delante ahora mismo: uno llevaba el título de *Catalunya*, con una señora vestida de campesina —de campesina de fiesta, naturalmente— y un gran escudo con las cuatro barras en la portada. Y sobre todo, un libro maravilloso de Pla y Cargol con el que empecé a amar profunda y apasionadamente a mi tierra y a comprender que era hijo de la cultura mediterránea. Allí tuve la primera noticia de la *Odisea*, la *Ilíada* y la *Eneida*, allí aprendí los primeros versos de Joan Maragall, de Josep Carner, de Guerau de Liost y de Josep Maria Sagarra. De este último nunca he olvidado aquel *Vinyes verdes vora el mar* que ya sonaba como un poema musical cuando lo aprendíamos y lo recitábamos. Allí supe que en mi país existía una montaña maravillosa que se llamaba el Pirineo y unos pueblos con nombres sonoros como Esterri, Coll de Nargó, Boí, Taüll y otros igualmente exóticos que resonaban muy dentro de mí. Y allí empecé a sentir el gusto por la naturaleza que me ha acompañado toda la vida y al que debo algunos de los momentos vividos con más intensidad.

A la señorita Barcala y a algunos maestros de La Cerveseria les debo un agradecimiento eterno. Y también a Josep Maria Folch i Torres, cuyas novelas de aventuras en catalán leí y releí decenas de veces y con ellas descubrí pronto mi vocación de lector. Leí sin descanso, con luz eléctrica cuando la había o buscando la luz del día cuando teníamos restricciones durante la guerra y después. Las leí diez, quince, veinte veces y con ellas fui gigante de los aires, corrí por las tierras rojas y compartí las aventuras de Massagran. Gracias a Folch i Torres y a La Cerveseria pude conservar la lengua catalana oral y escrita y pude atravesar con este capital casi intacto los peores años negros de la represión.

Por lo que recuerdo y por lo que he podido saber después, la República fue en Mollet, como en todas partes, una gran explosión de vitalidad ciudadana. Se fundaron entidades y clubes de todo tipo y parecía que todo el mundo salía de las catacumbas. Mi punto de referencia principal, además de la escuela, eran mi hermano Joan y sus amigos. Con él repartía el pan, con ellos iba a bañarme en el Besós, entonces de aguas claras, con ellos íbamos de excursión a la fuente de Can Magre o a Gallecs. Pero nada era comparable con las extraordinarias excursiones de toda la escuela al bosque de Can Pantiquet o las inmensas caminatas hasta La Conreria, a beber agua de la fuente con las tabletas de chocolate que mi madre me ponía en la merienda. O el descubrimiento del mar en la playa de Sant Adrià y de Badalona.

Pero en nuestra casa el gran tema era el fútbol. Mi hermano Joan se reveló muy pronto como un extremo izquierda de exquisita calidad. Él y el mayor de los hermanos Gonzalvo —Julio, conocido después como Gonzalvo I— eran las estrellas de un gran equipo juvenil llamado Els Xavalets. A los diecisiete años mi hermano fue fichado por el Barça y aquello fue una conmoción en el pueblo y, sobre todo, en mi casa. La panadería era el lugar de encuentro de futbolistas y seguidores, y por allí pasaban los hermanos Gonzalvo —Julio, José y Mariano—, Nicola, otro jugador que fue de primera división, y tantos otros. Después de haber jugado algunos partidos con el primer equipo del Barça, el entrenador, el galés O'Connell, consideró que mi hermano era demasiado joven y propuso que lo cediesen por una temporada al Europa para que acabase de madurar. Y en el Europa, efectivamente, mi hermano empezó a madurar como un gran futbolista. Yo lo seguía, todo me parecía maravilloso y todavía hoy, cuando los lunes abro las páginas deportivas de los periódicos lo primero que miro es cómo quedó el Europa. Uno de los tesoros que mi madre conservaba y que yo leía y releía una y otra vez era un puñado de artículos y reseñas de periódicos deportivos que hablaban de mi hermano como un joven valor con mucho futuro. Pero entonces estalló la guerra.

Los camiones repletos de milicianos que recorrían el pueblo con el puño al aire eran una imagen nueva, plástica-

Una historia optimista

mente emocionante y al día siguiente todos jugamos en la calle con gorras de milicianos y pistolas de madera y luchábamos contra los fascistas, pese a la dificultad de organizar los bandos porque nadie quería hacer de fascista. Todo había cambiado en un par de días. El convento de las monjas había sido ocupado por la CNT-FAI y convertido en sede del Comité, como ya le llamaba todo el mundo. En la tienda empezaban a circular los primeros rumores sobre detenciones de dueños y dirigentes de las fábricas y de prohombres de la derecha local y muy pronto llegaron los rumores de fusilamientos en las cunetas o en el cementerio de Montcada-Reixac. Algunos fueron ciertos y la gente estaba inquieta, sobre todo cuando algún dirigente local de la FAI instalaba su familia en la casa de uno de los fusilados.

Un día se presentaron en mi casa unos miembros del Comité y anunciaron a mi madre que a partir de aquel momento la panadería quedaba colectivizada y que ella dejaba de ser propietaria pero que seguiría trabajando como dependienta con un sueldo de treinta y ocho pesetas al mes. El pobre Joan Mas, el viejo empleado que ayudaba a mi madre, fue nombrado representante del Comité: "Ya ve usted, señora Vicenta, cómo cambia todo —le decía—. Ahora dicen que yo soy el amo y usted la empleada". Para mi madre aquello fue un golpe del que nunca se repuso y no entendía que después de haber luchado en cuerpo y alma para pagar las deudas de la panadería se la quitasen de aquella manera. Y con ella, tanta gente que era partidaria de la República, que era radicalmente hostil a la sublevación franquista pero que se veía amenazada por la FAI y se sentía cada vez más atenazada entre los dos extremos de un túnel sin salida.

Un día llamaron a la quinta de mi hermano y la enviaron al frente, concretamente a Arganda, en el frente de Madrid. Él partió con la alegría inconsciente de la novedad, como tantos amigos suyos de Mollet y de todo el Vallés. Cuando lo acompañábamos a la estación mi madre lloraba sin parar, como todas las madres, y yo me sentía muy triste, como mis compañeros con hermanos en edad militar. Siempre había tenido a mi hermano al lado y ahora se iba muy lejos y quizá no volvería nunca más, pero le veía tan animado, tan metido en aquella aventura, que yo también me dejaba arrastrar a ella, y al día siguiente luchaba con más ardor que nunca en nuestras batallas cotidianas entre republicanos y fascistas en la calle y en la escuela.

Así comenzó para nosotros la guerra y así continuó durante tres años. El ritmo de los días, de las semanas y de los meses estaba marcado por las cartas de mi hermano, por las noticias de muchachos de mi pueblo que morían en el frente, por la hostilidad creciente de la mayoría de la gente hacia el Comité de la FAI, por las restricciones y por la angustia colectiva ante un presente triste e incierto y de un futuro que podía ser mucho peor. Y también por la lucha cotidiana por la existencia. Con mi madre recorrí muchas masías de Martorelles y Sant Fost en busca de alimentos que escaseaban. Y nosotros éramos unos afortunados porque, pese a todo, no nos faltaba el pan.

Finalmente, mi hermano fue trasladado a Intendencia como panadero y destinado primero a Valencia y luego a Cataluña, a Montblanc concretamente, y allí fuimos a verlo mi madre y yo. Fue mi primer viaje más allá de Mollet y pese a las penosas condiciones del transporte me pareció un episodio sensacional. Nos instalamos en la casa de la familia Roca, en la Muralla de Sant Francesc, donde también se hospedaba mi hermano. Todo era nuevo para mí: el pueblo, la gente, los amigos, los juegos, las caminatas. Incluso era nuevo mi hermano, reencontrado como soldado y marcado por una dura experiencia, pero también por el conocimiento de una realidad que iba mucho más allá del círculo estrecho de Mollet y la panadería. También él había hecho nuevos amigos, algunos todavía vivos, otros ya muertos, y tenía la vitalidad de los veinte años y de los primeros amores serios.

Montblanc se convirtió para mí en un mito, un símbolo del mundo ancho y diverso que existía más allá de Mollet, y durante muchos años Montblanc me acompañó como un punto de referencia personal que simbolizaba —y de hecho todavía simboliza— una parte muy importante de mi propio pasado.

Fue el único episodio amable de aquellos tres años terribles. Muy pronto se extendió por el pueblo el miedo colectivo a los anunciados bombardeos de la aviación de Franco y un día del mes de enero de 1938 cayó, efectivamente, la primera bomba en el centro mismo de Mollet, en el cruce de los Quatre Cantons. Fue una catástrofe terrible en la que murieron catorce o quince personas, entre ellas el doctor Rosés, un médico muy querido, y resultaron heridas unas cuantas más, entre ellas mi prima Rosa Solé. Unos meses después, a finales de mayo de aquel mismo año 1938, la aviación franquista bombardeó Granollers en pleno mercado semanal y mató a más de doscientas personas. Fue un episodio espantoso que nos conmocionó a todos y provocó una inmensa ira contra los "nacionales" y contra los alemanes que, según se decía, pilotaban los aviones. Y por encima de todo creó una sensación de amenaza continua, de indefensión. Desde entonces vivimos bajo aquella terrible amenaza y desgraciadamente todos los temores se confirmaron.

En diciembre de 1938, en pleno retroceso republicano, mi madre quiso volver a Montblanc, quizá temiendo que la retirada del ejército republicano se llevaría para siempre a mi hermano y ya no volvería a verlo nunca más. Salimos de Mollet en tren pero en Montcada nos detuvimos porque estaban bombardeando Barcelona. Desde el tren veíamos los aviones y las humaredas de los cañones antiaéreos y cuando, a pesar de todo, conseguimos llegar a Barcelona no pudimos salir de la estación subterránea de la plaza de Cataluña porque el bombardeo continuaba. Finalmente logramos montarnos en un tren de carga, sentados por el suelo entre gente desesperada o gente sin escrúpulos que, en medio de la confusión, intentaba hacer negocio con el estraperlo. En Picamoixons y San Vicens de Calders sufrimos más bombardeos, pero mi madre era terca y pese a todos los obstáculos conseguimos llegar a Montblanc, con un frío polar. En casa de los Roca nos dijeron que había empezado la retirada y que la Compañía de Intendencia de mi hermano había abandonado Montblanc y posiblemente se encontraba en Pobla de Cèrvoles, una población a caballo entre las provincias de Tarragona y de Lleida. Y para allí nos fuimos el día siguiente, de madrugada, mi madre, la hija de los Roca, Pepita, y yo. Un camión desvencijado nos llevó durante un trecho y el resto lo hicimos a pie, con un frío terrible y enormes carámbanos de hielo al lado de la carretera, y mi madre me dijo que era el día más corto del año, o sea, el 21 de diciembre. Cuando llegamos por fin a la vista de Pobla de Cèrvoles, en un repecho de la carretera, a menos de un kilómetro de las primeras casas, aparecieron los aviones franquistas y empezaron a bombardear el pueblo, que desde allí parecía desierto. Mi madre y Pepita Roca lloraban desconsoladas y yo temblaba aterrorizado. Cuando los aviones se fueron entramos por fin en el pueblo. No se veía a nadie, muchas casas ardían, en las calles había enormes trozos de metralla al rojo vivo, pero de golpe se abrió una puerta y aparecieron cuatro o cinco soldados republicanos. Uno de ellos era mi hermano, medio muerto de miedo por las bombas y estupefacto ante nuestra fantasmagórica aparición entre las ruinas y la metralla. Apenas tuvimos tiempo para decirnos hola, abrazarnos, darle algunas latas de conserva y volvernos a abrazar para despedirnos. Su unidad se iba y nosotros teníamos que rehacer el camino de regreso hacia Montblanc, andando a ratos, subiéndonos en algún vehículo si podíamos, muertos de frío y de angustia, como unos refugiados sin esperanza.

Visto desde la distancia de tantos años es un episodio increíble. He vuelto un par de veces o tres a Pobla de Cèrvoles y cuando he paseado por el casco antiguo me ha parecido que volvía a oír el trueno de los aviones y de las bombas, que volvía a ver la metralla brillante y humeante y he buscado sin encontrarla, porque seguramente ya no existe, la casa de donde salieron las figuras espectrales de mi hermano y sus compañeros.

Cuando regresamos a Barcelona continuaban los bombardeos. El autobús de Mollet salía a las siete de la mañana y tuvimos que esperar toda la noche en la calle o en las estaciones del metro, mientras los aviones de Franco nos martirizaban con las bombas y los reflectores de los defensores republicanos los buscaban en la oscuridad.

Durante todo el mes de enero de 1939 vivimos con el miedo de los bombardeos. Un día se libró un gran combate aéreo sobre Mollet y un avión franquista se estrelló en la orilla del Besós. El piloto era un alemán y después de la guerra en la Rambla de Mollet se erigió un monolito en honor suyo y se inauguró con toda la parafernalia de los uniformes militares franquistas y nazis. El monolito presidió la Rambla hasta las primeras elecciones municipales de 1979 y durante todos aquellos años no podía pasar por delante de él sin volver a sentir la angustia de aquel combate aéreo y el recuerdo terrible de aquella odiosa ceremonia de su inauguración.

Finalmente, el 25 de enero, dos días antes de la entrada de las tropas franquistas, las bombas y la metralla llegaron a Mollet. Los aviones ametrallaron en vuelo rasante toda nuestra calle y las bombas mataron e hirieron a parientes míos y a conocidos. Una de las bombas cayó delante de nuestra casa y entre las ruinas pudimos rescatar herida a mi tía Laia. En la panadería, como en todas partes, vivimos escenas de terror. Cuando oímos el ruido espantoso de la metralla y cayeron las primeras bombas había muchas mujeres en la tienda y todos nos metimos debajo de las camas o nos protegíamos con los colchones en una algarabía de gritos y sollozos, sin saber qué hacer ni a qué atenernos para terminar con aquella pesadilla.

LOS PRIMEROS PASOS

Aquella misma mañana nuestra maestra de La Cerveseria nos había advertido que todo estaba muy liado, que existía el peligro de bombardeo y que, por consiguiente, no habría clase por la tarde. Y a media tarde, precisamente, una de las bombas destruyó La Cerveseria. No sé si fue una casualidad, una intuición o un conocimiento muy exacto de cómo iban las cosas, pero lo cierto es que todos nosotros estuvimos muy cerca de la muerte y nos salvamos por una decisión de los maestros.

Mi tío Feliu Tura decidió que las mujeres y los críos de la familia se refugiasen en el campo, fuera del peligro de los bombardeos. Todas las tías y todos los primos y primas nos trasladamos, pues, a una cabaña de un viñedo de Gallecs. Desde allí veíamos pasar los aviones que bombardeaban Sabadell, Granollers y la comarca entera, y todos llevábamos en el bolsillo un trocito de madera que nos colocábamos en la boca cuando pasaban los aviones para evitar, según nos decían, el peligro de morir reventados en caso de explosión. Aquello podía parecer incluso una aventura, pero cuando nos acercábamos a la carretera de Caldes y a la de Sabadell a Granollers y veíamos pasar a miles y miles de personas, soldados y civiles, hacia el norte, hacia la frontera de Francia, hacia el exilio, la tristeza era inmensa y empezábamos a entender la magnitud de la tragedia. Nunca he olvidado ni olvidaré aquella imagen de un pueblo derrotado, de un país destrozado, de una guerra cruel.

Unos días después me dijeron que mi tío Feliu y muchos amigos de casa también se iban a Francia. Nosotros regresamos a nuestras casas y poco después, hacia el mediodía, por nuestra calle pasó una larga caravana de italianos y marroquíes que se instalaron en Mollet. Unas horas más tarde la gente fue convocada en la plaza del Ayuntamiento, unos señores que no conocía aparecieron en el balcón y anunciaron que la guerra había terminado, que se instalaba un nuevo orden, que ellos eran las nuevas autoridades y que todos los responsables de la situación anterior serían castigados.

Aquella misma tarde o al día siguiente alguien llamó a la puerta de la panadería: era mi hermano. Había tomado la decisión de no seguir hacia el exilio con su unidad, desertó e hizo una marcha suicida a contracorriente, desde Vic hasta Mollet, y gracias al desorden de unos y otros había llegado milagrosamente a casa. Se había jugado la vida inconscientemente e inconscientemente la había salvado. Al llegar a Mollet, en el bosque de Can Pantiquet, vio a un grupo de soldados acampados y no se le ocurrió otra cosa que preguntar a algunos de ellos que dónde estaban los fascistas: "Los fascistas somos nosotros", le contestaron. Pero no sé si lo vieron totalmente despistado o si ellos estaban cansados y hartos de peleas y ya no les interesaba un republicano más o menos o si encontró a unos interlocutores que estaban tan hartos de la guerra como él, pero lo cierto es que le dejaron pasar y mi hermano, acompañado de un perro que le siguió desde Vic, llegó increíblemente a casa sano y salvo.

Poco después uno de los nuevos mandatarios vino a hablar con mi madre: "Señora Vicenta —le dijo— la panadería vuelve a ser suya". Y el viejo Mas, que había sido oficialmente amo de la panadería sin comerlo ni beberlo le dijo a mi madre: "Señora Vicenta, parece que volvemos a estar donde estábamos. Usted vuelve a ser la propietaria. ¿Puedo volver a ser el empleado?" El asunto era difícil pero mi madre testificó a favor suyo y así volvieron a cambiar las tornas.

La guerra terminaba. Mi hermano había regresado. Mi madre volvía a ser propietaria de la panadería. Mi tío Feliu y algunos de sus hijos estaban en el exilio. Mi primo Joan Mayol también. Mi tío Joan Planellas estaba en la cárcel. Muchos amigos y vecinos también. Muy pronto tuve que volver a acompañar a mi madre a las cárceles y a las salas de los tribunales donde juzgaban y condenaban a amigos y parientes, reviviendo la escena de cinco años antes, y todavía tengo el recuerdo vivo del juicio contra mi tío Joan Planellas, condenado a muchos años de cárcel, y el del señor Orra, jefe de la estación de Mollet, condenado a muerte. Y en seguida empezaron a llegar noticias de fusilamientos de gente de Mollet, como el señor Fortuny, uno de los últimos alcaldes de la República.

Algunos de los nuevos gobernantes salían de la oscuridad, otros de la luz. Algunos, los más infortunados, habían pasado la guerra escondidos. Otros habían aprovechado la guerra para jugar a todas bandas. Y en aquellos momentos iniciales del nuevo régimen, entre la confusión y el miedo, veíamos cómo un fabricante de bicicletas al que la República le había ampliado y modernizado las instalaciones para reparar motores de aviación se quedaba con todo y empezaba una próspera carrera de fabricante de motos. O bien otro que se apropiaba del material abandonado en un tren perdido en la estación de Francia y montaba un gran negocio de ferretería. Pero eran los vencedores y sabían que tenían asegurada la impunidad. Pero, al mismo tiempo, eran ellos los que tenían que decidir el destino final de los republicanos de Mollet encarcelados y condenados, especialmente de los condenados a muerte. Aquello creó unas tensiones insoportables y aunque con el paso del tiempo los miedos y los odios se apaciguaron y las relaciones entre unos y otros se normalizaron siempre quedó un resto de confrontación que ha durado a lo largo de los años y que aún es perceptible hoy en día.

En medio de aquella confusión de sentimientos, de normalidad recuperada y de normalidad violada, se comunicó a todo el mundo que si querían salvar a los familiares detenidos y si deseaban tranquilidad ante la represión que se anunciaba lo mejor era afiliarse a la Falange local. Muchos lo hicieron. A mí también me apuntaron y conmigo a muchos compañeros de escuela que tenían padres, hermanos y parientes en la cárcel.

Así terminaba una fase decisiva de nuestra vida personal y colectiva cuando yo todavía no había cumplido los nueve años.

Capítulo II

Los años tristes

Entonces empezaron los años tristes. La sensación de vitalidad de los años anteriores, la alegría por el descubrimiento diario de cosas y de referencias nuevas, incluso en los momentos más duros de la guerra civil, terminó con el descenso hacia un inmenso silencio colectivo, una resignación gris y una tristeza sin límites. La gente salía del miedo a la guerra y entraba en el miedo a un sistema oscuro y amenazador con ganas de venganza. Cada día había noticias de gente buscada y de gente encarcelada. Y también de gente fusilada. Y no de gente anónima, sino de parientes, amigos y vecinos.

Oficialmente nuestra guerra había terminado, pero aquella posguerra dura, de persecuciones y de restricciones empalmaba con otra guerra, en el resto del mundo, que ya había empezado y que hacía planear sobre todos nosotros otra inquietud. Nadie sabía si nuestras penurias iban a terminar o si se agravarían, porque al principio nadie sabía quién iba a ganar aquella terrible guerra. Por eso todos la seguían con ansia y, abiertamente o a escondidas, todos tomaban partido, incluso nosotros, los niños del barrio de la Estación de Francia en nuestros juegos. Las noticias se confundían con los rumores y todos sabían que tal noticia o tal rumor se podía traducir en la conmutación de una pena de muerte, la liberación de alguien o el retorno de un exiliado. O al revés. Aquello parecía confirmar que el estado natural

UNA HISTORIA OPTIMISTA

de las cosas era la guerra y mi generación vivió con esta sensación desde 1936 hasta 1945, un periodo muy complicado de la vida de cada uno.

Para mí la tristeza empezó con el cambio de escuela. Pocos meses después del final de nuestra guerra se inauguró la Academia Mollet, dirigida por el señor Arcadi Viñas, y allí fui a parar. Uno de los maestros, el señor Pujol, también lo había sido en La Cerveseria, pero para aumentar todavía más nuestro desconcierto ahora nos enseñaba, con un estilo duro y brutal, cosas totalmente contrarias a las de unos meses antes y lo hacía en un castellano que sonaba como una lengua de castigo. Los primeros dictados me parecieron auténticas sesiones de tortura, después de las cuales llegaba a casa llorando y con ganas de no volver a la escuela. De aquellas clases y de aquellos textos conservo un recuerdo oscuro, como de cosa ajena, que me entraba en la cabeza por obligación pero no penetraba en mi interior ni me satisfacía la curiosidad por lo nuevo. Y si aguanté fue más por reacción al desafío que por el placer del aprendizaje.

Era una escuela de disciplina dura que nos situaba siempre a la defensiva. Lo que nos enseñaban tenía muy poco que ver con lo que sucedía en nuestro entorno inmediato y siempre planeaba la amenaza de un castigo por cosas que no sabíamos si estaban bien o mal. Y, sobre todo, estaba la insoportable sucesión de unos ritos extraños que nos eran impuestos como la negación de todo lo anterior; los ritos de la bandera, del canto del *Cara al sol* con el brazo levantado, del rosario colectivo, de los primeros viernes de mes, de la confesión de los pecados y de una cultura de glorias imperiales donde ya no aparecían las aventuras mediterráneas de Ulises. Un buen día, mientras cantábamos el *Cara al sol* y yo bromeaba con mi primo Joan Planellas, despeinándolo con el brazo levantado, uno de los maestros jóvenes me dio un solemne bofetón, el primero —y hasta ahora único— de mi vida. Nunca he olvidado ni el bofetón ni el maestro que me lo propinó.

36

Es cierto, sin embargo, que, una vez pasada la conmoción inicial, no acepté pasivamente la marcha atrás, y al cabo de unos meses ya era elegido sistemáticamente por mis compañeros de aula como el capitán de los romanos contra los cartagineses, en las contiendas pedagógicas inventadas por los jesuitas y aplicadas en la Academia Mollet. Pero aquello no compensaba mi malestar general. Además, en mi casa las cosas no iban bien. Mi hermano, a caballo entre el fútbol y la panadería, no podía con toda la tarea del horno. Necesitábamos otros brazos y un buen día me dijo que ya tenía edad de trabajar y que podría ayudarle. Empecé ayudando en alguna hornada y al cabo de poco tiempo vimos que era incompatible trabajar de noche e ir al colegio de día. Había que escoger y escogí la panadería. Supongo que la propuesta me pareció una liberación, la justificación de lo que yo quería y no me atrevía a hacer: dejar aquella escuela que tanto me repugnaba. En casa me necesitaban, ya tenía edad de trabajar, y por tanto dejé la escuela sin haber pasado de la primaria y empecé a trabajar de panadero. Tenía doce años y trabajé a tiempo completo hasta los veintiuno y a tiempo parcial hasta los veinticinco o veintiséis. Fue una de aquellas decisiones que marcan media vida.

La otra culpable de mi tristeza fue la Iglesia, aquella terrible losa que apretaba las conciencias hasta la humillación y obligaba a todos a un ejercicio constante de hipocresía. Las nuevas autoridades obligaron a cada familia a enviar a un hombre a trabajar para reconstruir la iglesia, derribada por los anarquistas. Y enseguida la práctica de la religión se convirtió en una implacable línea divisoria entre los buenos y malos que nadie se atrevía a franquear. Por lo tanto, ir a la iglesia era un deber incontestable que para las familias de antiguos republicanos era literalmente una expiación pública.

UNA HISTORIA OPTIMISTA

Al terminar la guerra, mi hermano pasó por una fase muy anticlerical, pero después volvió a la iglesia y siempre ha sido un practicante constante y fiel. Mi madre era creyente aunque no tenía demasiada simpatía por los curas. Pero la mayor parte de la familia Tura y una buena parte de la familia Solé eran predominantemente laicas e incluso anticlericales. Recuerdo mi primera comunión como un día muy triste y desagradable, yendo para arriba y para abajo con un rosario entre las manos. Durante un tiempo fui a misa cada domingo, pero jamás aprendí el ceremonial ni sabía cuándo me tenía que levantar, arrodillar o sentarme. Y lo que me parecía insoportable era el ritual de la Cuaresma y de Semana Santa, con aquellos colores tan tristes, aquella omnipresencia de la tortura y de la muerte, aquella exigencia de temores y tristezas cuando tantas ganas teníamos de cantar y reír, aquel cinismo de una falsa consternación que no tenía nada que ver con la vida cotidiana, aquella Cuaresma interminable en la que se nos prohibía bailar con las muchachas que nos sulfuraban y aquella sensación absurda de pecado cuando íbamos de excursión los días de Semana Santa y nos poníamos a cantar a voz en grito.

Un día le dije a mi madre que no iría más a misa y así fue. Esto no significa que hubiese resuelto mi problema personal con el concepto de Dios. Pero en aquella edad lo único que tenía claro era que aquella Iglesia era un elemento fundamental del clima irrespirable que nos amargaba la vida.

Demasiadas cosas nos cayeron encima al mismo tiempo. En el momento decisivo del despertar sexual, por ejemplo, nosotros, chavales provincianos y sin puntos de referencia, chocábamos contra un muro impenetrable y monstruoso de temor, de intolerancia y de represión personal. Otras generaciones se habían encontrado en la misma situación, y otras se encontrarían también con ella pero nuestras puertas eran más estrechas que nunca porque aquello también formaba parte de la lógica de los vencedores. Las primeras masturbaciones nos hundían en un pozo de insondables temores y arrepentimientos porque nadie nos daba explicaciones y todo nos amenazaba. Nos decían que aquello estaba directamente relacionado con el pecado y con la degradación física, con la enfermedad más triste y fatal. Si creíamos que aquello era un pecado y lo confesábamos, nos caía encima una durísima humillación. Si lo callábamos nos quedaba un poso insoportable de mala conciencia y de miedo. Más adelante, cuando íbamos a jugar a fútbol a Sabadell o a Granollers, siempre había algún compañero mayor que nosotros que, con pinta de experto, nos llevaba a los prostíbulos del lugar pero salíamos de ellos acoquinados y siempre nos llegaba, por un lado o por otro, la amenaza de que aquello provocaba la tuberculosis o la sífilis y, por lo tanto, el sufrimiento y la muerte.

No era, pues, una simple cuestión de represión personal. El sufrimiento y la muerte habían formado parte de nuestro paisaje cotidiano desde muy pronto. Yo mismo me sorprendía cada año haciendo inconscientemente una especie de recuento macabro sobre cuántos amigos míos —o quizá yo mismo— iban a morir en el curso del año. Porque lo cierto es que durante bastante tiempo murieron muchos, víctimas sobre todo del tifus y de la tuberculosis. Entre ellos, amigos muy íntimos, compañeros del equipo de fútbol o primos y primas muy queridos, como la prima Rosa Solé y el primo Albert Planellas, muerto trágicamente en plena fiesta mayor. Yo mismo había pasado por un tifus muy maligno durante la guerra y lo había superado con grandes dificultades gracias a la sabiduría y al sentido común del doctor Tiffon, uno de aquellos médicos humanistas que se interesaban por todas las novedades. Él fue el primero que años más tarde me explicó lo que era la bomba atómica, un médico de cabecera paciente y bromista que cuando mi madre enfermaba y le decía aquello tan catalán de "¡Ay, señor Tiffon! Estoy sudando como un pato", le contestaba invariablemente: "Señora Vicenta. Esto es imposible. Los patos no sudan".

La vida de un chiquillo de doce años, aprendiz de panadero en un pueblo como el Mollet de la posguerra no podía tener, por consiguiente, demasiados alicientes. Naturalmente hacíamos lo que se hace normalmente en el tránsito de la infancia a la adolescencia. Con mis primos Albert y Joan Planellas dimos muchas veces la vuelta al mundo, combatimos a los aviones nazis y visitamos muchos países exóticos dentro de una cabina de avión que nos habíamos inventado en el patio de casa con cuatro cajas y cuatro telas destartaladas. Con el primo Joan también recorrimos de arriba abajo el Oeste norteamericano montados en los caballitos de madera de la panadería, luchando contra los indios y contra los bandidos y liberando a muchas doncellas secuestradas. Con él y también con Josep Solá, que muchos años después se convertiría en un importante compositor y director de orquesta melódica, inventamos un futbolín rudimentario con los cartones de las cajas de cerillas y jugábamos encarnizados partidos de fútbol entre el Barça, el Madrid, el Europa, el Atlético Aviación y otros equipos. Y en la calle combinábamos los juegos normales con considerables peleas de barrio contra barrio, con piedras, hondas y tirachinas. Pero el clima general era terriblemente pesado. Incluso prohibieron bailar sardanas.

La boda de mi hermano fue un acontecimiento muy importante para todos nosotros. Un día se enamoró de una chica preciosa, Carmen Flores Pérez, y aunque estaba prometida con un heredero de buena masía, no paró hasta que le hizo romper el noviazgo y se casó con ella. Carmen había nacido en Murcia, en Lorca concretamente, y había llegado a Mollet con sus padres, dos hermanos, tíos, tías y primos, seguramente con la ola migratoria de la Exposición de Barcelona de 1929.

La entrada de un nuevo miembro en aquella familia de tres solitarios me pareció una gran novedad. Nuestra casa era pequeña y la pareja se instaló en una habitación alquilada a una vecina. Pero pronto surgió un conflicto inesperado, duro y áspero, que nos afectó mucho a todos. Visto con el paso de los años era un conflicto previsible y hasta banal: se trataba de decidir quién mandaría en la tienda y quién trabajaría en la cocina. Pero para todos nosotros llegó a ser una auténtica pesadilla.

Años después lo entendí, pero en aquellos momentos no. El problema era muy sencillo, pero ni siquiera sé si mi madre era consciente del mismo: después de luchar como había luchado, no quería que ninguna otra mujer de la familia le arrebatara su lugar en la jerarquía familiar. Consciente o inconscientemente, el arma principal de mi madre consistía en utilizar su propia soledad para obligarnos a compadecerla. Era una mujer sin un marido que le protegiese el propio espacio y constantemente se servía de su condición de mujer desvalida, fatigada y enferma para obligarnos a ponernos de su lado. Ya sé que esto no es nuevo, que muchas personas han pasado y pasan por situaciones parecidas y que éramos un caso más entre muchos. Pero yo no podía soportar ver a mi madre ni tampoco a mi cuñada de víctimas y el resultado era una angustia continua. Si daba la razón a mi cuñada me sentía culpable de la soledad de mi madre. Si lo hacía al revés, tenía la sensación de cometer una injusticia. Y para mi hermano todavía era peor. Total, una mala historia que nos amargó a todos la existencia durante muchos años en una época bien difícil.

Cuando he vuelto a leer cosas que escribía en aquellos años, especialmente unos cuadernos en forma de diarios, a los que me referiré más adelante, me parece increíble el grado de tensión y de conflicto a que llegamos. Hay momentos en que me declaro a favor de Carmen con palabras muy duras contra mi madre. Y momentos en que es todo lo contrario y llego a anotar unos insultos de la peor especie. Y lo cierto es que ni una cosa ni la otra tenían razón de ser. A mi madre siempre la compadecí mucho y a Carmen la quise mucho, hasta su muerte.

A pesar de todo, sobrevivimos. La edad era joven, la energía mucha. Al terminar la guerra mundial algunas cosas empezaron a abrirse, aunque sólo fuese por la necesidad que tenía el régimen de Franco de evitar las sanciones de los vencedores de la guerra. Todavía recuerdo con entusiasmo el día en que se levantó la increíble prohibición de bailar sardanas. Después empezaron a regresar algunos exiliados y unos cuantos condenados salieron de la cárcel. Algunos llegaban como fantasmas y casi todos se instalaban sin hacer mucho ruido, como si quisieran pasar desapercibidos.

Yo sobreviví gracias a la lectura, el fútbol, el cine y la radio. Y sobre todo gracias a una cualidad que me ha acompañado durante toda mi vida: la curiosidad por lo nuevo y la capacidad de dedicarme con la máxima intensidad a todo lo que me interesaba. El gusto de leer no me abandonó nunca. Leía todo lo que me llegaba a las manos, sin orden ni concierto. De los libros de aventuras de Folch i Torres pasé a los de Zane Grey, a las novelas policiacas, a los libros de historia que encontraba en las bibliotecas de algún familiar, a los restos de libros clásicos que me prestaba algún viejo literato del pueblo. Pero no tenía ni guía ni nadie que me pudiese orientar y abrir caminos y leía lo que encontraba. Muy pronto me aficioné a ir en bicicleta a los bosques de Can Pantiquet, de Sant Fost de Capcentelles o de Martorelles y pasar bajo los pinos largas horas de lectura solitaria o en compañía de mi vecino Ramón Bordas. También fui un gran lector de periódicos y de revistas, y seguí de cerca —o por lo menos me lo parecía— los avatares de la guerra mundial, de la posguerra y de la evolución de Europa con las crónicas de los corresponsales de *La Vanguardia* y los artículos de Josep Pla y otros en la revista *Destino*. Y, por encima de todo, me convertí en una enciclopedia viva del deporte, especialmente del fútbol. Lo sabía todo sobre el fútbol de antes y del presente, del nacional y del internacional. Y estaba al día en todos los otros deportes.

El fútbol fue la otra fuente de vida. Al terminar la guerra mi hermano volvió a jugar con el Europa. Yo iba a verlo cada domingo, acompañando a su prometida y muy pronto esposa. Nunca olvidaré la emoción de aquellos domingos por la tarde, de aquellos partidos heroicos contra el Sant Andreu, el Martinenc o el Júpiter. Tampoco olvidaré nunca la inauguración del actual campo del Europa en la calle Sardenya, en un paraje lleno de pinos. Al final, mi hermano fichó por el Girona, entonces en la segunda división, y cuando llevaba cuatro o cinco partidos espléndidos un defensa del Levante le rompió un pierna y le dejó inútil para el fútbol. Allí acabó su carrera deportiva.

Naturalmente, también seguía al equipo del Mollet, que entonces estaba en categoría regional y al cabo de un tiempo pasó a tercera división. En la vida del F.C. Mollet hubo un par de temporadas gloriosas, que culminaron con una eliminatoria de Copa contra el Valencia. Algunos amigos de la familia me llevaban a ver los partidos del Español en el viejo campo de Sarrià cuando ficharon a Julio Gonzalvo. Y más tarde a los partidos del Barça, en Les Corts cuando empezaron a jugar José y Mariano Gonzalvo, o sea, Gonzalvo II y Gonzalvo III. Con aquellos partidos que a mí me parecían épicos, con el recuerdo de mi hermano como jugador del Barça y también con la indignación que provocó en mucha gente una derrota del Barça en el campo del Real Madrid por 11 a 1, y que todos interpretamos como una imposición política del gobierno de Franco, me convertí en un seguidor del Barça que, con más o menos pasión, me he

UNA HISTORIA OPTIMISTA

mantenido hasta hoy. Muchos años después lo definí de este modo en una entrevista: "Soy del Barça, probablemente porque en unos momentos muy difíciles de nuestra vida colectiva y de mi vida personal, bajo el franquismo, consideré que era la única representación viva a la que nos podíamos acoger como colectivo, la única que nos podía dar victorias reales y tangibles y, además, a menudo, cada domingo".

Pero muy pronto dejé de ser sólo espectador. A los doce o trece años, con un grupo de amigos organizamos un primer equipo infantil, incluso con vestimenta propia. Nos equipamos con una camiseta blanca y un pantalón negro, y debutamos emocionados en el campo del Martorelles. Luego montamos un equipo que oficialmente llamamos Atletic de Mollet, pero que todo el mundo conocía con el nombre de Peña Cot, porque el alma del equipo era Quimet Cot, y más tarde se llamó Peña Gonzalvo, porque nos entrenaba Mariano Gonzalvo. Pronto nos convertimos en los amos y campeones del Vallés. Un año ganamos los cuatro o cinco primeros partidos por 9 a 0 y 9 a 1, y acudía tanta gente a vernos como cuando jugaba el primer equipo del Mollet. Inicialmente yo jugaba de defensa y no me sentía muy a gusto porque me faltaban dos requisitos esenciales, dureza y mala leche. Pero al cabo de un tiempo implantamos la táctica de la WM: pasé a jugar de medio volante, y de repente cambié de temperamento, convirtiéndome en un jugador duro, enérgico y combativo. El encanto duró tres o cuatro años y fue una experiencia maravillosa, una fuente de felicidad. Yo era también el cronista del equipo, quien lo hacía aparecer en los periódicos deportivos y lo ponía en contacto con equipos de otras comarcas. Ir a jugar a Sabadell, a Mataró o a Vilanova i la Geltrú, por ejemplo, era como salir al mundo exterior, una prueba de madurez, un signo de la autonomía que habíamos conseguido gracias al fútbol.

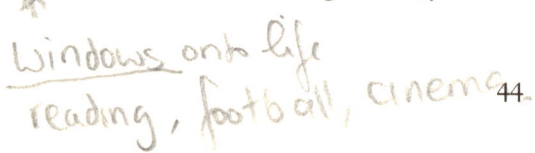

La tercera ventana fue el cine. Ya en plena guerra civil era un adicto al género, y recuerdo vagamente la emoción de algunas películas soviéticas, con marineros ejecutados por los zaristas y jóvenes entusiastas del progreso técnico. Pero más tarde el cine se convirtió para mí y para muchos amigos en la auténtica fábrica de sueños de que hablan los cronistas. Durante los años de mi adolescencia veía cuatro o cinco o incluso seis películas por semana, en sesiones dobles de sábado y domingo en el cine Ateneu y en el de La Cooperativa, al que llamábamos "Tabarán", porque lo inauguraron con una película que llevaba el título de "La princesa del Tabarin", con pronunciación francesa. Durante todos aquellos años anotaba detalladamente en una libreta todas las películas que veía, con los nombres del director y de los intérpretes, y la fecha en que las había visto. Entre ellas figuraban títulos y nombres que hoy son objeto de culto, como dicen los estetas, y que configuraron una buena parte de mi visión del mundo, de mis ilusiones y de mis esperanzas, así como de mis primeras fantasías eróticas. No hace mucho vi una versión original de aquella curiosa e interesante *Tarzán y su compañera* y comprendí hasta qué punto me había trastornado aquella Jane con un bikini primitivo, a pesar de que la censura franquista había suprimido la extraordinaria escena de Jane totalmente desnuda haciendo piruetas bajo el agua mientras Tarzán intentaba comérsela sin contemplaciones. Yo era exactamente aquel Tarzán y estoy seguro de que mi concepción inicial del sexo me la resumió él mismo con aquella frase contundente de "Tú Jane, bonita. Yo Tarzán, fuerte".

Aquellas películas de fin de semana me enseñaron que más allá de Mollet, más allá del Vallés e incluso más allá de Barcelona había otro mundo más moderno, menos cerrado que el nuestro, más plural y más abierto. Consciente o inconscientemente, desde aquel momento decidí que no pararía hasta conocer todo lo que el cine me enseñaba o me insinuaba.

La cuarta ventana fue la radio. En el cuaderno manuscrito que he mencionado no hay día en que no hable de las horas que dedico a la radio, a la música que escucho y, a pesar del absoluto hermetismo informativo de la época, evoco las noticias que me llegan a través de las emisiones en español de Radio París, de la BBC y de una emisora exótica que se recibía muy mal y que se llamaba La Pirenaica.

Como he dicho, hace poco encontré no sólo un cuaderno, sino cuatro o cinco cuadernos de cubiertas azules que creía completamente perdidos. Son los diarios que escribí en distintos momentos: uno empieza el 23 de mayo de 1945, o sea, el día en que cumplí quince años, y los otros cubren el año 1949, es decir, entre mis dieciocho y diecinueve años. El primero es un cuaderno lleno de datos de la vida cotidiana: la hora en que me levanto, la hora en que me acuesto, las horas de trabajo, el fútbol, las lecturas, las películas que veo cada semana, las piezas musicales que escucho en la radio. Y la verdad es que al releerlos me he llevado más de una sorpresa. En mi primer cuaderno, el catalán ha perdido fluidez y hago muchas faltas de ortografía. En los cuatro restantes ya he mejorado, pero aún hay inseguridades. Empiezo con una especie de autorretrato, que subraya dos cosas; que me considero inteligente, pero tímido, y que creo conocer muy bien mis propios defectos. Pero si hablo de ello es por otros motivos. Por ejemplo, por la información que encuentro sobre mis preferencias en materia de cine, lecturas y música.

En un momento determinado hago una lista de las películas que más me han gustado. Encuentro títulos como *Horizontes perdidos*, *¡Qué verde era mi valle!*, *El ladrón de Bagdad*, *La diligencia*, *Enviado especial*, *Furia*, *Si no amaneciera*, *Rebelión a bordo*, *Sospecha*, *Rebeca*, *Pigmalión*, *Vive como quieras*, *Luz de gas*, *Adiós, Mr. Chips*, *Las cuatro plumas*, *San Francisco*, *Capitanes intrépidos*, *Argel*, *La quimera del oro*, *El libro de la selva*, *Cumbres borrascosas*, *Perfidia*, etcétera.

Menciono, asimismo, a mis actores y directores preferidos: Spencer Tracy, Vivien Leigh, Ronald Colman, Greta

Garbo, Mickey Rooney, Walter Pidgeon, Charles Laughton y John Wayne entre los actores, o Frank Capra y John Ford entre los directores.

Hablo también de las novelas que había leído recientemente y que más me habían gustado. Entre ellas *Res de nou a l'oest*, la versión catalana de *Sin novedad en el frente*, de Erich M. Remarque, que tanto me hizo llorar y que fue mi punto de referencia literaria durante muchos años.

También hablo de la música que escucho en la radio. Aparecen las grandes partituras populares de la ópera y de la música clásica, me encantan el jazz y las rumbas, me declaro fan de Glenn Miller y termino hablando de mi entusiasmo por la música popular catalana, especialmente la coral y las sardanas. Y me quejo de que todavía estén prohibidas sardanas como *La santa espina* y canciones como *L'emigrant*.

El trabajo de panadero me obligaba a un horario extraño para un adolescente. A veces empezábamos de día y terminábamos a las dos o a las tres de la madrugada. En otros momentos trabajaba desde las siete o las ocho de la tarde hasta las seis o las siete de la mañana. Dormía hasta el mediodía y tenía más o menos las tardes libres, aunque siempre había cosas que hacer: entrar los fajos de leña o pasar distintas harinas por el tamiz. Los viernes por la noche trabajábamos el doble y el sábado terminábamos mucho más tarde. Pero el sábado por la tarde libraba y el domingo también, hasta las nueve de la noche, cuando empezaba otra semana.

El trabajo en el horno me cambió físicamente. Yo era un niño tímido e introvertido, alto y delgado, lleno de tics nerviosos que me afectaban especialmente a la vista. Mi madre me llevaba de médico en médico y continuamente me hacía tomar reconstituyentes. Hasta que en una ocasión, que jamás he olvidado ni olvidaré, estuve a punto de la catástrofe personal. No sé qué vecina recomendó a mi madre que me llevase a un médico muy moderno y de gran calidad llamado doctor Pigem, psiquiatra. Aquel doctor, que no me tomaba el pulso ni me hacía mostrar la lengua, me sometió a una serie de ejercicios extraños —el test de Roscharch, como supe más tarde— y llegó a la conclusión de que el mejor remedio era aplicarme una buena serie de electrochoques. Acompañado por mi hermano acudí, pues, a una clínica de Les Corts, donde el doctor Pigem me aplicó el primer electrochoque de la serie prevista. El golpe fue tan fuerte, tan brutal, que tardé mucho en recuperar la normalidad. Y tras el susto me negué, afortunadamente, a volver a pasar por aquella tortura, a pesar de los gritos de mi madre y las advertencias del médico. Jamás le perdoné al doctor Pigem, muy famoso por entonces, aquel intento de asesinato científico.

Entre los reconstituyentes y los médicos más o menos extravagantes y con la tortura de los sabañones en pies y manos durante aquellos durísimos inviernos, lo cierto es que con el trabajo en la panadería me fortalecí. Muy pronto tuve que transportar grandes pesos, como los haces de leña de pino que los leñadores nos dejaban detrás de la casa y que teníamos que entrar de uno en uno hasta el patio o incluso los sacos de harina, que pesaban cien kilos. Y también mover a mano la rueda de la máquina de amasar cuando había restricciones eléctricas.

Pero nunca fui un buen panadero. Trabajaba mucho, pero una vez pasada la primera sensación de cambio, constaté que no me interesaba. En el horno trabajábamos mi hermano, ya incorporado de lleno a la panadería después de abandonar el fútbol, el viejo Mas, algún ayudante más joven, un aprendiz, Diego, primo de mi cuñada, y yo. Trabajábamos con métodos totalmente artesanales —horno de madera de pino, levadura natural, larga fermentación de la pasta, etcétera— y el trabajo era lento, con muchos espacios vacíos entre una hornada y otra. El viejo Mas no paraba de contarme su juventud en la Barcelona de las calles Unió y la Rambla. A través suyo tuve información vivida —y revivida cada noche— sobre grandes episodios barceloneses, como la bomba del Liceo, las tertulias y las discusiones en el Paralelo, el teatro de Guimerà y sus intérpretes, empezando por el gran Borrás, etcétera.

Yo llenaba las horas vacías leyendo, escuchando la radio y haciendo volar la fantasía en largos viajes mentales. Un día era un gran actor, como Borrás. Otro día era el mejor delantero centro del mundo. O un gran corresponsal de prensa. O un formidable aventurero, como los que veía en el cine. O un campeón ciclista, que ganaba todas las vueltas a Cataluña e incluso el Tour, en dura competición con Mariano Cañardo y el joven Bernardo Ruiz. O era un gran escalador, que subía al Everest a buscar a dos héroes perdidos llamados Mallory e Irvine y, además, los encontraba. O un campeón de esquí, de natación, de atletismo, de lo que fuera. O era un gran abogado, un gran orador. O un luchador heroico por Cataluña. Mientras cortaba y pesaba la masa escribía mentalmente grandes poemas patrióticos, novelas policiacas y dramas teatrales. Es decir, mi cuerpo ejercía de panadero, pero mi cabeza volaba muy lejos de la panadería.

Como es natural, con la adolescencia la cosa cambió. Y dentro de los estrechos límites de aquel Mollet de los años cuarenta me convertí en lo que hoy llamaríamos un agitador cultural. Con la resurrección de la sardana y con el impulso de viejos sardanistas y de algunos republicanos que habían regresado del exilio organizamos una Agrupación Sardanista. A los quince o dieciséis años fui nombrado secretario y me convertí en un organizador de *ballades* y de *aplecs* o encuentros sardanistas. Incluso confeccionaba el programa de cada encuentro tras contratar la *cobla* —o sea, la orquesta— correspondiente. Más adelante creamos un grupo o *colla* sardanista llamada Montserratina. Yo era el *cap de colla* o cabeza del grupo y participamos en los concursos que se empezaban a organizar por todas partes, con resultados más bien escasos en el plano sardanístico, pero muy fructíferos en otro. De aquel grupo de chicos y chicas que recorríamos el Vallés bailando sardanas salieron varias parejas y, años después, varios matrimonios.

También creamos una agrupación teatral, con la ayuda decisiva de los animadores que quedaban del periodo republicano y con gente nueva, de mi generación. Recuerdo aún una versión gloriosa de *Terra Baixa*, el gran drama de Ángel Guimerá, que provocó un entusiasmo general y en la que por primera y única vez intervine como actor. Uno de los compañeros que interpretaban un papel secundario, el de esbirro del amo, enfermó y tuve que salir yo a sustituirlo. Mi papel consistía en cuadrarme delante de la puerta e impedir que la joven Nuri fuese a advertir a la protagonista sobre las malas intenciones del amo. Pero cuando entré en el escenario se me olvidó todo y me quedé parado en un rincón mientras Nuri clamaba "¡Dejadme salir!" y recorría todo el escenario con la puerta abierta y sin que nadie le cerrase el paso. Cuando Nuri llevaba ya cinco o seis "¡Dejadme salir!" se me hizo la luz y recordé que yo tenía que gritar "¡Nuri!" y cubrir la puerta, pero en vez de "¡Nuri!" me salió un grito gutural y cuando me abalancé hacia la puerta tropecé y estuve a punto de provocar la caída de una parte del decorado. De todos modos, siempre me ha quedado la duda de si me precipité al renunciar tan pronto al oficio de actor.

Incluso llegaron a interesarme los toros, un espectáculo que luego no he podido soportar. Un día unos amigos de la familia me llevaron a la Monumental a ver una corrida realmente sensacional: Ortega, Manolete y Arruza. Cuando volví a casa lo tenía claro: quería ser torero. Leí todo lo que encontré sobre el tema e incluso ya tenía el nombre profesional: Jorge Forner (o sea Panadero, en catalán). Pero la primera vez que vi de cerca una vaca con grandes cuernos pensé que era demasiado y mi afición se esfumó tan deprisa como había llegado.

Más tarde decidí ser aviador e incluso escribí a la Escuela de Vuelo a Vela de Huesca o Jaca, no recuerdo exactamente, pero no estaba maduro para efectuar un cambio de aquellas dimensiones y lo dejé.

También era el cronista deportivo del pueblo, y cuando el Mollet ascendió a tercera división yo redactaba y publicaba cada domingo la crónica del partido en una revista titulada, si no me equivoco, *Barcelona Deportiva*. Aparte del fútbol también intenté jugar a baloncesto, que era un deporte muy popular en Mollet. También fui ciclista, y aunque no tenía recursos para pasar de la bicicleta de piñón fijo, subía La Conreria y recorría como un loco las carreteras del Vallés. Un día intenté competir con un ciclista que venía lanzado tras de mí y al que yo no quería dejar pasar, por aquello del orgullo. Era mi vecino de Masrampinyo, Miquel Poblet, el cual, evidentemente, me adelantó.

También fui un furioso jugador de ping-pong, con largas y encarnizadas partidas con los amigos, en La Marineta, que alcanzaban una gran tensión, hasta que nos calmaba el paso por la calle de alguna de las chicas del pueblo que nos robaban el corazón y nos exaltaban el ánimo.

Y también las caminatas por la sierra de la costa que separa el Vallés del Maresme. La recorrí de una punta a otra, y guardo un recuerdo maravilloso de las excursiones a pie desde Mollet hasta la playa de Montgat. Con Antoni García, Joan Planellas, Salvador Camps y otros amigos salíamos de Mollet los domingos de verano sobre las cuatro y media de la madrugada, caminábamos hacia La Conreria, desayunábamos allí con la salida del sol y bajábamos hasta la playa por Tiana.

Más tarde, cuando hacía la mili y después, ya en la Universidad, me dediqué al atletismo. Corría bien los 100, 200 y 400 metros. Saltaba pasablemente la altura y bastante bien el salto de longitud y el triple salto. No teníamos instalaciones y, bajo la dirección de Alfons Falguera, otro exiliado republicano que había regresado, organizamos un equipo. Incluso construimos, con el azadón en la mano, una pista rudimentaria en un pedazo de tierra que nos había prestado provisionalmente un payés. Con aquel equipo y aquellas instalaciones no lo hicimos nada mal. Yo corrí una vez las semifinales del campeonato de Cataluña en el Estadio de Montjuïc y hace poco, siendo ministro de Cultura, los directivos del Club Atletic Mollet me rindieron un pequeño homenaje y me comunicaron que mi marca de los 400 metros todavía era récord de Mollet.

En definitiva, todo aquello era una manera de salir del agujero personal y colectivo, una rebelión contra la soledad y contra el oscurantismo oficial, una manera más o menos consciente de canalizar energías que no encontraban canales normales de salida.

¿Era quizá una toma de conciencia política, como diríamos hoy? En parte sí, en parte no. Es cierto que la experiencia anterior de la guerra y de la primera posguerra me había provocado una conmoción difícil de olvidar. Pero en esa edad las cosas tristes se olvidan pronto. Lo que más me sublevó fue la posguerra y la mayor parte de las veces por cosas muy concretas, como el "háblame en cristiano" de tal o cual funcionario cuando delante suyo se te escapaba una frase en catalán.

Por otra parte, en la panadería era testigo directo de la corrupción más desenfrenada a través de las tristes historias de racionamiento y de los circuitos paralelos de la harina blanca, que en gran parte era controlada y puesta en el mercado por los mismos capitostes del régimen que luego enviaban inspectores para castigar a los que la amasaban. Los principales jerarcas y muchos intermediarios se hicieron millonarios y algunos panaderos también. Era un mercado medio negro, medio gris —el famoso estraperlo— que todo el mundo conocía y al que todo el mundo acudía para paliar los terribles efectos del racionamiento y de las restricciones. El doble circuito era inevitable, pero precisamente por esto era una especie de tortura, porque siempre estábamos amenazados por unos inspectores que eran auténticos extorsionadores. Incluso se había creado en el pueblo una cierta complicidad de autodefensa, y a menudo los empleados de las dos estaciones de ferrocarril lanzaban señales de alarma cuando advertían la llegada de algún inspector conocido. Un día en que yo estaba solo en el horno llamaron a la puerta de atrás, que daba a un torrente, y al abrir se me lanzaron encima tres o cuatro guardias civiles y un par de inspectores. Nos detuvieron a mí y a mi hermano y cerraron la panadería porque habían encontrado un saco de harina blanca. Yo debía de tener catorce o quince años y aquello me produjo una terrible impresión.

Me consolaba escribiendo poemas patrióticos y proclamas catalanistas, que sólo daba a leer al pobre Mas y a mi hermano. Y un día participé en mi primer acto claramente político. Fue en el Estadio de Montjuïc con motivo de un partido de fútbol entre las selecciones de España y de Bélgica. En la selección española no jugaba ningún catalán y cuando el equipo salió al terreno de juego empezó la protesta y el abucheo y puedo asegurar que yo protesté y grité tanto como pude. Casi todo el público se puso al lado de Bélgica y desde entonces no se celebró ningún otro partido internacional en Barcelona.

Los republicanos que regresaban me inspiraban mucha curiosidad, pero la mayoría intentaban pasar desapercibidos. Un día reapareció un joven vecino nuestro, alegre y de buena planta, gran actor de teatro, que había sido un dirigente de la FAI durante la guerra. Después había sido detenido, juzgado y condenado a muerte. Al cabo de unos años le conmutaron la pena y algún tiempo después fue dejado en libertad. Cuando volvió parecía un viejo de ochenta años que huía de todo el mundo. Cuando le vi no podía creer que aquello fuera posible.

Pero lo más terrible fue la muerte en un campo nazi, en Mauthausen, de mi primo Joan Tura, uno de mis héroes de infancia. Había huido a Francia al terminar la guerra, dejando a toda la familia y a su mujer, Roser, embarazada de un hijo que jamás llegó a conocer. Los alemanes le detuvieron y murió en los crematorios del terrible campo. Durante mucho tiempo no supimos nada de él, y la noticia del trágico final supuso una enorme conmoción para toda la familia. Para mí fue una prueba más de la maldad absoluta de los alemanes que tanto habían ayudado a Franco. Algunos de los primos Tura y mi tío Joan Planellas ya habían sido liberados, el primo Joan Mayol había regresado y los miembros de la familia que aún seguían en el exilio eran mi tío Feliu Tura, que ya empezaba a ser un mito para mí, y su hijo y primo mío Esteve.

Un día, ya terminada la guerra mundial, me comunicaron que el tío Feliu regresaba. Le volví a ver en la masía de Can Pinyonaire, rodeado de toda la familia. Había llegado en silencio y la escena me impresionaba mucho. Me dijo cuatro cosas amables y yo no supe qué contestarle, el mito estaba ahí y había regresado, acongojado por la tragedia colectiva, pero atento y alerta. Vivió poco tiempo, retirado de toda actividad pública, pero cuando murió, un par de años después, Can Pinyonaire se llenó de viejos dirigentes de la Unió de Rabassaires y de viejos militantes de Esquerra Republicana, reunidos en silencio en torno del muerto ilustre, mientras la Guardia Civil y los policías vigilaban aquellos restos del pasado como si fuesen las fuerzas del presente.

Aquella era, pues, la vida de un chico de Mollet, que trabajaba de panadero y que prácticamente no había salido del pueblo. Si aquello era el antifranquismo, no cabe ninguna duda de que yo participaba de él. Pero el asunto era más complicado. El franquismo que percibíamos directamente era la penuria y el racionamiento, la escuela y sus ritos, la Guardia Civil, temida por todos, los funcionarios que nos exigían hablar "en cristiano", los corruptos inspectores de Impuestos y Abastos, la Iglesia identificada en cuerpo y alma con el régimen, la prohibición de cosas elementales, la imagen de los vencidos y humillados, la censura que prohibía cosas evidentes y nos quería imponer otras que no tenían nada que ver con nuestra vida real y concreta. Y, naturalmente, la imagen lejana de Franco, odiada por todo mi entorno familiar, que era el símbolo de todo lo que me desagradaba, tanto en el ámbito colectivo como en el personal. Para nosotros, los adolescentes, las alternativas no existían y, por lo tanto, ni las veíamos ni pensábamos en ellas. La indignación la expresábamos —y aún a duras penas— en las actividades que he mencionado anteriormente: sardanas, fútbol, etcétera. Y en privado, en soflamas poéticas radicales.

Y también podíamos ser víctimas de serias contradicciones. Una de las cosas que había descubierto en mí mismo era el gusto por la escritura. En aquellas circunstancias todavía podía escribir bien en catalán y escribía relativamente bien en castellano. Me gustaba escribir poemas en los dos idiomas y esbozos de novelas de aventuras o policiacas. Mi hermano también escribía novelas policiacas y obras de teatro. Escribíamos de noche, entre hornada y hornada, y nos comunicábamos lo que cada uno hacía, con el viejo Mas de testigo y a veces de árbitro. Una vez gané un concurso de redacción de Radio Sabadell y me dieron un premio de veinticinco pesetas que fui a recoger en bicicleta.

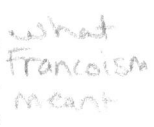

A finales de 1945 —o sea, a mis quince años— escribí un artículo sobre el año que empezaba y la cuestión de la paz, en el sentido de que aquel podía ser el primer año de paz después de tantos años de guerra. Los que lo leyeron me animaron a enviarlo a alguna revista o a algún periódico, pero en Mollet no había y Barcelona me parecía inaccesible. Alguien me insinuó que lo enviase a *Vallés*, un semanario que se publicaba en Granollers, y así lo hice. Con gran sorpresa me lo publicaron como editorial y tuve una gran alegría. Pero muy pronto vi caras largas entre mis familiares y amigos, porque resultó que el semanario de Granollers era el órgano oficial de Falange Española Tradicionalista y de las JONS de la comarca. Aquello me afectó mucho y tuve una terrible sensación de mala conciencia, como si hubiese traicionado a mis familiares exiliados, encarcelados o muertos. Sin saberlo, muy pronto experimenté el gusto amargo de aquella cuestión que tanto nos atormentó más tarde sobre la compatibilidad de la lucha contra el franquismo y la participación en órganos o instituciones del mismo régimen que combatíamos. En aquel momento nadie me podía ayudar a resolver el problema y, de cara al futuro, tuve que tomar la decisión yo solo: me gustaba escribir, quería escribir y me parecía mejor decirlo en público y en voz alta —aunque fuese en órganos como aquél y con prudencia— que decir grandes cosas contundentes entre las cuatro paredes del horno.

Capítulo III

El cambio

Acababa de cumplir diecisiete años. Era una tarde de finales de verano y no sé por qué motivo tuve que hacer una división y no me salió. Fue un choque muy fuerte. De repente descubrí que no recordaba cómo se hacía una división pero tampoco recordaba otras cosas básicas que había aprendido en el colegio.

Al día siguiente fui a ver a la señora Marrugat, una vieja maestra que daba clases de repaso en su casa, le expuse el caso y desde aquel momento me convertí en alumno suyo durante un par de horas cada tarde y recuperé el gusto por el estudio académico, aunque fuese en un nivel tan modesto. Al cabo de unos meses la señora Marrugat me dijo que ya no necesitaba continuar con las clases de repaso y que por qué no me decidía a estudiar en serio: "Deberías dedicarte a escribir", me aconsejó.

Yo ya escribía de manera desordenada y me gustaba, pero lo que ella me proponía era otra cosa que conectaba con una cierta desazón interior. El oficio de panadero no me satisfacía pero me veía demasiado mayor para empezar unos estudios que había abandonado en el nivel de primaria. Pero la desazón existía, me sentía desorientado e intuía que ya no podía continuar compensando con fantasías los estrechos límites de mi situación real de muchacho provinciano y que de algún modo tenía que romper el bloqueo. O sea, que tenía que tomar una decisión y sólo yo podía hacerlo.

Cuando escuchaba la radio de noche en el horno y encontraba muchas emisoras que no entendía, me rondaba por la cabeza una aspiración: aprender idiomas. Vi un anuncio de un centro de enseñanza de idiomas por correspondencia, escribí a la dirección indicada y me respondieron con toda una oferta de discos gramofónicos y libros. Yo no tenía gramófono y en casa no estábamos dispuestos a comprar uno porque parecía un gasto excesivo. Me apunté, pues, a los cursos de lengua escrita y, en concreto, al cursillo de inglés. Estudiaba de noche, entre hornada y hornada, y recibí un diploma que certificaba mi aptitud. Pero entonces empezó mi desesperación: conectaba con las emisoras que emitían en inglés y no entendía casi nada. Hasta que un día me enteré de que la BBC transmitía unos cursos llamados *English by Radio*. Pedí información, me atendieron bien y me inscribí. La BBC me enviaba cada semana un boletín con los textos escritos que emitía en el transcurso de la semana siguiente y yo aprendía la pronunciación escuchando las emisiones con el texto delante. Descubrí entonces que tenía facilidad para aprender y hablar lenguas extranjeras. Lo cierto es que dominé bastante bien el inglés y no sólo me puse a escuchar las radios inglesas de manera regular sino también a tener correspondencia con chicos y chicas de Gran Bretaña y Estados Unidos. Incluso me presenté a un concurso internacional de redacción en inglés organizado por la BBC y fui uno de los premiados. Aún conservo como un tesoro el diccionario que la BBC me envió como premio, el *Learner's Dictionary of Current English*, editado en 1948 por Oxford University Press.

Animado por el éxito, repetí la experiencia con el curso de francés. Estudié del mismo modo, de noche en la panadería, buscando a continuación las emisoras francesas y entrando en contacto con una fonética y una gramática que me eran más familiares. Terminé igualmente el curso con una buena mención e inicié una correspondencia con chicos y chicas franceses. También fue un momento de nuevas lecturas, abundantes, diversas y desordenadas. En las librerías de viejo de Barcelona descubrí bastantes volúmenes de la colección Bernat Metge y leí no sé cuántos clásicos maravillosamente traducidos al catalán. También descubrí viejos volúmenes de la editorial Proa, entre ellos *Crimen y castigo* de Dostoyevski en la traducción catalana de Andreu Nin, que me impresionó mucho. Era una mezcla de lecturas sacadas de las librerías de viejo y de las bibliotecas de amigos de Mollet. Pero también empecé a comprar libros nuevos y el primero fue *La política* de Aristóteles, en la edición de Austral, libro que sólo entendí a medias pero que me produjo una extraña fascinación.

Aquellas lecturas me abrieron muchas ventanas, pero también me provocaron muchas confusiones. Era como si descubriese el mundo pero sin saber por qué sendero tenía que avanzar. Tenía mucha curiosidad pero ningún mapa de las fuentes que me podían calmar la sed. El libro que quizá me impresionó más fue una vieja edición de *Las ruinas de Palmira* del enciclopedista francés conde de Volney, que entonces me pareció una respuesta coherente, clara y racional a mis interrogantes sobre la religión en general y sobre las diversas confesiones y que, como tal, fue algo así como la fuente decisiva de mi laicismo. También me interesó Ortega y Gasset y muy pronto me sentí con él militante europeísta, algo que siempre le he agradecido, aunque no le seguí en sus reflexiones sobre la rebelión de las masas. Me impresionó igualmente Miguel de Unamuno, pero al tercer o cuarto libro la cabeza empezó a darme vueltas y vi que, inmerso como estaba en tantas exploraciones incompletas, corría el peligro de caer en una gran confusión de ideas y de sentimientos que yo no estaba en condiciones de asimilar ni, menos aún, de controlar.

Un claro ejemplo de aquella confusión pero, a la vez, de la voluntad de salir de ella, son los ya mencionados cuadernos azules a los que yo llamaba *Mi diario*. Si el primero, fechado en 1945, era una especie de catálogo informativo del día a día, los otros, que escribí a los dieciocho y diecinueve años, ya tienen otro tono, más reflexivo, más pretencioso y, por lo tanto, más contradictorio. Cuando los he releído me he llevado más de una sorpresa. He encontrado en ellos la huella de un muchacho que ya no soporta el horizonte cerrado del pueblo, que se considera a sí mismo capacitado para ir más lejos y que, a la vez, se impacienta y se mete en unos líos psicológicos bastante antipáticos.

En una anotación del 27 de abril de 1949 encuentro la siguiente frase grandilocuente: "¡Ah, si pudiese ir a la Universidad! Si ahora, con nociones de idiomas y una cierta cultura autodidacta ya me empiezo a sentir dispuesto a lanzarme a las luchas de la vida, ¡qué haría si pudiese dar a mi espíritu todo lo que me pide!".

Pero el conflicto familiar me agobia y me lleva a actitudes extremas que llegan al insulto contra mi pobre cuñada e incluso a las intolerancias contra los inmigrantes. Y la dificultad de encontrar salida al impulso sexual me lleva a una llamarada de puritanismo falso y gratuito. A la vez, la tensión de una sociedad sometida a una dictadura me lleva a una auténtica rebelión política y religiosa que se manifiesta en forma de una exaltación patriótica de Cataluña y de los catalanes, que en algún momento califico incluso de "raza". Pero sigo sin ver clara la salida, a veces hablo de independencia y, de repente, surgen propuestas sorprendentes que anuncian el camino que seguiré más tarde.

En una anotación correspondiente al viernes 18 de febrero de 1949 describo una conversación con mi primo Joan Planellas sobre "las condiciones en que crece y se educa la generación actual". Hago una serie de consideraciones puritanas sobre los vicios de la juventud y cuando pretendo hablar de soluciones escribo lo siguiente, en el inseguro catalán de aquellos momentos difíciles:

¿Cómo solucionar esta grave cuestión? Yo creo que la política del actual gobierno no nos llevará a la solución deseada. La política de Franco y de sus seguidores no es otra que la de establecer una distancia bien definida entre los grupos de la alta sociedad y el grupo obrero, o sea, una ausencia total de grupos intermedios. Es decir, unos, los ricos, para mandar y otros, los pobres, para obedecer. De otro modo no se entiende la falta de educación y de cultura del pueblo y las pocas facilidades que el gobierno da a la parte pobre para mejorar su situación económica y cultural.

El gobierno cuenta con la ayuda de los mandatarios de la Iglesia Católica, y ambos llevan a cabo esta evolución que tan poco conviene a los intereses del pueblo catalán. (...) Creo que el actual gobierno no puede solucionar el problema de la juventud española, del mismo modo que tampoco puede solucionar ningún otro problema con sentido humano, sencillamente porque no nos comprende ni le interesa comprendernos. Yo creo que la solución reside en los siguientes puntos:

1.º Establecer gobiernos autónomos en cada región española dentro de una federalización de Estados españoles. Al tener cada región un gobierno propio, la comprensión entre gobernantes y gobernados sería mucho más factible, porque habría mucha más identificación de intereses y muchos más anhelos de unos y otros para procurar el crecimiento material, económico y espiritual de cada región. Al mismo tiempo no se puede olvidar que una pequeña región no ofrece problemas tan grandes como una nación entera, con ideologías opuestas y un gobierno que no las comprende.

2.º Establecer un sistema educativo que permita estudiar y formarse a los que verdaderamente están capacitados para hacerlo y no, como sucede ahora, que sólo pueden hacerlo los que poseen los medios para ello y que, por lo general, son lo suficientemente cortos de inteligencia como para merecer el desprecio de los verdaderamente inteligentes.

3.º Procurar que la juventud se dé cuenta de las verdaderas bellezas de la naturaleza y las disfrute, para huir paulatinamente de los seudodivertimientos que se han creado hoy en día. De este modo se obtendría una fuerza y un equilibrio de espíritu más seguro para las futuras generaciones.

Después de haber explicado lo anterior, creo que el desprecio que siento por el actual gobierno queda bien justificado.

Esto escribía en 1949. Una mezcla de conceptos, pero a la vez algunas intuiciones. Y, sobre todo, una intuición sorprendente sobre el futuro sistema de autonomías que muchos años después contribuiría a crear y a poner en marcha. No sé concretamente de dónde surgía aquella reflexión, pero sin duda era el resultado de una evolución contradictoria alimentada por muchas fuentes y en primer lugar por la influencia del entorno familiar y de los republicanos que habían regresado del exilio.

Con aquella ebullición interior de sensaciones, de esperanzas, de sentimientos contradictorios y de ganas de hacer cosas que fuesen más allá de mi entorno inmediato, fui madurando la idea de abandonar la panadería y de ponerme a estudiar. Sin embargo era consciente de que me enfrentaba con tres problemas de difícil solución. El primero era qué estudiar. De todas mis lecturas, de mis conversaciones y también de mis fantasías nocturnas en la panadería, habían surgido algunas esperanzas y algunas preferencias. Las que más me atraían eran ser abogado, periodista político y corresponsal internacional. Quizá porque había visto muchas películas americanas en que los abogados tenían un papel muy interesante, o porque las peripecias anteriores en mi pueblo me habían hecho sentir una necesidad difusa de meterme en asuntos de la justicia, de hablar, de opinar, de defender. Y también porque la tradición familiar y mis propias experiencias de adolescente me habían proporcionado una sensibilidad especial hacia los temas políticos. Pero ya tenía dieciocho o diecinueve años y a esa edad me parecía imposible empezar a cursar el bachillerato y una carrera universitaria. Así que tenía que encontrar algo que no me exigiese el bachillerato.

El segundo problema era el económico, o sea, cómo y quién me pagaría los estudios. Yo no tenía dinero. Nunca había cobrado un sueldo y vivía con el dinero que me daban para los gastos corrientes. En mi casa vivíamos sin ahogos económicos, pero modestamente, al día, sin muchos ahorros ni recursos extras. Era iluso pensar que mi familia me podría mantener durante ocho o nueve años sin trabajar, y además a mi edad, sobre todo teniendo en cuenta que si dejaba la panadería tendrían que pagar un sustituto.

Y el tercer problema era exclusivamente mío: me asustaba la perspectiva de meterme en una aventura como aquélla y de empezar unos estudios casi en el mismo momento en que el resto de estudiantes ya los terminaban.

Además, para colmo, se acercaba el tiempo de la mili.

Pero fue precisamente la mili la que me dio salida al problema. Algunos amigos de Mollet que ya estaban haciendo el servicio militar me explicaron que si te presentabas como voluntario podías elegir el lugar de destino. Todos ellos, efectivamente, cumplían el servicio militar en Barcelona. Di unas cuantas vueltas al asunto, y un día nos reunimos solemnemente todo los miembros de mi familia —mi madre, mi hermano, mi cuñada y yo— y planteé el problema y la posible solución. Mi razonamiento era que tenía que hacer la mili y que, por lo tanto, no podrían contar conmigo en la panadería a tiempo completo durante una temporada bastante larga. Mi propuesta era presentarme como voluntario al servicio militar y elegir Barcelona. De ese modo podría seguir ayudando en la panadería, si bien no de manera regular, y tendría algún tiempo libre, en el cuartel o en casa, para intentar estudiar algo. Si me salía bien y al finalizar la mili me veía con ánimos de seguir estudiando, dejaría definitivamente la panadería y ya me las arreglaría para pagarme los estudios. Y si no me salía bien, volvería a la panadería, como hasta entonces. Discutimos el asunto y llegamos a un acuerdo, con el añadido de que si yo dejaba la panadería definitivamente para ponerme a estudiar, renunciaría a todos mis derechos sobre el futuro de la propiedad del negocio cuando mi madre se jubilase. Así lo cuento y así fue. Pero no cuesta mucho imaginar que no fue una reunión normal y corriente: para mí fue sin duda la más importante y decisiva de mi vida.

Me tocó hacer el servicio militar en el cuartel de Lepanto, en L'Hospitalet de Llobregat, o más exactamente en la frontera entre L'Hospitalet y Barcelona. Era la sede de dos regimientos, el de Transmisiones y el Cuarto de Zapadores, al que fui a parar. La mili de entonces era larga, interminable y más todavía si la hacías de voluntario. La primera impresión fue terrible. La entrada en el universo militar me produjo una fuerte conmoción: era como lo que había vivido en Mollet con la Guardia Civil, los inspectores de Abastos y los funcionarios, pero concentrado en un espacio cerrado y con una disciplina que rozaba la irracionalidad.

Además, el Ejército era, por la mentalidad de los jefes, por la organización y por la base material, una institución muy anticuada. El material de que disponíamos para nuestro entrenamiento era obsoleto e incluso ridículo. Entre los jefes había de todo: algunos rigurosos e implacables, pero profesionales, como el comandante Aramburu Topete, que muchos años más tarde fue director general de la Guardia Civil cuando yo era diputado y con quien más de una vez rememoré aquel tiempo cuando coincidíamos en actos oficiales. Otros eran agradables y benévolos. Pero predominaban los mediocres, con una carrera marcada por la guerra civil y una posguerra que aún no había terminado y con mentalidad de ejército de ocupación.

Nuestras prácticas eran increíbles. Aprendíamos la lucha antitanques con granadas ficticias y unos tanques de madera que empujaban por detrás un par de compañeros. Era como la mímica de una película muda. Las prácticas de explosivos se realizaban en la playa del faro del Prat de Llobregat y más de una vez estuvimos a punto de reventar todos porque la mecha no se encendía a tiempo o iba más deprisa de lo que estaba previsto o porque los mecanismos eléctricos fallaban cuando los tocábamos y se ponían en marcha cuando estábamos distraídos. Y cuando algún general pasaba revista y teníamos que construir un puente en el campo de deportes del cuartel siempre nos sobraban piezas y las teníamos que esconder deprisa y corriendo para que el general no se enterase.

Pero también fue una época de nuevas amistades, en la que conocí gente diferente y de todas partes, la mayoría catalanes, pero también andaluces y castellanos que me hicieron ver y empezar a entender una realidad que yo no conocía o conocía mal. Fui a parar a Auxiliaría y me encargaba sobre todo de elaborar el presupuesto del regimiento. No era un trabajo demasiado complicado, pero casi nunca cuadraban los datos generales del regimiento y los que suministraban las compañías. ¡No sé cuántas mulas matamos sobre el papel y resucitamos al mes siguiente, para poder cuadrar las cifras!

De mi promoción y del trabajo en el cuartel surgieron, pues, amistades que han perdurado muchos años y que todavía perduran. Siendo yo ministro de Cultura, muchos de aquellos compañeros organizaron un encuentro en un hostal de Castelldefels, con las esposas respectivas, y me ofrecieron un homenaje que me emocionó y que les agradecí mucho. También hubo contactos personales que en aquel momento no anunciaban ninguna continuidad, pero que más tarde se convirtieron, por una sucesión de casualidades, en relaciones de amistad. Mi primera guardia, por ejemplo, la hice bajo las órdenes de un joven arquitecto y alférez de complemento llamado Oriol Bohigas. Y hay que decir que en aquellos momentos los soldados rasos —y yo siempre fui soldado raso— teníamos muy poca simpatía por los oficiales de complemento.

Empecé la mili a finales de 1949 y la terminé a finales de 1952. Esto significa que me tocó vivir desde el cuartel la huelga de los tranvías de 1951. La noticia de la huelga nos conmocionó. Para la gente de generaciones anteriores era como un retorno momentáneo al clima político de antes, con sus esperanzas y sus temores. Para nosotros era un movimiento profundo y oscuro, un estallido de rabia colectiva y una especie de salto en el vacío, entre otras cosas porque vivíamos de manera directa la reacción de un ejército que volvía a pensar y a actuar en términos de guerra civil. Fue, sin duda, el momento más tenso y más angustioso de todo aquel periodo. Vivimos unos días y unas noches muy difíciles, encerrados en el cuartel con los uniformes puestos y durmiendo con los fusiles y las municiones al lado por si teníamos que salir a la calle con urgencia, sin saber muy bien lo que pasaba, y aterrorizados ante la posibilidad de tener que disparar contra los huelguistas y los manifestantes. La atmósfera del cuartel era de guerra y todo era posible. Recuerdo que tenía que ir urgentemente a Capitanía por un asunto de presupuesto y el oficial de guardia me dijo que tenía que ir solo y con una pistola cargada para disparar contra cualquier agresor. Al final se decidió que el presupuesto podía esperar unos días, pero yo tardé bastante más en quitarme de la cabeza aquella pesadilla. Hasta mucho más tarde no conseguí tener una visión clara de lo que había sido aquel gran episodio y poco podía prever que años después tendría una relación tan íntima con algunos de sus grandes protagonistas, como Gregorio López Raimundo.

Con todo, el paso del tiempo nos convirtió en veteranos y ya se sabe lo que significa ser veterano en la mili. A mí, concretamente, me permitió tener una libertad de movimientos que aproveché para empezar a estudiar. Casi cada día iba a dormir a Mollet y esto me permitía disponer de unas horas por la tarde que aprovechaba para el estudio. Los fines de semana trabajaba en la panadería y trampeaba la situación como podía. Pero lo cierto es que aquella mili descoyuntada me brindó la posibilidad de abrir el primer agujero para salir del pozo. Y la aproveché.

La aproveché, pero me costó mucho salir adelante. Todavía hoy, cuando pienso en ello, me parece inverosímil. Los primeros meses andaba desconcertado y no sabía por dónde empezar. Fui a hablar con el señor Viñas, el director y propietario de aquella Academia Mollet que tanto había rechazado, pero con quien había restablecido una relación digamos que normal en el contexto de un pueblo pequeño como Mollet. Me aconsejó que estudiase algo relacionado con los idiomas —intérprete o incluso marino— y ya que había aprendido dos ¿por qué no probar en la Escuela de Náutica? No, yo no me veía para marino. Otra posibilidad era un peritaje mercantil o técnico. Aquello ya me pareció más a mi alcance. Fui a la Escuela del Trabajo de Barcelona, me matriculé para un peritaje, no recuerdo muy bien cuál, hice el examen de ingreso y enseguida vi que tampoco era lo que quería.

Al fin tomé la gran decisión. Haría el bachillerato por libre. Hice el ingreso en el Instituto Balmes de Barcelona. Tenía veintiún años, iba vestido de soldado y mis compañeros de examen eran críos de diez años. Pasé el examen con una cierta sensación de vergüenza, lo aprobé e inicié el bachillerato.

Lo hice en solitario, con la ayuda del señor Viñas en latín y griego. Compraba los libros, los estudiaba en el cuartel o en mi casa por las tardes e incluso en la panadería, entre una hornada y otra los fines de semana, iba un par de tardes a clases con el señor Viñas, me matriculaba como alumno libre y me presentaba a los exámenes de junio y septiembre en el Instituto Balmes de Barcelona. En junio de 1951 aprobé primero y segundo. En septiembre, tercero y cuarto. En junio de 1952 me presenté de quinto, sexto y séptimo, con la mala suerte de que todos coincidían el mismo día. Los exámenes eran orales y conseguí que el Instituto Balmes me permitiese examinarme de los tres cursos, aunque naturalmente las notas de cada curso quedaban condicionadas al aprobado de las del curso anterior. Me encontré, pues, en la extraordinaria situación de tenerme que examinar en un solo día de treinta y seis asignaturas. Entraba y salía de las aulas como aquellos actores teatrales que hacían todos los papeles a la vez y terminé sin saber muy bien dónde estaba. Pero el hecho es que aprobé quinto y sexto —debo decir que gracias a las notas de letras, historia e idiomas, que compensaban las notas más flojas de ciencias— y sólo me quedó la asignatura de física y química de séptimo, que aprobé en septiembre, así como el llamado Examen de Estado, ante un tribunal que presidía una persona que más tarde se convertiría en colega, maestro y amigo: el doctor Badia Margarit.

Durante aquel insólito año y medio tuve claro que quería estudiar derecho, ser jurista y escritor. No me atraían las ciencias ni las carreras de letras más abstractas. Me matriculé, pues, en la Facultad de Derecho de la Universidad de Barcelona. Fui a las primeras clases todavía vestido de soldado, pero en noviembre de 1952 me licencié del servicio militar y empezó otra etapa de mi vida, tan imprevisible como las otras, pero nueva y muy diferente.

CAPÍTULO IV

La Universidad

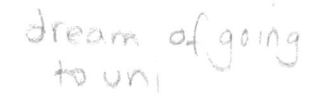

Entré en la Universidad como en un templo. Decenas de veces había pasado por delante del viejo edificio y lo miraba como un sueño irrealizable y ahora el sueño era una realidad que me cambiaría la vida de una manera que ni yo mismo podía prever. No sólo era el estudio, la carrera y el título. Era una nueva etapa de mi vida radicalmente distinta a la anterior.

Había terminado la mili y el bachillerato casi al mismo tiempo. El esfuerzo me había afectado más de lo que yo mismo creía y tenía, por ejemplo, serios problemas de vista que me hacían muy penosa la lectura. Pero tenía muy claro que no me podía detener y que además de estudiar tenía que ganarme la vida. Después de la insólita experiencia de mi bachillerato, el señor Viñas me ofreció trabajo como profesor de la Academia Mollet, aquella misma academia que tanto había aborrecido diez o doce años atrás. La oferta me amedrantó un poco porque mi formación había sido precipitada y desigual, con grandes saltos hacia adelante y también con grandes vacíos. Pero aquel trabajo me permitía ganarme la vida y me lancé a fondo, trabajando las tardes como profesor de algunas asignaturas de bachillerato y también dando algunas clases particulares. Mi vida quedaba organizada, pues, de una manera bastante rígida. Por la mañana iba a la Universidad, volvía a Mollet a primera hora de la tarde e iba a dar clases a la Academia, por la noche estudiaba y los fines de semana trabajaba en la panadería.

Así anduvieron las cosas durante un par de años. Después dejé la Academia y con otro compañero montamos algo así como una escuela de repaso en mi casa. Trabajábamos por las tardes y teníamos unos quince alumnos que estudiaban bachillerato por libre. La cosa funcionó y llegamos a ganar cuatro o cinco mil pesetas al mes. Naturalmente me alejé de la panadería pero no del todo porque de vez en cuando ayudaba en el horno y, en realidad, trabajé de manera intermitente en casa hasta el último año de la carrera, cuando ya había entrado en la vida política clandestina y mi vida había cambiado totalmente.

El gran cambio fue, lógicamente, la Universidad. Recuerdo con absoluta claridad la primera clase y la primera sorpresa. Entré emocionado en el aula de Historia del Derecho. Me anunciaron que el catedrático era un viejo historiador de gran categoría, García de Valdeavellano, pero me encontré con un profesor joven, con bigote, gordito y algo calvo, llamado Fabiá Estapé. Nos resumió el programa en grandes rasgos, nos explicó cómo iría el curso y terminó la clase con una frase que me hizo bajar de las nubes sin contemplaciones: "Espero —nos dijo— que nos entenderemos y que nos portaremos bien, ustedes conmigo y yo con ustedes. Esta asignatura es importante, pero muy pesada. Quizá a muchos de ustedes no les interesará en absoluto. Pero para que todo quede claro ya puedo anunciarles que a mí tampoco me interesa mucho. De modo que calma y tranquilidad. Ustedes me aguantan y yo les aguantaré". Así fue y a pesar de aquella lección concentrada de relativismo debo admitir que él fue el profesor de primer curso que más me interesó, desde luego con la ayuda del gran manual de historia del derecho y las instituciones en España de García de Valdeavellano. Después pude comprobar que, efectivamente, la Universidad no era ni un templo ni un recinto sagrado y agradecí mucho a Fabiá Estapé que me hubiese avisado de antemano y que durante aquel curso de historia me hubiese hecho tocar con los pies en el suelo.

El profesorado era una mezcla de veteranos y de novatos. Entre los veteranos había algunos nombres de gran prestigio como Josep Maria Pi i Sunyer, Josep Maria Trias de Bes, Antonio Polo, Juan Iglesias y Enrique Luño, entre otros. Con algunos, como Antonio Polo, magnífico catedrático de Derecho Mercantil, y Juan Iglesias, catedrático señorial de Derecho Romano, aprendí mucho. Con otros no tanto, y con otros nada en absoluto. El doctor Luño, por ejemplo, convocaba cada semana unos exámenes orales realmente esperpénticos, capítulo por capítulo de su espeso manual de Derecho Natural. Mi compañero de curso y hoy conocido empresario y prohombre de la Rambla de Barcelona, Enric Pantaleoni, consiguió aprobar uno sin pronunciar ni una sola palabra, envuelto en una gran bufanda, simulando que estaba resfriado y soltando una serie de sonidos guturales acompañados de grandes gestos, que el viejo doctor, sordo como una tapia, daba por buenos. Al gran Trias de Bes le vimos un par de veces. Y Josep Maria Pi i Sunyer, persona entrañable y divertida, nos hacía pasar muy buenos ratos con el Derecho Administrativo, pero no nos enseñó nada. Todos aprobamos sin problemas, pero nos dejó un vacío que después costó mucho llenar. El Derecho Político estaba en manos de Agustí de Semir, un hombre inteligente que estaba sumido en un proceso de profunda revisión personal pero que andaba flanqueado por un par de ayudantes infumables.

En cambio, tuve la suerte de trabajar con una hornada de profesores más jóvenes que me abrieron muchos caminos y me hicieron entrar de lleno en la lógica profunda del Derecho, es decir, en la lógica de un sistema jurídico que no se reducía a la pura y simple recitación de preceptos codificados. Octavio Pérez-Vitoria, por ejemplo, me hizo sentir toda la potencia del Derecho Penal y muy pronto descubrí que podía llegar a ser un buen penalista. De hecho fue la asignatura que más me interesó de toda la carrera, porque combinaba la enseñanza teórica con la práctica. Visitamos cárceles, reformatorios, manicomios y hospitales. En el hospital de Sant Pau asistimos a una autopsia que mareó a más de la mitad de los asistentes, yo entre ellos. También participé activamente en las tareas del seminario que dirigía el mismo Pérez-Vitoria y consideré muy en serio especializarme como penalista e incluso iniciar una carrera docente en aquella disciplina. Francisco Fernández de Villavicencio me hizo captar, también, la arquitectura profunda del Derecho Civil, y siempre se lo agradecí. A Josep Maria Font i Rius no le tuve de profesor, pero me llegaron muchas influencias de su pasión por la historia de nuestras instituciones públicas medievales. Josep Lluís Sureda me hizo entender los componentes, para mí abstrusos, de la economía política, con un lenguaje claro y moderno y con una perspectiva política que me interesó desde el primer momento. Y Ángel Latorre, tan tímido, tan bella persona, tan erudito, tan gran profesor. Siempre recordaré la primera clase que nos impartió. El catedrático de Derecho Romano era Juan Iglesias, un personaje imponente, con una voz de bajo maravillosa, que nos tenía a todos pendientes de un verbo claro y conciso, sobre todo cuando paladeaba las frases en latín. Un buen día no vino a clase y se presentó como sustituto un joven tímido, con una voz extremadamente aguda, con una barriga incipiente y un pelo que continuamente se le ponía de punta a pesar del fijador. Además tuvo la mala suerte de empezar la clase con un gallo estridente. La reacción de la clase fue brutal y despiadada; un griterío tal que ni siquiera dio al pobre Latorre la oportunidad de articular dos palabras seguidas. Y así un día tras otro, cada vez que Latorre sustituía al catedrático. Pero con el tiempo la cosa cambió. Al final nos dimos cuenta de que detrás de aquella imagen tímida había un gran corazón y una gran cabeza, y con el tiempo Ángel Latorre se convirtió en una de las grandes figuras de la Facultad y sobre todo en uno de los profesores más queridos por colegas y alumnos.

También había profesores muy estrafalarios. El viejo doctor Mans, por ejemplo, soltero impenitente, carca de día y alegre de noche, nos enseñaba Derecho Canónico con su propio manual, que únicamente hablaba de concilios. Pasaba lista cada día y hacía recitar de memoria párrafos enteros de su libro a unos cuantos alumnos elegidos al azar. Naturalmente, todos teníamos el libro delante, escondido detrás de una cartera o de cualquier otro libro, y cuando nos preguntaba la lección leíamos el párrafo correspondiente, que él comprobaba al detalle siguiendo su propio ejemplar con el dedo. Con un buen cálculo de posibilidades sobre cuándo y cómo nos podía pedir que recitásemos la lección, con unas cuantas clases se podía sacar la máxima nota a final de curso. Así me sucedió a mí, sin tener ni idea del Derecho Canónico. Pero el momento culminante del curso era el día que el doctor Mans hablaba de la consumación del matrimonio. Ese día no faltaba nadie a clase, le hacíamos preguntas comprometidas —como, por ejemplo, cuál era el método para calcular si había habido penetración completa o no— e, invariablemente, en un momento determinado se abría la puerta y alguien gritaba: "¡Mans, cásate!".

De otros profesores no conservo ningún recuerdo, o tengo un recuerdo pésimo. Por consiguiente, corramos un tupido velo. Y de la hornada que llegó después hablaremos más adelante.

Naturalmente, el otro gran factor de cambio fueron mis compañeros de curso. La Facultad de Derecho era entonces un reducto en la planta baja del patio de poniente de la Universidad. El primer piso estaba ocupado por la Facultad de Filosofía y Letras, y por ello entre los estudiantes de Derecho y de Filosofía había una relación muy intensa.

UNA HISTORIA OPTIMISTA

Entre los más de doscientos estudiantes que empezaron Derecho el año 1953 yo era un caso un poco especial. Primero, porque era cuatro o cinco años mayor que casi todos ellos. Segundo, porque yo no había pasado por ningún colegio de renombre ni por ningún instituto de bachillerato y, por lo tanto, llegaba a la Facultad sin conocer ni compartir currículum con ninguno de mis compañeros. Mi primer gran amigo fue Francesc Vallverdú, gran poeta después y hombre de letras en el sentido más puro, persona serena y entrañable, con quien me llevé y sigo llevándome muy bien. Después descubrí a otro amigo, Octavi Pellissa, una especie de volteriano de las tierras del Ebro, destructor de mitos y de lugares comunes, que tuvo una influencia decisiva en toda mi orientación posterior. Y con ellos August Gil Matamala, que escondía su perfil de hijo de guerrillero del maquis para no perjudicar a su padre, en delicada situación legal. Con August Gil tuve una gran amistad que duró mucho más allá de la Universidad. Fue mi abogado cuando estuve en la cárcel el año 1969 y mantuvimos una estrecha relación personal y familiar. Muchos años después, cuando yo era ministro de Cultura, me tocó dar un premio cinematográfico a su hija Ariadna y tuve una sensación muy especial, como si una parte de aquel pasado común volviese a revivir.

A este núcleo inicial de amigos se añadieron después otros, algunos de Derecho y otros de Filosofía y Letras, con los que acabamos formando un grupo que más tarde se convertiría en el núcleo universitario del PSUC clandestino. De todos ellos hablaremos más adelante.

También conecté en seguida con J.A. González Casanova, y la que después sería su esposa, Maria Rosa Virós, una de las pocas chicas que estudiaban Derecho en aquel entonces. Los dos eran de mentalidad inquieta, entre el radicalismo social y el cristianismo de base, con una auténtica vocación de servicio y una visión de la acción política que a veces me parecía un poco angelical. Dos grandes amigos de entonces y de siempre.

La Universidad

Algunos de mis compañeros de curso han tenido posteriormente un protagonismo en el terreno político o cultural, como Macià Alavedra, Llibert Cuatrecases o Antoni Ribas, pero la mayoría han ejercido como abogados, catedráticos o notarios y con muchos de ellos he mantenido una buena relación más allá de los años y de los avatares personales de cada uno.

Si el servicio militar ya me había sacudido, la Universidad me trastornó. No tanto por la carrera —muy interesante en algunas cosas y decepcionante en otras— como por el nuevo ambiente y por la acumulación de nuevos estímulos. Conocía a gente distinta, leía cosas nuevas y lo hacía con los ojos abiertos de par en par, con la curiosidad siempre viva para no dejar escapar ninguna sensación. Superé el primer curso con cierta dificultad, es decir, que lo aprobé pero sin ninguna nota brillante. A partir del segundo, las notas mejoraron mucho y mantuve un alto nivel hasta el cuarto. Entonces entré de lleno en la política clandestina y terminé el quinto como pude. Al final obtuve el número uno de los premios extraordinarios de licenciatura.

El afán de recuperar el tiempo perdido me llevó a una actividad desbocada, sin orden ni concierto. La Biblioteca de Catalunya —a la que entonces llamaban Central— y la del Ateneu Barcelonés fueron mis lugares preferidos para el estudio, y las bibliotecas del Instituto Francés y del Instituto de Estudios Norteamericanos las que prefería para la lectura. Ahí devoré revistas, novelas y ensayos, seguí apasionadamente *Les temps modernes*, y conocí a Faulkner, O'Neill, Hemingway y tantos otros. Leía intensamente, pero con desorden, como siempre. Me empezaron a ser familiares nombres como Josep Maria Castellet, los hermanos Juan y José Agustín Goytisolo, Jaime Gil de Biedma, Carlos Barral, Gabriel Ferrater, e iniciativas como el Seminario Boscán. Asistía a las conferencias de Josep Maria de Sagarra, Salvador Espriu,

Carles Riba y todas las eminencias que se dejaban ver. Devoré con avidez las novelas de Josep Maria Espinàs y las primeras novelas policiacas en catalán de Manuel de Pedrolo que publicaba el editor Alberti. Y me apasioné por la novela realista, hasta el deslumbramiento de *El Jarama*, de Sánchez Ferlosio, y por nuestro cine, con la maravilla de *Bienvenido Mr. Marshall* y las dos grandes películas de J.A. Bardem, *Muerte de un ciclista* y *Calle Mayor*. Siempre he creído que estas películas tuvieron una gran influencia en mi decisión de entrar en la lucha política clandestina.

Fueron también años de descubrimiento de la música y de la ópera. Con los amigos de Mollet, especialmente con Antoni García Flores y Salvador Camps, mis amigos más íntimos, empezamos a frecuentar los conciertos del domingo por la mañana en el Palau de la Música y las tardes de domingo en el Liceu, con horas y horas de cola para obtener incómodas localidades en el último piso. Sin saberlo, empezamos nuestra trayectoria liceística con un acontecimiento histórico: la representación de *Boris Godunov* con Boris Christoff en el papel del zar. Aquella música y aquella voz me dejaron tan impresionado que cuando murió el gran Boris Christoff sentí una pena profunda, como si hubiese muerto un viejo amigo.

También seguíamos con mucho interés el teatro, paladeábamos el *Hamlet* o *La vida es sueño* y otros clásicos, extasiados ante aquella voz musical de Alejandro Ulloa, y descubríamos emocionados la fuerza dramática de *Muerte de un viajante* de Arthur Miller o la intensa *Llama un inspector*, de John Priestley.

Mientras tanto en Mollet continuaba mi activismo político elemental. Como ya he dicho, organizamos un equipo de atletismo y seguimos haciendo teatro. Con los amigos más íntimos, los ya citados Antoni García, Salvador Camps y mi primo Joan Planellas, entre otros, organizamos una cabalgata de reyes laica, es decir, que no pasaba por la iglesia y que tuvo un éxito enorme. Yo era el rey blanco y como tal pronuncié mi primer discurso público ante una gran multitud en la plaza del Ayuntamiento. Más adelante me inventé un proyecto para la reforma del Ayuntamiento y redacté un programa de acción que se fue al agua de inmediato. Finalmente fundamos una revistilla titulada *Amistad*, que se publicaba como boletín de una Asociación de Antiguos Alumnos de la Academia Mollet, y que yo redactaba en un noventa por ciento con distintos nombres: Jordi Solé, J.S. Tura, Julius, etcétera.

También fueron años de nuevos horizontes. Algunos de mis compañeros de la Universidad me hablaron de los campos de trabajo para estudiantes que se organizaban en Alemania, Inglaterra o Francia y me contaban maravillas: se podía viajar en autostop, te pagaban un sueldo escaso pero que te permitía moverte sin problemas, entrabas en relación con mucha gente y hasta podías ligar sin muchas complicaciones. Era, por tanto, la posibilidad, tan esperada, de empezar a ver el mundo más allá de nuestro país, un mundo que forzosamente tenía que ser más abierto y más libre que el nuestro. Alguien me contó que los mejores campos eran los de la Alemania Federal y aunque yo no hablaba alemán para allá me fui en autostop. Era el verano de 1954 y al pasar la frontera sentí una gran emoción, como quien va a descubrir tierras incógnitas de horizontes ilimitados. Poco después me recogió un camionero que me llevó hasta Valence y desde allí, en coche, en camión, en tren, durmiendo en Albergues de Juventud o en acampada, remonté las orillas del Rhin, con los ojos abiertos de par en par. Por todas partes se veían todavía las huellas de la guerra, pero la reconstrucción había avanzado mucho y a mí todo me parecía maravilloso. Fui a parar a Colonia, donde quedé a la vez admirado por su catedral y horrorizado por la destrucción, tan visible y reciente.

Una historia optimista

Y de allí me enviaron a Neger, un pueblecito de la Westfalia católica, para trabajar en una granja junto con un estudiante holandés. La granja era de la familia Zeppenfeld: el padre, la madre, un hijo y su esposa, otro hijo que estudiaba Medicina y una hija de la que me enamoré muy pronto. Yo no hablaba alemán, pero a través de mi colega holandés y del hijo estudiante de Medicina me comunicaba muy bien con mi inglés. Fue una experiencia sensacional, no sólo por lo que descubría, sino también porque era la primera vez que veía a mi propio país de lejos, desde un horizonte que hasta entonces sólo había visto en el cine. Durante aquel mes fui feliz en el sentido más exacto de la palabra, a pesar de la dureza de la situación de un país que todavía no había superado la tragedia de la guerra. Un día el hijo mayor nos contó su participación en la guerra y para ilustrarlo mejor no se le ocurrió otra cosa que ponerse el uniforme de soldado alemán. Cuando bajó de la habitación vestido con el uniforme y haciendo el paso de la oca por el comedor, mi compañero holandés saltó como si lo hubiesen abofeteado, se puso a gritar como un loco y casi agredió al hijo uniformado: lo que para éste era un simple episodio personal, para mi compañero era el recuerdo vivo de la ocupación de Holanda por los nazis.

Al año siguiente repetí la experiencia y me fui a Inglaterra, también en autostop. Con la misma emoción descubrí París, primero, y Londres, después, como si de golpe hubiese entrado en las películas que me habían mostrado aquellas dos ciudades inmensas y maravillosas. Cuando vi en directo el Arco de Triunfo, la plaza de la Concordia, el Sena, el Barrio Latino y el Louvre y, después, el Támesis, la Cámara de los Comunes y el Museo Británico me pareció que entraba en otro mundo, a medio camino entre lo real y lo irreal y, desde luego, a millones de kilómetros de lo que había conocido hasta entonces. Finalmente fui a parar a un campo de trabajo cerca de Stratford-upon-Avon, la ciudad de Shakespeare, donde pude asistir a una representación de *Macbeth* con Lawrence Olivier y Vivien Leigh. Allí trabajé en la recogida de patatas y de fresas y participé por primera vez en una huelga contra un propietario que nos explotaba sin contemplaciones y, como representante de los estudiantes españoles, formé parte del comité de huelga. El asunto se complicó y la mayoría emigramos hacia otros lugares. Al final fui a parar a una fábrica de conservas de King's Lynn y allí acumulé unos ahorros que me permitieron moverme por otras ciudades, como la destruida e impresionante Coventry y Birmingham, y finalmente pasar unos días en Londres, impresionado por la potencia de una ciudad que no parecía haber perdido todavía la condición de capital de un inmenso imperio.

En Birmingham viví un pequeño episodio, insignificante en sí mismo, pero que para mí tuvo mucha importancia. Me había parado a comer un bocadillo en la calle, sentado en la acera, y se me acercó un policía, de aquellos que había visto en las películas. Me preguntó quién era, cómo me llamaba, qué hacía ahí y si conocía Birmingham, y después de decirle que era la primera vez que visitaba la ciudad me dijo que le acompañase. Acostumbrado como estaba al estilo de nuestro país entendí que me arrestaba como un vagabundo o algo así. Le seguí y de repente me hizo entrar en una escalera oscura que me inquietó mucho porque aquello no tenía pinta de comisaría. Subimos por la escalera y al final llegamos a un tejado, desde el que se podía disfrutar de una buena vista de la ciudad. Pero yo estaba asustado y no sabía qué pasaba hasta que el policía me cogió amistosamente del brazo y me dijo que desde allí podía ver bien la ciudad y formarme una idea de cómo era. ¡O sea, que me había hecho subir allí para enseñarme la ciudad! Era la primera vez que me encontraba con un policía como aquél y el gesto de ese agente anónimo me ayudó más que los grandes conceptos para descubrir el sentido exacto de la democracia y medir todavía más el alcance de nuestra miseria política.

El gran recuerdo sentimental, sin embargo, era Alemania y la familia Zeppenfeld. No sé si por esto o por las ganas de ampliar mi conocimiento de idiomas, decidí estudiar alemán. Lo hice con el mismo método y la misma academia donde había aprendido francés e inglés. Pero ya tenía demasiadas cosas en la cabeza, demasiado trabajo acumulado y no salí demasiado airoso del intento. En verano de 1956, ya en plena ebullición política, regresé a Alemania, también en autostop. Hice un cursillo intensivo de alemán durante veinte días en Francfort y volví a Neger, a casa de los Zeppenfeld, esta vez hablando un alemán elemental. Fue un gran reencuentro, pero también una despedida. Yo tenía otros horizontes y muy pronto iba a descubrir mi propio país y una Europa más amplia de manera muy diferente.

Capítulo V

La militancia política

El primero de noviembre de 1956 ingresé en el PSUC, el partido clandestino de los comunistas de Cataluña. Fue una decisión razonada y consciente, de la que me sentí muy orgulloso pero que tomé en unas circunstancias muy complicadas.

En mi familia no había ningún antecedente. Como ya he dicho, predominaba en ella la gente de izquierdas, pero de Esquerra Republicana, de la República y de la guerra civil. En Mollet, el PSUC no había arraigado demasiado y, en cualquier caso, no conocía a nadie que hubiese sido militante del mismo. En los años de la posguerra mi referencia internacional, el país y el sistema que admiraba, a través del cine o de la información fragmentaria que tenía a mi alcance, era Estados Unidos. Es cierto que los acuerdos entre Estados Unidos y el régimen de Franco me desconcertaron, como desconcertaron a mucha gente que los percibía, con razón, como un fortalecimiento de la dictadura. Pero cuando llegaron los primeros buques de la flota norteamericana a Barcelona fui uno de los muchos miles de ciudadanos que les saludaron con entusiasmo, sobre todo cuando un equipo de baloncesto de la flota fue a jugar a Mollet y yo actué de traductor. En mi diario personal de los dieciocho y diecinueve años recojo la noticia de la creación de la OTAN y acepto sin ninguna reserva que es la medida más apropiada para impedir el expansionismo soviético. La URSS me quedaba muy lejos. Sabía, eso sí, que durante la guerra la Unión Soviética había ayudado a la República y que, por aquel motivo, mucha gente le tenía simpatía. También sabía que había sido un factor decisivo en la lucha contra Hitler al lado de los aliados occidentales. Pero mi información posterior ya fue la de la guerra fría y saludé con satisfacción la muerte del dictador Stalin. El impulso hacia el PSUC no vino, pues, de este lado, es decir, que no tuvo nada que ver con la política internacional y la confrontación de los bloques.

La cosa fue más complicada. Intervinieron factores personales muy específicos y factores colectivos de nueva planta. Mi paso por la Universidad, por ejemplo, me trastornó más de lo que yo imaginaba. Aquella ingenua seguridad en mí mismo de los años anteriores saltó por los aires y de repente descubrí, junto con las nuevas perspectivas y los nuevos conocimientos, un montón de dudas, de incertidumbres y de vacilaciones que no había sospechado. Como otros miembros de aquella generación, pero quizá con más intensidad y menos puntos de referencia por mi formación atípica, descubrí que todo me vacilaba, que mis horizontes se habían ensanchado pero que no los controlaba ni conocía sus límites. El resultado fue una explosión contradictoria de sentimientos y de perspectivas, que tomó la forma de una crisis y una interrogación existenciales. Volví a escribir poemas, pero ya no hablaban de hazañas heroicas de una Cataluña igualmente heroica, sino de un tema único y más concreto: yo mismo. Uno de aquellos poemas fue publicado en catalán en uno de los volúmenes de la *Antologia Poètica Universitària* que un grupo de estudiantes pusieron en marcha, y hace poco tuve la sorpresa de verlo reproducido en uno de esos calendarios de mesa que incluyen, detrás de cada hoja diaria, un poema, una receta de cocina o un proverbio. Mi poema, en catalán, empieza diciendo: "Jo, només jo / i els infinits matisos del verd", o sea, "Yo, sólo yo / y los infinitos matices del verde". Todo un programa.

Pero no todo fue demolición del pasado e interrogante sobre mi presente. La nueva experiencia, el encuentro con gente distinta, la salida de Mollet, las idas al extranjero y los nuevos estímulos culturales me abrieron muchas puertas. Y a pesar de que no las podía alcanzar todas al mismo tiempo, no renuncié nunca a ninguna de ellas. De modo que fueron años de efervescencia. Mi formación no fue precisamente completa sino precipitada y desigual, y me quedaron muchos huecos que no he conseguido llenar nunca. Pero el estímulo fue muy rápido y concentrado y lo acepté. Me lo apropié con la velocidad y la fuerza alocada de un cohete y ya se sabe que los cohetes pueden hacer mucho ruido y subir muy arriba, pero de vez en cuando fallan y caen donde no tienen que caer.

Además, aquellos fueron años de cambio. La guerra de Corea había hecho revivir el clima general de guerra que tanto había marcado a la gente de mi generación, pero era una guerra diferente que enfrentaba a los antiguos aliados. Los acuerdos de Franco con el Vaticano y luego con Estados Unidos también nos hicieron cambiar de perspectivas. Hasta entonces el régimen de Franco estaba marginado y siempre había habido una cierta sensación de que el aislamiento internacional podía terminar con el franquismo. Con la confrontación entre los antiguos aliados antihitlerianos, la guerra de Corea y los acuerdos citados, la cosa cambiaba. El régimen de Franco estaba legitimado por los norteamericanos, el aislamiento se terminaba y ya no tenía sentido seguir pensando que Franco estaba a punto de caer y que volverían a mandar los republicanos. La guerra civil era cosa del pasado, el maquis —que tanto nos trastornaba— terminaba, y entraban en escena nuevas generaciones que no habían participado en la guerra y que se enfrentaban a unas perspectivas menos lineales y más imprecisas que las que habían alimentado las esperanzas de cambio de la generación anterior. Como empezaban a decir algunas figuras públicas que se desmarcaban del franquismo —Joaquín Ruiz Jiménez, Dionisio Ridruejo y Pedro Laín Entralgo, por ejemplo— o bien otros que salían del silencio de los vencidos o la gente nueva que expresaba en Barcelona o en Madrid la rebelión difícil y contenida de una nueva generación por medio de la literatura, el cine, el teatro o la Universidad, la guerra civil había terminado y la línea divisoria ya no podía ser la que separaba los vencedores y los perdedores de la guerra sino la que separaba a los que se aprovechaban del franquismo y los que sufrían sus consecuencias. Aquello era, más o menos, lo que de manera confusa empezamos a percibir en la Universidad, a entender y a vivir.

Entre la gente de mi curso, en la Facultad de Derecho y en la de Filosofía y Letras, se empezó a definir un núcleo con inquietudes y ganas de hacer cosas. Algunos comenzaban a moverse en el ámbito del cristianismo socialmente comprometido; otros en el de un catalanismo testimonial. Otros abandonaban el falangismo en nombre de un nuevo radicalismo social, como el malogrado Joan Ramon Figuerol, un activista de mucho empuje que murió en un accidente de coche. Pero el grupo más interesante, con más inquietud por las cosas nuevas y con una visión más internacional es el que se formó alrededor del Seminario Boscán de Josep Maria Castellet, Juan y José Agustín Goytisolo, Jaime Gil de Biedma, Carlos Barral y otros.

El activista decisivo en nuestra Facultad fue Octavi Pellissa, de quien ya he hablado como un gran amigo, conversador infatigable, crítico implacable y lúcido de todas las verdades incontestables, lector amante de todas las novedades y organizador paciente de muchas iniciativas. Fue él quien me situó en el camino de la militancia política. Tuve con él una relación de amistad sincera y profunda, me sentí acompañado en mi condición de joven provinciano, porque él también lo era, y compartí con él muchas reflexiones que me hicieron entender la complejidad del mundo en que vivíamos y la futilidad de algunas simplificaciones que yo mismo me había construido. Entre ellas, que para recuperar las libertades de Cataluña no bastaba encerrarse en casa y marginarse del resto de España. La mayor parte de la gente que yo conocía estaba contra el franquismo, pero tanto en Mollet como más tarde en la Universidad descubrí que también había catalanes que eran partidarios de Franco. En definitiva, descubrí que no había una solución exclusivamente catalana: Cataluña vivía oprimida porque había una dictadura que también oprimía al resto de España y sólo nos la podríamos sacar de encima si éramos capaces de entendernos con los que luchaban con el mismo objetivo en el resto de España. Fue el primer y decisivo paso desde un nacionalismo emocional y rudimentario hacia un federalismo racional y coherente, aunque en aquel momento no lo tenía tan claro.

Entre los amigos y las discusiones peripatéticas de la Facultad se formó un grupo que no tardaría en convertirse en el núcleo universitario del PSUC. Formaban parte del mismo Luis Goytisolo, Joaquim Jordà, Salvador Giner y, más tarde, August Gil Matamala y Francesc Vallverdú en la Facultad de Derecho, y Nisa Torrents, Anna Sallés, Feliu Formosa, Marcel Plans, Joaquim Vilar, Joaquim Marco, Maria Rosa Borràs, Juliana Joaniquet, Josep Termes, entre otros que se incorporaron más tarde, en la Facultad de Filosofía y Letras.

Fue inicialmente un grupo de amigos que nos reuníamos a discutir, a comentar las novedades de dentro y de fuera de nuestro país, y que muy pronto conectó con la dimensión internacional de nuestros problemas y de nuestras inquietudes. Jamás olvidaré aquellas reuniones en casa de los Goytisolo, en el barrio de Tres Torres, con los discos de Leo Ferré, Yves Montand, Georges Brassens o Edith Piaf como complemento de fondo. O las reuniones en casa de Salvador Giner. O las conversaciones sobre cine con Joaquim Jordà.

O los encuentros en casa de Marcel Plans donde conocí a su hermana María, una muchacha espléndida, combativa y apasionada por el teatro. O la amistad personal con la familia de Octavi Pellissa en Sants. O las excursiones de invierno a La Segarra, en las que nos moríamos de frío y yo me lavaba rompiendo el hielo del lavadero en una masía de viejos amigos de August Gil, en La Panadella. O las acampadas en el Montseny con las futuras novias y esposas de algunos de nosotros. Discutíamos de política, de cine, de literatura, hablábamos, sobre todo, de libertad, de igualdad, de justicia social e intercambiábamos información sobre películas, novelas y ensayos. Empezábamos a seguir las revistas francesas y los ensayistas de la izquierda italiana. Y dábamos vueltas al tema esencial: qué podíamos hacer para terminar con la dictadura en nuestro país.

La rama inicial de nuestro grupo universitario se enriqueció muy pronto con la aparición de la figura rutilante de Manuel Sacristán. Desde el primer momento fue una leyenda, un personaje misterioso que había abandonado su falangismo inicial y que en la Universidad alemana no sólo había acumulado un saber enciclopédico, sino que había ingresado en el Partido Comunista Alemán cuando éste había sido prohibido. Reaparecía, pues, en el escenario universitario de los cincuenta con la aureola del militante clandestino, del sabio universal, del maestro sin límites, del pedagogo incansable, del activista riguroso e implacable. Con él y con su mujer, Giulia Adinolfi, establecí una intensa relación de amistad y de admiración. Más tarde, cuando tuve que asumir la responsabilidad de dirigir el grupo, era un visitante asiduo, casi diario, de la pareja en su piso de la calle Padilla, donde mantenía interminables conversaciones —o, mejor dicho, donde yo preguntaba y escuchaba larguísimas lecciones— sobre política, literatura, música y arte. Fueron ellos quienes me hablaron por primera vez de Antonio Gramsci, y la hermana de Giulia, Anna, me trajo de Italia las obras de

Gramsci publicadas por Einaudi, que me impresionaron mucho. Con Gramsci empecé a entrar de verdad en un marxismo que hablaba de cosas vivas y de problemas que me tocaban de cerca.

La verdad es que, sin darme cuenta, abusé un poco de Manolo y Giulia. Se acostaban tarde y yo me presentaba sistemáticamente en su casa hacia las ocho y media de la mañana y a menudo me quedaba a comer con ellos. Pero siempre fueron pacientes y siempre se lo agradecí, incluso cuando años más tarde las cosas se complicaron y nuestra relación fue más difícil.

Mi admiración por Manolo en aquellos momentos era, pues, muy fuerte, muy intensa. Pero también me inquietó en algún momento una cierta tendencia suya a la afirmación rotunda, a la calificación en blanco o negro, sin matices, de tal iniciativa o de tal persona. En una de nuestras reuniones, por ejemplo, hizo una durísima descalificación de Salvador Giner, en unos términos nuevos para mí, que me indignó muchísimo. Pero ni siquiera aquella indignación me alejó de su maestría y de su carisma.

En 1956 las cosas se precipitaron. En la Universidad de Madrid se produjo la primera gran ruptura o, si se quiere, la primera manifestación explícita de la nueva fase en que había entrado la sociedad española. La celebración de un homenaje a Ortega y Gasset, con motivo de su muerte, se convirtió en una gran explosión de protesta contra la dictadura. Un puñado de estudiantes, Javier Pradera, Enrique Múgica, Ramón Tamames y tantos otros, fueron detenidos y sancionados, un núcleo de profesores se sumó a la protesta y algunas personalidades del mismo régimen, encabezadas por el gran Joaquín Ruiz Jiménez, se pusieron al lado de los estudiantes.

Aquel movimiento tuvo una gran repercusión en nuestra Universidad, pero no teníamos ni el empuje necesario ni el mínimo de organización indispensables para iniciar un movimiento equivalente al de Madrid. Nuestro núcleo de amigos lo intentó, sin demasiado éxito, con una iniciativa tragicómica que, sin embargo, expresa bastante bien el nivel en el que nos movíamos. Un buen día decidimos la acción: sabíamos que en el piso superior de nuestro patio de la Universidad el jefe de los bedeles tenía un gallinero. La acción heroica consistía en que dos o tres de los nuestros subirían al gallinero, robarían una gallina y la lanzarían directamente al patio de la Facultad. La otra parte del equipo, debidamente repartida, aprovecharía la caída del pobre animal para comentar en voz alta que se trataba de un aviso, que alguien nos estaba tratando de gallinas y que aquel alguien tenía toda la razón: era el momento de recuperar nuestro honor viril y pasar a la acción solidaria con nuestros compañeros de Madrid. Naturalmente hubo división de opiniones: la mayor parte de la gente pasó olímpicamente del asunto y unos cuantos dijeron que quizá teníamos razón, pero que compadecían a la pobre gallina sacrificada.

Más atrevida y seria fue, en cambio, una espectacular pintada de paredes en la Facultad y otra en las calles de Barcelona. Para la primera conseguimos esconder a los pintores en la Facultad durante la noche y fue un éxito sensacional. Y para la segunda pintada nos inventamos un sistema de vigilancia elemental que estuvo a punto de crearnos un serio problema. El sistema consistía en que si se presentaba algún peligro los que vigilaban debían avisar a los que pintaban encendiendo un cigarrillo. Uno de los vigilantes, no recuerdo quién, estaba tan nervioso que no paraba de fumar y cada vez que los pintores cogían la brocha tenían que esconderla inmediatamente ante el anuncio constante de peligro inminente, hasta que se deshizo el equívoco.

Una iniciativa mucho más interesante fue el intento de organizar en la facultad una representación de *Primera història d'Esther*, de Salvador Espriu, una obra que nos impresionó mucho y que desde el punto de vista político planteaba de manera directa el gran problema de la división y de la reconciliación política de nuestro país. Pedimos audiencia a Salvador Espriu y nos citó en su casa, aquella mansión recóndita de la parte superior del paseo de Gracia. Fuimos a verle, si no me equivoco, Feliu Formosa, Quim Vilar, Octavi Pellissa, Salvador Giner y yo. Entramos en la casa del poeta como en un templo, nos recibió una señora algo aburrida, nos hizo entrar en la sala a media luz y esperamos en silencio un buen rato. Al fin se abrió una puerta del fondo y Salvador Espriu entró de aquella manera tan suya, suave y silenciosa, y nos dijo: "¿Acaso esperabais al genio? Aquí le tenéis". Con aquella entrada, que no sabíamos si era seria o una muestra de humor del poeta, nos quedamos algo desconcertados y él tomó la palabra y nos expuso sus opiniones sobre la actualidad cultural de Barcelona. Recuerdo que hablamos largamente sobre una espléndida versión de *Porgy and Bess*, la ópera de George Gershwin, que una compañía norteamericana había representado poco tiempo antes en el Liceu y que a mí personalmente me había impresionado mucho. Espriu también hizo grandes elogios de la obra, pero de vez en cuando soltaba algún comentario corrosivo que no sabíamos si era una muestra de humor u otra cosa.

Al final entramos en materia. Le encantó la propuesta de representar *Primera història d'Esther* y nos recomendó que no nos metiésemos en muchas dificultades y que nos limitásemos a una sesión recitada, sin la complicación de la escenografía. Estuvimos de acuerdo y dedicamos el resto de la entrevista a hablar de la obra, de su sentido profundo, del lenguaje y de las exigencias de la recitación. Salimos del encuentro con una mezcla de sentimientos, pero confirmados en nuestra idea. Sin embargo las cosas se precipitaron y el proyecto teatral se fue al agua, arrastrado por el mismo impulso que a nosotros nos llevó a una militancia política mucho más comprometida.

Desde entonces siempre mantuve con Salvador Espriu una relación de respeto y de cordialidad y me sentí orgulloso de compartir con él experiencias colectivas tan apasionantes como la Capuchinada de Sarrià, nueve años después de aquel primer encuentro. Como poeta fue la voz de nuestra conciencia, sabíamos de memoria sus maravillosos versos sobre la reconciliación, el respeto a la diversidad y la denuncia a la opresión y fuimos muchos los que nos sentimos identificados con sus llamadas a la plena reivindicación de nuestro idioma y de nuestra identidad en un marco de fraternidad con los distintos pueblos de España.

Aquellos intentos rudimentarios pronto se convirtieron en el detonante que puso en marcha todo un movimiento. El factor decisivo fue la invasión de Hungría por parte de las tropas soviéticas en otoño de 1956. La Universidad se movilizó de inmediato por la protesta, pero tanto la motivación como el resultado tuvieron un contenido más complejo. La iniciativa de la protesta contra la acción soviética surgió de muchos sitios al mismo tiempo, incluso de un sector del SEU, el sindicato falangista al que todos estábamos obligados a pertenecer. Pero muy pronto el asunto adquirió otras dimensiones. La protesta contra la invasión no era ficticia y la gran mayoría de nosotros participamos sinceramente, pero en el curso de las distintas manifestaciones empezó a pasar a un primer plano la protesta contra el régimen franquista como un eco retardado de las manifestaciones de la Universidad de Madrid unos meses antes. Las autoridades franquistas, encabezadas por el temible gobernador civil Acedo Colunga, tardaron en entender el giro del movimiento, porque algunos de los estudiantes que aparecían como líderes no se habían destacado como dirigentes de una oposición organizada. Cuando lo entendieron, intentaron poner fin al movimiento con métodos expeditivos. Pero éste ya se había iniciado, no tardaría en dar resultados espectaculares y tampoco tardaría en encontrar otros dirigentes con perspectivas políticas más claras y definidas.

En plena excitación por aquellos hechos, Octavi Pellissa planteó que quizá había llegado el momento de dar un paso adelante y organizar algo serio. Nos confesó que él ya había tenido algún contacto con un dirigente clandestino del PSUC y nos sugirió que quizá sería interesante que nosotros también le viésemos.

La verdad es que la mayoría de nosotros —yo entre ellos— teníamos un conocimiento remoto y confuso del PSUC. Yo sabía vagamente que era un partido que se había creado durante la guerra civil por la fusión de los socialistas y de los comunistas catalanes, y que después de la guerra se había mantenido como organización clandestina de los comunistas.

Las conversaciones entre nosotros y con gente como Josep Maria Castellet y los Goytisolo nos habían provocado, ciertamente, un gran interés por la política internacional y, dentro de ésta, por la nueva trayectoria del comunismo a nivel mundial después del gran terremoto del XX Congreso del Partido Comunista de la URSS aquel mismo año 1956, y la denuncia del estalinismo por parte del nuevo jefe del PCUS, Nikita Jruschov. Parecía, pues, que empezaba una nueva fase de la política mundial y que algunas de las viejas certezas se ponían en tela de discusión. Pero la invasión de Hungría por las tropas soviéticas volvió a situarlo todo en el lugar de antes y, como he dicho, yo participé en las manifestaciones de protesta con total convencimiento y sin ninguna reserva mental.

Sin embargo, era evidente que empezaban a pasar cosas importantes. Durante aquellos meses frecuenté más que nunca el Instituto Francés y seguí toda la información sobre los cambios en la situación mundial y, muy concretamente, las tomas de posición de Jean Paul Sartre y su revista *Les Temps Modernes* sobre el XX Congreso del PCUS, la invasión de Hungría y la nueva fase de la guerra fría. Leí también a Merleau-Ponty y a Camus. Y *El cero y el infinito* de Koestler. El resultado fue, sin lugar a dudas, un rechazo explícito de la URSS y de su sistema y una simpatía total por los húngaros.

Pero al mismo tiempo había encontrado una respuesta a mi desazón interior. Las manifestaciones del otoño de 1956 me habían abierto otra perspectiva personal y colectiva y había vivido la confrontación con las fuerzas de la policía como un movimiento colectivo que conectaba con una profunda aspiración personal que no se podía detener en lo ya conseguido. Aquello no me parecía, por tanto, un punto de llegada sino un punto de partida hacia la acción colectiva.

En aquellas circunstancias, Octavi Pellissa nos propuso un encuentro con un dirigente clandestino del PSUC. Lo aceptamos y a los pocos días nos encontramos en el Parque Güell con un personaje sencillo, simpático, suave y coherente llamado Miguel Núñez. Nosotros éramos cinco o seis y durante una hora paseamos inquietos por el parque mientras Miguel Núñez nos explicaba la situación política, la "reconciliación nacional" preconizada por el PSUC y el PCE, la necesidad de unir esfuerzos y la inminencia de un gran movimiento que terminaría con el franquismo. La verdad es que Miguel Núñez me fascinó. Era un personaje de leyenda, aunque nosotros no hubiésemos oído hablar de él hasta aquel momento. Lo era porque se trataba de un dirigente clandestino y también porque lo era con toda naturalidad. Teníamos la sensación de estar hablando con un mito, pero un mito que nos ofrecía compartir esta condición con nosotros, estudiantes sin experiencia y llamados por él a asumir un papel activo en la lucha final contra el franquismo. Aquel héroe sencillo y asequible nos abría una puerta que nos parecía inmensamente lejana y ponía a nuestro alcance la posibilidad de ser protagonistas reales de un gran movimiento colectivo.

LA MILITANCIA POLÍTICA

Unos días después de aquella conversación, pedí el ingreso en el PSUC. Los demás hicieron lo mismo y constituimos la célula universitaria del partido, con Octavi Pellissa como responsable y encargado de los contactos directos con la dirección del partido. La única literatura marxista que conocía hasta entonces era el *Manifiesto Comunista*, que había leído en una versión inglesa. Poco tiempo después nos entregaron documentos congresuales del PSUC y ejemplares del periódico *Treball*, que me impresionaron por lo que tenían de exótico y subversivo pero que me parecían pesados y rígidos y no me decían muchas cosas sobre la vida real. Pero yo era miembro de un colectivo de gente valiente que luchaba por la libertad, la igualdad y la justicia social y me sentí muy orgulloso de ello.

Nadie, ni en mi casa ni entre mis amigos, supo nada de aquello. Sólo lo comuniqué a mi amigo más íntimo, Antonio García Flores, que también ingresó en el PSUC. Unos meses después fue detenido en la empresa Aismalibar, donde trabajaba, y lo pasó muy mal. Yo no tardé mucho en comprobar la dureza de la nueva situación. Pero el momento inicial fue un gran momento.

Capítulo VI

La clandestinidad y la carrera universitaria

La militancia política lo cambió todo porque después de nuestro ingreso en el PSUC clandestino nos lanzamos a un activismo intenso y desmedido. La carrera pasó a segundo término y tuve muchos problemas para acabarla. Nuestro objetivo declarado y asumido con orgullo era organizar un vasto movimiento antifranquista en la Universidad, en conexión con los trabajadores de las fábricas. Pero muy pronto pudimos comprobar que las proclamas y la realidad eran dos cosas muy distintas. Creíamos sinceramente que la organización clandestina nos situaba muy cerca de la gran masa de los trabajadores, pero poco a poco y a fuerza de golpes y dificultades constatamos que aquella masa estaba tan lejos de nosotros como nosotros de ella y que entre ambos había unos obstáculos tremendos.

La primera prueba de fuego fue la segunda huelga de tranvías que estalló en Barcelona en enero de 1957 como protesta contra un aumento del precio del billete. Fue una huelga menos dramática que la de 1951, pero tuvo más alcance político porque la situación general había cambiado. El régimen franquista se encontraba en una encrucijada difícil entre el puro continuismo de los falangistas y la reforma económica propugnada por la gente del Opus Dei, y después de las manifestaciones universitarias en Madrid y en Barcelona de unos meses antes se había empezado a generar un clima de cambio impreciso y genérico, pero cambio en definitiva, por lo menos en las Universidades y en algunos sectores de los trabajadores. En Barcelona, concretamente, entre rumores y verdades se había generado un aire de complicidad con algunos cargos militares, supuestamente partidarios de una inmediata restauración monárquica, e incluso se empezaba a ver como líder principal del pretendido movimiento al capitán general de Cataluña, Juan Bautista Sánchez, duramente enfrentado —según se rumoreaba— con el gobernador civil, Acedo Colunga. La repentina muerte por infarto del capitán general el 31 de enero de 1957 provocó, pues, una cierta conmoción y en seguida se extendieron los rumores que negaban el infarto y hablaban de asesinato y de conspiraciones por arriba. De hecho, el entierro del militar se convirtió en una auténtica manifestación de luto y en una protesta sorda contra el régimen.

Los estudiantes universitarios participamos masivamente en la huelga de tranvías y las autoridades franquistas reaccionaron con gran violencia: la Guardia de Franco asaltaba las Facultades, detenía y apaleaba a estudiantes sospechosos —entre ellos mi compañero de militancia, Joaquim Jordà— las clases eran suspendidas y la autoridad académica, ejercida de hecho por el vicerrector García Valdecasas, intentaba controlar la situación con expulsiones, pérdidas colectivas de matrícula y expedientes punitivos.

Pero cuando se reiniciaron las clases a mitad de febrero de 1957 y mientras la Junta de Gobierno se reunía con el director general de Enseñanza Universitaria, Torcuato Fernández Miranda, para tomar medidas de castigo y de control, se produjo un movimiento de estudiantes que culminó con el grito: "¡Al Paraninfo! ¡Al Paraninfo!", y allí nos encerramos en masa. Uno de los que había destacado en las acciones de los meses anteriores, Domènec Madolell, personaje curioso, medio monárquico, medio anarquista, proclamó que aquella reunión en el Paraninfo era la Primera Asamblea Libre de Estudiantes de la Universidad de Barcelona, y así la entendimos y la aceptamos todos.

Aquel primer gran encierro no fue exactamente un congreso ni una asamblea, aunque tomamos unas cuantas resoluciones y aprobamos un manifiesto reivindicativo muy interesante que, entre otras cosas, exigía la supresión del SEU, la celebración de un congreso nacional de estudiantes, la constitución de una asociación libre de estudiantes y acababa exigiendo la plena libertad de expresión, de lengua, de tribuna y de asociación. Nada expresa mejor aquella mezcla novel de rebelión y de confusión que el grito de "¡Viva el ejército!" que lanzaban algunos de los líderes improvisados y las banderas españolas izadas en la presidencia. Pero más allá de la emoción y de las contradicciones, aquello fue un primer paso en el largo proceso que convirtió a la Universidad en una punta de lanza de la batalla por las libertades y contra el franquismo. Algunos de los líderes eran confusos, otros no, algunos de nosotros empezábamos a organizarnos en serio y aquella reunión medio estructurada medio improvisada de casi un millar de estudiantes terminó siendo un gran encuentro, un acto de confraternidad y de afirmación colectiva y, por encima de todo, un acto de denuncia del régimen y una exigencia general de libertades. La policía rodeó el edificio, permanecimos encerrados en el Paraninfo durante muchas horas del día y de la noche y finalmente nos obligaron a salir de uno en uno, con el carnet de estudiante en la mano, mientras los dirigentes más visibles de la reunión eran detenidos. A los pocos días las autoridades gubernamentales y académicas, encabezadas por el vicerrector y muy pronto rector García Valdecasas, anunciaron el castigo colectivo: las chicas iban a ser amonestadas y los chicos expulsados de las respectivas Facultades en lo que quedaba de curso. Yo estaba en el último año de carrera y lo perdí entero. Fue el primer gran acto colectivo y también el primer choque con una realidad muy dura.

Pocos meses después de la creación de la célula universitaria, la policía detuvo a uno de los dirigentes clandestinos del PSUC, Emiliano Fàbregas, y con él cayeron un montón de dirigentes y militantes. Uno de ellos fue Octavi Pellissa. Otro, Francesc Vicens, dirigente del pequeño núcleo de intelectuales del partido. Durante unas semanas vivimos una pesadilla de pánico personal y colectivo porque no sabíamos hasta dónde llegaría aquella catástrofe ni si nos afectaría personalmente. Fue una experiencia terrible porque si las cosas iban mal lo que nos esperaba era la tortura y la cárcel indefinida y no teníamos manera alguna de protegernos porque ni sabíamos cuándo terminaría la ola de detenciones ni podíamos buscar refugio entre gente amiga que no sabía nada de nuestra militancia. Como militante novel e inexperto viví unas semanas de indescriptible angustia.

Pero Octavi Pellissa se mantuvo firme, las detenciones no fueron más allá en el ámbito universitario y unas semanas después, ya más serenos, empezamos a reorganizar los restos de aquel primer naufragio. En la Universidad se decidió por unanimidad que yo ocuparía el lugar de Octavi y sin ninguna experiencia y con una formación política más que rudimentaria, me encontré ejerciendo de responsable de la célula universitaria.

Una de las primeras cosas que nos pidió la dirección del PSUC fue un informe sobre la situación de la Universidad. Nos lo tomamos como un deber militante, redactamos algo parecido a un informe, con datos más o menos contrastados y con una fuerte dosis de voluntarismo y cuando estuvo listo lo metí en una mochila, me fui a Colliure y desde allí lo envié por correo. Fue mi primer paso de frontera como militante y con documentos comprometidos encima y, aunque el miedo me agarrotaba, me sentí un poco héroe.

A pesar de todo, la expulsión de la Facultad nos dificultaba las cosas. Vimos, sin embargo, que el documento que nos comunicaba la expulsión sólo se refería a nuestra Facultad, en mi caso a la de Derecho. Me dirigí, pues, a la de

Ciencias Económicas, que había empezado a funcionar poco antes, me aceptaron la matrícula y cursé el primer año de Económicas, con otros profesores, entre ellos Joan Reventós, que enseñaba Historia de la Economía. Recuerdo con mucha precisión mi examen oral con él.

Por otra parte, mi situación familiar había cambiado. Mi madre se había jubilado y mi hermano y mi cuñada se ocupaban de la panadería. Unos años antes habíamos comprado una casa en la calle que entonces se llamaba Calvo Sotelo y ahora Pau Claris. En la planta baja vivían mi hermano y mi cuñada, y en el primer piso mi madre y yo. Mi madre no cobraba pensión, porque nunca nos planteamos el problema hasta que lo tuvimos encima, y la manteníamos entre mi hermano y yo. Yo iba cada día a Barcelona, más dedicado a la acción política que a la Facultad, me ganaba la vida dando clases por las tardes y cuando terminaba volvía a Barcelona para seguir los contactos y las reuniones. La situación me resultaba muy pesada y me planteé la posibilidad de comprarme una moto para ir y volver de Mollet. Al final me dejé convencer por Margarida Rabassa, hija del creador de la empresa Derbi, una amiga a la que siempre he apreciado mucho, y me compré una Derbi, con la que hacía los viajes de ida y vuelta de Mollet a Barcelona y durante el verano de ida y vuelta a Sant Feliu de Codines, donde veraneaban Manuel Sacristán y su familia. Me convertí, pues, en el activista de la moto que algunos de mis compañeros veían como un personaje algo exótico: un chico de pueblo, panadero antes y todavía medio panadero, universitario atípico y de remate motorista, que ejercía de responsable de un grupo clandestino sin tener una idea demasiado clara y que combatía el miedo con una actividad desaforada. Mi casa de Mollet se convirtió incluso en lugar de cita dominical de una buena parte de los miembros de la célula.

En la Universidad nuestro grupo se consolidaba, pero nos resultaba muy difícil poner en marcha una acción de cierta amplitud. La detención de Emiliano Fàbregas y la caída consecutiva de tantos dirigentes clandestinos nos había dejado sin demasiadas posibilidades de acción, y de hecho dábamos vueltas sobre nosotros mismos. Pero al mismo tiempo empezaban a formarse otros grupos de socialistas, cristianos y nacionalistas todavía más reducidos que el nuestro. Nosotros los mirábamos desde una cierta distancia, con un sentimiento de superioridad y de condescendencia. Era como decir que nuestra militancia era seria y aspiraba a llegar lejos, y que la suya era algo simpática y llena de buena voluntad, pero sin riesgos ni perspectivas históricas de gran alcance.

En el verano de 1957 fui convocado, por primera vez, a una reunión con la dirección del PSUC en París y viajé con una mezcla de sentimientos: por una parte, de orgullo y, por otra parte, de inquietud. En la cita acordada me recibió Miguel Núñez, que me condujo a la casa de un matrimonio de comunistas franceses, en Roissy si no me equivoco, y muy pronto fui presentado, en un café de París, a Gregorio López Raimundo. Me sorprendió aquel hombre tan callado, tan tímido, tan modesto —y tan tozudo, como pude comprobar enseguida— y a la vez con un sentido del humor tan abierto. Era la perfecta antítesis del héroe. Sin embargo, pronto pude comprobar que detrás de aquella modestia había una voluntad de hierro, una dedicación total a la causa, una convicción plena sobre los objetivos a conseguir y sobre la manera de actuar. Allí se inició una relación de amistad que siempre hemos mantenido, más allá de los avatares que nos separaron. Siempre le he respetado y siempre he sentido por él, del mismo modo que por Miguel Núñez, una amistad sincera y franca.

También conocí allí a otros dirigentes del PSUC, que me fueron presentados con los nombres de Román, Rebellón y Aribau. Les respeté, pero no fue el *coup de foudre* de Gregorio López Raimundo y de Miguel Núñez. Sin embargo, con Josep Serradell ("Román") y con su mujer, Margarida Abril, tuve una buena relación personal hasta que las cosas se complicaron. Mi primera discusión con ellos fue muy ilustrativa. Yo acababa de ver en París la formidable película de Eisenstein *Iván el Terrible* y cuando ellos me pidieron mi opinión sobre ella les dije que me había impresionado muchísimo pero que me parecía una apología de Stalin. Tuvimos una discusión y allí se acabaron las preguntas sobre el cine ruso.

Poco tiempo después Miguel Núñez volvió a Barcelona y empezaron nuestros encuentros clandestinos. El sistema era muy sencillo: la cita no era nunca estática y nos encontrábamos caminando, él en una dirección, yo en la opuesta, en una calle determinada, normalmente en la parte alta de Sant Gervasi. Aquello permitía, en teoría, saber si las cosas estaban claras o no y si había moros en la costa. Si alguno de los dos faltaba a la cita, ésta se repetía al día siguiente. Si tampoco funcionaba, se abandonaba y había que empezar de nuevo.

Pero el drama no tardó en estallar. Un domingo por la mañana la célula universitaria se iba a reunir con Miguel Núñez en casa de Joaquim Jordà, en la calle Artesa de Segre. Debía encontrarme con él en la calle Mandri, yo subiendo y él bajando desde el paseo de la Bonanova, para llevarlo luego a casa de Joaquim. El sistema exigía que yo en ningún caso tenía que agotar el trayecto, es decir, subir hasta el paseo de la Bonanova. Subí por la calle Mandri y no vi bajar a Miguel. A media calle me desvié, como correspondía, y fui a comunicar a los otros compañeros que la cita había fallado. Pero conociendo la precisión y la exactitud de Miguel Núñez, nos inquietamos y deshicimos la reunión rápidamente. Al día siguiente yo tenía una cita de seguridad con él en la calle Jesús y María del barrio de Sant Gervasi y tampoco apareció. Toqué la alarma: era evidente que o bien estaba enfermo o que lo habían detenido. Y conociéndole como le conocía, estaba seguro de que en caso de enfermedad me habría hecho llegar alguna señal. Rompiendo todas las reglas, el día siguiente volví a la cita de Jesús y María, pero tampoco apareció. Nos temíamos lo peor y al cabo de unos días supimos la terrible verdad: lo habían detenido el domingo por la mañana, poco antes de la cita que tenía conmigo en la calle Mandri. Hubo una redada, la policía había encontrado una libreta con distintas citas, una de ellas en el cruce de Mandri con el paseo de la Bonanova —anterior a la mía— y allí le esperaban unos policías disfrazados de empleados de tranvía, sin saber que se trataba de Miguel Núñez. Le torturaron salvajemente, colgándole durante días enteros de los tubos de la calefacción, pero no abrió la boca e incluso se enfrentó con los torturadores, los terribles hermanos Creix. Fue un golpe muy duro para él y para toda la organización. Pero no vivimos momentos de angustia porque le teníamos una confianza total, plena y rotunda, y estábamos seguros de su silencio. Aquella seguridad era, en cierto modo, el merecido homenaje que le rendíamos.

Después de la detención de Miguel Núñez y el conjunto de caídas que afectaron a toda la organización en las fábricas, el PSUC quedó reducido a nuestro pequeño núcleo universitario, un núcleo todavía más reducido de intelectuales con los que no teníamos relación por problemas de seguridad y unos cuantos militantes dispersos en el Vallés Oriental y en otras comarcas. Toda la organización clandestina en las fábricas había sido destruida. De hecho, nuestra actividad era una acción continua para la supervivencia y en aquellas circunstancias nos resultó prácticamente imposible impulsar alguna iniciativa colectiva mínimamente seria. Éramos un grupo que se movía básicamente para subsistir como tal.

Una de las condiciones de la subsistencia era mantener nuestra presencia en la Universidad. Una vez terminado el año de sanción por los hechos del Paraninfo, pudimos retomar el último año de carrera en una Universidad que, a pesar de todo, empezaba a cambiar, a superar los miedos y las limitaciones de los años anteriores. Una nueva ola de profesores se había añadido al claustro de Derecho, entre ellos Manuel Alonso García, catedrático de Derecho del Trabajo, Manuel Díez de Velasco, catedrático de Derecho Internacional, y Manuel Jiménez de Parga, catedrático de Derecho Político. Todos aportaron una nueva savia y un nuevo estilo, y en concreto Jiménez de Parga irrumpió en nuestro panorama universitario con mucha fuerza, con posiciones democráticas y liberales muy abiertas y avanzadas que enseguida le convirtieron en un profesor polémico y estimulante. Manuel Jiménez de Parga tuvo una influencia decisiva en mi orientación profesional, me protegió en los momentos más delicados y fue y ha sido siempre un amigo querido y respetado por encima de todas las eventualidades. Nunca olvidaré su generosidad.

Finalmente aprobé el quinto curso el año académico de 1957-58 con dificultades pero pasé el examen de licenciatura con un "sobresaliente", y con aquella nota y el buen currículum que tenía se me abrió la posibilidad de presentarme a los ejercicios para los premios extraordinarios de fin de carrera. Yo ya tenía la mente en otro sitio y mis preocupaciones principales no eran, precisamente, las académicas, pero mis compañeros e incluso los nuevos responsables clandestinos del partido me animaron a hacerlo y me presenté. Salió mejor de lo que pensaba y el tribunal me otorgó el Premio Extraordinario número uno de final de carrera. El número dos fue para mi compañero de curso y después eminente abogado Carles Cuatrecasas. Pero no hubo entrega de premios porque el día antes de la inauguración del nuevo curso murió el papa Pío XII y se suspendió todo el ceremonial. Mi madre nunca perdonó al Papa que eligiese precisamente aquel día para morirse.

Con el final de carrera y el Premio Extraordinario se me planteó la posibilidad de dedicarme profesionalmente a la docencia universitaria. Ya he hablado de mi preferencia por el Derecho Penal, pero Octavio Pérez-Vitoria, el catedrático de la materia me habló muy claro: delante de mí había gente cualificada que llevaba más tiempo que yo preparándose para la plaza de profesor adjunto y para la cátedra. Por otra parte, mi interés se había desplazado hacia el campo político y constitucional y me interesaba especialmente el Derecho Constitucional Comparado, estimulado inicialmente por el gran manual de Manuel García Pelayo y, después, por los movimientos políticos que se estaban produciendo en todo el mundo, sobre todo con el proceso de liberación de los países coloniales. El mismo Pérez-Vitoria me presentó a Manuel Jiménez de Parga, que acababa de llegar a Barcelona y a quien le faltaban colaboradores para la cátedra de Derecho Político. Mi Premio Extraordinario era importante para él y también le interesaron mis inquietudes políticas, aunque no tuviese ni la más remota idea de mi militancia clandestina, y así tras un par de conversaciones, ingresé en la cátedra de Derecho Político en calidad de ayudante. Enseguida me pidió otros nombres para completar el equipo y le presenté a tres posibles aspirantes: José Antonio González Casanova, Salvador Giner y August Gil Matamala. José Antonio y August Gil eran reticentes, porque pensaban dedicarse a ejercer de abogados de Derecho Laboral, pero al final convencí a José Antonio González Casanova y a Salvador Giner, que fueron nombrados profesores ayudantes y comenzaron lo que sería, con los años, una gran carrera universitaria.

Así empezó mi propia carrera de profesor universitario, tan compleja, tan accidentada, tan difícil, pero también tan satisfactoria y estimulante. El primer seminario que organicé y dirigí fue un estudio comparado de las principales constituciones vigentes. Y el alumno más brillante de aquel seminario fue Isidre Molas, después compañero mío en la cátedra, en la política y en la vida.

Con la llegada de Jiménez de Parga, la cátedra de Derecho Político asumió también las clases de Ciencia Política de la Facultad de Ciencias Económicas, que compartía las aulas con la de Derecho en el edificio central de la plaza de la Universidad. Allí empecé en 1959 a impartir mis primeras clases universitarias, mientras en Pedralbes se inauguraba solemnemente el edificio de la nueva Facultad de Derecho, lejos del centro y, según la opinión mayoritaria, alejada precisamente para aislarla como posible foco de agitación. Ignoro si éste era o no el motivo del emplazamiento del nuevo edificio, pero yo asistí a la inauguración como profesor ayudante con el gobernador Acedo Colunga delante de mis narices. Años más tarde iba a pasar allí mis mejores horas como universitario.

Capítulo VII

La gran política

Un día de 1958 nos presentaron al nuevo dirigente clandestino del PSUC que iba a sustituir a Miguel Núñez. Su nombre era Carlos Rebellón y era un madrileño alegre y sencillo, sin demasiado criterio personal, que había vivido en Barcelona y por eso militaba en el PSUC. La diferencia con Miguel Núñez era inmensa. Pero aún más inmenso nos pareció el salto al vacío que nos proponía, en nombre de la dirección, como tarea inmediata.

La consigna era la huelga general o, más exactamente, la Jornada de Reconciliación Nacional en forma de huelga general. Según la dirección del PCE y del PSUC se daban todas las condiciones para el éxito de la iniciativa: la crisis del régimen, el malestar de las masas populares, la protesta de los estudiantes, las tomas de posición de tantos intelectuales y figuras de la Universidad, etcétera. Además, había sectores políticos democristianos, socialistas, liberales y nacionalistas que estaban de acuerdo con la propuesta y que compartían el significado de la misma. Era el momento, pues, de dar por terminada la guerra civil y la posguerra, de manifestar de manera multitudinaria la necesidad de un cambio político y de acabar pacíficamente con el franquismo.

Si con tanta certeza nos lo decían debía de ser verdad, pero nuestra visión de las cosas era muy distinta y había un pequeño detalle que no se tenía en cuenta, a saber, que en Barcelona y en Cataluña en general éramos cuatro gatos, que casi toda la organización del partido había sido destruida, que no conocíamos a ningún otro grupo que estuviese dispuesto a lanzarse a una acción como aquélla y que nosotros, en concreto, no contábamos ni con la gente ni con los medios para organizar una huelga general en Barcelona ni menos aún en toda Cataluña. La dirección del partido, y Rebellón en nombre suyo, descalificaron con un simple gesto todas aquellas observaciones: éramos gente de poca fe, vivíamos demasiado aislados y no nos dábamos cuenta del estado de ánimo de las masas ni de la enorme debilidad de la dictadura. En aquella situación bastaba con prender la mecha para que el fuego antifranquista se extendiera por todas partes. La decisión había sido tomada, la consigna era la consigna y había que hacer todos los esfuerzos posibles para llevarla adelante.

Decidimos, por consiguiente, organizar, desde lo que quedaba de célula universitaria, la huelga general, la Jornada de Reconciliación Nacional con mayúscula. El único instrumento de propaganda que teníamos era una ciclostil manual y rudimentaria, de aquellas que llamábamos vietnamitas. La instalamos en casa de Marcel Plans y organizamos el plan de trabajo. Un equipo se dedicaría día y noche a ciclostilar panfletos llamando a la huelga; el resto de la célula los repartiría durante quince días seguidos por toda Barcelona. También nos encargamos de ciclostilar unos cuantos miles de panfletos para la clase obrera, que recogió un obrero joven —¡el obrero!— de Tarrasa, que si no me equivoco tenía el nombre clandestino de Roca.

Durante quince días, o quizá más, porque perdimos un poco el sentido de la realidad, distribuimos panfletos por todos los barrios de Barcelona. Una de las técnicas consistía en ir de pareja con una de las chicas que se habían incorporado a la célula —yo con Maria Plans, sobre todo, y también con Maria Rosa Borràs, Juliana Joaniquet y otras cuyos nombres no recuerdo— lo más agarrados posible y soltando panfletos en todos los portales. Como traca final organizamos un gran lanzamiento de panfletos sobre el Portal del Àngel desde la terraza de los Almacenes Jorba. Fue una acción peligrosa y espectacular que preparamos con detenimiento y que salió muy bien. Después de aquello, estábamos casi seguros del éxito de la huelga general.

El día indicado nos distribuimos por barrios con el fin de comprobar directamente los resultados de la huelga y la fuerza de las manifestaciones. A mí me tocó el Poble Nou y allá me fui con la moto, dispuesto a contar los miles y miles de manifestantes y a participar en la lucha multitudinaria. Pero con gran sorpresa y consternación comprobé que en el Poble Nou no se había cerrado ni una sola fábrica ni comercio alguno, que todos los tranvías funcionaban normalmente y que no se percibía ni el más mínimo síntoma de huelga, ni siquiera de diez personas juntas. Por la noche nos reunimos para hacer el balance y todos llegamos a la misma conclusión: no había habido ninguna huelga, ni pequeña ni grande, y la gran Jornada había fracasado.

Del desánimo inicial pasamos a la cólera: ya habíamos advertido que no existían condiciones para una huelga general, no nos habían hecho caso y el resultado era un fracaso, o sea un paso atrás. Exigíamos una explicación y nos negábamos a aceptar otras consignas como aquélla si no estaban más fundamentadas. Aquel era el mensaje que yo tenía que transmitir a la dirección cuando unas semanas más tarde fui convocado en París para analizar los hechos.

Me fui, efectivamente, a París, pero no encontré a nadie de la dirección. El compañero que me recibió, miembro del aparato organizador, me dijo que la reunión no tendría lugar en Francia, que todos se habían ido y que yo tenía que viajar a Praga, con documentación falsa, y allí me indicarían lo que tenía que hacer. Con el ánimo encogido y con un entusiasmo perfectamente descriptible emprendí, pues, mi primer viaje clandestino a un país del Este.

El plan del viaje era el siguiente: tenía que ir en tren hasta Zúrich, allí cambiaría de nombre y con un pasaporte de ciudadano francés compraría un billete de avión para Praga. En principio, en Praga me esperaría alguien y, por si aquel alguien fallaba, tenía un número de teléfono salvador. Así lo hice, con el agravante de que era mi primer viaje en avión o, mejor dicho, el segundo, porque una vez había viajado de Mallorca a Barcelona en un bimotor Junker que saltaba sin parar.

En Zúrich me convertí, pues, en un ciudadano francés que quería viajar a Praga. Compré el billete sin problemas, me metí en el avión y llegué a Praga en plena noche. Como me temía, la persona que debía esperarme no estaba. Pasé con inquietud la aduana, llamé al número indicado y me contestó una voz en castellano que me decía que cogiese el autobús y que en la parada final me esperaría alguien. Así lo hice y me preparé para disfrutar de la vista nocturna de Praga que, por lo que me habían contado, era espléndida. Pero la realidad no coincidió exactamente con el anuncio: ya era de noche cuando salimos del aeropuerto, oscuro fue todo el camino y oscuro cuando llegamos a la terminal. Por las calles no se veía a nadie, las aceras estaban destrozadas y la primera sensación fue de una ciudad desierta y triste que me encogió todavía más el ánimo.

En la terminal me esperaba, efectivamente, un compañero del PCE que me condujo a un espléndido hotel llamado Hotel Praga, pero que, como supe después, no era exactamente un hotel ni figuraba como tal, sino que era una mansión muy confortable en la que residían los dirigentes comunistas o los invitados importantes cuando iban de paso hacia un país del Este. Era ya muy tarde, comí algo y me acosté, cansado por la aventura y por la tensión.

Al día siguiente empezaron las sorpresas. Cuando bajé a desayunar fui llamado a un reservado donde me esperaban dos hombres que no conocía. El mayor de ellos se presentó amablemente: "Me llamo Santiago Carrillo —me dijo— y el camarada es Federico Sánchez. ¿Cómo estás? ¿Qué tal el viaje?". Naturalmente respondí que todo iba muy bien, pero tantas novedades de golpe empezaban a marearme. Desayunamos juntos y tuve una larga conversación con los dos mitos. Y digo mitos porque no tardé mucho en saber que aquel joven brillante que se llamaba Federico Sánchez era en realidad Jorge Semprún. No sé si me miraban con tanta curiosidad como yo a ellos, pero la distancia inicial era tan grande que difícilmente podíamos ir muy lejos en una conversación como aquélla, por extensa que fuese.

A lo largo del día conocí a un puñado de dirigentes históricos del PCE y del PSUC: Vicente Uribe —el secretario general sustituido por Santiago Carrillo—, Ignacio Gallego, Manuel Delicado, Simón Sánchez Montero, Antonio Mije, Romero Marín, Josep Moix, Enrique Líster y mucho otros. Y en plena vorágine de nombres ilustres me comunicaron que el viaje no había terminado, que la reunión se celebraba en la República Democrática Alemana y que al día siguiente por la mañana saldría un avión con todos los máximos dirigentes y que yo viajaría con ellos.

A primerísima hora del día siguiente nos concentraron en el aeropuerto de Praga. Mientras esperábamos, llegó un enorme coche negro, del que bajaron tres o cuatro personas y allí, en la oscuridad matinal, me presentaron a la primera de ellas, una señora con el pelo blanco y vestida de negro. "Hola, camarada —me dijo—. Soy Dolores Ibárruri. ¿Cómo van las cosas por allí?"

Ya dentro del avión, Dolores me hizo sentar a su lado y mantuvimos una conversación distendida, seguramente porque no me veía demasiado seguro como pasajero novato de avión. Me hizo muchas preguntas y yo respondía lo que podía y lo que sabía, que no era mucho. Aterrizamos en Berlín oriental, donde nos esperaba una larga fila de coches negros, Zils soviéticos y Skodas checos. La comitiva se puso en mar-

UNA HISTORIA OPTIMISTA

cha a gran velocidad y al cabo de un rato, que me pareció larguísimo, llegamos a un gran edificio, con pinta de castillo, rodeado por un inmenso parque y un lago. Alguien me dijo que quizá había sido la residencia de Goering, el jerarca nazi. Un escuadrón de policías guardaba el recinto, donde ya se encontraban los otros participantes en la reunión que, como supe después, era una sesión especial del Comité Central ampliado del PCE. La inmensa mayoría de participantes eran cuadros dirigentes del exilio, procedentes del este y del oeste de Europa. Y sólo siete u ocho procedíamos del "interior".

Volví a conocer, pues, a mucha gente nueva. La memoria es selectiva, pero de todas aquellas personas tan nuevas para mí, de algunas de las cuales había oído hablar y de otras no, recuerdo especialmente cuatro o cinco, además de Santiago Carrillo y Dolores Ibárruri: Fernando Claudín, Jorge Semprún o Federico Sánchez, el general Juan Modesto, Simón Sánchez Montero y Julián Grimau.

Santiago Carrillo me causó una profunda impresión, quizá no en el primer momento, pero sí en el transcurso de los días que duró la reunión y posteriormente. Era un dirigente de gran talla y acababa de ganar una batalla para mí desconocida en aquel momento pero muy traumática y de consecuencias trascendentales: el cambio de la vieja dirección y el acceso a las principales responsabilidades del equipo formado por él mismo, Claudín, Semprún y otros, con el apoyo de Dolores Ibárruri. No sólo era un cambio de nombres sino el inicio de una etapa totalmente nueva, en sintonía con el proceso de desestalinización iniciado en la URSS bajo el impulso de Nikita Jruschov y centrada en el concepto de reconciliación nacional en España. Como pude comprobar después, aquella reunión era la primera en que el nuevo equipo de dirección ejercía como tal y no estaba claro cómo iban a reaccionar los viejos dirigentes de la posguerra, ya marginados. De todo aquello yo no sabía nada o casi nada y tuve que aprenderlo a toda velocidad, captando los datos al vuelo.

Dolores Ibárruri era La Pasionaria, o sea un mito de verdad. Le agradecí la amabilidad con que me trató y me impresionó su presencia física, la fuerza de su gesto y la maravilla de su voz. Una noche llamó a todos los que procedíamos del interior y nos contó con mucha plasticidad algunas de sus grandes peripecias de la guerra civil y de la huida en avión en el último momento. Y terminó resumiéndolo con una imagen contundente: "Si hubiese caído en manos de los franquistas me habrían paseado por toda España dentro de una jaula, como a Riego, antes de fusilarme". Me sedujo, me apasionó, pero no llegué a sentir por ella un afecto profundo: quizá la veía demasiado arriba en el pedestal.

Con Fernando Claudín me encontré a gusto inmediatamente. Era un hombre modesto, no hacía ostentación ninguna de su liderazgo y, sobre todo, hablaba de manera sencilla, sin recurrir nunca a los grandes conceptos ni a la especulación gratuita. Le interesaban muchas cosas, además de la política, hablaba más del presente que del pasado, vivía las novedades culturales de un lado y de otro y no recurría a ningún dogma. Cuanto más le traté más me sentí identificado con él, más le respeté y aprecié y más me influyó. Y así fue hasta el final a pesar de los dramáticos percances que sufrió, algunos de los cuales compartí con él.

Jorge Semprún también era un personaje diferente por la edad, el origen y la formación. Él también hablaba otro lenguaje y también tenía otras referencias culturales, más allá del reduccionismo de aquellos viejos dirigentes que lo simplificaban todo en dos bandos: el bueno del Este y el malo del Oeste. A pesar de su juventud, tenía detrás una experiencia política dura y dramática. Pero no era lo mismo que Claudín. Tenía un aire más distante, una tendencia a demostrar en el gesto de cada momento y en la palabra de cada hora que él era, efectivamente, de otra hornada, que estaba por encima de tantas disputas y que ya vivía en un mundo donde los históricos sobraban y los noveles apenas llamaban a la puerta que él guardaba.

Juan Modesto, el mítico general de la República, era la viva encarnación de su nombre: un personaje amable, sencillo y dotado de un gran sentido del humor que le permitía soportar el drama del exilio con serenidad y dignidad. Era difícil imaginar que aquel individuo entrañable había sido un gran jefe militar de la República. En todos los sentidos era la antítesis de Enrique Líster, el otro gran militar popular, un individuo prepotente, basto, dictatorial, de esos que cuando gastan una broma obligan a celebrarla a todos los que le escuchan y que te hacen pensar con pavor lo que podía haber sido hacer la guerra a sus órdenes.

Con Simón Sánchez Montero también conecté de inmediato. Había sido panadero y esto me acercó a él. Descubrí a un hombre afable, sencillo y obstinado en el cumplimiento del deber. Desde entonces lo aprecié siempre, seguí de cerca sus dramáticos avatares y lo he seguido apreciando, a pesar de la difícil evolución de nuestras respectivas trayectorias.

Julián Grimau no me causó una especial impresión en aquel primer momento. Me pareció un hombre sencillo y cordial, fiel y eficaz en el cumplimiento de las tareas que le eran encomendadas. Volví a coincidir con él en dos o tres ocasiones más y siempre me dio la misma impresión de hombre seguro, modesto y dedicado a la causa. Su trágica muerte demostró que era uno de esos hombres capaces de ir hasta el final del camino que han elegido, con la dignidad intacta.

Allí me instalé, pues, mientras la cabeza me daba vueltas con tantas novedades. Vivía una experiencia insólita que me convertía en parte de un gran movimiento, pero a la vez todo aquello me sobrepasaba y no tenía claro cómo me iba a afectar. Una cosa era el grupo de amigos en la Universidad y otra aquel grupo de personajes históricos. Una cosa era Barcelona, Mollet y el Vallés y otra aquella reunión de gente que había hecho la guerra, que había superado la posguerra, que intervenía en la definición de la política mundial y que hablaba de tú a tú con muchos líderes internacionales. Pero lo que más me perturbó fue la importancia decisiva que tenía para todos ellos un factor que para nosotros era secundario: la Unión Soviética y sus avatares. Descubrí, pues, el sentido profundo de toda una trayectoria colectiva y también el sentido profundo de lo que llamábamos la guerra fría. Más o menos ya habíamos intuido que nosotros también éramos una parte de la misma y que el franquismo se sostenía, entre otras cosas, por el lugar que ocupaba en el organigrama mundial de la guerra fría. Pero ahora empezaba a ver el otro lado y, más concretamente, a ver que aquellos combatientes históricos estaban condicionados por la lógica de la división: para nosotros la Unión Soviética era una referencia lejana, exótica y muy poco presente en nuestras inquietudes; para ellos era un problema de vida o muerte.

Sin embargo aquel era el baile que me tocaba bailar y muy pronto empecé a entender su lógica y sus reglas elementales. La reunión iba a tener lugar el día siguiente por la mañana y me pidieron que yo fuese uno de los primeros en hablar, después de los preceptivos informes de Dolores Ibárruri y Santiago Carrillo. Con buena lógica querían que las primeras intervenciones fuesen de los que procedíamos del interior.

Después de cenar, Josep Moix, secretario general del PSUC en aquel momento, y Gregorio López Raimundo me pidieron hablar conmigo. Querían saber por dónde y cómo iba yo a enfocar mi intervención y cuál sería el fondo de mi análisis de la huelga general. Naturalmente les dije lo que pensaba e insistí en que no se trataba únicamente de mi opinión sino la de todo el colectivo universitario: la huelga había sido un fracaso absoluto y no se podía insistir en aquella vía sin crear las condiciones que asegurasen el éxito de la iniciativa, aunque fuese parcial y limitado. Pero aquello no se podía repetir.

Moix y Gregorio se miraron, hicieron algunos comentarios laterales, y finalmente Moix tomó la palabra:

—Compañero Mateu —me dijo— (Mateu era mi nombre de guerra)—, entendemos muy bien vuestras preocupaciones y vuestro desencanto después del esfuerzo que hicisteis. Pero queremos aclararte algunas cosas para que tengas la visión de conjunto que por fuerza te falta y para que la puedas explicar con todo detalle a los otros compañeros. Apreciamos mucho vuestro inmenso trabajo y seguramente no estabais en condiciones de hacer mucho más, pero no fuisteis hasta el final y se os escaparon algunas cosas importantes. Por ejemplo: ¿dónde estabas tú el día de la huelga?

—En el Poble Nou —respondí—. Y los otros compañeros se habían repartido por todos los barrios de Barcelona.

—¿Y qué visteis?

—Nada, absolutamente nada. Ni el más remoto signo de huelga. Nadie paró.

—Pero esto era en Barcelona, ¿no? —insistió Moix—. ¿Y quién fue a Badalona? ¿Y a L'Hospitalet?

—A Badalona y a L'Hospitalet no llegábamos —respondí—, pero no sabemos de ninguna empresa importante que hubiese cerrado por la huelga.

—O sea —exclamó Moix— que no sabéis que en Badalona paró la Cros y toda la industria. ¿Y que en L'Hospitalet paró todo el metal? ¿Y que en Sabadell paró todo el textil?

Me quedé absolutamente perplejo y no sabía si lo había entendido bien.

—¿Qué me estáis diciendo? —pregunté finalmente—. ¿Que hubo huelga en toda Cataluña menos en Barcelona?

—Exactamente —remató—. Y no sólo en Cataluña. Todo Madrid fue un clamor contra la dictadura y toda la periferia industrial fue a la huelga. ¿Y en Andalucía?

—¿En Andalucía qué?

—Pues en Andalucía hemos tenido la huelga del campo más importante de toda la historia.

—O sea —dije, exaltado y abatido al mismo tiempo— ¿que ha habido una huelga impresionante en toda España y nosotros en Barcelona no nos hemos dado cuenta?

—Así es —concluyó Moix—. Ya te he dicho que no teníais todos los elementos, porque sois pocos y la censura franquista os lo ha ocultado todo. Pero aparte de Barcelona, la huelga ha triunfado en la mayoría de sitios, tanto en Cataluña como en el resto de España. Pero no te preocupes. Vuestro esfuerzo ha sido muy reconocido y habéis hecho todo lo que habéis podido. Por eso hemos querido hablar contigo antes. Imagínate que mañana sales a la tribuna y dices que el gran éxito ha sido un fracaso porque tú estabas en el Poble Nou y no viste nada. Todo el mundo se reirá de ti y lo que digas dejará de tener sentido e importancia. Por tanto, lo mejor será que hables de las cosas que estáis haciendo en la Universidad, de cómo avanzáis en la organización y en la movilización, de cómo aumenta la unidad de los antifranquistas, de cómo está el ambiente en general y de cómo se están creando las condiciones para un golpe definitivo contra el franquismo. Eso es lo que esperamos de ti.

Allí terminó la conversación. Sin salir de mi perplejidad pensé que, en efecto, nuestro punto de mira era limitado. Yo sólo sabía lo que sabía y no tenía elementos para invalidar lo que Josep Moix me había contado, ni tampoco elementos para demostrarle lo contrario. O aceptaba lo que él me decía, por muchas que fuesen mis reservas, o sólo podía hablar de una situación, la de Barcelona, que parecía ser una excepción que ellos ya conocían como tal: o sea que no podía aportar nada nuevo a la reunión. Estaba realmente sorprendido y pensé también en la sorpresa que tendrían mis compañeros y compañeras cuando les contase que sin saberlo habíamos contribuido al éxito de una huelga descomunal que desgraciadamente no habíamos podido seguir en directo.

Cambié, pues, mi discurso y cuando subí a la tribuna el día siguiente hablé de nuestros esfuerzos, dije que, a pesar de todo, el gran éxito de la huelga —que yo no había podido compartir— nos había compensado ampliamente y me extendí en una visión optimista de la situación en la Universidad y en la sociedad catalana en general. No creo que contase falsedades aunque sí exageré los factores de optimismo y minimicé los que conducían al pesimismo. Recibí muchas felicitaciones y sólo hubo una persona que intuyó que algo no acababa de cuadrar: Fernando Claudín. Una vez terminada la sesión matinal me hizo muchas preguntas sobre la huelga, sobre lo que habíamos hecho y visto en Barcelona, y sobre la realidad del partido en Cataluña. Le conté todo sin tapujos. Pero sólo él me lo preguntó.

Una vez dado aquel primer paso, me dejé llevar por el clima general de optimismo y de confianza en la inminente derrota de la dictadura. Así se desarrolló la reunión y la conclusión fue que era necesario organizar lo antes posible otra huelga general, más imponente que aquella. Por tanto, teníamos que impulsar la organización de las masas, iniciar una gran campaña por la amnistía, negociar con otras fuerzas antifranquistas y avanzar hacia la unidad. Eran objetivos claros y perfectamente razonables, pero que tardarían todavía muchos años en poder convertirse en realidad. El optimismo era también necesario, pero como se demostró muy pronto, un optimismo alejado de los hechos concretos y de las realidades inmediatas puede llevar directamente a la crisis y a la confrontación.

La reunión terminó, pues, en un clima de euforia. Y entonces llegó la segunda parte de la aventura. Las instancias pertinentes me comunicaron que para regresar a París seguiría un camino totalmente distinto para borrar las pistas de la CIA. Un coche me llevó a una especie de casa de reposo, en la que encontré a otros participantes en la reunión que procedían de países occidentales, entre ellos Josep Serradell, "Román". Era una casa confortable y allí me tuvieron dos o tres días, no sin comprobar que cada día desaparecían uno o dos de los huéspedes y se incorporaban uno o dos nuevos. O sea que había movilidad y que los huéspedes emprendían el mismo camino de retorno que yo. Se trataba, pues, de una estructura consolidada.

Al tercer día de estancia dos alemanes me vinieron a buscar. Me metieron en un coche, me llevaron a Magdeburgo y allí entendí que los que me conducían eran miembros de un servicio de contraespionaje o de un servicio especial similar. A continuación, otros dos individuos me condujeron hacia un cuartel de las fuerzas de seguridad, y allí me vistieron de oficial —no sé si del Ejército o de las Fuerzas de Seguridad de la RDA— y me explicaron que el disfraz era necesario porque nos íbamos a aproximar a la línea de separación de las dos Alemanias y no podíamos levantar sospechas con civiles dentro de un coche en aquella zona. Nos metimos, pues, en un tercer coche y empezamos a encontrar a muchos soldados que nos saludaban marcialmente y a los que tenía que devolver el saludo, como si yo fuese realmente un oficial, hasta que fuimos a parar a otro cuartel, donde pude librarme del disfraz. Y allí me comunicaron la parte final y decisiva del asunto:

—Cuando oscurezca —me dijeron— te llevaremos hasta unos trescientos metros de la barrera y esperaremos escondidos hasta tal hora en punto. Cuando veamos una señal luminosa desde la otra parte, empezarás a caminar solo, llegarás a una casa abandonada, le darás la vuelta y entre dos torres de vigilancia encontrarás un agujero en la reja. Cuando el centinela más cercano se dé la vuelta te meterás por el agujero y llegarás al otro lado. Entonces tendrás que recorrer otros trescientos metros por el camino que verás allí mismo, hasta que encuentres a los amigos que te esperarán.

Absolutamente encogido ante aquel panorama, seguí las indicaciones al pie de la letra pero con el miedo metido en el cuerpo. En plena oscuridad, el grupo formado por cuatro personas y yo en medio se acercó por el lado oriental a la gran barrera del telón de acero y un vez llegados a la distancia convenida nos lanzamos al suelo y esperamos la hora exacta y la señal sin movernos y en el silencio más absoluto. Esperamos un cuarto de hora o veinte minutos y cuando uno de mis acompañantes me dijo: "Ahora. Buena suerte", me levanté, caminé en la oscuridad, no trescientos metros sino trescientos kilómetros, me metí por el agujero, convencido de que cuando estuviese dentro caerían sobre mí todos los focos de la cortina de hierro, desembarqué sin mayores daños en el sendero de la RFA, caminé a oscuras por un descampado que me pareció lleno de ojos vigilantes y, de golpe, en la entrada de un bosquecillo, topé con cuatro hombres que me recibieron amablemente con un "Hola, compañero. ¿Todo bien?". Dos de ellos se pusieron delante y dos detrás, caminamos todavía un rato, llegamos a una carretera y en el mismo instante aparecieron dos coches, subí a uno de ellos y salimos disparados hacia la autopista. Al cabo de unas horas nos detuvimos en una cafetería de la autopista, en Hannover, me cambiaron de coche después de suministrarme utensilios para limpiar el barro de mis zapatos, y continuamos hasta Düsseldorf, donde me llevaron a casa de unos militantes comunistas clandestinos. Allí me pude duchar, cambiar y dormir unas horas. A media tarde se presentó un comunista francés, que venía a buscarme. Ya de noche salimos en tren hacia París, a donde llegamos a primera hora de la mañana y en la estación mi compañero francés se despidió diciendo: "Ahora ya te las arreglarás tú solo". Es lo que me tocaba hacer y, por tanto, lo que hice.

Un par de días después llegué a Barcelona, reuní a toda la célula y conté todo lo que me había pasado, con las necesarias precauciones exigidas por la clandestinidad y, por tanto, ocultando muchos detalles. Pero la conclusión era evidente: habíamos hecho una gran huelga y no nos habíamos enterado, pero las cosas iban muy bien y antes de un año el franquismo se iría al agua. Me escucharon escépticos, mi entusiasmo empezó a disminuir y lo dejamos a la espera del nuevo curso.

Ya más sereno pensé en la insólita aventura que había vivido. ¿Sería igual toda la vida de militante? ¿Era realmente necesaria toda aquella parafernalia? ¿Podía confiar en toda aquella gente? ¿Éramos, mis compañeros y yo, militantes de la misma especie que ellos? ¿Hablábamos de las mismas cosas? ¿Era aquello lo que realmente queríamos?

Aquel viaje extraordinario me abrió unas perspectivas y me cerró otras. Por una parte era la ruptura del aislamiento en que vivíamos, el descubrimiento de una dimensión más amplia y, en cierto modo, el rito iniciático de una gran comunidad en la que ya no estabas solo sino que formabas parte de una estructura sólida y de un movimiento extendido por muchos países, con gente que creía en unas cosas y estaba dispuesta a apostar en serio por ellas. Pero por otra parte el viaje me produjo una tremenda impresión que poco a poco se fue convirtiendo en angustia: no hacía ni dos años que me había movido por Alemania Occidental, había convivido con gente agradable y me había sentido libre, y ahora había cruzado la misma Alemania Occidental de manera clandestina, como un enemigo. De golpe había descubierto la realidad inmediata de la guerra fría y me pregunté si aquélla era o no la consecuencia lógica de la opción política que yo había tomado. Dicho de otra manera: me preguntaba si para luchar contra el franquismo era indispensable tomar partido en la política de bloques y optar por un bloque contra otro. De hecho ya me habían hecho optar o ya había optado, porque en aquel momento no me rebelé. Pero ni yo ni la gran mayoría de mis compañeros de la Universidad habíamos pensado en aquella consecuencia cuando decidimos organizar la célula del PSUC en la Universidad. Fue un problema que nos persiguió a todos y que explica muchas de las cosas que más tarde nos sucedieron.

Con los años he pensado mucho en aquella aventura, en la gente que conocí, en las razones que les movían, en las esperanzas que les hacían vivir y en los dramas que iban a protagonizar. De hecho, el problema de los bloques y del modelo soviético ya estaba presente en la discusión, aunque de una manera soterrada, porque la política de reconciliación nacional se situaba en el interior de España y propugnaba una política de alianzas y de movilizaciones incompatible con la aceptación explícita del modelo soviético u otro parecido. Pero la batalla era demasiado reciente y aquello todavía no se podía hacer explícito de manera tan rotunda. Josep Moix y Gregorio López Raimundo eran dos personas honradas. ¿Qué pensaban, pues, y qué querían cuando hablaron conmigo aquella noche? ¿Me engañaron conscientemente para conseguir un objetivo político que yo ni conocía ni sospechaba, o ellos también creían en lo que me dijeron? ¿Y qué pensaban y creían Santiago Carrillo, Fernando Claudín y tantos otros? ¿Era cierto que todos ellos vivían prisioneros de las propias ilusiones y actuaban con un voluntarismo desenfrenado, como se ha dicho? ¿O quizá la explicación era que aquella reunión ampliada del Comité Central era la primera prueba de fuego de la nueva dirección y de la nueva orientación política, y que reconocer el fracaso de la primera gran iniciativa política equivalía a desautorizar la línea emprendida y dar la razón a los viejos estalinistas apartados del núcleo dirigente? ¿Y no éramos nosotros, los del "interior", los que teníamos que avalar, precisamente, la nueva línea con la prueba inmediata de los hechos? En aquellas circunstancias, hablar de fracaso ¿no era dar la razón a los que todavía creían que la guerra civil no había terminado y que luchar por la democracia en España era luchar también por el triunfo del modelo soviético? Seguramente ésta es la auténtica explicación de la aventura. Pero, aunque lo hubiésemos entendido así, ¿qué era mejor? ¿Decir la verdad, aunque los estalinistas se aprovechasen de ella, o disfrazar la verdad para no cortar las raíces a los renovadores?

En aquel momento yo no lo sabía, pero en aquella reunión lo importante no era la huelga sino la afirmación de una nueva línea política, la de la "reconciliación nacional", la consolidación de un nuevo equipo de dirección y la adaptación del partido al enorme cambio impuesto por Jruschov en la URSS con la denuncia del estalinismo. El viejo equipo de Vicente Uribe ya había perdido una buena parte de su fuerza con el nombramiento de Dolores Ibárruri como secretaria general del partido y se trataba de remachar el clavo con el acceso de gente nueva a la dirección, como Jorge Semprún, Sánchez Montero, Tomás García y otros, y preparar el cambio definitivo que se iba a producir unos meses después, con el nombramiento de Santiago Carrillo como secretario general y Dolores Ibárruri como presidenta.

La mayoría de gente del "interior", especialmente de las nuevas generaciones, o no teníamos ni idea de todo aquello o teníamos una visión confusa. Pero no nos dieron mucho tiempo para informarnos de la historia lejana y reciente, para reflexionar con calma, para sopesar los pros y los contras y para encontrar respuestas a todos los interrogantes. Las cosas se precipitaron y cada uno de nosotros tuvo que hacer frente al precio que le tocó pagar. Pero era un dilema terrible porque sin saberlo —o, más exactamente, quizá sabiéndolo sólo unos cuantos— allí estaba ya el germen de unos desacuerdos y de unas disputas que años después romperían en muchos pedazos aquella comunidad. Son cosas que hemos aprendido con los años a un coste muy elevado.

Capítulo VIII

*La batalla de las ideas
y la catástrofe personal*

Todos los miembros del grupo inicial del PSUC en la Universidad habíamos terminado la carrera y nos enfrentábamos con otros problemas personales. Algunos continuaron la aventura de la clandestinidad, otros la dejaron. Pero la semilla que habíamos plantado empezó a dar resultados y muy pronto apareció una nueva generación de militantes universitarios, como Jordi Borja, Dolors Folch, Xavier Folch, Maria Rosa Solé, Guillem Sánchez, Pilar Fibla, Jordi Sales, Isidor Boix, Esther Berenguer, Ramon Garrabou y otros que llenaron, con una energía nueva, el vacío que nosotros dejábamos.

Los otros, los de la primera generación por decirlo de algún modo, teníamos que resolver el problema de nuestra dedicación profesional. En mi caso personal, el puesto de profesor adjunto de Derecho Político me abría un camino, pero no me permitía vivir de aquel trabajo porque el sueldo era prácticamente inexistente. Busqué algo más y Josep Maria Castellet me ofreció trabajar con él en una nueva empresa editorial llamada Praxis que él y otros socios habían creado. La tarea que me ofrecía era de jornada completa con un sueldo de cinco mil pesetas mensuales. Era una oferta tentadora, pero la jornada completa me obligaba, entre otras cosas, a reducir mi militancia clandestina. Hablé de ello con la dirección del PSUC y la respuesta fue negativa: ellos querían, precisamente, lo contrario, es decir, que me dedicase plenamente al partido. Llevado por el impulso inicial lo acepté, pacté con Josep Maria Castellet un trabajo más flexible, redacté el primer volumen de la serie Praxis Laboral, bajo la dirección del catedrático Manuel Alonso García, y después continué con otros trabajos dispersos.

Me convertí, por consiguiente, en un semiprofesional del PSUC clandestino. Muchas veces me he preguntado por qué lo acepté sin ninguna reticencia, sabiendo como sabía que aquella decisión tendría consecuencias muy serias para mi futuro personal y profesional, y no tengo una respuesta clara. Cuando ahora leo cosas que escribía entonces, es evidente que había experimentado un cambio. Por ejemplo, me tomaba en serio el marxismo como teoría y la política de reconciliación nacional como estrategia política. También es evidente que tenía vínculos afectivos con muchos de los nuevos compañeros que había conocido y con los que trabajaba. Pero había algo más, un rasgo de carácter que entonces no tenía claro y que con el tiempo se me ha ido perfilando: había hecho una opción, creía en lo que estaba haciendo a pesar de los claroscuros de la militancia, y no veía ninguna razón suficientemente poderosa para abandonar. Por lo tanto no sólo me atenía a mi decisión, sino que me dedicaba a ella con toda mi energía, con todo mi empuje personal. Así lo había hecho hasta entonces y así lo he seguido haciendo a lo largo de mi vida: cuando me he dedicado a una tarea lo he hecho al cien por cien y cuando la he dejado, también.

Nuestra tarea inmediata fue intentar reorganizar lo que había quedado disperso después de la detención de Miguel Núñez y otros compañeros, y a mí se me asignó la tarea de dirigir el sector universitario y el grupo de intelectuales. Me dediqué, pues, a reagrupar a los que todavía quedaban en la Universidad y la gente nueva que emergía y a organizar el núcleo de intelectuales, que también se había dispersado con la detención de Francesc Vicens. También me fue asignada la tarea de crear un aparato de propaganda en Barcelona capaz de suministrar documentos y panfletos a los dos Vallés, el Oriental y el Occidental, y al Baix Llobregat. En congruencia con todo aquello pasé a formar parte del reconstruido Comité de Barcelona del PSUC, al que también se incorporó Francesc Vicens cuando salió de la cárcel.

El núcleo de intelectuales, en la terminología del partido, era reducido pero muy valioso. Además de Manuel Sacristán y de algunos universitarios que se incorporaban, como Luis Goytisolo, Joaquim Marco, Feliu Formosa, Marcel Plans, Joaquim Vilar, Francesc Vallverdú, August Gil Matamala y otros, destacaban Josep Fontana, Arnau Puig, Joaquim Horta y el inolvidable doctor Josep Maria Jaén, un personaje entrañable que nos aportó, por encima de todo, serenidad y sentido del humor.

Otro amigo entrañable, Octavi Pellissa, también había salido de la cárcel pero se planteó con mucho realismo el problema de su futuro inmediato: ¿tenía que esperar un Consejo de Guerra que, sin ninguna duda, le condenaría a unos cuantos años de cárcel, o era mejor pasar la frontera e ir a Francia durante un cierto tiempo? Discutimos seriamente el asunto y llegamos a la conclusión de que era mejor que se fuera. A mí me tocó poner en marcha el aparato para el paso clandestino de la frontera y lo hice lo mejor que pude, pero con una enorme tristeza.

El núcleo restante entró inmediatamente en lo que bien podríamos llamar la batalla de las ideas. Era un momento de cambio en todo el mundo y también en nuestro país. La guerra en Vietnam y, sobre todo, el espectacular avance de las guerrillas de Fidel Castro en Cuba, hasta la increíble victoria de finales de 1959, removieron todas las conciencias y nos inyectaron nuevas energías. En Europa, después de las terribles conmociones de Hungría, parecía que empezaba un nuevo periodo de acuerdo entre las grandes potencias, mientras el espectacular vuelo del primer cosmonauta, Yuri

Gagarin, abría una nueva etapa en la historia del progreso humano y nos mostraba a la URSS con un poco más de optimismo. En España se preparaba, sin que fuésemos plenamente conscientes de ello, un gran cambio con el Plan de Estabilización y la apertura económica y comercial hacia Europa. Y digo que no éramos plenamente conscientes de ello porque desde el punto de vista político el franquismo reafirmaba sus esencias con la Ley de Principios del Movimiento Nacional de 17 de mayo de 1958, la Ley de Orden Público de 30 de julio de 1959 y el Decreto contra el Bandidaje y el Terrorismo de 21 de septiembre de 1960, y aquello era lo que más directamente nos afectaba e inquietaba.

Pero en nuestro país la batalla de las ideas, si de verdad se le puede llamar batalla, tenía otra dimensión, más específica. A finales de los años cincuenta se habían publicado en Cataluña algunas obras importantes que replanteaban sobre nuevas bases la cuestión nacional catalana y habían surgido algunas iniciativas culturales y políticas en nombre del catalanismo. Entre las obras destaco tres, *Notícia de Catalunya* e *Industrials i polítics*, de Jaume Vicens Vives, y *Les formes de la vida catalana*, de Josep Ferrater Mora. También en el terreno literario había empezado otra explosión, la del realismo social, y se abría paso una nueva tendencia de la crítica que Josep M. Castellet analizó en su obra *La hora del lector*.

La cuestión del nacionalismo en Cataluña no era un problema meramente teórico. Lo que nos preocupaba era qué tipo de orientación política tomaría aquel nacionalismo políticamente incipiente, todavía poco maduro y surcado por líneas muy diversas, desde un catalanismo de derechas, que en buena medida había cooperado y todavía cooperaba con el franquismo, hasta un nacionalismo de base que en parte era confesional y en parte no. Y muy en particular nos preocupaba saber si aquel conjunto todavía mal delimitado se mantendría apartado de la inmediata lucha contra el franquismo, si pactaría con un sector del mismo o si buscaría algún acuerdo con las fuerzas clandestinas de la izquierda, especialmente con el PSUC. De hecho, las posibilidades de éxito de la política de reconciliación nacional propugnada por el PCE y el PSUC dependían en buena medida de la respuesta a estos interrogantes.

Éste fue uno de los problemas que se planteó el núcleo de intelectuales del PSUC y nuestra respuesta fue la puesta en marcha de una publicación en catalán ciclostilada y naturalmente clandestina que llevaba el título de *Quaderns de Cultura Catalana*. El primer número, a principios de 1959, publicaba dos artículos con seudónimos. El primero era un ensayo de Manuel Sacristán sobre Heidegger. El segundo era un artículo mío, firmado con el nombre de Mateu Oriol, titulado "Consideracions sobre el catalanisme", que era un comentario de las obras de Vicens Vives y un primer intento de análisis de las contradicciones y de las potencialidades del catalanismo político en aquel momento. En el número 3, de noviembre de 1959, también con la firma de Mateu Oriol, insistía en el asunto con un largo artículo que llevaba por título "El moment actual del catalanisme polític".

A pesar de una terminología recargada y pedante de marxista novel pasado por una primera lectura de Gramsci, el planteamiento del tema era muy claro: el catalanismo político no es uniforme ni expresa todo el pensamiento y toda la acción política de Cataluña. En consecuencia tiene que ser analizado desde una perspectiva de clase social y discernir a quién y qué representa y hasta qué punto es compatible o no con los intereses de los trabajadores. La finalidad del análisis es, por lo tanto, saber dónde se sitúa cada corriente del catalanismo, qué sectores están con el franquismo —como los de la antigua Lliga— y cuáles no, qué papel desempeña la Iglesia —Montserrat en particular— en la orientación de cada uno de ellos y hasta qué punto y en qué condiciones se puede esperar una alianza política entre este catalanismo no franquista y la clase obrera. Como ya he dicho, la cuestión era crucial para el futuro de la política de reconciliación nacional.

El interés por la historia de nuestras identidades, sobre la que tuve una inolvidable conversación personal con Jaume Vicens Vives, me llevó a aceptar la propuesta de redacción de un capítulo del libro *Un segle de vida catalana, 1814-1930*, que quería publicar la editorial Alcides —y que fue realmente publicado el año 1961, cuando yo ya estaba en el exilio—, capítulo que llevaba por título "Síntesi del pensament polític català". Me metí de lleno en su redacción, llené centenares de páginas de notas, leí a todos los autores significativos y al final redacté el capítulo con la colaboración de Francesc Vallverdú. Se trataba, efectivamente, de una síntesis y, por lo tanto, era más un esquema que un análisis. Pero ahí nació la idea que años después me llevó a presentar una tesis doctoral sobre Enric Prat de la Riba y a publicar aquel libro tan polémico que se tituló *Catalanisme i revolució burgesa*.

También en aquel momento publiqué mi primer artículo en *Gaudeamus*, una revista universitaria que pusieron en marcha Jordi Argente y Àngel Abad, entre otros. Fue un comentario sobre la mencionada obra de Josep M. Castellet, *La hora del lector*. La verdad es que aquel libro me interesó mucho y entre las cosas que debo agradecerle está el descubrimiento de un autor que desconocía: Dashiell Hammet.

De hecho, los años 1959 y 1960 anunciaban un cambio sustancial y fueron, en sí mismos, un periodo de transición entre los núcleos resistentes más o menos dispersos que habían protagonizado las protestas y las movilizaciones desde 1956 y la entrada en acción de una nueva generación. Fue un periodo de fuerte represión, marcado no sólo por las caídas de la gente del PSUC, que nos tocaron muy de cerca con la detención de los compañeros de la Universidad Helios Babiano y Maria Rosa Borràs, el primero de ellos torturado por la policía, sino también por la detención de un grupo de dirigentes y militantes del Moviment Socialista de Catalunya, encabezados por Joan Reventós, Carles Sampons y Joan Rión. También fue el momento de la llamada campaña de la P, es decir, de la multiplicación de pintadas de esta letra en las paredes como símbolo de "protesta", de la que Josep Benet fue el principal animador. Y fue también, como movimiento de repulsa y de unidad, la reacción de tanta gente contra el director de La Vanguardia, Luis de Galinsoga, por sus insultos en público a los catalanes.

En aquellas circunstancias mi dedicación al partido llegó a ser casi total. En la Universidad, después del impacto de la reunión del Paraninfo, se había iniciado un movimiento más articulado, menos dependiente de dirigentes improvisados y populistas. Algunos de los protagonistas del encierro se orientaron hacia la resurrección de la antigua FNEC, pero se trataba de un proyecto demasiado abstracto, demasiado pensado en términos de política por arriba, y no tuvo éxito. Muy pronto arrancó otro movimiento, más enraizado en la batalla cotidiana de la Universidad y encabezado básicamente por el PSUC. En 1959 se constituyó un comité universitario del PSUC que dirigía distintas células de la Facultad y que publicaba la revista clandestina *Universitat*, que durante muchos años fue el órgano principal del movimiento universitario de Barcelona. También apareció el grupo del Moviment Socialista de Catalunya (MSC), encabezado por Joan Reventós, Raimon Obiols y Carles Sampons. Y también entró en escena el grupo Nova Esquerra Universitària (NEU), encabezado por Xavier Folch, Joaquim Sempere, Ángel Abad, Oriol Bohigas (no el arquitecto, sino el físico), Manuel Vázquez Montalbán y otros, que conectaba con el FLP, fundado en Madrid poco tiempo antes, a través del núcleo cristiano de Alfonso Carlos Comín y José Ignacio Urenda. Desde el PSUC iniciamos contactos con estos grupos y después de unos primeros encuentros entre Xavier Folch y Oriol Bohigas en nombre de la NEU, Carles Sampons en nombre del MSC y yo mismo en nombre del PSUC, constituimos una plataforma conjunta llamada Comitè de Coordinació Universitària (CCU), que no tardó en convertirse en el motor principal del movimiento universitario de los primeros años sesenta. Y creo que no exagero si afirmo que el PSUC fue la llave maestra de aquel motor y de aquel movimiento, como lo demuestra, entre otras cosas, el hecho de que la mayoría de los miembros iniciales del CCU acabaron integrándose en él.

Empezaron también las llamadas "Rutas de Montserrat", inicialmente confesionales, pero después abiertas a todo el mundo. Yo participé en un par de ellas y me sentí muy estimulado por aquella convivencia entre estudiantes tan distintos pero tan unidos en el rechazo de la dictadura y en la reivindicación de nuestras libertades como pueblo. Y también me sirvieron para ver desde otra perspectiva el papel de la Abadía de Montserrat en aquel amplio movimiento democrático.

Entre las personas que conocí entonces me impresionó especialmente Alfonso Carlos Comín. Nunca había conocido a alguien como él, capaz de vivir con tanta intensidad su fe cristiana y de alejarse, al mismo tiempo, de una Iglesia que estaba casi en exclusiva al servicio del franquismo. Tampoco había conocido una dedicación personal tan intensa a la causa de los perseguidos, de los pobres y de los vencidos en nombre de una visión del mundo que hacía compatible la fe cristiana con el marxismo. Es cierto que en la Facultad había tenido y tenía amigos íntimos que eran católicos practicantes y antifranquistas convencidos, pero Alfonso Comín era un personaje singular, una especie de redentor lleno de energía que había elegido un camino de lucha y que sabías, con toda seguridad, que lo seguiría hasta el final. Inmediatamente sentí por él un gran afecto personal y nuestro encuentro, hecho de conversaciones, intercambios de ideas y sentimientos compartidos, fue el comienzo de una relación profunda que continuó intacta hasta el doloroso momento de su muerte.

El gran debate entre nosotros era, pues, si los grupos antifranquistas tenían que construir una plataforma política

LA BATALLA DE LAS IDEAS Y LA CATÁSTROFE PERSONAL

y sindical al margen del SEU —que era más o menos lo que propugnaba la FNEC—o si debíamos impulsar un "movimiento de masas", como decíamos entonces, ocupar el mayor número posible de posiciones en la estructura sindical y desde allí organizar a los estudiantes en una plataforma unitaria capaz de dinamitar finalmente al propio SEU y sustituirlo por un sindicato democrático. La discusión fue muy viva entre los estudiantes y de hecho era, en términos menores, el mismo debate que se planteó en el terreno del sindicalismo obrero y que culminó con la fundación de Comisiones Obreras. Yo fui totalmente partidario de la entrada masiva en el SEU y batallé a fondo para inclinar la balanza en este sentido. Y lo recuerdo porque aquella batalla tuvo éxito, muy pronto se pudo crear una coordinadora entre Facultades —la famosa "Interfacultats" o "Inter"— dirigida por gente nueva y audaz y empezó un movimiento imparable que, unos años más tarde, culminaría con el resultado que deseábamos: la destrucción del SEU y la aparición fulgurante del Sindicato Democrático de Estudiantes.

Todo aquello era vivo y estimulante. En cambio, la cuestión del aparato de propaganda me dio muchos quebraderos de cabeza. Yo no era ni he sido nunca un gran organizador, pero en aquellas circunstancias hacía lo que podía. En mayo de 1959 se nos comunicó que el partido había decidido convocar otra gran jornada de lucha, junto con otras organizaciones políticas y personalidades de la oposición. De hecho, aquellas personalidades de la oposición que tomaban partido eran muy escasas y en nuestro caso casi se reducían al entrañable Josep Benet, que mantenía largas sesiones de discusión con Francesc Vicens en su despacho de la calle de Petritxol. Pero la propuesta siguió adelante, con una dosis desaforada de voluntarismo: era la Huelga Nacional Pacífica y la fecha prevista era el 18 de junio.

Las circunstancias en las que nos movíamos y la experiencia de la Jornada de Reconciliación Nacional nos hacían ver la nueva iniciativa con mucho escepticismo. Y a pesar de que la organización del PSUC era mejor que la de un año antes, seguía siendo precaria y carente de medios. Una de las medidas que nos propusieron para preparar la huelga fue, por consiguiente, el fortalecimiento y, de hecho, la creación de nueva planta de un aparato de propaganda en Barcelona. La tarea no era fácil, porque en la práctica partíamos casi de cero. La dirección exterior del PSUC nos anunció, pues, que íbamos a recibir ayuda y que además de la aportación económica nos enviarían a dos expertos desde Francia. Constituimos un equipo con Marcel Plans y Quim Vilar, encontramos un piso que nos pareció apropiado, instalamos unas impresoras bastante elementales pero mucho mejores que las de antes y, con la ayuda de los dos expertos, nos dispusimos a lanzar una gran campaña de propaganda para la huelga.

Pero muy pronto empezaron los problemas. El primero, el más importante y, con el tiempo, el más lamentable, fue el de los dos supuestos expertos. De hecho, eran dos jóvenes emigrados a Francia que eran tan expertos como nosotros. Además nos parecieron equívocos. No tenían nada que ver con la imagen de los militantes que hasta entonces habíamos conocido y nos parecieron más unos tarambanas que unos técnicos y militantes serios.

Expresamos, pues, nuestras reservas y quejas a la dirección y la respuesta fue que nos podíamos fiar por completo de ellos. Después supimos que en Francia habían tenido algunos problemas con la policía y aunque nos aseguraron que no había ningún peligro, jamás nos fiamos de ellos. Tan fuerte era nuestra suspicacia que tomamos la decisión de ocultarles nuestros nombres y nuestra dedicación profesional, una sabia decisión que a mí me salvó de la catástrofe absoluta y que creó muchos problemas a quienes no la aplicaron rigurosamente hasta el final.

El aparato de propaganda funcionó con mucho empuje para la Huelga Nacional Pacífica y aquella intensa dedicación nos hizo olvidar, en parte, la amargura de su fracaso. Pero si el año anterior nos habíamos molestado tanto por el fracaso de la Jornada de Reconciliación Nacional, ahora nos lo tomábamos con más calma y hasta con más distancia. La Jornada había sido la primera prueba de fuego de un núcleo reducido y aislado. La Huelga era una etapa más en un camino de grandes acciones que tenía detrás no sólo un PCE y un PSUC más fuertes, sino también —como nos decían— un serio movimiento unitario con otras fuerzas democráticas. De hecho no había gran diferencia entre una y otra, o sea, entre un fracaso y otro, pero no lo percibíamos igual y, por lo tanto, no nos provocó ninguna depresión personal ni colectiva. Simplemente constatamos que el camino sería largo.

En verano volví a ser llamado a Francia para analizar los resultados de la huelga. Naturalmente, fueron optimistas pero no desmesurados y, a pesar de la euforia artificial, un cierto clima de realismo planeaba sobre los dirigentes. Por lo que he sabido después, en la dirección del partido hubo una fuerte discusión sobre la conveniencia o la inconveniencia de aquel tipo de iniciativas y fue precisamente Fernando Claudín quien se opuso con más contundencia.

Allí se me propuso que junto con un joven compañero extremeño fuese a representar al partido en el congreso de las Juventudes Comunistas Italianas que se celebraba en Génova. Lo acepté gustosamente y lo agradecí porque el contacto con los comunistas italianos me abrió unos horizontes mucho más ricos y estimulantes que los que había conocido hasta entonces.

El congreso me deslumbró, por el lugar, por la gente, por el nivel político, por el entusiasmo colectivo y por el descubrimiento de un comunismo que conectaba con millones de personas y que planteaba de manera abierta cuestiones y problemas que nosotros no percibíamos o que, cuando menos, nos

UNA HISTORIA OPTIMISTA

parecían muy lejanos. Allí conocí a Palmiro Togliatti, Enrico Berlinguer, Giorgio Amendola, Giancarlo Pajetta, Pietro Ingrao, al joven Achile Occhetto y a muchos otros dirigentes. Y descubrí unos ambientes y unos entusiasmos que, de hecho, me abrían unas perspectivas nuevas y estimulantes. Quizá nunca me sentí tan identificado con el comunismo, como proyecto y como movimiento, como en aquella primera experiencia italiana, confirmada después por otras con aquella misma gente. Para un provinciano como yo, encerrado en la dura realidad de la vida clandestina de la España de Franco, aquello era otro mundo, otra perspectiva, otra promesa de futuro.

El encuentro con algunos de aquellos personajes míticos me confirmaba cosas que ya había intuido con la lectura de Gramsci, y desde entonces me convertí en un italianista convencido, lo que sorprendentemente me provocó más de un disgusto algunos años después. La conversación con Togliatti me fascinó de manera especial. Todo empezó con un pequeño incidente cuando Giancarlo Pajetta me preguntó si habíamos pasado la frontera con pasaporte falso o con nuestro pasaporte legal. De hecho habíamos pasado con el pasaporte legal y Pajetta se puso a gritar como un energúmeno, diciendo que éramos unos inconscientes y unos ineptos. En plena bronca aparecieron Togliatti y Berlinguer, y cuando Togliatti supo que éramos españoles cortó en seco el rapapolvo de Pajetta, calmó los ánimos y nos invitó a sentarnos y a hablar con él. Nos preguntó por la situación en España, por las perspectivas inmediatas, recordó su propia peripecia en nuestra guerra civil, nos resumió los rasgos principales de la situación en Italia e incluso contestó de manera detallada mi pregunta sobre la situación en la URSS, después de la desestalinización que él había comentado de manera tan heterodoxa en una célebre entrevista en *Nuovi Argomenti*. De todo nos habló, con aquella voz pausada y segura.

En mi salutación al congreso —que no leí personalmente por aquello de la seguridad y la clandestinidad— hablé de Gramsci y presenté una visión optimista —demasiado optimista— de la situación en España, y al finalizar, sentí con una gran emoción el calor y la solidaridad de toda aquella gente que nos veía a mí y a mi compañero extremeño como la representación de un pueblo querido que algún día compartiría con ellos la libertad y la democracia. Y cuando Togliatti concluyó el congreso con un discurso trabajado y poderoso e hizo una referencia a la lucha del pueblo español, subrayada con una impresionante ovación, me sentí como nunca miembro de un colectivo internacional de gente comprometida en la causa de la libertad que formaba una piña por encima de las fronteras y que representaba el futuro de Europa y del mundo.

Volví a casa impresionado. Pero enseguida tuve que cambiar de órbita, porque los malos presagios que había dejado atrás se confirmaban y muy pronto lamentaríamos sus consecuencias.

En septiembre de 1959 empecé oficialmente mi tarea de profesor adjunto de Derecho Político. Di algunas clases en la nueva Facultad de Derecho de Pedralbes —la primera, sobre el pensamiento de Montesquieu— pero muy pronto Manuel Jiménez de Parga me asignó la plena responsabilidad de la Teoría del Estado en la Facultad de Ciencias Económicas, que en aquel momento estaba situada en la vieja Facultad de Derecho de la plaza de la Universidad.

Un día apareció por la Facultad de Pedralbes un joven alto y algo desgarbado, vecino de Jiménez de Parga en Madrid. Era Javier Pradera, uno de los nombres míticos de las primeras batallas universitarias de 1956. Fue mi primer contacto no oficial ni explícito con el PCE y los dos hicimos el papel que nos correspondía: sabíamos quiénes éramos, nos tratábamos con los correspondientes sobreentendidos y allí comenzó una amistad y una trayectoria común que iba a durar mucho tiempo.

Las primeras clases fueron una especie de tortura, porque me enfrentaba a una tarea y una responsabilidad que sobrepasaban mi formación y mis conocimientos, pero muy pronto me encontré a gusto en la tarea pedagógica y cada día me sentía más a mis anchas. Sin embargo, jamás imaginé que aquella carrera universitaria iba a estar tan plagada de obstáculos. Empecé aquel curso de 1959 y no lo terminé, sin saber que tardaría doce años en iniciar y terminar un curso completo.

Pero acababa de empezar y me sentía lleno de ilusión y de optimismo. Conecté muy fácilmente con Jiménez de Parga, y empezamos a crear un equipo con J.A. González Casanova y Salvador Giner, que con los años iba a adquirir una gran dimensión y una gran calidad. Mucho tiempo después Jiménez de Parga me confesó la curiosidad que le provocaba aquel chico que había sido panadero, que iba y venía en una moto y que tenía una parte de su vida oculta y misteriosa. Desgraciadamente no tardó mucho en entender el porqué.

Mi principal problema era el aparato de propaganda y la desconfianza que sentía por los dos compañeros enviados desde París. Desconfiaba de su actitud, de su negligencia e incluso de su apariencia. Cualquier policía que les observase más de cinco minutos les podía dar el alto y pedir la documentación. Pero me resigné a aguantarles, e incluso llegué a pensar que todo era una manía mía personal, una exageración. Lo cierto es que durante unos meses no pasó nada y nuestra situación parecía tranquila.

De repente fui convocado a una importante reunión: el VI Congreso del PCE, que se celebraría en Praga a finales de diciembre de 1959. Volvíamos, pues, a los pasos de frontera clandestinos y a los viajes misteriosos. Desde París viajé con Luis Goytisolo a Frankfurt y de allí a Praga con documentación falsa. El congreso se celebró en un gran edificioescuela en los afueras de la ciudad y muy pronto nos dimos cuenta de que se iban a anunciar novedades importantes. Había mucha gente del interior y se había hecho un esfuerzo para llevar a representantes de la cultura. Por otra parte, allí estaban todas las figuras históricas del PCE, entre ellos famosos militares de la República, como Ignacio Hidalgo de Cisneros y Cordón, intelectuales exiliados, como Wenceslao Roces, el pintor Josep Renau, los arquitectos Manuel Sánchez Arcas y Luis Lacasa, el biólogo Planelles, etcétera.

De hecho, la finalidad del VI Congreso era resolver de manera definitiva el problema de la dirección. Dolores Ibárruri era secretaria general desde la caída de Vicente Uribe, pero vivía en Moscú, y quien ejercía como tal era en realidad Santiago Carrillo. La decisión del congreso fue nombrar a Dolores Ibárruri presidenta del partido, y a Santiago Carrillo, secretario general. Con Santiago Carrillo se consolidó el grupo que ya había entrado en el Comité Ejecutivo en la reunión de Alemania Oriental, formado por Fernando Claudín, Jorge Semprún, Tomás García, Ignacio Gallego, Francisco Romero Marín, Simón Sánchez Montero —que estaba en la cárcel— y Santiago Álvarez, entre otros. Fernando Claudín fue el encargado de presentar el programa que actualizaba y definía la política de reconciliación nacional en seis puntos: lucha unida para derribar la dictadura con la huelga general pacífica; restablecimiento de todas las libertades políticas, sin discriminación; amnistía general para los dos bandos de la guerra civil; mejora de las condiciones de vida de los trabajadores y del pueblo en general; política exterior favorable a la coexistencia pacífica y elecciones constituyentes con plenas garantías democráticas para elegir libremente el régimen político, monarquía o república.

Era, ciertamente, un buen programa. El congreso lo aprobó unánimemente y el clima que dominaba era más bien de euforia. De hecho, el PCE normalizaba su dirección y emprendía con claridad una vía que hasta entonces se había ido imponiendo a golpes y contragolpes. Pero en el fondo del congreso se podían detectar tensiones del pasado y anuncios de tensiones para el futuro. El discurso de Ignacio Gallego para justificar el cambio de dirección fue un ajuste de cuentas con la dirección anterior que me estremeció por el tono y por los argumentos. Por primera vez sentí cerca de mí el aliento de las viejas costumbres y de las viejas descalificaciones que contaban los libros y no me gustó nada en absoluto, o más exactamente, me inquietó y sentí más de un escalofrío en el espinazo. Y en sentido contrario, no era muy difícil adivinar en el tono de Fernando Claudín, cuando discutíamos su propuesta de programa, que no estaba seguro de algunas de las cosas que él mismo decía y, sobre todo, de las que decían otros miembros de la dirección que participaban en la reunión.

Más allá de su importancia política, el congreso fue una reunión extraordinaria. De hecho, estuvimos encerrados en aquel edificio desde un par de días antes de Navidad hasta el primero de enero. El día de Navidad, la gente que servía las comidas y, en general, todos los que trabajaban en el edificio libraron. Algunos de nosotros conseguimos salir a dar una vuelta por Praga y encontramos una ciudad totalmente desierta. No circulaban tranvías ni autobuses y los cines, los teatros y los restaurantes estaban cerrados. Por la calle no se veía un alma. La impresión era extraordinaria y Praga tenía un aire especial, fantasmagórico e irrepetible, que acentuaba su belleza hasta límites insospechados. Jamás he visto un espectáculo urbano como aquél y, al igual que otros delegados, me interrogaba sobre la naturaleza de aquel episodio social en un país que era formalmente comunista. Y también nos interrogamos sobre otras cosas, cuando un día nos llevaron a visitar la fábrica de coches Skoda en Brno y la cervecería Urquell en Pilzen. Entre los delegados había un trabajador de la Seat, y cuando vio cómo trabajaban los obreros de la Skoda dijo, en voz baja: "Si nosotros trabajásemos así, la Seat ya se habría hundido".

Finalmente, después de una bulliciosa celebración del Fin de Año, con el consiguiente "¡Este año, todos a España!" que acompañaba y siguió acompañando durante mucho tiempo todos los Fines de Año del exilio, emprendimos el retorno. Luis Goytisolo y yo volvimos por el mismo camino que habíamos recorrido a la ida. Las precauciones eran, pues, más flexibles que un año atrás, cuando volví de la RDA, seguramente porque el partido se sentía más seguro y, sobre todo, porque quería que se supiera que efectivamente se sentía seguro.

Pero el regreso nos reservó algunas sorpresas. A los pocos días, nuestros temores sobre el aparato de propaganda de Barcelona se confirmaron. Constatamos que uno de los dos enviados de París era seguido por la policía, pero no sabíamos ni supimos nunca por qué motivo. Inmediatamente intentamos salvar el aparato, pero las cosas se precipitaron. Los dos presuntos expertos fueron detenidos y hablaron. Sabían los nombres de Marcel Plans y Quim Vilar y de inmediato escondimos a los dos.

Mi caso era distinto, porque los detenidos no sabían mi nombre y sólo podían describirme físicamente. Decidimos, pues, que yo tenía que abstenerme de mis actividades en el partido pero que no debía dejar de ir a la Universidad, porque mi ausencia injustificada podía dar pistas a la policía. De momento decidí seguir viviendo en mi casa, en Mollet, mientras seguía dando mis clases en la Facultad con el ánimo encogido sin saber si al día siguiente iba a encontrar en el aula a mis alumnos o a la policía.

Pero al final todo se precipitó. Supimos con certeza que la policía buscaba a Marcel Plans y Quim Vilar y organizamos su paso de frontera hacia Francia. La dirección del partido decidió entonces que yo también tenía que esconderme durante unos días, hasta ver si la situación se aclaraba y, con la excusa de un viaje inesperado, me fui de casa por unos días y me refugié en la de una familia amiga, los Fontanet, en Sant Fost de Capcentelles.

Los Fontanet tenían una pequeña granja en un lugar aislado de Sant Fost, cerca de la carretera de La Roca, y eran una familia excepcional. La formaban el padre, Ramón Fontanet, su mujer, dos hijas guapísimas, Dolors y Marta, y una tercera hija, disminuida mental. Conocí a Ramón Fontanet en las tertulias que improvisábamos en la farmacia de los hermanos Gómez en Mollet. Era un librepensador afable y cordial, un antifranquista de cabo a rabo, un hombre lúcido y comprometido, que seguía de cerca la política nacional e internacional y, por encima de todo, un hombre amable y comprensivo. La familia irrumpió en nuestro pequeño círculo de antifranquistas de Mollet como una gran novedad. La señora Fontanet era una mujer inteligente y amable que compensaba con su actividad incesante la tendencia del marido a la contemplación. Y las hijas fueron dos amigas lúcidas y cordiales. Durante unos días aquel fue mi hogar y allí me sentía de otra manera, como si fuese un mundo distinto del Mollet que conocía, un mundo más abierto y más vivo. Y ciertamente lo era.

Cuando les pedí ayuda y les expliqué por qué, no dudaron ni un momento. Sabían que corrían un riesgo, y lo aceptaron sin vacilar. Y cuando meses más tarde les hice llegar una nota para preguntarles si podían servir de estafeta para la recepción de material clandestino, dijeron que sí inmediatamente, sin más preguntas. Nunca les he olvidado ni les olvidaré y nunca podré compensar aquella enorme generosidad. Muchos años después recordé unas palabras que me dijo Ramón Fontanet, a manera de despedida y que yo, en aquel momento, tomé como una especie de felicitación de Navidad: "Si algún día en este país hay un gobierno de izquierdas, tú serás ministro".

Pero las cosas se complicaron y la dirección del partido me hizo saber que lo más sensato era que pasase a Francia durante un cierto tiempo, unas semanas quizás, hasta ver cómo evolucionaba la situación. Yo no sabía entonces que el asunto era más complejo y que no todo se circunscribía al caso de nuestro aparato de propaganda sino que algunos delegados al Congreso de Praga habían sido detenidos y todas las alarmas se habían disparado.

Dejé, pues, mi escondite y anuncié a mi familia que me iba a Francia por algún tiempo. Les dije que era un asunto académico, que esperaba volver pronto, aunque quizá se alargaría, pero enseguida entendieron que se trataba de algo muy serio. Ni mi madre ni mi hermano ni mi cuñada sabían nada de mi actividad política y el anuncio de que me iba al extranjero, súbitamente y sin más explicaciones, les cayó como un rayo. De hecho, mi madre nunca se repuso de aquel golpe y mi hermano y mi cuñada tardaron en conocer y comprender el fondo real del asunto.

El mensaje que me hizo llegar la dirección del partido era, pues, que me fuese a Perpiñán con mi pasaporte y en autobús porque partiendo de la base —más bien arriesgada, cuando me enteré de todo lo que estaba pasando— de que la policía todavía no sabía mi nombre, siempre era mejor pasar legalmente la frontera que hacer el enorme esfuerzo de pasarla ilegalmente, incluso para poder regresar sin problemas si el mal tiempo se despejaba.

Pero cuando ya tenía el billete del autobús en Barcelona y estaba a punto de irme, se presentó en la estación una compañera italiana, Rosa Rossi, amiga de los Sacristán, historiadora de la literatura —y biógrafa de Santa Teresa de Jesús— que venía de parte de Manolo para comunicarme una tremenda noticia: acababan de detener a Luis Goytisolo y en el resto de España había una gran operación de caza y captura de delegados del VI Congreso del PCE. Más tarde supimos que un confidente de la policía se había infiltrado entre los delegados, pero en aquel momento el dilema no era nada agradable ni fácil de resolver. Si habían detenido a Luis Goytisolo, era muy probable que también fuesen a por mí. Por lo tanto, cabía la posibilidad de que vigilasen la frontera e incluso de que me esperaran. Tenía que tomar una decisión sobre la marcha, porque el autobús ya se iba y decidí jugarme el todo por el todo: me iba a Francia como habíamos decidido.

Jamás he vuelto a hacer un viaje como aquél. Era el 10 de febrero de 1960, había nevado dos o tres días antes y hacía mucho frío. Pero yo sudaba y ni me daba cuenta del paisaje. Al llegar al paso fronterizo de El Pertús la azafata nos pidió los pasaportes y entró en la comisaría. Fue el cuarto de hora más angustioso que he vivido nunca. Y cuando, al fin, la azafata reapareció con los pasaportes en la mano y dijo: "Adelante", sentí una especie de descarga en todo el cuerpo que me dejó aturdido.

En Perpiñán cené con una sensación de felicidad y cogí sin más problemas el tren hacia París. Me iba por unos días o unas semanas, y en realidad empezaba un exilio que iba a durar cinco años.

Capítulo IX

El primer exilio

Mi contacto en París era una barbería de la calle Danielle Casanova, cerca de la Ópera. Allí encontré a Joan Martorell, un exiliado catalán que, a su vez, me puso en contacto con Josep Serradell ("Román") y Margarida Abril, que vivían en Issy les Moulineaux, y allí fui a parar. Después de un primer análisis de la situación se acordó que yo me instalaría de manera provisional en casa de Joan Martorell y que dejaríamos pasar un par de semanas o un mes antes de tomar una decisión definitiva sobre mi futuro, en función de los datos que llegasen.

El refugio de la familia Martorell fue para mí una bendición. Joan estaba casado con Françoise, profesora de literatura española e hija de uno de los dirigentes más destacados del Partido Comunista Francés, André Wurmser, eminente biógrafo de Balzac. Los Martorell eran una pareja singular y una familia entrañable. Él, Joan, delgado y enjuto, vivo y charlatán, era un militante histórico del PSUC, exiliado, miembro de la resistencia contra los nazis, detenido y torturado por la Gestapo, deportado a Mauthausen, miembro activo de la organización clandestina del PSUC en Francia y uno de los primeros antiestalinistas radicales que conocí. Ella, Françoise, era tan delgada y enjuta como él y hacía constantemente de contrapunto a su marido cuando Joan se embalaba. Vivían en una buhardilla cómoda y tranquila, justo al lado de la plaza de la Ópera, y todo me parecía un privilegio. Viniendo de donde venía aquello me pareció la maravilla del siglo, un aterrizaje sensacional, un lugar y un ambiente ideales para superar el mal trago y adaptarme a la nueva situación. Joan y Françoise, Françoise y Joan fueron para mí amigos y compañeros, y como compañeros y amigos los he considerado siempre. Durante muchos años les he ido a ver cada vez que he viajado a París y siempre me he tomado muy en serio las cartas que de vez en cuando me enviaba Joan sobre la situación política de nuestro país, de Francia y de Europa. Su última carta la recibí mientras escribía estas páginas y no las había terminado cuando murió en París.

A pesar del cálido cobijo de los Martorell, pasé un momento difícil. No sabía si podría regresar pronto o no, y si, en caso de retorno, podría conservar mi trabajo en la Universidad. De hecho, me había despedido de Manuel Jiménez de Parga con un mensaje difícil de creer: que me iba al entierro de un pariente. Por tanto, las perspectivas eran muy complicadas: o afrontar un exilio de duración indefinida, sin recursos, o regresar sin saber qué me esperaba y, en el mejor de los casos, con la perspectiva de volver a empezar de cero.

Pero, a la vez, vivía aquella situación como una liberación personal. Quedaba lejos la tensión insoportable de los dos o tres últimos años y decidí intentar aprovechar las ventajas y olvidarme lo más posible de las dificultades. Vivir en París, al lado de la Ópera, con una familia encantadora, totalmente libre de cuerpo y alma era, de hecho, un privilegio. Y como tal lo disfruté durante las primeras semanas.

En París encontré, además, a los compañeros que me habían precedido en la huida: Octavi Pellissa, Marcel Plans y Quim Vilar. Y muy pronto se añadió al grupo Francesc Vicens, que también había estado en el Congreso de Praga y había tenido que huir como yo. Con todos ellos reconstruimos un círculo de cálida amistad, recorrimos las maravillas de aquella ciudad, que pronto iba a ser tan mía como Barcelona, entramos con hambre atrasada en la enorme oferta de cine y de teatro y, de hecho, descubrimos mil dimensiones que para nosotros eran mil novedades y mil fuentes de estímulo. En Saint Germain íbamos a ver a Sartre y a Simone de Beauvoir en persona, entrábamos en la librería Maspero y en tantas otras aunque sólo fuese para tocar y oler aquella inmensa producción de ideas libres, seguíamos los debates e incluso participábamos en ellos en La Mutualité o donde fuese, asistíamos a la representación de *Galileo Galilei* o de *La ópera de cuatro centavos* de Brecht por el Berliner Ensemble, éramos clientes asiduos de la Cinemathèque de Chaillot y nos empapábamos de Nouvelle Vague francesa, del cine ruso de los años treinta y cuarenta, con el gran Eisenstein a la cabeza, y de las novedades de todos los países, de todos los continentes.

Quizá no era mucho, porque los recursos eran escasos, pero para nosotros era todo un mundo. En aquel París donde chocaban y se mezclaban las olas de todos los mares, donde confluían todas las montañas y todos los continentes, donde aterrizaban todas las ideas y donde se cruzaban todas las pasiones podíamos acceder a todo lo que se movía y destacaba en el mundo entero. Y aunque sólo pudiésemos alcanzar una pequeña porción de aquel inmenso movimiento, ésta era mil, dos mil o un millón de veces más de lo que hasta entonces habíamos conocido en nuestro oscuro rincón provinciano.

Muy pronto busqué a Pierre Vilar. Sabía que estaba trabajando intensamente en el tema que me interesaba, Cataluña y el nacionalismo, y un día, que siempre recordaré, me recibió en su casa, en aquella sensacional habitación de trabajo que daba sobre el Sena, y no sólo me escuchó, sino que, con una amabilidad inmensa, me admitió como oyente en sus seminarios de la École de Hautes Études de la Sorbona. Todavía no conocía su obra maestra, *Catalunya dins l'Espanya moderna*, pero ya empecé a degustar sus datos principales. Pierre Vilar fue para mí un gran maestro, en el sentido más exacto de la palabra, o sea, no el que me lo enseñó todo sino el que me enseñó lo esencial y la manera de acercarme a ello.

Pero las noticias que llegaban de Barcelona no eran muy estimulantes. Las detenciones de delegados del Congreso de Praga se estaban convirtiendo en una auténtica catástrofe. Mi situación personal era incierta, pero empezaban a llegar noticias que me concernían. La dirección del partido en Francia me comunicó que, al parecer, mi nombre había aparecido entre los delegados buscados por la policía pero todavía no se había confirmado y, por otra parte, la policía no había ido a buscarme a mi casa, en Mollet.

En aquella situación de espera desesperanzada, la dirección del partido me propuso otro viaje inverosímil: acudir al Congreso de la Unión Internacional de Estudiantes, que se celebraba en Bagdad, en representación de los estudiantes españoles.

Evidentemente, lo de la representación era un eufemismo y así lo hice notar, pero me respondieron que no había ningún problema y que, además, me apoyaría un estudiante auténtico, procedente del interior. Efectivamente, el estudiante representativo llegó, y resultó ser Josep Termes, amigo y compañero de fatigas, más o menos tan representativo como yo.

La Unión Internacional de Estudiantes era, de hecho, una de aquellas grandes organizaciones internacionales que había impulsado la Unión Soviética para conectar con gente de todo el mundo y ofrecer una plataforma a los simpatizantes que, desde distintos ángulos, estaban contra el imperialismo norteamericano. De hecho era un inmenso aparato burocrático, donde nadie representaba realmente a ningún estudiante, y donde Pep Termes y yo resultamos ser dos de los delegados más jóvenes e incluso más representativos. Una de las pocas personas que me interesaron fue su presidente, el checo Jiri Pelikan, que, años más tarde, sería uno de los grandes protagonistas de la Primavera de Praga y pagaría las consecuencias de ello con muchos años de persecución y exilio.

El punto de encuentro de los delegados era Praga, a donde viajé vía Berlín. El sistema era sencillo, porque todavía no se había levantado el muro: se iba en avión hasta Berlín y allí se cogía el metro hasta una determinada estación, ya en la zona oriental. Cerca de ella había una oficina de acogida y allí me recibió un antiguo miembro de las Brigadas Internacionales de nuestra guerra civil, amable y melancólico, que me tramitó el pasaje hasta Praga. Aquel era el punto principal de concentración y desde allí una gran parte de los delegados salimos juntos en distintos vuelos hasta Bagdad, vía Beirut.

El primer contacto con Bagdad fue muy duro. Hacía muy poco tiempo que un golpe de Estado militar, encabezado por el general Kassem y el coronel Aref había derribado a la monarquía y proclamado la república. El aeropuerto estaba literalmente tomado por el ejército y rodeado por tanques. Lo mismo ocurría en el camino del aeropuerto hasta el centro de la ciudad. Había una atmósfera general de tensión, de peligro inminente y de inestabilidad. Una de las primeras recomendaciones que recibimos fue que nos abstuviésemos de salir a la calle solos, y recuerdo muy bien que la primera vez que salí a pasear por la ciudad en compañía de un estudiante iraquí —cogidos del dedo meñique, como es costumbre entre ellos, pero que a mí me incomodaba— no paraba de decirme: "Tranquilo, esta calle es nuestra". Y tres o cuatro calles más arriba cambiaba de tono: "Atención, esta calle es del enemigo. Hay que pasar deprisa". No he olvidado a aquel compañero, tan orgulloso de proclamarse comunista y que no sé si ha podido sobrevivir entre los múltiples y sangrientos virajes de la política iraquí.

El congreso en sí fue muy estrafalario. Todas las delegaciones de los países del bloque soviético y de los países árabes estaban formadas por gente entre treinta y cinco y cuarenta años en adelante, la gran mayoría funcionarios. En la delegación de la República Popular de China, en cambio, predominaba la gente joven, pero antes de cada reunión todos los delegados se reunían alrededor de un personaje de edad avanzada, que impartía las consignas a la manera de los jugadores de baloncesto que se reúnen en círculo para recibir las indicaciones del entrenador. Las delegaciones de los países de América Latina eran las más pintorescas y ruidosas, con líderes estudiantiles de todo tipo, y todos marcados por un antiimperialismo sincero, encendido y sumario en el que se mezclaban un marxismo-leninismo, un populismo y un internacionalismo pasados por las idiosincrasias de cada país o de cada etnia del continente.

La gran estrella, la gran sensación, fue la presencia de una delegación cubana, recibida por todos —incluidos nosotros, ciertamente— con un entusiasmo y una admiración sin límites. Todavía no se hablaba de castrismo, pero mientras las delegaciones de los países del Este los miraban con una cierta condescendencia y desconfiaban de aquellos nuevos triunfadores heterodoxos, en todas las delegaciones latinoamericanas surgían núcleos que se proclamaban de hecho castristas. Todos los integrantes de la delegación cubana iban con el uniforme verde oliva y todos eran barbudos. El jefe era una especie de Fidel Castro en pequeño, no sólo por la edad, sino también por la altura. El tono de voz, los gestos, el estilo de su oratoria eran idénticos a los del propio Fidel, que ya empezaban a ser conocidos. Pero todo aquello fortalecía aún más su protagonismo y su popularidad, tanto en el congreso como en la calle y en todos los actos oficiales. Recuerdo una cena multitudinaria al aire libre, presidida por el general Kassem, en la que toda la atención de la gente se centró en aquella delegación cubana, que parecía aportar un nuevo aire al combate internacional contra el imperialismo y que, en cualquier caso, había abierto una nueva vía que muchos creían posible repetir en otros países de Latinoamérica y otros continentes.

Aquel congreso me aportó dos nuevas experiencias. Una, la de las organizaciones internacionales de la guerra fría. La otra, la del primer contacto con el mundo islámico. Habíamos oído hablar de aquellas organizaciones, pero una cosa era la teoría y otra la práctica. Aquel aparato burocrático no tenía ningún interés en sí mismo. Yo no recuerdo, por ejemplo, de qué se habló en aquella concurrida reunión ni qué resoluciones se aprobaron. Pero lo que sí recuerdo son las personas, el ambiente, el clima político. Si los comunistas italianos me habían emocionado, aquello me angustió. O, más exactamente, me produjo un malestar difuso, como si aquella gente no fuese exactamente la mía y como si aquel tipo de reuniones internacionales no fuesen más que otros muchos episodios de una confrontación que no era la nuestra. Todo aquello era nuevo e interesante, sin duda, pero lo que a nosotros nos motivaba, la lucha contra el franquismo, sólo aparecía como un factor secundario y escasamente relacionado con aquel tipo de organización. Sobre este tema, decisivo para nosotros, muy poco podíamos hablar, y menos todavía decidir con aquellos funcionarios egipcios o búlgaros de más de cincuenta años que teníamos de vecinos en las sesiones plenarias. Reaparecía, pues, la inquietud de otros episodios anteriores. ¿Era necesario entrar en aquella dinámica internacional, en aquella lógica bipolar para combatir el franquismo en nuestro país? Ciertamente, el régimen franquista había sido integrado en la guerra fría y en la bipolaridad por los acuerdos de 1953 con Estados Unidos, pero ¿hasta qué punto era necesario jugar la carta del otro bloque para derrotarlo? ¿Aceptar la bipolaridad acaso no era dividir las fuerzas que en Cataluña y en toda España teníamos que unir para vencer a la dictadura? Naturalmente, en aquellos momentos no lo teníamos muy claro y tanto yo como mis compañeros de generación nos dejábamos llevar a menudo por la novedad del mundo que descubríamos. Pero recuerdo muy bien que cada contacto como aquél o como otros que íbamos a tener posteriormente me dejaba un gusto de boca amargo, una inquietud difusa y una sensación de distanciamiento.

Una sensación parecida me produjo aquel primer contacto con el mundo islámico o, más exactamente, con aquel peculiar mundo islámico, tan impresionante. No hicimos mucho turismo, pero nos abrumó aquella Bagdad tan cargada de historia, enorme masa urbana entre el Tigris y el Éufrates, ruidosa, sucia, llena de vida en las calles repletas de gente, cruce de tantas civilizaciones y rebosante de monumentos que eran sus testigos, amenazada por tantos peligros y contradicciones y abierta a tantas esperanzas. El ejército era omnipresente y aunque sabíamos que él era, precisamente, el actor principal del golpe contra la monarquía feudal y, por tanto, lo que llamaríamos un factor de progreso, nos producía una mezcla de sentimientos de admiración, de temor y, al fin y al cabo, de miedo, con todo aquel despliegue de tanques y de cañones. De hecho, el héroe del momento, el general Kassem, no tardaría mucho en ser derribado y asesinado por su compañero Aref, y éste tampoco tardaría mucho en ser ejecutado por otros militares.

Aquella sociedad compleja, llena de desigualdades y de tabúes, que discriminaba a la mujer en todos los niveles —incluso en los más occidentalizados, como pudimos comprobar Pep Termes y yo mismo en una cena en casa del director del Museo de Bagdad—, cordial y distante al mismo tiempo, me interesó mucho, pero no me entusiasmó. Sus caminos habían sido y serían, sin duda, complicados y llenos de vida, pero no tuve la sensación de que su progreso y el nuestro fuesen complementarios, por lo menos en aquel momento. Desde nuestro país teníamos una visión distinta del Tercer Mundo, lo veíamos como un todo uniforme frente a un imperialismo igualmente uniforme pero aquel primer contacto con el Tercer Mundo de verdad me rompió el esquema porque aquello era más complicado, más contradictorio, más vivo e intenso en algunos aspectos y más sórdido en otros. En cualquier caso, fue una lección de realismo que, con el tiempo, terminó formando parte de un verdadero curso completo sobre el tema.

De regreso a París, la dirección del PSUC me confirmó las peores previsiones y me comunicó que, efectivamente, yo estaba implicado en el sumario del proceso del VI Congreso del PCE y, por lo tanto, no podía volver a Barcelona. Mi huida provisional se convertía, por lo tanto, en un exilio de duración indeterminada. Fue un golpe muy duro y, por primera vez, me sentí como el náufrago que sobrevive provisionalmente sin saber ni cuándo ni cómo tocará tierra, si llega a hacerlo.

Terminada la provisionalidad también se terminó la estancia en casa de los Martorell y me instalaron en casa de Germinal Ros, una familia de militantes exiliados del PSUC que vivía en Stains, en la periferia norte de París. La familia Ros, compuesta por Germinal y su esposa Aurora, tres hijas, un hijo y el abuelo, fue también una familia entrañable y acogedora, con la que mantuve y sigo manteniendo una muy buena amistad. Era y ha sido siempre gente fiel a sus ideas y a sus principios, jamás han bajado su bandera y han sabido pasar por situaciones muy difíciles y complejas con la moral intacta. Germinal Ros ha escrito unas memorias en catalán con el magnífico título de *Mis primeros noventa años* que es una síntesis de la historia personal y colectiva de tanta gente que pasó por la guerra en España, por el exilio en Francia, por la II Guerra Mundial y que, finalmente, tras la muerte de Franco regresó a Cataluña y continuó el activismo y la lucha por la democracia. Él y su compañera Aurora, atacada más tarde por un Alzheimer implacable, me ayudaron mucho en un momento difícil y lo hicieron de manera suave y tranquila, que es la manera de los luchadores que se sacrifican y nunca piden nada a cambio.

Pero yo estaba pasando por un mal momento. La realidad de un exilio que hasta entonces me resistía a aceptar, la incógnita de mi futuro, la soledad, el hecho de cumplir precisamente entonces mis treinta años y también el hecho de vivir lejos de París, con la limitación de movimiento y de relaciones que comportaba, me precipitaron en una profunda depresión que me llevó hasta unos extremos que ni yo sospechaba. Todavía recuerdo con pavor un mal momento en un puente del ferrocarril.

Pero no creo que nadie se diese cuenta de mi verdadero estado de ánimo. La dirección del PSUC en París nos adoptó, a Francesc Vicens y a mí, como miembros de hecho del Comité Ejecutivo. A mí me pareció, sinceramente, que se trataba de una decisión precipitada porque yo no me sentía preparado para aquella tarea ni creía que fuese realmente mi lugar más adecuado, como se demostraría muy pronto. De momento ayudaba a Pere Ardiaca en la redacción del órgano oficial del partido, *Treball*, y mantenía los contactos con el núcleo de estudiantes e intelectuales del "interior", como ya nos acostumbrábamos a decir.

París era París pero el PSUC y el PCE también eran clandestinos en Francia y, por consiguiente, nuestra vida de militantes activos no era precisamente de color de rosa. Por razones de seguridad desconocíamos los domicilios de los demás compañeros y nos encontrábamos con ellos en las paradas del metro o en algunos domicilios de compañeros franceses casi con las mismas precauciones y las mismas normas de seguridad que utilizábamos en Barcelona. Nuestros recursos económicos eran escasos y una de las normas de funcionamiento era que en las reuniones largas en casa de algún militante todos debíamos llevar nuestro propio bistec para no abusar de los compañeros que ponían su casa a nuestra disposición.

Como miembro de la dirección del PSUC hice tres viajes clandestinos a Cataluña, me reuní en Barcelona y también en algún bosque del Vallés con los nuevos dirigentes universitarios, llenos de energía, de iniciativa y de frescor intelectual, encabezados por gente como Jordi Borja, Isidor Boix, Xavier Folch, Maria Dolors Folch, Jordi Sales, Guillem Sánchez, Pilar Fibla, Esther Berenguer, Pedro Parra y un buen grupo que surgió más tarde y que marcó con su personalidad individual y colectiva el carácter e incluso el ritmo del nuevo movimiento universitario.

Pero no recuerdo que aquellos viajes clandestinos —que hacía en coche, como un turista más, acompañado por un matrimonio de comunistas franceses— me produjesen ni nostalgia ni angustia, por aquello del peligro. De hecho, comparado con las idas y venidas clandestinas de los dirigentes del PSUC años atrás, aquello era infinitamente más tranquilo. En uno de aquellos viajes pasé incluso por Mollet, mi pueblo, y allí sí que viví un momento de gran tristeza al ver, semioculto en el coche, mis calles y mis rincones y sabiendo que a pocos metros de distancia estaban mi familia, mis amigos, mi gente.

En uno de los viajes tuvimos un episodio insignificante en sí mismo pero que me demostró la fragilidad de mi situación y la facilidad con que se podían complicar las cosas más sencillas. Al regresar de una reunión en Tarragona pasamos cerca de Montblanc y pedí a mis acompañantes un alto en aquella población, todavía mítica para mí y a la que no había vuelto desde mi primera infancia. Dimos, pues, un pequeño paseo por las murallas y las iglesias y fuimos a comer en un restaurante del centro. En una mesa vecina almorzaban dos parejas de turistas suecos y el dueño del restaurante intentaba enseñarles a beber con el porrón catalán, lo que provocaba risas y manchas de vino en las camisas y las chaquetas de los turistas nórdicos. Mientras tanto yo bebía tranquilamente con el porrón y el dueño, al advertirlo, me puso como ejemplo y llamó la atención a todos los comensales, con grandes aspavientos: "¡Miren lo bien que bebe con el porrón este señor francés!". Inmediatamente me convertí en el centro de la gresca, el dueño me incitaba a hacer de profesor de los suecos y todos me preguntaban dónde y cómo había aprendido a beber con tanta soltura y cuando yo les decía que en Perpiñán me preguntaban si conocía a tal o cual persona y tal o cual restaurante de aquella ciudad y se sorprendían cuando les decía que no. Y se seguían sorprendiendo cuando yo les decía que no vivía en Perpiñán propiamente dicho sino en Colliure y tampoco conocía los nombres que me citaban. Intenté, pues, convertir todo aquello en un broma y la aguanté como pude mientras mis acompañantes me observaban con una mirada oscura, preludio de la bronca que me echaron después: que si no conocía las reglas de la clandestinidad, que si era poco serio, que si ponía en peligro no sé cuántas cosas, hasta que hicimos las paces y salimos hacia la frontera a toda velocidad.

Al margen de los viajes clandestinos, me dediqué esencialmente a dos tareas: los seminarios de formación y las publicaciones. Vistos con la perspectiva de tantos años, aquellos seminarios de formación eran muy singulares. En uno de ellos participaron como aprendices de militante Ricardo Bofill, el futuro arquitecto, y Eduardo Punset, futuro ministro en el gobierno de Adolfo Suárez. Otro de aquellos seminarios, en cambio, llevó a París una parte de la nueva generación de universitarios. La diferencia entre nuestro grupo inicial y aquel nuevo grupo consistía en que lo que para nosotros eran posibilidades e interrogantes para ellos ya empezaban a ser realidades y certezas. Personalmente me sentí muy recompensado, porque me pareció que nuestro esfuerzo había servido para algo y que, a pesar de todo, habíamos abierto algún camino. Y en el ámbito personal fue el inicio de unas amistades que han perdurado hasta hoy y que siempre me han enseñado cosas y me han servido de estímulo intelectual.

De todos ellos me sentí amigo, todos eran gente válida y decidida, pero uno de ellos me llamó enseguida la atención por su singularidad y por su audacia intelectual. Era Jordi Borja, un personaje que no podía dejar indiferente a nadie, un creador constante que nunca daba por definitiva ninguna conquista ni por intocable ningún principio, que incomodaba a algunos y seducía a otros al mismo tiempo, y que siempre era y ha seguido siendo capaz de abrir un nuevo sendero cuando uno piensa que ya ha llegado al final de un camino. Con aquel Jordi

Borja juvenil y sin complejos uno se podía permitir el lujo de discrepar e incluso de pelearse con él, porque pronto descubrí que más allá de la discrepancia y de la disputa siempre había un fondo de ternura, un sentido profundo de la amistad y una disponibilidad constante al compromiso por una causa. Allí empezó una amistad que nunca se ha roto.

De hecho, había empezado una etapa en la que los contactos se multiplicaban, aparecía gente nueva en nuestra escena y las ideas se renovaban. Un día, por ejemplo, Gregorio López Raimundo me convocó a un encuentro con dos médicos que habían llegado de Barcelona y que querían contactar con el partido. Eran dos hombres jóvenes y llenos de energía, con las ideas claras y una firme voluntad de adhesión al PSUC. Gregorio y yo hicimos un informe totalmente favorable y recomendamos al Comité Ejecutivo el ingreso de los dos postulantes. Uno de ellos era Antoni Gutiérrez Díaz, futuro secretario general del PSUC.

Pero la tarea más importante de aquellos momentos fue, sin duda, la redacción de un documento programático sobre la cuestión nacional catalana y la puesta en marcha de una revista política y cultural que titulamos inicialmente *Horitzons* y que, más tarde, cambiaría el título por *Nous Horitzons* por razones puramente administrativas.

Aquello que denominábamos "la cuestión nacional catalana" era un problema político esencial. Ya he mencionado nuestros primeros intentos en la publicación clandestina *Quaderns de Cultura Catalana*. Hasta entonces, el PSUC enfocaba el problema desde un ángulo muy genérico, basado en las teorías de Lenin y Stalin sobre la cuestión nacional y con escasas referencias a la situación real de Cataluña. De hecho, se trataba de plantear dos problemas: uno era el modelo de Estado que preconizábamos y el papel que tendría en él Cataluña, y el otro la situación real de las fuerzas políticas en Cataluña y las posibles alianzas en la perspectiva de la política de reconciliación nacional. Al pequeño núcleo de intelectuales que publicábamos los *Quaderns* nos obsesionaba un tema; que todos éramos catalanistas y partidarios de una Cataluña autónoma pero que, al mismo tiempo, no todos los catalanistas eran iguales, no todos estaban dispuestos a luchar de la misma manera, no todos tenían los mismos objetivos ni todos eran antifranquistas y, por lo tanto, era esencial saber con cuál de ellos podíamos coincidir, con quién podíamos cooperar y con quién no. En páginas anteriores ya he hablado de nuestras dudas sobre el posible papel de los viejos prohombres de la Lliga, por ejemplo, que mantenían posiciones catalanistas en el terreno cultural pero que cooperaban con el franquismo y eran enemigos nuestros en el terreno político, o de nuestros temores sobre el futuro del catalanismo confesional. Como ya he dicho, también, con la Abadía de Montserrat teníamos una relación nueva y compleja y respetábamos muchísimo la figura del abad Escarré, pero temíamos que todo el movimiento catalanista quedase sometido al confesionalismo y, sobre todo, temíamos que en nombre de éste nosotros quedásemos marginados de una acción colectiva que tenía que sumar todas las fuerzas dispuestas a luchar contra el franquismo. Por todo ello nos era indispensable ver claro y avanzar nuestra propia propuesta y éste fue el sentido de la elaboración y posterior publicación del opúsculo *La qüestió nacional catalana*.

El proyecto se había puesto en marcha hacía ya algún tiempo, pero se había estancado. Existía un primer borrador redactado por Pere Ardiaca, pero que no había pasado de ser, precisamente, un borrador. La dirección del PSUC me propuso que retomase el tema, que lo redactase de nuevo y que propusiese un método de trabajo abierto a más gente. Me dediqué, pues, a reescribir el borrador, cambiándolo sustancialmente, y lo amplié después con una segunda parte de propuestas políticas. El proyecto fue sometido a la dirección del partido y también a Pierre Vilar, a Fernando Claudín y a algunos compañeros del interior, como Josep Fontana, Manuel

Sacristán, Francesc Vallverdú y otros. Finalmente, lo concluimos y aprobamos en una reunión en La Courneuve a la que asistieron Pierre Vilar, Fernando Claudín, Francesc Vicens, Pere Ardiaca, Germinal Ros y Emili Peydró, que puso su casa a nuestra disposición.

Creo, sinceramente, que a pesar de las limitaciones del momento y la rigidez de un lenguaje todavía muy condicionado por las fórmulas teóricas anteriores, el opúsculo fue un documento importante que dio prestigio al PSUC en un momento tan delicado.

También contribuyó a aumentar este prestigio la publicación de la revista *Nous Horitzons*. La redacción se dividía entre París y Barcelona. El responsable y motor de la misma era Francesc Vicens, y en el comité de redacción de París participábamos, además, Pere Ardiaca, Joan Martorell, Armand Duval, Joan Haro y yo mismo. Como corrector de lengua nos ayudaba un militante de Esquerra Republicana exiliado en París, Enric Roig y Querol. El coordinador en Barcelona fue Francesc Vallverdú, y aparte de los militantes también contribuyeron algunos intelectuales de gran prestigio como Josep Maria Castellet, Joaquim Molas, Jordi Carbonell, Arnau Puig y otros. Aunque clandestina y, por lo tanto, minoritaria, creo que *Nous Horitzons* fue una revista que aportó una excelente contribución al debate político y cultural de Cataluña, y en catalán, con el que se inició aquella nueva etapa de los años sesenta.

Como ya he dicho, el título inicial era *Horitzons* y con este nombre publicamos los cuatro primeros números, desde finales de 1960 hasta finales de 1961. La revista se imprimía en México gracias a la ayuda técnica y financiera de unos cuantos militantes del PSUC que vivían exiliados en aquel país. Y fue precisamente en México donde surgió un pequeño problema administrativo con el título que nos obligó a cambiarlo por el de *Nous Horitzons*. Con este nombre la revista se publicó en el exilio hasta finales de 1971 y en Barcelona desde enero de 1972.

Naturalmente, sus contenidos eran irregulares, pero el nivel fue siempre bastante elevado, muy en particular en el terreno estrictamente cultural. Yo publiqué diversos artículos con los seudónimos de "Mateu Oriol" y "Albert Prats" y cuando, con el paso del tiempo los he releído me ha sorprendido su contenido o, más exactamente, la mezcla de realismo y de utopía, de claridad y de ideología elemental que expresan.

Con el nombre de "Albert Prats" publiqué un artículo en el número 1 con el título "Els corrents ideològics entre els universitaris catalans", excesivamente optimista y atrevido en el análisis y las conclusiones, pero cargado de información. Y con el mismo seudónimo, otro en el número 3 sobre el mismo tema: "La lluita política antifranquista a la Universidad de Barcelona", más centrado y anunciador de un movimiento de fondo que acabaría destruyendo el SEU y culminaría, años después, con la Capuchinada de 1965.

El artículo más ambicioso fue, sin embargo, el que llevaba por título "Carles Cardó i la qüestió nacional", publicado en el número 2 y que era un comentario del libro del canónigo Cardó *Histoire Spirituelle des Espagnes*, una obra sugerente y en muchos aspectos creadora, pero que a mí me parecía un credo del catalanismo de derechas. Mi comentario era, al mismo tiempo, elogioso y crítico, y después de una larga reflexión sobre nuestra historia, terminaba con algunos párrafos que quiero recoger aquí, porque enlazan con otras reflexiones del pasado y, sobre todo, con las del futuro:

> El problema nacional, como todos los problemas de España —decía a manera de conclusión—, no se resolverá haciendo retroceder la marcha de la historia, sino destruyendo los obstáculos concretos que impiden ir hacia adelante. (...) La eliminación de estas trabas no se podrá hacer sin una destrucción del Estado centralista y autoritario de la oligarquía, o sea, sin plantear sobre nuevas bases institucionales el problema de las nacionalidades.

Explico, sin embargo, que la revolución democrático-burguesa no es todavía la revolución socialista, y que sólo el socialismo podrá resolver el problema secular de la democracia en España y asegurar la solución de la cuestión nacional, incluido el derecho de autodeterminación. Y concluyo, señalando que "...la resolución del problema nacional catalán está íntimamente ligada al éxito de la lucha por la democracia en toda España" y que sólo el triunfo del proletariado y su partido puede hacer efectivos los conceptos del canónigo Cardó de "impulso hispánico fecundo" y de "unión de esfuerzos en el respeto mutuo", mediante la alianza de los ciudadanos libres de un Estado democrático y socialista.

Como se puede comprobar, es una conclusión que superpone en una misma reflexión un concepto claro, que siempre he defendido, a saber, que la solución del problema nacional catalán sólo se podía resolver en el marco de la lucha por la democracia en toda España, y un concepto muy abstracto, como es la implantación del socialismo como condición esencial y previa.

Finalmente, quiero recordar otros dos artículos impregnados de una ideología muy elemental que demuestran hasta qué punto las ideas de antes y las nuevas me bailaban por la cabeza y me confundían. Uno de los artículos lleva por título "Europeïsme i nacionalisme", publicado en el número 4 con el seudónimo de "Mateu Oriol", y es una reflexión desaforada sobre el europeísmo y la construcción de la nueva Europa, que califico de maniobra pura y simple del gran capital. Era lo que decían entonces casi todos los comunistas de Europa y yo no fui una excepción. El otro es un artículo muy curioso titulado "Cosmonàutica i humanisme", publicado también con el seudónimo de "Mateu Oriol" en el número 3 de la revista, que comenta el primer vuelo de circunvalación de la Tierra protagonizado por el cosmonauta soviético Yuri Gagarin. Aquel vuelo me había impresionado mucho y estaba seguro de que era uno de los momentos decisivos de la historia de la humanidad. Pero la euforia y la admiración personales se convirtieron en una reflexión unilateral y sectaria, que contraponía la eficacia de una Unión Soviética que había triunfado en la carrera del espacio por intereses colectivos frente a unos Estados Unidos que habían fracasado porque sólo actuaban en beneficio de intereses privados. Lo cierto es que en aquel momento yo era muy hostil hacia los gobernantes norteamericanos, y no sólo no había olvidado el abrazo siniestro del presidente Eisenhower con nuestro dictador Franco, sino que me preocupaba mucho la amenaza de una intervención norteamericana contra la nueva Cuba de la revolución castrista. Pero también es verdad que mi situación personal había cambiado de manera abrupta y que en el terreno de las nuevas ideas me estaba haciendo más de un lío.

En el verano de 1960, el primero del exilio, el PSUC organizó una especie de colonia-escuela de verano para hijos de presos políticos del interior. El lugar era un pabellón municipal de Dives sur Mer, cerca de Honfleur, en la costa normanda, y la organización de la escuela se puso en manos de un grupo de las Juventudes Comunistas. Yo fui propuesto como director, con Francesc Vicens como subdirector.

Fue una bonita experiencia que, además, me serenó y me calmó muchos ánimos encendidos. Entre las organizadoras destacaban dos hermanas, Nelly y Anny Bruset, ambas muy guapas y muy activas y, por lo tanto, dos fuentes de pasiones y de amores entre los jóvenes militantes. Eran hijas de una de las fundadoras del PSUC en Santa Coloma de Farners, Lola Puig, mujer impetuosa y también muy guapa, casada con Aimé Bruset, francés, brigadista internacional y después futbolista profesional de la primera división francesa. La pareja se había separado y por aquel entonces Lola vivía con José del Campo, alias Alberto, que había sido comisario político durante la guerra civil y después un activísimo miembro del maquis.

Muy pronto me sentí atraído por la hermana pequeña, Anny, y no tardé en enamorarme de ella. Al cabo de unos meses el enamoramiento era mutuo y un buen día le regalé un disco con la *Novena sinfonía* de Beethoven, le propuse seriamente que nos casásemos y aunque ella era muy joven — sólo tenía dieciocho años— en el mes de marzo de 1961 nos casamos por lo civil en el Ayuntamiento de Levallois-Perret, donde ella vivía. Los testigos fueron Francesc Vicens y Josep Clariana, un compañero tranquilo y discreto que se encargaba de mantener los contactos entre los miembros del Ejecutivo en París. Hicimos un pequeño viaje de bodas a Sant Esteve, al lado de Perpiñán, en casa de unos compañeros del PSUC que se dedicaban a asegurar los pasos clandestinos de frontera, y al final nos instalamos en una minúscula buhardilla de la calle Marcadet, cerca del metro Marcadet-Poissonniers. Vivíamos en la más absoluta exigüidad —una minúscula habitación que era sala, comedor y dormitorio, una minúscula cocina y un lavabo colectivo en el rellano de la escalera— y con recursos muy limitados. Ella trabajaba de secretaria de manera intermitente y yo recibía un modesto salario del partido, una parte del cual enviaba regularmente a Mollet para mantener a mi madre.

Anny era una mujer activa, impetuosa, formada en una familia de activistas, abierta a todas las novedades y todas las esperanzas, y con un enorme afán de independencia. Y la verdad es que necesitamos todo nuestro entusiasmo y todo nuestro amor para poder superar las enormes dificultades de aquel modo de vida tan pobre, tan estrecho y tan limitado. Vivíamos, además, en un barrio de inmigrantes norteafricanos, en el que eran muy frecuentes las redadas de la policía francesa contra los activistas argelinos, en un momento decisivo de la lucha de liberación encabezada por el FLN, que tanto nos admiraba, y a veces sufríamos como ellos las intemperancias de algunos vecinos, proclives al racismo, que nos veían como españoles inmigrados y nos trataban como ciudadanos de segunda o de tercera.

Muy pronto la policía francesa se interesó por mí, seguramente de manera rutinaria, pero teniendo en cuenta que el PCE y el PSUC también eran clandestinos en Francia, aquello fue una señal de alarma que me obligó a abandonar la buhardilla y refugiarnos en el domicilio de Lola, la madre de Anny. No tardamos mucho en comprender que la vida de recién casados nos resultaría más complicada de lo que creíamos en un principio, sobre todo cuando al cabo de tres meses Anny quedó embarazada.

Y entre tantos quebraderos de cabeza un día recibí una carta de Manuel Jiménez de Parga en la que me comunicaba que estaría en París con motivo del Congreso Mundial de la Asociación Internacional de Ciencia Política (IPSA) y que le gustaría verme. Efectivamente, quedé con él en su hotel el día de la clausura del congreso, le expliqué francamente los motivos reales de mi huida de Barcelona, sin entrar en muchos detalles sobre mi verdadera situación en París, y después de una larga charla le acompañé a la ceremonia de clausura en Versalles, donde conocí a algunas de las principales vacas sagradas de la Ciencia Política mundial, y en un momento determinado me presentó a un importante profesor español, el catedrático Luis Sánchez Agesta, y a otro profesor y político, Manuel Fraga Iribarne. Así iban las cosas.

También me vino a ver mi hermano Joan, en una visita para él iniciática —era la primera vez que salía al extranjero— y para ambos emotiva. En aquel momento difícil e incierto valoré más que nunca la profunda estima que nos unía y que siempre nos ha unido. Los dos estábamos preocupados por la situación de nuestra madre, pero él entendió muy bien que yo había optado y que tenía que aceptar todas las consecuencias.

Y un buen día, como pasa en muchas historias, todo cambió.

Capítulo X

La Pirenaica

El cambio consistió en que un día de finales de verano de 1961 la dirección del PSUC me propuso incorporarme a Radio España Independiente, la emisora del PCE y del PSUC conocida popularmente con el nombre de La Pirenaica. Los motivos de la propuesta eran dos: uno, explícito y otro no. El primero consistía en dar un nuevo impulso a las emisiones en catalán. El responsable de la emisora hasta aquel momento era Emili Vilaseca, un veterano militante forjado en el Partit Català Proletari, que ya había entrado con creces en la edad de jubilación. Una vez llegado el momento de sustituirle se quería aprovechar la ocasión para poner a gente nueva, que hablase de la Cataluña presente, con unas ideas y un lenguaje también nuevos.

El segundo motivo, no explícito, era que el aparato clandestino del PSUC en París ya no podía aguantar el alud de nuevos exiliados y no estaba en condiciones de asegurar la existencia cotidiana de aquel grupo de estudiantes y de intelectuales medio perdidos en París. Por lo tanto, se pensó en enviarles a otro lugar y, en concreto, a la República Democrática Alemana, donde había buenas universidades y lugares de trabajo para los que aceptasen ir. El asunto era urgente, porque al primer grupo de exiliados se sumó muy pronto otro grupo, con Jordi Borja, Jordi Sales, Isidor Boix, Maria Rosa Borràs y Maria Rosa Solé, entre otros. Del primer grupo, el único que se quedó en París fue Francesc Vicens, cooptado al Comité Ejecutivo del PSUC. Octavi Pellissa, Marcel Plans y Quim Vilar se fueron a la RDA. Del segundo grupo se quedaron en París Jordi Borja y Jordi Sales, organizándose la vida por su cuenta, e Isidor Boix, Maria Rosa Borràs y Maria Rosa Solé se fueron a la RDA.

A mí me proponían ir a La Pirenaica. Inicialmente me resistí porque la decisión significaba un compromiso muy fuerte, con posibilidades de retorno inciertas y una implicación orgánica que me ataba mucho. Por otra parte, era un reto que me atraía, por la novedad, por la vertiente periodística del trabajo, por la inmediatez de la acción cotidiana y por la posibilidad de entrar de manera directa en la batalla política y cultural contra la dictadura en Cataluña y en catalán. Además, había un componente material de gran peso: Anny y yo estábamos llegando al límite de la subsistencia cotidiana, no teníamos ingresos suficientes ni casa, habíamos tenido que refugiarnos de manera precaria en casa de su madre y esperábamos un hijo.

La fama era que La Pirenaica tenía la sede en Praga, pero la verdad es que la tenía en Bucarest. Aceptar la propuesta significaba, por lo tanto, ir a vivir a Bucarest. Discutimos los pros y los contras una, dos y diez veces, pero la alternativa era bastante clara: o seguir en París como exiliado y con un trabajo más bien burocrático y, en todo caso, precario e incierto, o meterme —y meternos— en un nuevo desafío. Finalmente, lo aceptamos.

Con un par de maletas que contenían todo nuestro equipaje, viajamos primero a Praga y, después de una corta parada, entramos de pleno en la aventura de Bucarest. Llegamos el 23 de noviembre de 1961, el día del decimonoveno cumpleaños de Anny, y nos instalaron provisionalmente en un hotel de la periferia en medio de una gran nevada.

En el aeropuerto nos recibió el director de la REI, Ramón Mendezona, un vasco con una profunda y cálida voz de barítono, trabajador incansable, optimista al cien por cien y hombre absolutamente fiel a la dirección del partido. En el terreno familiar era la viva encarnación del internacionalismo. Estaba casado con una rusa matriarcal, todos sus hijos e hijas estaban casados o se casaron más tarde con mujeres y hombres de los más diversos países y su casa parecía una torre de Babel. Ramón Mendezona era el corazón y el alma de La Pirenaica, batallaba durante horas y más horas en la redacción, apenas tenía algún día de descanso y entendía aquella tarea no sólo como una manera de vivir y de hacer política, sino también como una manera de ser y de estar en el mundo.

La primera persona que me presentaron fue, precisamente, Emili Vilaseca. Era, como he dicho, un veterano de muchas luchas que procedía del CADCI y del Partit Català Proletari, había salido de nuestro país el año 1939, había hecho la II Guerra Mundial en la URSS y había salido de ella herido y cojo. Era un hombre testarudo, con fama de dogmático y, ciertamente, había perdido el contacto con la realidad de la Cataluña de 1961. Mi llegada era su fin como miembro de la redacción de la REI, los dos lo sabíamos y nuestro primer encuentro no fue nada fácil, ni para él ni para mí. Pero durante los dos meses que convivimos, hasta que se marchó a Moscú, donde vivía su único hijo y donde podría cobrar la jubilación, establecimos entre nosotros una relación cordial. El día de la partida acompañé al matrimonio a la estación de Bucarest, asistí al ritual aprendido de los viajeros rusos, que consistía en ponerse el pijama inmediatamente después de tomar posesión de los asientos y, cuando faltaban cuatro o cinco minutos para la salida del tren, Emili Vilaseca me abrazó y me dijo: "Temía mucho tu llegada, porque sabía que era mi final como redactor. También tenía miedo de que llegases con aires de suficiencia, que lo quisieses cambiar todo en cuatro días y que me dejases como un trapo sucio, como un incompetente. Pero me has tratado bien y como prueba de mi reconocimiento quiero regalarte un trozo de lo que más he querido en mi vida". Con un movimiento lento se sacó del bolsillo una cinta de las de atar ramos de flores con las cuatro barras de la bandera catalana, cortó un trozo con unas tijeras y me lo dio. "Desde que salí de Cataluña en 1939 siempre la he llevado encima —me dijo—. No te puedo ofrecer nada de más valor." El tren se puso en marcha, Emili Vilaseca y su mujer me saludaron desde la ventana, yo les correspondí muy emocionado y pensé que nunca me habían hecho un regalo como aquél. Durante muchos años yo también llevé en el bolsillo aquel trocito de cinta con las cuatro barras. No les vi nunca más, pero supe que él se había suicidado en Moscú cuando le comunicaron que tenía una enfermedad incurable.

Con diferentes matices, aquel era el temple de la gente de La Pirenaica. Era un colectivo forzosamente cerrado y, por lo tanto, proclive a una cierta endogamia. El gobierno rumano subvencionaba la emisora, pero los que trabajaban en ella mantenían las reglas de la clandestinidad y la mayoría operaban oficialmente con nombres falsos, para no dejar pistas a los servicios de información occidentales. Yo mismo utilicé siempre el nombre de Jorge Fabra como nombre oficial.

La redacción de la REI estaba situada en un chalé de tres plantas rodeado de un jardín junto al Museo de Historia del Movimiento Revolucionario en la plaza de la Victoria, casi al principio de la avenida Kisselev, en una zona agradable de grandes avenidas y cerca del gran parque de Herastrau. Era un lugar cómodo y discreto, pero por motivos de clandestinidad sólo podíamos entrar o salir en coche. Cuando al cabo de unos meses anuncié que yo tenía la intención de ir a pie desde mi casa, creé un serio conflicto y tuve que claudicar. El personal de seguridad, los conductores y los técnicos eran rumanos, gente sencilla, competente, discreta y a menudo muy testaruda. Del mantenimiento general del edificio se encargaba un matrimonio de viejos comunistas, Carol y Carolina. El viejo Carol había participado en la revuelta comunista de Bela Kun en Hungría el año 1919 y lo había pagado con muchos años de cárcel.

Bajo la dirección de Ramón Mendezona funcionaba un equipo desigual, con personas competentes y creadoras y otras que tenían una visión más bien burocrática de la tarea. Entre las primeras estaba Josefina López, dirigente de las JSU durante la guerra, que se casó muy joven con Fernando Claudín. La guerra mundial los separó: ella fue a parar a la URSS y él a México y los dos rehicieron su vida como pudieron, con parejas distintas. Era una mujer combativa y ágil, que con el seudónimo de Pilar Aragón elaboraba unos programas para mujeres muy vivos e interesantes. También se encargaba de una sección que tuvo mucho éxito: el correo del oyente. A finales de los años sesenta rompió con el PCE y volvió a España, ingresó posteriormente en el PSOE, fue concejala y teniente de alcalde de Castellón de la Plana y murió cuando ejercía de senadora socialista. En la REI fue la persona con quien más conecté y siempre tuve con ella una relación de amistad viva y cordial. Nuestro reencuentro en Barcelona, años después, fue rocambolesco: un día de principios de los años setenta yo estaba trabajando en la Biblioteca de Cataluña y de repente vi muy cerca de mí una mujer que tomaba apuntes sobre tres o cuatro libros y que era idéntica a Josefina. Yo no creía que fuese ella, porque ignoraba todo lo que había pasado en los últimos años y creía que todavía estaba en Bucarest, pero me acerqué un poco más y con gran sorpresa comprobé que efectivamente era ella. Pero no sabía qué hacía allí, ni cómo había llegado y, por tanto, ignoraba si estaba en situación legal o ilegal, si estaba vigilada o no. Me aproximé a ella con mucha precaución hasta que me senté a su lado sin que se diera cuenta, porque estaba totalmente absorta en la consulta bibliográfica, y al cabo de unos instantes le pasé discretamente un papelito que decía: "Hola, mira a tu izquierda". Así nos encontramos, así supe que había roto con el partido y que había vuelto legalmente a España. Desde entonces mantuvimos una buena relación personal y cuando yo fui elegido senador en 1988 trabajé con ella, asistí a su agonía e hice su elogio fúnebre con muchas lágrimas en los ojos.

Dos de los mejores redactores eran, también, Luis Galán y Federico Melchor. Galán era un periodista de raza, como se puede comprobar en el excelente libro que escribió más tarde sobre la REI con un título que es todo un mensaje: *Después de todo*. También había militado en las JSU, había hecho la guerra civil, había sido uno de los redactores de Radio Moscú en castellano, y conocía muy bien el bloque soviético y una buena parte de los países no alineados. Era liberal y crítico con el dogmatismo y tenía una visión muy relativista del socialismo real. También volví a encontrarle en España años después y mantuvimos una buena relación hasta su muerte. Durante los años setenta había conseguido una plaza de traductor en la ONU, en Ginebra concretamente, y cuando le encontré en Madrid constatamos que coincidíamos en muchas cosas, que él tenía simpatías por el PSOE, pero sin una aceptación incondicional de su política, y que era muy crítico con Julio Anguita.

Federico Melchor había sido uno de los principales dirigentes de las JSU, con Santiago Carrillo y Fernando Claudín, pero por avatares que nunca averigüé del todo, años después fue marginado por la dirección, no sólo de las juventudes, sino también del PCE. Era un hombre cáustico e ilustrado, tranquilo como todo buen fumador de pipa, pero que se exaltaba fácilmente y podía reaccionar con mucha dureza en el curso de una discusión o de un debate. Después de la legalización del PCE, fue director de *Mundo Obrero* durante algunos años y, como muchos otros militantes, aguantó como pudo la crisis del partido en los años ochenta, dejando en el camino muchas ilusiones y muchas energías.

Otro redactor era Roberto Carrillo, hermano pequeño de Santiago Carrillo. Era un hombre marcado por la personalidad del hermano y siempre se movía con una crispación contenida, con altibajos, con momentos amables y momentos agrios, siempre a la defensiva, como si el hecho de trabajar en la REI fuese una concesión al secretario general y no un mérito propio. Estaba casado con Tatiana, una joven rusa de gran belleza que muy pronto sintió la añoranza de su país y la combatió con grandes dosis de vodka, que en poco tiempo la engordaron de manera desmesurada. Roberto sufría una tuberculosis avanzada y unos días antes de mi regreso a París, en diciembre de 1963, le acompañé a un sanatorio de montaña en los Cárpatos, en Sinaia. Murió pocos años después.

También trabajaba como redactor el valenciano José Antonio Uribes, un veterano dirigente que había pasado por muchas vicisitudes y momentos muy difíciles en las batallas internas y había ido a parar a la REI como último refugio. No era precisamente un periodista y escribía con una prosa pesada, llena de lugares comunes y de consignas oficiales. Tenía una familia numerosa y cada mes de septiembre, al terminar las vacaciones, se encontraba con la misma bronca. Como miembro del Comité Central del PCE disfrutaba de un trato especial por parte de los rumanos. Cuando llegaban las vacaciones, él y toda su familia se iban a un hotel de la costa especialmente reservado a los dirigentes del partido, en el que disfrutaban de una playa propia, con servicio de camareros, coches a su disposición y todo tipo de ventajas. En cambio, los otros miembros de la redacción y las familias respectivas que iban a la misma playa tenían que madrugar para encontrar sitio, quedaban sumergidos por la gran masa de bañistas y tenían que espabilarse por cuenta propia. Una reja separaba las dos playas, y los del lado "proletario" se indignaban cada verano y explotaban en la primera reunión de redacción.

Los dos locutores eran el madrileño Goyo Aparicio y el vasco Pedro Felipe. Goyo era algo así como un estereotipo del madrileño bromista y hablador, gracioso en algunos momentos y pesado en otros, sindicalista de origen y, después, a su regreso a España, militante de Comisiones Obreras. Era un hombre lleno de entusiasmo y nunca le vi deprimido. Pedro Felipe era un vasco campechano que se pasaba el día gastando unas bromas que no tenían ninguna gracia, pero que nos hacían reír precisamente porque eran tan elementales. Y, de vez en cuando, protagonizaba tremendas explosiones de ira.

Del servicio de escucha de radios extranjeras —especialmente españolas— se encargaban Esperanza González y Teresa Lizarralde. Esperanza era una militante veterana y despistada, que a menudo se nos presentaba con calcetines de distinto color o incluso con los zapatos cambiados de pie. En una ocasión le gasté una broma que estuvo a punto de convertirse en un serio conflicto. Una mañana se nos presentó con un peinado nuevo y espectacular y desde uno de los teléfonos internos de la emisora, haciéndome pasar por el peluquero rumano que la había atendido, la llamé para decirle, en un rumano elemental, que se había olvidado de pagar, que aquello era intolerable, etcétera, etcétera. Ella contestó diciendo que no era verdad, que yo me equivocaba, pero enseguida empezó a pensar que quizá era cierto y que, una vez más, se había despistado. Pero entonces le entró un auténtico terror: ¿cómo sabía el peluquero el número de teléfono de la emisora? La broma se convertía, poco a poco, en drama y tuve que volverla a llamar para pedirle excusas en nombre del peluquero, desde un teléfono que estaba al lado mismo del suyo. Estaba tan asustada que continuó polemizando con el presunto peluquero sin darse cuenta de que hablaba conmigo a medio metro de distancia. Finalmente todo se arregló, nos reímos todos mucho, pero me quedó un poso de mala conciencia, como si hubiese abusado de su propia ingenuidad. La otra compañera, Teresa Lizarralde, sólo vivía para su hijo y siempre parecía desconfiada y triste, como a la defensiva, hasta que un detalle, una sonrisa, una palabra amable le hacían bajar la guardia y mostrar su capacidad de cariño profundo y su necesidad de ternura.

Completaba el cuadro el veterano Santiago Álvarez, "Santi" para todos, que no era el dirigente gallego del mismo nombre sino un vasco de piedra picada y palabra seca, que se encargaba de la administración y de las finanzas, y que combinaba la dureza de las formas y el dogmatismo político con un aire socarrón.

Poco tiempo después de mi llegada, se incorporó a la REI Ignacio Hidalgo de Cisneros, el mítico general republicano de familia aristocrática, que había sido nombrado jefe de las Fuerzas Aéreas republicanas, y que no sólo había ingresado en el PCE durante la guerra sino que se había mantenido fiel en el exilio. Todos los hermanos de Ignacio Hidalgo de Cisneros se habían unido a Franco durante la guerra civil y ocupaban cargos muy importantes en la estructura militar del franquismo. Pero Ignacio, entusiasta aviador de los primeros momentos, protagonista del intento de sublevación militar contra el último gobierno de la monarquía y bien conectado con los círculos culturales de la primera euforia republicana, fue uno de los militares que con más claridad y energía se puso al lado de la república. Durante el periodo republicano fue agregado militar de España en la Italia de Mussolini y rompió todas las reglas protocolarias de los militares y los aristócratas casándose con una divorciada, la escritora Constancia de la Mora, sin pasar por la iglesia. Finalmente, culminó su heterodoxia ingresando en las filas del Partido Comunista. Cuando llegó a Bucarest mantenía contactos con sus hermanos, todos generales franquistas, y Santiago Carrillo siempre pensó que podía ser uno de los enlaces fundamentales para el diálogo con los sectores militares que tendían a distanciarse de Franco y por ello le encargó que redactase y leyese ante el micrófono unas crónicas militares con la esperanza de que su prestigio pudiese abrir brechas en algunos sectores del Ejército. Hidalgo de Cisneros era un *bon vivant* en el mejor sentido de la palabra. Le gustaba el whisky y le gustaban las mujeres y procuraba paladear a menudo ambos placeres. Era un personaje fino, lleno de humor y, al mismo tiempo, un militante convencido. Acababa de escribir unas memorias muy interesantes con el título de *Cambio de rumbo* y había cedido todos los derechos al partido con la condición de que se le asegurase hasta la muerte el suministro de whisky, un pacto que se cumplió a rajatabla. Anny y yo fuimos vecinos de Hidalgo de Cisneros hasta el último día y pasamos largos ratos con él, casi siempre agradables y relajados. Murió poco después de nuestro regreso a París.

Más adelante llegó un militante vasco, al que llamábamos Mikel Antía, que venía a poner en marcha las emisiones en euskera. Era un joven robusto, tirando a gordo, amante de la buena vida, lleno de vitalidad y gran conocedor de la lengua vasca, que se había escapado por los pelos de una importante redada en el País Vasco. Mikel era un hombre optimista que había pasado muchos años en un convento y venía con un hambre descomunal de sexo. Desde el primer día, sin hablar ni una palabra de rumano, se lanzó a la caza y captura de rumanas, al margen de las advertencias sobre las normas de seguridad. Cabe decir que le favorecía el hecho de ser extranjero, porque muchas mujeres intentaban casarse con un extranjero para poder salir del país o mejorar su situación. Pero la combinación de ambos factores fue explosiva: cazaba mujeres por todas partes y a toda hora, en el autobús, en la calle o en un restaurante, de la manera más primaria e inverosímil. Cuando Anny y nuestro hijo se fueron a París y yo me quedé solo, Mikel vino a vivir conmigo y casi me convertí en un portero de vodevil cuando una mujer llamaba a la puerta mientras él estaba en la cama con otra. Pero era un buen trabajador que puso en marcha las emisiones en euskera con mucha seriedad y tuvo un gran papel en la REI mientras duró, y siguió teniéndolo en Rumania, donde se casó y se quedó a vivir.

Finalmente, también pasó por allí Antonio Pérez, un personaje dramático. Era cuñado de Fernando Claudín, tenía detrás una larga historia de combatiente en la guerra civil y en la posguerra, durante la cual había sido detenido y torturado por la policía franquista. Ya había estado en la REI en una fase anterior, pero no había podido aguantar aquel aislamiento y aquel rigor en la observación de las normas de seguridad, que le habían producido un auténtico complejo de persecución. Se había ido, pues, a México, pero pasado un tiempo decidió volver. Fuimos a esperarle al aeropuerto, pero cuando salió del avión y vio a los policías rumanos que, casualmente, llevaban el mismo uniforme gris que la policía franquista, tuvo un verdadero ataque de manía persecutoria, dijo que lo habían engañado y que la policía franquista le había montado una trampa, se negó a salir del avión y nos costó mucho calmarle. Ya más tranquilizado se incorporó a la redacción de la REI, pero no pudo aguantar mucho tiempo la intolerable tensión. De hecho, ni siquiera podía salir a la calle porque cuando veía un policía uniformado de gris volvía a entrar en crisis. Al fin pidió volver a México, desde donde nos envió unas crónicas excelentes. Y allí murió a los pocos años.

La infraestructura de la emisora era una mezcla de profesionalidad y de voluntarismo militante. Nos llegaban directamente los teletipos de las principales agencias mundiales —United Press, Associated Press, Reuter, France Presse, Tass, Prensa Latina de Cuba— y a través del diario del partido rumano, *Scinteia*, nos llegaban la Agencia Efe y la agencia oficial rumana, Agerpress. También teníamos los principales diarios y revistas de Francia, Italia, Gran Bretaña y la URSS y, con el consiguiente retraso, nos llegaba la prensa de Madrid, de Barcelona y de otros puntos, a la que estábamos suscritos a través de un presunto Instituto de Periodismo de Bucarest.

También organizamos una red de corresponsales, interesante pero muy desigual. Nos enviaban la información a París y desde allí nos llegaba con mucho retraso, hasta que con la ayuda del Partido Comunista Francés se organizó un correo semanal. Finalmente tuvimos una red de personalidades conocidas que, con los correspondientes seudónimos, nos enviaban crónicas y comentarios con una cierta periodicidad. Una de las más asiduas era Teresa Pàmies, que nos remitía unos comentarios excelentes desde París, con el nombre de Núria Pla. Teníamos otro corresponsal en París, Jesús Izcaray; uno en Moscú, Eusebio Cimorra, e incluso uno en México, el ya citado Antonio Pérez, que firmaba sus crónicas con el nombre de Mario Zapata. También nos llegaban artículos y comentarios, más o menos regulares, de Armando López Salinas, Andrés Sorel, Carlos Álvarez, Antonio Ferrés y otros. Desde Cataluña colaboraban Francesc Vallverdú y, de vez en cuando, militantes destacados como Manolo Sacristán o Josep Fontana, e incluso otras personas que no eran militantes del PSUC.

Mi tarea principal era ocuparme de las emisiones en catalán. Yo era el redactor y también el locutor —tarea en la que me acompañó un tiempo Victoria, compañera de Federico Melchor—. Con los materiales de que disponía intenté un cambio radical en la programación catalana y, sobre todo, en el estilo. De hecho, yo era el primer miembro de la REI que no había salido de España en 1939, el primero que procedía directamente de aquello tan solemne e importante que llamábamos "el interior". Mi lenguaje era, por fuerza, distinto y también lo era mi percepción de muchas cosas. Cambié totalmente, por ejemplo, los acompañamientos musicales, que hasta entonces sólo podían ser himnos revolucionarios o el himno de Cataluña, *Els Segadors*. En una tienda de Bucarest encontré un par de discos de jazz e inmediatamente puse música de jazz en las emisiones, decisión que estuvo a punto de generar un terremoto en la redacción. Y cuando me llegó el primer disco de Raimon —que me produjo una gran impresión— lo reproduje decenas y decenas de veces. Y siempre procuraba introducir una nota de humor o un comentario de hechos diversos. Recuerdo muy especialmente un programa sobre el suicidio de Marilyn Monroe que provocó una cierta división de opiniones en la redacción: algunos opinaban que era una frivolidad, y otros estaban encantados con la novedad.

Lo cierto es que la tarea de redactor y de locutor me interesó mucho, y aprendí el oficio de periodista. También me dediqué muy pronto a las emisiones en castellano, no sólo como redactor sino también como locutor. En algunos momentos, sobre todo cuando llegaba la época de vacaciones, me encontré en la situación de tener que redactar yo solo y presentar como locutor los programas en catalán y en castellano.

Una de las tareas más importantes era la elaboración de los boletines de noticias. Cada día había un redactor de guardia, cuya tarea consistía en elaborar las noticias muy pronto, desde las seis de la mañana, con las informaciones de las agencias llegadas durante la noche. Los boletines se repetían cada media hora y se renovaban cada tres veces. Una vez terminada la emisión matinal, empezaba la tarea normal de la emisora, o sea, la elaboración de los programas fijos, pero al mediodía había otra emisión de noticias y comentarios. Y a media tarde empezaba la emisión principal, que duraba hasta pasada la media noche, con distintos bloques de programas encabezados por la noticias. Por lo tanto, todos los redactores nos encargábamos no sólo de nuestros programas, sino también de las noticias, y el redactor de guardia era el responsable principal.

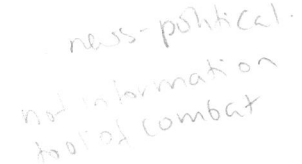

Naturalmente, el contenido de la programación y la selección de las noticias estaban condicionados por el carácter militante de la REI. No era una emisora de información, sino una herramienta de combate político. Nuestro trabajo era, por consiguiente, una combinación de información y de voluntarismo, y era lógico que más de una vez cayésemos en la exageración o en el error más o menos asumido. Cada primero de mayo, por ejemplo, llamábamos a la acción popular, a las concentraciones masivas y a las manifestaciones contra el franquismo. Y cuando nuestros corresponsales nos enviaban cartas sobre lo que realmente había pasado nos era difícil distinguir la realidad de la fantasía, porque entre ellos había contradicciones y, puestos a elegir, nosotros tendíamos a subir las cifras. Recuerdo, por ejemplo, que después de un primero de mayo de 1962 ó 1963 recibimos una docena de cartas de militantes clandestinos de Madrid. Una nos decía que en la Casa de Campo de Madrid se habían concentrado miles de trabajadores con las familias respectivas, todo el mundo con camisas y blusas rojas y banderas. Otro la confirmaba, y precisaba que había más de cien mil personas. Otro subía la cifra y así llegamos a unos quinientos mil manifestantes. Entre las cartas nos llegó una pesimista: contaba que un grupo de compañeros habían ido a la Casa de Campo con una bandera y una pancarta escondidas y dispuestos a desplegarlas en cuanto viesen un grupo de manifestantes pero no habían visto ninguno y finalmente habían tirado bandera y pancarta a una cloaca. Evidentemente, nuestra conclusión fue triunfal: proclamamos con entusiasmo que medio millón de trabajadores se habían manifestado en la Casa de Campo contra el franquismo, y entre nosotros comentamos que parecía mentira que aquel grupo derrotista de la pancarta y la bandera no hubiese sabido ver la inmensa multitud que tenía a su lado. Era una exageración, claro está, y en el fondo la mayoría de nosotros teníamos dudas. Pero puestos a calibrar informaciones opuestas, nos inclinábamos por la más entusiasta y la que más satisfacía nuestro propio ánimo de combatientes exiliados.

En otras ocasiones caíamos en errores por causa de la lejanía y la ignorancia de las situaciones concretas, como la ocasión en que interpretamos mal una información sobre una huelga de autobuses en Canarias y proclamamos el gran éxito de la huelga de ferrocarriles en las islas.

A menudo la información era sesgada porque la distribución de nuestros comunicantes era desigual y mientras recibíamos muchas noticias de tal o cual pueblo, ciudad o comarca, no recibíamos ninguna de otros sitios. O también porque nuestros informadores eran víctimas de su propio entusiasmo y exageraban los hechos reales. Pero en general hacíamos grandes esfuerzos para dar noticias verdaderas y contrastadas y mientras estuve allí no recuerdo que hubiésemos mentido a conciencia. Simplemente estábamos en medio de un combate difícil y peligroso e intentábamos dar razones y ánimos a la gente para fortalecer la lucha contra la dictadura.

En aquellas condiciones vivimos algunos momentos especialmente emocionantes y, al revés, otros particularmente tensos. Entre los primeros recuerdo la emoción con que seguíamos día a día la huelga de Asturias de 1962 y el entusiasmo con que recibíamos las noticias de su propagación a otras zonas. Cuando se anunció la llegada de la huelga a Cataluña, en una empresa textil, todos se me echaron encima, con gritos y abrazos.

Recuerdo también la intensidad con que seguí y traté las secuelas de la detención de Jordi Pujol y otros nacionalistas por los actos del Palau de la Música de Barcelona, un año antes, y las acciones de solidaridad con los detenidos que el PSUC impulsaba en toda Cataluña. Aquella acción significaba, de hecho, la aparición de un nacionalismo catalán que no se limitaba a la proclamación abstracta ni a una simple reivindicación cultural, sino que pasaba al terreno de la confrontación política. Para nosotros era un episodio crucial que parecía confirmar nuestra línea política general y nos abría la perspectiva de un posible acuerdo con aquellos nuevos antifranquistas. El PSUC movilizó a todos sus efectivos en una amplia acción de solidaridad con los implicados y lo pagó con un gran número de detenidos y encarcelados —entre ellos el dirigente obrero Cipriano García, de Tarrasa, que fue condenado a muchos más años de cárcel que el propio Jordi Pujol—. Después todo se movió por distintos derroteros pero aquel episodio era un paso adelante y una primera posibilidad de crear un frente antifranquista en Cataluña entre la izquierda clandestina y grupos nacionalistas. También seguí muy de cerca el movimiento de los estudiantes y la aparición de nuevos grupos políticos en la Universidad y entre núcleos intelectuales y denuncié a voz en grito las detenciones y el encarcelamiento de nuevos líderes, como Manuel Vázquez Montalbán, Salvador Clotas y Ferràn Fullà, entre otros.

Seguimos y celebramos con cautela la reunión de Munich en junio de 1962, en la que por primera vez intentaban ponerse de acuerdo para crear una oposición al franquismo monárquicos, socialistas, nacionalistas vascos y catalanes, democristianos y ex falangistas, aquello que el franquismo definió como "el contubernio de Munich" y que intentó abortar con sanciones y confinamientos de los participantes. De hecho, se trataba de un primer paso, magnificado por la actitud represora del gobierno franquista, en un camino que acabaría llevando a la mayoría de los participantes hacia la transición pacífica a la democracia. Fue, por tanto, un gran acontecimiento, pero que dejaba sin resolver el problema que más nos preocupaba: hasta qué punto el PCE y el PSUC serían miembros activos de aquel mismo proceso, hasta qué punto serían aceptados o marginados de aquella batalla. En la reunión de Munich participó como observador Francesc Vicens, en nombre de los comunistas, pero en ningún momento se dio a entender que aquella presencia de un observador comunista significaba el inicio de algún tipo de acuerdo con el PCE y el PSUC.

También vivimos la angustia de la crisis de los misiles en Cuba. Desde la construcción del Muro de Berlín, el mes de agosto de 1961, la tensión entre los bloques se había disparado, a pesar de las esperanzas de un acuerdo entre los nuevos gobernantes de la URSS y de Estados Unidos. Pero el asunto cubano rompió todos los límites y situó al mundo al borde mismo de la catástrofe. El día clave, cuando los barcos de carga soviéticos se acercaban a Cuba y los norteamericanos anunciaban que si no se detenían los atacarían, yo estaba de guardia en la emisora. Seguí minuto a minuto la terrible escalada, angustiado por un proceso que parecía imparable y que nos podía llevar a una confrontación terrorífica entre los dos bloques. Cuando terminé el turno de guardia me sentía exhausto, pero no podía dormir y pasé el día siguiente, que era domingo, en casa, sin querer oír ninguna noticia, hasta que Ramón Mendezona me llamó para anunciarme que por el momento los barcos se habían detenido y Kennedy y Jruschov habían abierto una negociación. Nunca olvidaré aquella intolerable tensión y, sobre todo, la imposibilidad de intervenir en ella de tantos y tantos millones de ciudadanos de todo el mundo. Cuando escribía un boletín de noticias o lo leía ante el micrófono, tenía la sensación de que hacía algo concreto por mi país. Pero en aquel asunto la sensación de impotencia era total y absoluta.

La emisora era, ciertamente, una ventana abierta a la actualidad mundial. Teníamos información, pero también teníamos una conciencia clara de nuestras limitaciones y, por tanto, de nuestras impotencias. El mundo de los primeros años sesenta cambiaba con rapidez y nos obligaba a interrogarnos continuamente sobre nuestra propia concepción de las cosas.

Uno de los debates más intensos, aunque soterrados, entre los militantes era el del cambio enorme que había supuesto la denuncia del estalinismo en el XX Congreso del PCUS. La primera sensación de euforia de unos y de alarma de otros, que yo no viví pero que pude detectar y seguir muy de cerca años después, en la REI y en otros lugares, iba acompañada de otras dos grandes novedades: la revuelta de Vietnam contra el colonialismo francés y después contra Estados Unidos y la victoria del castrismo en Cuba. Todo ello fue contrarrestado por los primeros síntomas de crisis aguda entre la URSS y la China de Mao Zedong, que generó una enorme perplejidad y una inmensa angustia no sólo entre los comunistas, sino también entre mucha gente de izquierdas de todo el mundo. La aparición en la escena política de nuevos personajes con programas renovadores, como el mismo presidente Kennedy o el papa Juan XXIII, abrieron nuevas aunque inconcretas esperanzas. Y las esperanzas empezaron a zozobrar con la mencionada crisis de los misiles y con los primeros rumores de conspiración contra Jruschov en la URSS.

Cuando a finales de 1961 el XXII Congreso del PCUS reafirmó la autoridad de Jruschov y se intensificó la denuncia del estalinismo, pareció que los caminos de la renovación a nivel mundial quedaban definitivamente abiertos. Poco después pasaron por Bucarest Santiago Carrillo y Gregorio López Raimundo para informarnos precisamente del desarrollo y las decisiones del Congreso de Moscú. En la redacción hubo un gran debate y recuerdo muy bien que en un momento determinado pregunté a Santiago Carrillo qué garantía había de que el estalinismo no volvería a levantar cabeza y que el proceso de revisión iniciado no daría marcha atrás. La respuesta de Carrillo fue: "La garantía es que ahora manda Jruschov". Pues bien, el 22 de noviembre de 1963 el presidente Kennedy era asesinado en Dallas y el 14 de octubre de 1964 Jruschov era destituido y arrinconado en la URSS. Las pretendidas garantías eran, pues, muy vulnerables, tanto como nuestras ideas y esperanzas.

Pero nosotros estábamos en las primeras filas de un combate particular, el combate contra el franquismo, y aquello nos mantenía vivas la fe y la esperanza. También nos mantenía, vivo y punzante, el dolor. El momento más triste fue, sin duda, el fusilamiento de Julián Grimau el 20 de abril de 1963. Desde la REI seguimos el proceso, la sentencia y el fusilamiento minuto a minuto. Nos dedicamos a ello en cuerpo y alma, como si nosotros, con la única fuerza de nuestras palabras desde la distancia, pudiésemos salvarle. No era sólo la furia contra los asesinos, era también la solidaridad personal y colectiva con el amigo y el compañero.

LA PIRENAICA

Cuando nos llegó el teletipo que confirmaba el fusilamiento decidimos lanzar una emisión especial que consistía únicamente en leer, uno por uno, los nombres de Franco y de todos los ministros de aquel gobierno que había firmado la sentencia de muerte y añadir, después de cada nombre, la palabra "asesino". La voz de un locutor desgranaba los nombres, y la voz de otro clamaba: "¡asesino!". Repetimos el programa decenas y decenas de veces durante dos o tres días, como si fuese no sólo nuestro grito de angustia y de pena, nuestra denuncia, sino también nuestra venganza.

A los pocos días Santiago Carrillo apareció en Bucarest y nos reunimos con él en la emisora. Hizo un sereno análisis de la situación, de las consecuencias del asesinato, de las movilizaciones en todo el mundo y de la línea política a seguir en aquel momento tan difícil. Al final habló de nosotros, de nuestro papel y de nuestra reacción: "Os he seguido mucho —nos dijo—. Me conmovió profundamente vuestra reacción y vuestra denuncia. Pero os tengo que decir que vistas las cosas con más perspectiva, aquel programa en el que calificasteis a todos los miembros del gobierno de Franco de asesinos es un error político". Y ante nuestra perplejidad, concluyó: "No les podemos poner a todos en el mismo plano. Ha habido divergencias entre ellos y nuestro deber es tenerlas en cuenta y profundizarlas. Para derrocar al franquismo y construir la democracia, un día tendremos que entendernos con algunos de ellos".

En aquel momento me sentí humillado y engañado. Pero catorce años más tarde, después de las primeras elecciones democráticas, cuando en agosto de 1977 nos reunimos alrededor de una mesa en el Congreso de los Diputados los siete diputados elegidos para redactar el proyecto de Constitución, y entre los siete nos encontrábamos yo mismo y Manuel Fraga Iribarne, miembro del gobierno que condenó a Julián Grimau, pensé mucho en aquella reunión con Santiago Carrillo en la REI y llegué a la conclusión de que yo tenía razón en mi ira pero que él tenía más claridad que yo en la visión del futuro.

CAPÍTULO XI

La huida

Bucarest es una ciudad sin primavera ni otoño. Pasa de un invierno muy duro, con temperaturas muy bajas —hasta veintiocho grados bajo cero llegamos un día— y nieve permanente en las calles, a un verano extremadamente caluroso y húmedo, con una breve transición primaveral y un otoño desmayado.

Antes de la II Guerra Mundial y de la implantación del comunismo Bucarest tenía la fama de ser una especie de París del este de Europa. Sus intelectuales hablaban un francés exquisito y su periferia urbana era como una reproducción en pequeño de las grandes avenidas y los grandes parques del París de Haussmann. Aquella Bucarest se veía a sí misma como el centro de una cultura aislada en un mundo ortodoxo y sus élites se percibían a sí mismas como la trinchera avanzada de una cultura latina y laica rodeada por un espacio eslavo, oscuro y atrasado.

La ciudad que encontramos ya no era exactamente aquella, la cultura afrancesada había perdido peso e influencia y la nueva cultura, a medio camino entre el pasado y la presión de su entorno —especialmente del entorno soviético—, la había convertido en una ciudad provinciana aunque con zonas muy agradables, un gran barrio judío —que Ceaucescu destruyó años después para abrir una avenida faraónica—, unas amplias zonas verdes y una vida cultural desigual, pero no despreciable. Ir a la ópera, al ballet o al teatro, por ejemplo, era fácil y barato, y las representaciones eran correctas, y en algunos casos francamente buenas, especialmente en el teatro, que tenía y sigue teniendo una gran tradición. En el cine predominaban con creces las películas soviéticas y, en general, de los países del Este, y la apertura a la producción occidental pasaba básicamente por las grandes superproducciones de romanos y cartagineses. Pero con gran sorpresa comprobé muy pronto que los mayores éxitos, con colas enormes, eran las películas de Sara Montiel. Las librerías, en cambio, eran grandes desiertos, repletas de libros oficiales, de traducciones de algunos clásicos y de una literatura rumana a medio camino entre el siglo XIX y unas novedades difíciles de captar para nosotros, que muy poco sabíamos del país y que, en realidad, estábamos de paso.

El deporte se vivía con intensidad, con el fútbol en primer lugar. Un día el Real Madrid llegó a Bucarest para jugar contra el Steaua y yo coincidí en una tienda de discos con los jugadores madrileños, sin poder hablar con ellos. Allí estaba, entre otros, el portero Vicente, que yo conocía de cuando era portero del Mollet. Asistí al partido con una emoción contenida y una sensación de desarraigo.

En aquella Bucarest de principios de los años sesenta, a medio camino entre un pasado dramático y un futuro difícil de prever, organizamos, pues, nuestra vida de recién casados. Casi la totalidad de los integrantes de la REI vivían en un mismo edificio, en la avenida Balcescu, en pleno centro de la ciudad. Allí vivían también otros españoles que trabajaban en Radio Bucarest, entre ellos el matrimonio Roman —él, un militar rumano de alta graduación de las Brigadas Internacionales— y su hijo Petre, que años después sería primer ministro después del derrocamiento y la ejecución de Ceaucescu y de su mujer y, más tarde, presidente del Parlamento. Con Petre Roman he mantenido una buena amistad y en más de una ocasión hemos recordado aquellas historias del pasado común.

Nosotros optamos por vivir en otro sitio. De hecho, no había espacio para nosotros en el bloque de la avenida Balcescu, pero lo cierto es que no queríamos entrar en aquel círculo cerrado de la misma gente que veíamos todo el día en el trabajo. Aquello era especialmente importante para Anny, que no sólo era de otra generación, como yo, sino que además tenía otras referencias culturales y personales. De modo que nos instalamos provisionalmente en un pequeño apartamento cercano a la estación central y unos meses después nos trasladamos definitivamente a un bloque más acogedor de la avenida Miciurin, cerca del Arco de Triunfo y del parque Herastrau, donde también vivían Roberto Carrillo y Tatiana, y más tarde también Ignacio Hidalgo de Cisneros, como ya he dicho.

Para los vecinos rumanos nosotros éramos una pareja de periodistas franceses. Por las razones indicadas, nuestras relaciones sociales con los vecinos eran escasas, pero cuando coincidíamos en las cosas corrientes, como las colas de la panadería o de las tiendas, o cuando colaborábamos en la limpieza de la nieve o en otras tareas comunes, siempre nos dimos a conocer y actuamos como una pareja de franceses. En cuanto a la lengua rumana, pronto descubrimos que, a pesar de su base latina, que le da una fonética y, sobre todo, una entonación no demasiado alejada de la italiana, tiene un fuerte contenido eslavo y choca con el gran obstáculo de las declinaciones. Sin embargo, no tardamos mucho en entender los términos básicos, a expresarnos sin grandes problemas e incluso a hablarla con una desigual fluidez.

El trabajo en la REI me interesaba y me dedicaba a él con la máxima intensidad, pero aquella era mi primera experiencia de vida en un país oficialmente comunista —o socialista, como se decía—. Yo no había sido hasta entonces un entusiasta de los países del Este, pero inicié aquella etapa con una gran curiosidad y una cierta esperanza de encontrar algo nuevo. Pocos meses después, la vivencia directa del sistema me llevó de la curiosidad y la esperanza a un gran desencanto y un profundo pesimismo, aunque no viví sus peores momentos ni conocí los entresijos de fondo de las cúpulas del poder.

Nosotros éramos, de hecho, unos privilegiados. Teníamos una casa, teníamos acceso a los mejores servicios sanitarios, tuvimos una entrada fácil en una buena guardería cuando nació nuestro hijo e incluso teníamos la posibilidad de disfrutar de un suministro especial de artículos de primera necesidad. Pero siempre intentamos seguir el ritmo de la mayoría de la gente en las cosas de la vida cotidiana. Por consiguiente, hacíamos cola para ir a comprar el pan y los víveres, corríamos como locos hacia el mercado central cuando se anunciaba la llegada de algún artículo especial o, simplemente, cuando reaparecían los artículos cotidianos que habían desaparecido misteriosamente un día o una semana antes y hacíamos la ronda de la compra de yogures cargados con sacos de envases de vidrio sin acertar casi nunca la tienda donde había. La cola era una institución fundamental y pronto entendimos que cuando veíamos una teníamos que meternos en ella y preguntar luego para qué era y qué vendían. Y cuando algún espabilado se me adelantaba, olvidaba las normas de seguridad y le insultaba en catalán, que siempre causaba un cierto efecto.

Para poder adquirir otros productos de más precio, como los aparatos electrodomésticos, se requería una enorme paciencia y una gran constancia. Para comprar una nevera o un mueble, por ejemplo, era totalmente inútil ir a las tiendas correspondientes para ver modelos y precios. El único sistema era llevar siempre el dinero en el bolsillo cuando salíamos a la calle y si por casualidad veíamos en un escaparate algo que nos interesaba teníamos que entrar inmediatamente en la tienda, poner la mano sobre el aparato o el mueble en cuestión, independientemente de si nos gustaba o no o si era el modelo que nos convenía, para evitar que otros se lo apropiasen, pagar inmediatamente y buscar algún sistema para llevarnos la compra a casa.

Todo aquello era molesto y hasta insultante, pero comprendíamos que aquel era un país que salía de un pasado muy dramático y que apenas empezaba a caminar hacia un futuro difícil y, sobre todo, incierto. Las dificultades de la vida cotidiana eran, pues, en buena parte inevitables, y como tales teníamos que aceptarlas sin aspavientos ni protestas.

El problema principal era otro. Era, exactamente, la brutal separación entre la cúpula del poder —o las cúpulas, para ser más exacto— y la gran mayoría de la población. La distancia era astronómica, no sólo desde el punto de vista moral, sino del físico. Los altos cargos del partido y del Estado vivían en una situación de privilegio insultante, en los mejores rincones de Bucarest, todos encerrados en grandes complejos de casas de lujo, rodeadas de vallas metálicas y con un servicio de vigilancia espectacular.

Las grandes fiestas patrióticas, como la del 23 de agosto, se celebraban con grandes desfiles populares, llenos de color y de alegría aparente, pero muy pronto supimos que la asistencia de los participantes era obligatoria, que cada año tocaba a una determinada parte de los trabajadores de cada empresa y que los que no iban eran duramente sancionados.

La censura en las librerías, el cine y el teatro era irregular pero implacable en los asuntos que el régimen consideraba intocables. En la Universidad, los manuales de historia, de literatura e incluso de ciencias eran estrictamente controlados, y en todas las facultades era fundamental y obligatoria la asignatura de marxismo-leninismo, que se enseñaba de la misma manera que en España la "formación del espíritu nacional". Y la prensa, la radio y el único canal de televisión no eran instrumentos de información, sino unos mecanismos de propaganda oficial dogmáticos, anticuados, pesados y monótonos.

A veces, un simple episodio mostraba entera la cara profunda del sistema. Yo no tenía, por ejemplo, una máquina de escribir en casa y un día, paseando por el centro, vi en un escaparate una portátil checa de la marca Consul, que era exactamente la que necesitaba. Metí la mano en el bolsillo, comprobé que llevaba el dinero necesario para comprarla, entré como un rayo en la tienda y dije que quería la máquina sin más rodeos. El vendedor me miró de arriba a abajo sin inmutarse y me preguntó si llevaba la autorización especial de la policía. "¿Autorización de la policía para comprar una máquina de escribir?", protesté. El vendedor me volvió a mirar, pero ya con más dureza. ¿De modo que me resistía? ¿De modo que protestaba? ¿Quién era yo? ¿Dónde estaban mis papeles? La cosa se complicaba y preferí abandonar la partida. Pero una vez en casa llamé a Lidia Lazarescu, la funcionaria del Comité Central por la que pasaban nuestras relaciones con el aparato, le planteé el caso y su respuesta fue muy pesimista. Me confirmó que la compra de máquinas de escribir y aparatos de reproducción exigía una autorización especial de la policía, porque podían ser instrumentos de propaganda subversiva, y que ella no podía negociar una autorización para mí porque nosotros teníamos un estatuto muy especial que sólo era conocido por un sector también especial del aparato político, el que ella representaba, pero no por otros. Por lo tanto, no había autorización y no habría máquina de escribir.

En definitiva, cuanto más conocíamos y tocábamos la realidad del país, más llegábamos a la conclusión de que el sistema era muy parecido al que teníamos en España, el que me había obligado a exiliarme y contra el que luchaba desde aquel singular refugio.

De todos modos, en aquel momento el sistema político no estaba tan rígidamente controlado por los soviéticos como los de los otros países del bloque del Este. En Rumania no habían tenido lugar aquellos terribles procesos que, en otros países, terminaban con la ejecución de los dirigentes que se distanciaban de los soviéticos y cuando la pugna empezó también en Rumania en los años cincuenta, el núcleo más nacionalista, encabezado por el histórico Georghe Georghiu-Dej, se había impuesto al sector más prosoviético, dirigido por Anna Pauker. Por tanto, a pesar de la similitud de las prácticas y de las reglas de juego con los otros países del Este, en Rumania predominaba un núcleo dirigente más nacionalista, más distanciado del implacable control soviético.

Pero no era fácil entender lo que pasaba. La cúpula del partido era un hemisferio cerrado y la única manera de orientarse un poco sobre sus movimientos, al margen de los rumores, siempre peligrosos, era seguir con atención el orden en que eran colocados los retratos de los principales dirigentes en los edificios oficiales cuando se acercaban las grandes fiestas o las reuniones importantes del partido. Si tal dirigente había pasado del lugar segundo al tercero significaba que andaba de capa caída y si pasaba de golpe al quinto o al sexto lugar era evidente que había caído en desgracia total. Y viceversa: si tal dirigente había avanzado en el orden jerárquico, significaba que ganaba peso e influencia. Cuando llegamos a Rumania, por ejemplo, un dirigente relativamente joven llamado Nicolae Ceaucescu ocupaba el cuarto lugar en la colección de retratos. Cuando regresamos a París, ya ocupaba el segundo lugar.

El 3 de abril de 1962 nació nuestro primer y único hijo, Albert. Las normas sanitarias en los países del Este eran muy estrictas y yo no pude verle hasta ocho días después. Estábamos emocionados y contentos y todo aquello nos parecía extraordinario. Pero su llegada significó también un gran cambio, no sólo porque nos estrenábamos como padres noveles, y éste es un oficio que sólo se aprende sobre la marcha, con aciertos y errores que sólo sabes que lo son cuando ya han pasado, sino porque condicionó sustancialmente nuestro ritmo de vida. Yo seguía con mi trabajo, pero Anny quedaba atada a la casa, solitaria en un barrio de vecinos desconocidos. Como era preceptivo, muy pronto nos enviaron una pediatra que nos enseñó las cosas básicas y que se sentía encantada de ayudar a aquella pareja de franceses despistados. Pero durante los primeros meses andábamos desconcertados, no nos atrevíamos a dejarlo solo ni un minuto y cada vez que lloraba o se quejaba se nos caía la casa encima. Es lo que les pasa a todas las parejas, pero nosotros éramos una pareja aislada en un país remoto.

La inscripción de Albert en el registro civil fue otro episodio burocrático, entre grotesco y tragicómico y muy ilustrativo de la situación en que nos encontrábamos. Como ya he dicho, yo vivía con el nombre oficial de Jorge Fabra, y con este nombre me presenté en el registro para exigir la inscripción de mi hijo con el nombre de Albert Solé Bruset. El funcionario me miró de arriba a abajo, adoptó la actitud del que manda y no quiere que nadie le tome el pelo y me dijo que hiciese el favor de explicarme bien si no quería tener problemas. Yo insistí en mi petición y después de un largo diálogo de sordos que se iba complicando decidí cortar por lo sano: "Haga el favor de llamar a este número del Comité Central y pregunte por la camarada Lazarescu", le dije. Inmediatamente le cambió la cara, me miró de otra manera, marcó el número, habló con la camarada, colgó y con el tono más suave y amable que pudo encontrar me dijo: "Camarada Fabra, ¿qué nombre ha dicho que quiere darle a su hijo? ¿Albert Solé Bruset? Pues muy bien, no faltaría más".

En septiembre tuvimos vacaciones y las pasamos en Checoslovaquia. El motivo era claro y dramático al mismo tiempo. La madre de Anny, Lola, había perdido a su compañero, José del Campo tras un penosísimo cáncer, estaba destrozada y desconsolada y, en aquella situación, ella y nosotros pensamos que debía conocer a su nieto. Para ella era relativamente fácil ir a Praga, pero no lo era —y tampoco era aconsejable— ir a Bucarest. Decidimos, pues, encontrarnos en Praga y allá nos fuimos con el bebé en brazos.

Fue un encuentro emocionante, triste y alegre al mismo tiempo. El lugar que nos habían asignado era un hotel en la montaña eslovaca, el macizo del Tatra. Y allá fuimos, en un vuelo hasta Poprad que empezó con un incidente tragicómico. Desde el primer instante de nuestro reencuentro en Praga estuvimos acompañados por una funcionaria que no nos dejaba ni un minuto. Ella nos guiaba, nos resolvía los problemas de billetes y alojamientos y ya en el aeródromo de Praga nos acompañó, incluso, hasta el interior mismo del avión. Cuando los motores ya estaban en marcha pidió a Lola que se bajase con ella del aparato, y mientras las dos se alejaban las puertas del avión se cerraron y emprendimos el vuelo. Yo me puse a gritar y hasta me metí en la cabina de los pilotos diciéndoles que había que hacer marcha atrás porque nos habíamos quedado sin la suegra, pero hasta la escala en Bratislava no supimos lo que había pasado. La cosa era sencilla y burocrática, a la vez: a la funcionaria le habían encargado la reserva de tres plazas y ella consideró que la criatura de cuatro meses ocupaba la tercera y hasta nos hizo el favor extraordinario de dejar entrar a Lola en el avión para despedirnos. Todo se arregló y al día siguiente nos enviaron la suegra perdida en otro avión.

Fueron unas vacaciones tranquilas y agradables, que a Lola le sentaron tan bien como a nosotros. En el hotel coincidimos con algunos miembros del PC checoslovaco, que años después serían protagonistas, en ambos bandos, de la Primavera de Praga. Uno de ellos me impresionó especialmente, Cestmir Cisar, que presidió el Parlamento en los momentos culminantes de aquel gran movimiento renovador. Cisar no tenía nada que ver con la imagen estereotipada del dirigente comunista de un país del Este. Era un hombre abierto, culto, conocedor de todas las novedades en el Este y en el Oeste, crítico con el dogmatismo y profundamente convencido de la perversión que significaba la división de Europa en dos bloques. Me recordó mucho a los comunistas italianos. Con él y con quien iba a ser otro de los protagonistas renovadores de la Primavera de Praga, el director de *Rude Pravo*, órgano oficial del PC, escalamos el pico Risy, el más alto de la zona, que era una especie de santuario porque Lenin también lo había escalado cuando estaba exiliado en Polonia. Cuando le nombraron presidente del Parlamento, en plena revuelta contra los soviéticos, le envié una calurosa carta de felicitación. Muchos años después, en 1990, coincidí con él en la embajada española en Praga, mantuvimos una larga conversación y le conté toda la aventura, que recordó enseguida.

También conocí a Josef Lenart, que más tarde iba a ser uno de los líderes del otro bando y sería nombrado primer ministro del nuevo gobierno prosoviético después de la invasión de Checoslovaquia por las tropas soviéticas y la caída de Dubcek. Con él hicimos una excursión por el sur de Polonia hasta Cracovia y pasando por Zakopane y Poronin, donde se visitaba la casa que había servido de refugio a Lenin durante su exilio polaco. En algún lugar de mi casa y mezclado entre mil papeles debo de tener una foto en blanco y negro en la que aparecemos Josef Lenart y yo sujetando, uno en cada asa, la cuna del pequeño Albert.

En aquel hotel de montaña veraneaban, pues, altos dirigentes del partido y del gobierno, junto con otras personas sin cargos o con cargos intermedios. Las diferencias de trato no eran abismales, pero las había, y a menudo un detalle, un comentario o una simple disposición de las mesas y de las habitaciones nos demostraban que en aquel hotel nosotros formábamos parte de la élite. Un día preguntamos al director si por casualidad tendrían un cochecito para pasear a Albert y a las veinticuatro horas pusieron a nuestra disposición un coche enorme y totalmente nuevo. Sin embargo, para Anny y para Lola fue un reencuentro sentimental muy importante y nosotros empezamos a sentir la nostalgia de París, sentimiento que a partir de entonces iba a convertirse en un verdadero torrente de ansias de regreso.

En Bucarest pronto pudimos llevar a Albert a la guardería, Anny empezó a ir a la Universidad y nos planteamos con más calma nuestras inquietudes y urgencias. Pero vivíamos en una situación contradictoria y empezamos a sacar conclusiones. Nuestra situación material había mejorado sustancialmente respecto de la de los últimos meses en París, pero estábamos en un rincón del mundo alejado, provinciano, cerrado y oscuro, y empezamos a inquietarnos por las consecuencias de la decisión que habíamos tomado y, sobre todo, por las perspectivas de futuro. Una vez pasada la novedad nos preguntamos hasta qué punto aguantaríamos. Anny se sentía perdida y aislada y yo empecé a preguntarme cada día si me acabaría convirtiendo en un profesional del partido, si iba a pasar allí unos años decisivos de mi vida y si podría volver o no a Barcelona e integrarme en la vida profesional del Derecho y de la Universidad, que era lo que realmente me gustaba y deseaba.

Por el momento intentábamos situarnos y organizar nuestras vidas de la mejor manera posible, aunque las posibilidades de movimiento eran escasas. Prácticamente nunca salimos de Bucarest, excepto alguna salida de fin de semana al lago de Snagov, donde había una casa a disposición de todo el grupo. Intentábamos relacionarnos con los jóvenes del colectivo español y con ellos pasamos unas nocheviejas insólitas, con sesiones de rock and roll clandestinas porque aquella música decadente estaba prohibida. También establecimos relaciones con algunos vecinos y algunos profesores, pero siempre con muchas precauciones para no romper las reglas de seguridad. Al margen del trabajo en la REI —que sólo era trabajo para mí— aquella no era, pues, una vida estimulante. Yo procuraba hacer deporte y me gustaba salir a correr por las calles nevadas. Y, sobre todo, lo que más me gustaba era ir a buscar a mi hijo a la guardería y llevarlo a casa en hombros por las avenidas desiertas y repletas de nieve.

Pero a los pocos meses empezamos a sentir una especie de claustrofobia, una angustia que se incrementó y agravó semana tras semana, mes a mes. Llegó un momento en que cada mañana, cuando llegaba a la sede de la emisora, me preguntaba si algún día podría salir de allí. La guerra fría no era un concepto abstracto, sino una realidad imponente y, nos gustara o no, nosotros éramos protagonistas de ella colectiva e individualmente. Es cierto que éramos una pieza insignificante y secundaria en el conjunto, pero nuestras vidas eran nuestras y sabíamos que, precisamente a causa de las tensiones entre los bloques, podíamos vernos condenados a vivir muchos años en aquella sociedad que no nos aportaba ningún estímulo. La perspectiva era muy clara: aquel sería el sistema y el ritmo de vida mientras estuviésemos en Bucarest, o sea, mientras durase el franquismo. Y el futuro sólo podía consistir en convertirme yo en un funcionario del partido en la REI, como lo eran mis compañeros exiliados de España veinticinco años atrás, y Anny en una acompañante perdida en un mundo que no era el suyo. Como paréntesis era soportable, como proyecto de vida, no. Echaba en falta París, echaba en falta Barcelona y estaba tan exasperado que cuando me llegó la noticia de la detención de Pere Ardiaca y de Antonio Gutiérrez Díaz me ofrecí inmediatamente para ir a Barcelona a sustituirles en la clandestinidad.

El golpe decisivo lo recibí el día en que conocí a un par de comunistas yugoslavos que se habían puesto al lado de la URSS cuando Tito rompió con Stalin y eran los responsables de una radio parecida a la nuestra, pero dirigida a Yugoslavia. Durante años ejercieron su tarea con entusiasmo y convicción. Pero un día el nuevo líder soviético, Nikita Jruschov, hizo las paces con Tito después de una espectacular visita a Belgrado, y aquella radio quedó totalmente fuera de juego, colgada en el vacío. Tito exigía las cabezas de aquellos redactores y locutores, y la URSS se desentendió totalmente de ellos. Eran como fantasmas perdidos en el espacio y el tiempo, sin pasado que reivindicar ni futuro que esperar, encadenados a una Rumania incómoda que también se podía desentender de ellos en cualquier momento y, por tanto, convertirles en apátridas sin esperanza ni cobijo.

Nuestro caso no era igual, pero también planeaba sobre nosotros el espectro del desarraigo en una edad como la nuestra, llena de esperanzas y sin ningún entusiasmo que nos arraigase a aquella Rumania calificada de socialista y que tanto se parecía, en las cosas esenciales, a mi propio país bajo la dictadura franquista. No sólo no nos interesaba ni nos estimulaba el sistema que allí conocimos, sino que cada día lo rechazábamos más intensamente y el exilio se nos hacía cada vez más pesado. Y si yo antes había experimentado la contradicción entre nuestro objetivo esencial, que era la lucha contra el franquismo, y la toma de partido en la política de bloques, ahora aquella misma contradicción se convertía en un condicionante directo de nuestra propia vida personal, en una presión cotidiana sobre nuestra existencia y nuestras relaciones sociales.

La situación era, por lo tanto, muy clara y angustiosa. Por muy fuerte que fuese nuestro sentido del deber yo no quería convertirme en un funcionario del partido ni recluirme en aquel ámbito cerrado ni convertir a mi mujer y a mi hijo en dos exiliados. Por consiguiente llegamos a la conclusión de que debíamos salir de allí lo antes posible. Yo lo planteé a Ramón Mendezona, que puso el grito en el cielo y se llevó un gran disgusto. El problema principal, me dijeron, era que yo me había convertido en un valioso miembro de la redacción, y no sería fácil encontrar un sustituto, especialmente para los programas en catalán. Pero más allá había otro problema, el decisivo: yo era el primer miembro de la redacción que procedía de aquello que llamábamos "el interior" y, evidentemente, no podía volver al interior por estrictos e inamovibles motivos de seguridad. Y aquello sí que era un obstáculo serio, porque yo no tenía documentación y allí, de hecho, también era un clandestino desde el punto de vista legal y, por lo tanto, estaba claro que sólo podríamos salir del país si el partido estaba de acuerdo.

Así iban las cosas cuando reaparecieron en Bucarest Dolores Ibárruri y Santiago Carrillo, no recuerdo por qué motivo, y se organizó una gran cena con todos los miembros de la redacción que, casualmente, coincidió con el día de mi treinta y tres aniversario. La Pasionaria y Carrillo hicieron un brindis en honor mío y todo el mundo estuvo muy amable. Pero yo reiteré mi propuesta: quería volver a París, rehacer mi vida y, emprender una vida profesional que apenas había iniciado.

Finalmente, Ramón Mendezona me comunicó que, a pesar de no estar de acuerdo, aceptarían mi propuesta cuando encontrasen un sustituto y aquello podía ser cuestión de semanas, de meses o incluso de años. A partir de aquel momento todo se disparó, ya no aguantábamos más y las relaciones con mis compañeros de trabajo se complicaban porque aquello disparaba muchas inquietudes, muchas esperanzas reprimidas: en definitiva, ellos también eran víctimas de aquel aislamiento y todos tenían en su corazón el ansia del regreso.

Como estrategia de presión, decidimos que Anny y nuestro hijo Albert se irían a París, y que yo me quedaría hasta que me encontrasen un sustituto. Me quedé solo en Bucarest durante medio año, y a pesar de seguir trabajando con la máxima dedicación y con todo mi entusiasmo, todo lo veía desde otra óptica, contando los días y las horas que faltaban para el regreso y ejerciendo toda la presión de que era capaz para forzarlo, porque las noticias que me llegaban de París me causaban una gran inquietud. Anny, que había salido de Bucarest embarazada de nuevo, había sufrido un aborto y había estado gravemente enferma, no tenía trabajo ni recursos y vivía penosamente con el pequeño Albert en la estrecha casa de su madre. La situación de los dos era tan difícil que en algún momento estuve a punto de dar marcha atrás. Con dificultades burocráticas y políticas conseguí que me dejasen pasar las vacaciones de verano en París, donde nos reunimos con mi madre, que había salido por primera vez de Mollet para conocer a su nieto y a su nuera, y allí llegué a proponer a Anny que ella y Albert volviesen a Bucarest conmigo, propuesta que ella, con más serenidad que yo, rechazó.

En noviembre de 1963, Ramón Mendezona me anunció que habían encontrado un sustituto: era mi compañero y amigo Marcel Plans, exiliado en Berlín Este con su mujer, Esther Berenguer. El cielo se me abrió y desde aquel momento viví únicamente con la perspectiva inmediata del cambio. Seguí trabajando con la máxima intensidad, pero contaba los días que nos separaban y calmaba mi angustia escuchando en un gramófono destartalado las sinfonías de Beethoven, casi lloraba de emoción con aquel inmenso *Himno a la alegría* de la *Novena*, y todavía hoy, cuando escucho alguna de ellas, estalla el recuerdo exasperado de aquellos momentos difíciles. Y cuando me comunicaron que Marcel y Esther no iban a llegar hasta el mes de enero ya no pude aguantar ni un minuto más. Era una obsesión y finalmente pedí que se me permitiese partir antes de terminar el mes de diciembre para poder pasar la Nochevieja con mi familia. Con el acuerdo de Ramón Mendezona, me despedí, pues, de todo el mundo con una mezcla de sentimientos de alegría y de culpa, acompañé a Roberto Carrillo hasta el sanatorio de Sinaia con la sensación —desgraciadamente confirmada— de que no le vería nunca más y, finalmente, impulsado por un sentimiento de urgencia que incluso me impidió coincidir con Marcel y Esther, que tantas ganas tenía de volver a ver, volé hacia Praga y desde allí en tren hasta París, con un par de maletas como único patrimonio. Compartí asiento con un judío sefardí, que con su incesante conversación me hizo más leve el viaje y a última hora de la tarde del 31 de diciembre de 1963 llegué a un París iluminado para la Nochevieja que me pareció —y seguramente lo era— la encarnación viva y potente del paraíso. En la estación me esperaban Anny, Albert y Lola. Todos creíamos que empezaba una nueva vida, pero sólo empezaba un difícil final de etapa.

Capítulo XII

La ruptura

Aquel París añorado acabó siendo cielo e infierno, reencuentro y ruptura, final traumático de una fase de mi vida llena de esperanzas y de emociones, pero también de temores y desengaños. Y no precisamente por culpa de París. Después de aquellos dos años en Bucarest, tan singulares, París me parecía más que nunca el centro del mundo, la ciudad donde confluían todas las corrientes y todos los estímulos y donde era posible beber de todas las fuentes. Pero no sabía que acabaría bebiendo de fuentes tan amargas.

Nos instalamos provisionalmente, en la más absoluta penuria, en casa de la madre de Anny, un apartamento minúsculo de Levallois-Perret, donde ya habíamos vivido unos meses antes de la aventura de la REI, pero ahora con Anny sin trabajo o con algún que otro trabajo precario, y yo sin saber qué me esperaba y con un inquilino más, nuestro hijo Albert, que tenía un año y medio.

Como era de esperar, la dirección del PCE y la del PSUC me recibieron con escaso entusiasmo. No sabían qué hacer conmigo y lógicamente se sentían inquietos por todo lo que había pasado. Por el momento me propusieron que me ocupase de poner en marcha una editorial del partido que se llamaría Editorial Ebro y que preparase la edición de un primer libro que sería, casualmente, *Cambio de rumbo*, de Hidalgo de Cisneros. Y también me propusieron que me encargase de la secretaría de redacción de la nueva revista cultural *Realidad*, que dirigían Fernando Claudín y Jorge Semprún, que ya había publicado un primer número muy interesante. Y allí empezaron los problemas.

Yo era el secretario de redacción, pero la redacción no existía o, por lo menos, yo no la veía. Ni Claudín ni Semprún aparecían por sitio alguno y la publicación de un segundo número parecía aplazada por motivos desconocidos. Un día me comunicaron que había habido una remodelación, que a Claudín y a Semprún les habían asignado otras tareas, y que el nuevo responsable de la revista —y también de la editorial— iba a ser Manuel Azcárate, recién llegado de Moscú y a quien yo había conocido en las reuniones de años atrás.

Fui presentado, pues, a Manuel Azcárate, un personaje encantador, con aspecto de profesor despistado, con el que me entendí fácilmente, y fijamos un plan de trabajo que empezaría con una reunión confidencial con responsables del PC francés para concretar ayudas financieras. Aquella primera reunión consistió en un encuentro en la librería del PCF en la Rue du Globe con un personaje de nombre clandestino, Joseph, que era uno de aquellos dirigentes prácticamente desconocidos pero que controlaban sectores fundamentales de la vida interna del partido francés. Nos aseguró apoyo financiero para poner en marcha la editorial, pero en ningún momento hablamos de la revista. Y a la salida de la librería vivimos un episodio sorprendente y grotesco. Cuando se despedía de nosotros y él estaba a punto de meterse en el coche que le esperaba nos dijo alarmado: "¡Subid, rápido!". Subimos y el coche salió a toda velocidad, mientras otro coche arrancaba detrás del nuestro con la misma prisa. "Nos siguen —dijo el dirigente francés—. Seguramente os estaban esperando." Entonces empezó una carrera loca por las calles de París, como en las mejores películas de policías y ladrones. Al final nuestro conductor consiguió tomar una cierta distancia con un viraje espectacular por las cuestas de

Montmartre, frenó de golpe y nos dijo: "¡Largaos!". Manuel Azcárate salió corriendo por una puerta y yo por la otra, y no le volví a ver hasta unos años más tarde, en circunstancias bien diferentes. La verdad es que no entendí el sentido de aquel episodio ni lo he entendido todavía y el mismo Manuel ni se acordaba del mismo, pero quizá era cierta la explicación que me insinuaron: que la policía francesa sabía que Manuel Azcárate había llegado de Moscú y le seguían.

Finalmente, las cosas se precipitaron. Con motivo del primer aniversario del fusilamiento de Julián Grimau, la dirección del PCE organizó un gran acto conmemorativo en un teatro de la periferia de París, en Stains si no recuerdo mal. Acudieron centenares y centenares de militantes y simpatizantes, no sólo de Francia, sino también de otros países europeos y también del interior. En el escenario estaba toda la dirección del PCE y del PSUC, con la excepción de Fernando Claudín y Jorge Semprún. que, por lo que se decía, estaban fuera de París. El núcleo central del acto fue un largo y poderoso discurso de Santiago Carrillo, en el que después de rendir un emocionado homenaje a Julián Grimau, entró en otras consideraciones políticas y denunció, con gran violencia, a unos traidores que, según dijo, intentaban romper la unidad del partido y, de hecho, estaban al servicio de Fraga Iribarne y de otros cabecillas franquistas. A medida que el discurso avanzaba, crecía la violencia del lenguaje, y los asistentes lo seguíamos con un silencio sepulcral, sin saber de qué iba el asunto, pero cada vez más expectantes los unos y más inquietos los otros. El homenaje de Julián Grimau había quedado en segundo plano y lo que estábamos oyendo era otra cosa, una declaración de guerra contra unos conspiradores muy peligrosos que tenían que ser denunciados, aislados y separados del partido. Entre los asistentes, totalmente sorprendidos, empezó a correr la voz de que la denuncia iba contra los prochinos, que no sólo habían intentado romper el partido sino que ya estaban creando otro, y ésta era, más o menos, la opinión de la mayoría en los comentarios que se oían fuera del teatro una vez terminada la terrible felípica y después de los gritos rituales de costumbre.

Salí del acto no inquieto, sino asustado. Por el tono y la parafernalia del acto tenía la sensación de haber visto en directo uno de aquellos juicios de los momentos culminantes del estalinismo y que, según nos contaban, correspondían a un pasado que no volvería nunca más. En un primer momento también pensé que los traidores denunciados eran los prochinos, pero la solemnidad de la denuncia no me acababa de cuadrar: todos sabíamos quiénes eran los prochinos y no tenía sentido que les denunciasen con aquel ceremonial y sin mencionar sus nombres. En el metro, de camino hacia mi casa, recordé que en la disposición escenográfica de todo el equipo dirigente faltaban Claudín y Semprún, y recordé también que hacía dos o tres meses que yo tenía que reunirme con ellos por el asunto de la revista y la editorial pero que no sólo no les había visto sino que ya habían sido sustituidos y la revista estaba en un punto muerto. La inquietud se convirtió en pavor: ¿serían ellos dos los traidores denunciados con tanta violencia?

Aquella noche no pude dormir y las siguientes tampoco. Finalmente me decidí. Yo no sabía dónde vivía Fernando Claudín, pero sí dónde vivía Jorge Semprún y le fui a ver. Le expuse sin tapujos mis inquietudes y él, también sin tapujos, me las confirmó todas. Me pidió detalles sobre el acto y me contó todo lo que había pasado, el desacuerdo de Claudín y él mismo con el resto de la dirección sobre la línea política seguida por el PCE, las dramáticas reuniones en el castillo de Praga, las denuncias de revisionismo, la exclusión de la dirección y la perspectiva inmediata de una expulsión total y definitiva del partido. El acto del teatro era, por lo tanto, la preparación del golpe final.

Salí de casa de Jorge Semprún absolutamente hundido, como si de repente hubiese perdido todos los puntos de referencia. Pero Semprún me dió la dirección de Claudín, que vivía en La Courneuve, y al día siguiente le fui a ver. Le encontré sereno y tranquilo. Él también me pidió detalles sobre el acto del teatro y me explicó el sentido de la polémica con el resto de la dirección. Desde hacía tiempo él había llegado a la conclusión de que la línea seguida por el PCE era equivocada, que razonaba en términos simplistas y no tenía en cuenta los cambios de la sociedad española. La expresión más clara era el fracaso de la Jornada de Reconciliación Nacional y la Huelga Nacional Pacífica. También era erróneo el análisis de las huelgas de Asturias, que no eran un levantamiento político contra el franquismo sino la expresión de las nuevas contradicciones sociales provocadas por los planes de estabilización franquistas y por la ruptura del aislamiento económico de la dictadura. Según él, habría una contradicción creciente entre la apertura económica hacia Europa y el mantenimiento de la dictadura política y, por lo tanto, se abrirían nuevas expectativas y las nuevas generaciones tendrían un margen de maniobra superior al de los años cuarenta y cincuenta. De manera que habría nuevos protagonistas y nuevos interlocutores, tanto en el plano económico como en el social y el cultural, y esto exigiría una política de alianzas más flexible, más ligada a las nuevas contradicciones entre una sociedad que cambiaba y un régimen político que se estancaba. En aquella nueva situación, las convocatorias sucesivas de grandes huelgas y grandes jornadas de lucha como método de acción política para el derribo inmediato del franquismo estaban condenadas al fracaso. El proceso iba a ser más lento y exigiría mucha más flexibilidad en la acción y mucha más imaginación en la formación de alianzas. Jorge Semprún compartió enseguida sus opiniones y algún otro miembro de la dirección vaciló. Pero cuando se planteó la discusión a fondo, él y Semprún quedaron aislados y el resto formó una piña alrededor de Santiago Carrillo. Por tanto el núcleo que había impulsado la política de reconciliación nacional a final de los años cincuenta se había roto y se abría un periodo de incertidumbre que, sin ninguna duda, terminaría con su expulsión del partido. Claudín me dijo que estaba redactando un amplio documento sobre su visión del problema y me invitó a colaborar en el mismo.

Yo era consciente de mis limitaciones para aportar nuevos elementos a sus reflexiones, pero me sentí muy identificado con él y le ayudé tanto como pude. Su punto de vista, su estilo y su lenguaje me parecían más vivos, más modernos y más próximos a la manera de pensar, de hacer y de hablar de mi generación. Su análisis y su lenguaje eran también cercanos a los de los comunistas italianos, que yo tanto admiraba. De hecho, la dirección del PCE acusó en seguida de "proitalianos" a Claudín y a Semprún y a todos los que se identificaban con ellos. Y, por encima de todo, sus planteamientos coincidían con las noticias que yo recibía de Barcelona y con lo que se podía entrever de la evolución de la sociedad española a través de los medios de comunicación. En realidad, lo que pasaba en la Universidad y en las fábricas tenía poco que ver con la visión oficial que mantenía la dirección del PCE de un régimen franquista a punto de caer y de una sociedad española dispuesta a la acción total. Estábamos entrando en otra fase y en la Universidad, por ejemplo, ya no eran sólo unos cuantos estudiantes los que se movían y eran detenidos o tenían que exiliarse. De hecho, se estaba organizando un movimiento más amplio, más articulado, más autónomo, más complejo y, por lo tanto, más difícil de reducir a un escuadrón que proponía acciones de masas a plazo fijo.

Aquéllas eran las razones que me impulsaban a ponerme al lado de Claudín y Semprún. Pero había otra, tanto o más importante: el terrible impacto de aquella siniestra ceremonia de acusación en el teatro. Como ya he dicho, me pareció que de golpe reaparecían todos los ritos macabros de aquel estalinismo que yo no había conocido pero que me asustaba y que, según nos decían, ya había desaparecido para siempre. La evolución posterior de los hechos confirmaba cada día la marcha atrás: los disidentes eran traidores y cualquier manifestación de simpatía hacia ellos o de simple relativización de la disensión equivalía a pasar a formar parte del bando enemigo. Fueron momentos muy difíciles y todos salimos de ellos profundamente heridos.

Hasta aquel momento yo había sentido una gran admiración por Santiago Carrillo, le veía como un dirigente de gran categoría y estaba muy de acuerdo con sus planteamientos. Pero después del mitin del teatro y de la guerra desencadenada sin contemplaciones contra Claudín y Semprún, mi admiración por Carrillo se hundió y tardé muchos años en volver a sentir respeto por él. Con el tiempo, no obstante, he pensado mucho en aquel terrible episodio y en las contradicciones que había detrás del mismo, porque es cierto que entre la política que impuso finalmente Santiago Carrillo y la que preconizaba Fernando Claudín las diferencias acabaron siendo mínimas. Cuatro años después de la ruptura, Santiago Carrillo condenó la invasión de Checoslovaquia por parte de las tropas soviéticas y sufrió una dura escisión de los que ya eran conocidos como prosoviéticos. Y, más tarde, en los momentos culminantes de la transición del franquismo a la democracia, demostró una enorme lucidez y fue él quien impulsó una línea política, la del eurocomunismo, que se parecía muchísimo a la que había defendido Fernando Claudín. ¿Cuál era, pues, la causa del conflicto, del trauma político y personal de los dos dirigentes? Estoy seguro de que en la ruptura de 1964 intervinieron problemas personales que seguramente venían de lejos, pero a mí me consta que Santiago Carrillo siempre deseó, en los años setenta, que Fernando Claudín volviese al PCE. Esto me hace creer que la causa de la ruptura era más compleja y que, tras los sucesivos fracasos de las huelgas generales y las jornadas de reconciliación nacional, Santiago Carrillo creía que las propuestas de Fernando Claudín eran prematuras y llevarían a la escisión del PCE entre renovadores y prosoviéticos cuando las nuevas líneas de acción todavía no habían madurado y cuando era evidente que el proceso de cambio en España sería más lento y más largo de lo que la mayoría de militantes creían y esperaban. Es cierto que al final la escisión se produjo, pero también es cierto que Santiago Carrillo pudo llegar a los momentos iniciales del cambio con el partido controlado y relativamente unido. En cualquier caso, fue un drama político y personal que afectó a mucha gente y destruyó muchas esperanzas, entre ellas las mías.

Nuestra vida en París cambió y a partir de aquel momento la casa de la familia Claudín se convirtió para mí en una especie de segundo hogar, complementado por un tercero, el de Joan Martorell y Françoise, cerca de la Ópera. La casa de Fernando, Carmen y sus dos hijas, Carmen y Tania, era muy acogedora y todos ellos eran personas cultas y encantadoras, con las que te sentías bien de inmediato. Pero la familia ya empezaba a sufrir los efectos del aislamiento. En aquella comunidad clandestina una ruptura política significaba una ruptura personal que afectaba a todos los miembros de la familia. De repente, Carmen perdía a sus amigas y las hijas perdían a amigos y amigas. Jorge Semprún también sufría aquel aislamiento, pero él era en Francia un personaje público, un escritor y guionista de renombre y, por lo tanto, con un amplio margen de supervivencia personal, intelectual y política. La familia Claudín, en cambio, era una familia de clandestinos que tuvo muchas dificultades económicas y personales. Pero siempre mantuvo aquel tono de tranquilidad, de curiosidad intelectual, de interés por la literatura, el arte y la política. Y allí, en aquella casa acogedora, nos empezamos a encontrar de manera regular amigos que compartían ideas y sentimientos, que vivían en París o estaban de paso, como Santiago Roldán, Faustino Lastra, Ignacio Romero de Solís, Francesc Vicens, Jordi Borja o Jordi Sales.

Poco después de mi regreso de Bucarest me había encontrado con los dos Jordis —Borja y Sales— en un acto de La Mutualité, habíamos hablado mucho de mi experiencia en La Pirenaica y, en general, de Rumania, y habíamos llegado a la conclusión de que aquello no tenía nada que ver con nuestras aspiraciones de libertad y de democracia. Habíamos celebrado juntos el día de Sant Jordi, el 23 de abril, junto con otros Jordis que vivían en París, y nos veíamos con frecuencia. De hecho, eran mis amigos más íntimos. Pero todos entramos entonces en una situación colectiva e individual esquizofrénica, en un ambiente de peleas, conspiraciones y dobles juegos. Cuando la condena de Claudín y de Semprún fue oficial, empezaron a llegar militantes de Barcelona, de Madrid, de Sevilla y de otros lugares, alarmados y consternados por las noticias y con ganas de saber más. A mí me vinieron a ver dirigentes de la organización universitaria del PSUC, entre ellos Nolasc Acarín, Josep Maria Blanch y Francesc Espinet, así como mi compañero August Gil Matamala, entonces responsable de la organización de intelectuales. Todos querían saber lo que pasaba, y todos querían hablar con Fernando Claudín. Me convertí, pues, en intermediario y un día organicé una reunión de todos ellos con Claudín en mi casa, o sea, en casa de mi suegra, reunión que fue descubierta casualmente por un militante del PCE y que abrió una crisis que ya no se cerró.

Empezaron las acusaciones de fraccionalismo, de ruptura de las reglas de la clandestinidad, de revisionismo, todas ellas siniestramente típicas de un determinado pasado que yo y otros conocíamos de manera directa por primera vez. El asunto era muy serio y muchos de nosotros nos asustamos. Pero ya era un proceso sin retorno.

En agosto Anny, Albert y yo fuimos a pasar unos días en Arles-sur-Tech, en los Pirineos, en una casa que nos prestaba Salvador Puig, un tío de Anny, militante histórico del PSUC aunque ya muy distanciado de las viejas batallas. Mi madre ya conocía a nuestro hijo desde el verano del año anterior y allí volvimos a vernos acompañados de mi sobrino Jordi y la familia Fontanet. Fue un encuentro muy emotivo que me tocó fibras muy profundas. Un día subimos hasta el paso de Coll d'Ares, sobre Prats de Molló, y desde la línea de frontera me emocioné hasta las lágrimas al ver el valle de Camprodón. Allí mismo decidí volver a Barcelona ocurriese lo que ocurriese.

De retorno a París las cosas se complicaron. Ya no tenía sentido que yo fuese el secretario de una revista condenada y que me encargase de una editorial que ya había puesto en marcha la publicación del libro de Hidalgo de Cisneros y que no sabíamos si continuaría o no. Por otra parte, muy pronto empezaron las reuniones sobre nuestra disidencia y el PSUC encargó a Gregorio López Raimundo la tarea de hablar con cada uno de nosotros, o sea, con Francesc Vicens, Jordi Borja, Jordi Sales y yo mismo, encargo que nos condujo a todos a una desagradable situación de disputas entre personas que le apreciaban y que él, sin duda, apreciaba también.

Nuestra situación económica era desastrosa y sólo vivíamos de lo poco que ganaba Anny. Fue entonces cuando escribí a Josep Maria Castellet para ver si me podía facilitar alguna traducción y él, en un gesto que no olvidaré nunca, me respondió inmediatamente y me ofreció la traducción al catalán del libro de C.P. Snow, *Two Cultures and a Second Look*, que fue publicado en 1965, con un epílogo mío, y con el título de *Les dues cultures i la revolució científica*. Fue el inicio de una larga colaboración con él y con Edicions 62 y, sobre todo, fue la primera puerta que se me abría para volver a casa y para poder iniciar otra trayectoria personal.

Mientras tanto, la ofensiva contra las tesis calificadas de revisionistas de Claudín y Semprún había llegado a la máxima intensidad. La dirección del PCE las había publicado con unos comentarios feroces y su expulsión del partido era inminente. Francesc Vicens también estaba amenazado de expulsión y, de hecho, la amenaza se concretó muy pronto. Jordi Borja, Jordi Sales y otros estudiantes exiliados fueron marginados. Y yo decidí tomar la iniciativa, dar por terminado el ciclo y regresar a Barcelona, pasara lo que pasara. Tras algunas reuniones tempestuosas con Gregorio López Raimundo, que me destrozaban el alma porque le seguía teniendo un gran afecto personal, envié una carta a la dirección del PSUC anunciando que ya no me sentía motivado para seguir ejerciendo una tarea de partido y que en el plazo máximo de quince días me iría a Barcelona, asumiendo personalmente todas las consecuencias. Añadía que si ellos no me decían nada en contra entendería que estaban de acuerdo con mi decisión.

Empezamos, pues, a preparar aquel retorno tan incierto y tan difícil. No teníamos ni dinero, ni casa, ni trabajo, volvíamos, literalmente, con las manos en los bolsillos y muy ligeros de equipaje. No sabíamos si en la frontera me esperaría la policía, si irían a buscarme a los pocos días o si no pasaría nada. Decidimos ir en tren hasta Perpiñán para pasar luego la frontera con el autocar de línea Perpiñán-Barcelona, como yo había hecho cinco años antes, en sentido contrario, porque los expertos opinaban que el control no era tan rígido como el de la estación de Portbou. Con dinero prestado por familiares y amigos, hicimos las reservas de las plazas del tren. Ya nos habíamos despedido de los Claudín, de los Martorell y de todos los amigos y ya lo teníamos todo a punto cuando recibí una comunicación urgente de la dirección del PSUC que me convocaba a una reunión con todo el Comité Ejecutivo para discutir mi situación y tomar las decisiones pertinentes. Para dar más dramatismo al asunto, la reunión fue convocada casualmente para el mismo día de nuestro regreso a Barcelona, ya con las plazas reservadas. El tren salía hacia las nueve de la noche y la reunión tenía que empezar a las dos de la tarde.

Mi primera idea fue no ir a la reunión. Sinceramente, ya no me fiaba de nada ni de nadie y temía que me colocasen en una situación sin salida pero pensé que lo mejor era ir hasta el final y dejar las cosas claras. Hicimos, pues, las maletas y lo dejamos todo a punto con la seguridad de que, pasara lo que pasara, saldríamos aquella misma noche hacia Barcelona.

Nunca olvidaré aquella reunión. Estaba todo el Comité Ejecutivo, con Gregorio López Raimundo y Josep Serradell a la cabeza. La escena parecía un tribunal, pero era evidente que ni ellos ni yo estábamos a gusto y que la ceremonia nos hacía daño a todos. El planteamiento de Gregorio fue claro: yo no podía volver a Barcelona porque después de lo que había pasado pondría en peligro demasiadas cosas. Me recordó que yo tenía un proceso abierto, que la policía me detendría inmediatamente, que ellos no podían correr el riesgo de que fuese detenido e interrogado un hombre que había estado en La Pirenaica y que conocía demasiados secretos de la vida y la estructura orgánica del partido. Aquel era el argumento principal. Después, en el curso de la reunión, salió un segundo argumento, menos claro, menos explícito, pero más decisivo: el peligro de que yo fuese a organizar una escisión claudinista del partido en el interior.

Repliqué que era muy consciente del peligro de una detención inmediata, pero también de mi propia responsabilidad y que, por tanto, me sentía razonablemente seguro de poder aguantar unos interrogatorios que, por otra parte, ya no podrían ser tan ocultos y tan brutales como los de unos años atrás. En cuanto a la idea de organizar una escisión, les dije que podían estar bien tranquilos porque, después de todo lo que había pasado, la única cosa a la que aspiraba era rehacer mi vida profesional y académica. Así lo creía, sinceramente.

La discusión se alargó. Repitieron los primeros argumentos por activa y por pasiva y en un momento determinado asumieron que yo dejase la actividad del partido, e incluso se declararon dispuestos a encontrarme algún trabajo en París o en otro lugar de Francia. Todo, menos volver a Barcelona. Dije que no, que de ninguna manera me quedaría en el exilio, que estaba en una fase de mi vida en la que todavía podía rehacer el camino y que prefería pagar el precio de una detención y de una condena que seguir en un exilio que ya no tenía para mí ningún sentido político ni afectivo.

Finalmente, pusieron la carta definitiva encima de la mesa: si yo me quedaba, me ayudarían a encontrar trabajo, a pesar de la ruptura política; si volvía a Barcelona, sería expulsado del partido y harían que todas las organizaciones del partido en el interior me negasen el pan y la sal. ¡El pan y la sal! Lo recuerdo como ahora mismo, en aquella habitación oscura y con aquella gente que se sentía tan incómoda como yo, con hombres y mujeres que, por mucho que lo dijesen, no me negarían nunca ni el pan ni la sal y otros que, sin decirlo, me los negarían siempre. Pero mi última palabra fue igual que la primera: no me quedaré en París y volveré a Barcelona, pase lo que pase.

Salí de la reunión sabiendo, pues, que sería expulsado del partido inmediatamente, y así fue. Me disgustó mucho que aquella experiencia de ocho años de militancia clandestina terminase de una manera tan triste, pero en aquel momento me sentí libre, como si me hubiesen quitado un enorme peso de encima, y estaba convencido de que nunca más volvería a meterme en una experiencia como aquélla.

Se hacía tarde, se acercaba la hora de partida del tren, pero ellos no lo sabían ni se lo dije. De hecho, desconfiaba de todo y de todos y no sabía si serían o no capaces de impedir el viaje. Fui corriendo hacia casa, donde Anny me esperaba con el poco equipaje que llevábamos ya preparado para la marcha. Y desde allí, sin pausa, hacia la vieja estación de Austerlitz, símbolo de tantas cosas para los que llegábamos a París en busca de lo que no teníamos en nuestra tierra. Y ya en el tren, con la mirada melancólica de un hombre que regresa sin saber lo que le espera, de una mujer joven como Anny, que deja su tierra para iniciar una aventura incierta, y de un hijo de dos años y medio que ya ha vivido en dos países y que al día siguiente empezaría a vivir en un tercero, poníamos punto y final a una experiencia emocionante y dramática al mismo tiempo, libremente elegida y libremente abandonada.

Capítulo XIII

El regreso a casa

Aquel viaje de regreso fue, en cierto modo, la repetición a la inversa del viaje de huida de cinco años atrás. Una primera angustia en la frontera, un respiro cuando el autobús se puso en marcha y después una larga mirada maravillada por aquel país mío, tan añorado, tan claro y transparente y, al mismo tiempo, tan oscuro.

Anny y el pequeño Albert lo veían, naturalmente, con otros ojos, porque para ellos era una incierta novedad. Y, de hecho, era una incógnita para todos. Yo no sabía lo que me esperaba, si la paz o la persecución, si la libertad o la cárcel, y tampoco sabía si en la parada final del autobús encontraríamos a la policía. La única precaución que había adoptado era obtener un permiso de residente en Francia y un pasaporte en el Consulado de España en París y también un permiso de conducir francés, en Montpellier. Con aquel permiso de residencia y aquel pasaporte funcioné hasta después de la muerte de Franco.

Llegábamos, pues, sin dinero, ni casa ni profesión, pero llegábamos, y más allá de las incógnitas y las angustias, aquello era lo que realmente importaba. En la parada final del autobús de Perpiñán nos esperaban nuestra familia, los Fontanet y nadie más. Fue un reencuentro cálido y sencillo, y también un segundo respiro. Y de allí a Mollet, donde nos instalamos en casa de mi madre.

Durante los primeros días me moví con mucha cautela, pero pronto comprobé que mi retorno había causado un cierto revuelo, que la gente me saludaba abiertamente y que ni la guardia civil del pueblo ni la policía de Barcelona parecían tener ningún interés especial por mí. Yo seguía inquieto, no entendía muy bien lo que pasaba, pero empecé a moverme y a dar señales de vida para abrirme paso y normalizar mi situación.

Entre las personas que en aquel momento difícil me ayudaron, quiero mencionar especialmente a tres: Josep Maria Castellet, Manuel Jiménez de Parga y Manuel Sacristán. Josep Maria Castellet me ofreció enseguida traducciones para Edicions 62. Y allí, en la editorial, muy pronto conocí o reencontré al grupo que la impulsaba: Anna March, los hermanos Ramon y Enric Bastardes, el entrañable Francesc Vallverdú, el gran artista y amigo Enric Sió y muchos otros que fueron para mí como un refugio salvador, una familia, un círculo de amistad sencilla y cordial y una entrada en el nuevo mundo de una cultura catalana que se abría paso contra todo tipo de obstáculos solo con la fuerza de la convicción, de la voluntad de ser y de la recuperación de las libertades perdidas.

Manuel Jiménez de Parga me recibió sin preguntas ni reproches, pero yo le conté todo lo que le podía contar, o sea, eliminando cosas fundamentales que nunca revelé a nadie, ni a los amigos, ni a la familia, hasta muchos años después, ya en la democracia. Como era de esperar, me dijo que sería muy difícil recuperar mi puesto en la Universidad. Yo sabía que no podía volver a mi adjuntía, no sólo porque la ejercía por oposición mi compañero José Antonio González Casanova, que me había sustituido después de mi huida y que no tardaría en ganar brillantemente la cátedra de Derecho Político de la Universidad de Santiago de Compostela, sino también porque mi situación era extremadamente precaria y ni siquiera sabía cuál sería mi futuro inmediato. Pero a los pocos meses Jiménez de Parga consiguió situarme en una plaza provisional como profesor ayudante, sin remuneración pero vital para empezar a reintegrarme sin ruido en el mundo académico de la Facultad de Derecho.

También me ofreció trabajar en su bufete y, en un principio, intenté efectivamente trabajar como abogado e incluso llevé algunos asuntos con desigual fortuna. Siempre he creído que podía haber sido un buen abogado, pero tenía muchas urgencias, no podía permitirme el lujo de un aprendizaje más o menos largo y, además, me desagradó enseguida el ambiente de los tribunales, las conjuras con algunos jueces, las propinas a los secretarios y, de hecho, el ambiente de corrupción más o menos espectacular, pero corrupción al fin y al cabo, y muy pronto llegué a la conclusión de que me sería muy difícil moverme en aquel entorno. Viví, pues, de las traducciones que me facilitaba Edicions 62 pensando que era una manera de ganarme la vida pero con la firme voluntad de volver a la tarea que más me interesaba, la mía de verdad, la Universidad.

Yo seguía perplejo e inseguro ante aquella situación, pero un día vino a verme uno de los hermanos de Jiménez de Parga, Pepe, abogado defensor de tantos perseguidos políticos y metido en los orígenes de Comisiones Obreras, y me echó una bronca por haber regresado a España sin garantías. Él había sido uno de los defensores del proceso del Congreso de Praga, y me confirmó que, efectivamente, mi nombre había salido en las actas. Pero ante mi alarma y mi perplejidad, me dijo que, de todos modos, las administraciones funcionaban muy mal, que la comunicación entre la administración de justicia y la policía era deficiente, y que él ya conocía algunos casos en que personas implicadas no habían sido detenidas por la falta de coordinación de las instituciones represivas. Ya habían pasado cuatro años desde aquel proceso y quizá no lo removerían. Me aconsejaba, por tanto, que intentase hacer una vida profesional normal y corriente, que no llamase la atención y que no me metiese en demasiados líos. No conseguí entender muy bien todo aquello pero, de momento, la policía no me buscó y pude empezar a moverme en público sin más impedimentos que los normales en aquellos momentos difíciles.

Fui a ver, pues, a Manolo Sacristán y Giulia, en el piso que ocupaban en el número 5 de la ronda del General Mitre, al lado del campo del Español. Fue mi primer contacto con aquel apartamento minúsculo pero funcional y agradable, en el que más tarde iba a vivir tantos años. La ronda aún no había sido abierta al tráfico en aquel tramo y era un espacio de silencio y de tranquilidad que hizo más emocionante, si cabe, el reencuentro con Manolo y Giulia. Además, allí me encontré con otro visitante, Gabriel Ferrater, el poeta que tanto me había maravillado y que tan de cerca seguí hasta su trágica muerte.

Pero pronto comprendí que la situación no era fácil ni cómoda para Manolo. Estaba al corriente de las cosas e informado de mi expulsión del PSUC, y a pesar de que él había tenido muchas dificultades con la dirección del partido —como me constaba directamente, porque en París le había defendido muchas veces contra algunas acusaciones de la dirección, por divergencias en la línea política y por cuestiones de organización— tenía una visión muy personal del asunto. Él también tenía divergencias, pero iban por otro lado, en una línea crítica contra lo que él consideraba un talante burocrático de la dirección y una tendencia a la política de compromisos por arriba, al margen de la acción de masas. Por tanto, entendía que la postura de Claudín y Semprún era una disidencia de derechas, y además intolerable, porque dividía el partido y porque llevaba hacia un reformismo político muy peligroso. A pesar de todo, me aseguró que él no seguiría nunca la consigna de negarme el pan y la sal. Y muy pronto lo demostró. Él vivía como traductor y me enseñó a organizarme la vida como tal y a los dos o tres meses me llamó para decirme que dejaba el piso de General

Mitre y que si me interesaba haría lo posible ante la administración para que pudiésemos instalarnos en él. Y así lo hizo. Para nosotros fue como un milagro que nos permitía dejar el piso provisional de Mollet y empezar una vida propia y normal. Siempre le agradecí aquella ayuda en un momento tan difícil, pero también entendí que empezaba una nueva fase en nuestra relación y que, a pesar de la amistad y el respeto mutuo, nuestros caminos empezaban a divergir y nunca más volverían a ser como los de antes.

Pronto comprobé que el país que reencontraba no era exactamente el mismo de cinco años atrás. En la Universidad, por ejemplo, aquel movimiento inicial de unas decenas de estudiantes sistemáticamente expulsados y reprimidos había dado paso a un auténtico movimiento general, con muchos líderes nuevos y una gran capacidad de movilización. El viejo y odiado SEU había sido literalmente ocupado y prácticamente destruido por aquella nueva generación y la utopía de un Sindicato Democrático de Estudiantes empezaba a ser una realidad.

También comenzaba a abrirse paso un movimiento democrático de profesores, especialmente de los no numerarios o PNN. Y entre el núcleo más motivado de los PNN y lo que ya era de hecho un sindicato democrático de estudiantes, muy pronto se establecieron relaciones de cooperación, de ayuda y de apoyo mutuo.

De hecho, las huelgas del 62 y del 63, iniciadas en Asturias y extendidas por todos los grandes núcleos industriales, eran la expresión de un nuevo espíritu reivindicativo en las fábricas, que muy pronto dio origen al movimiento de Comisiones Obreras e hizo revivir otras estructuras sindicales del pasado, como la de la UGT. Era el mismo impulso que se había extendido en la Universidad con formas específicas e influencias diversas.

Cuando volví a la Universidad, aquel PSUC primitivo que yo había dejado se había transformado en la fuerza principal, amplia y diversa, del movimiento universitario. De hecho pertenecían al PSUC la mayoría de los nuevos dirigentes estudiantiles y muchos profesores. Pero también habían aparecido otros grupos, como el FOC, tan influido inicialmente por la epopeya cubana.

En parte por mimetismo, pero sobre todo como salida al hermetismo político e ideológico de un país como el nuestro, alejado de todas las corrientes políticas e ideológicas de aquella Europa en plena reconstrucción, todos buscábamos fuera la legitimación y la justificación de nuestras batallas. Por eso tuvieron tanta importancia en la formación de las vanguardias estudiantiles e intelectuales los avatares de la política internacional y las luchas de liberación en la Cuba de Fidel Castro y Che Guevara, en Vietnam y en todos los movimientos de liberación de las colonias africanas y asiáticas y de los países más oprimidos de América Latina contra las grandes potencias imperiales. Y bajo la influencia de unos cuantos ideólogos franceses, como Charles Bettelheim, Etienne Balibar y los estructuralistas agrupados en torno de Louis Althusser, no tardarían en aparecer grupos impulsados por una visión del marxismo que parecía más moderna, más cercana a nuestros anhelos y a nuestras expectativas, pero que también nos podía llevar, sin ser demasiado conscientes de ello, hacia una apreciación lejana e ideologista de los grandes movimientos internacionales. El caso más flagrante de aquel posible equívoco fue el de los prochinos, convencidos de que la China de Mao representaba el comunismo de verdad contra los revisionistas soviéticos.

Con la distancia, todo aquel movimiento puede parecer una fiebre de adolescentes pero en realidad era un estallido de energías que no tenían puntos de referencia en nuestro país y los buscaban donde podían, sin demasiados elementos para poder distinguir entre la realidad y lo que nos presentaban como tal, entre la necesidad de dar forma y contenido general a nuestra propia batalla y la estrechez de nuestras posibilidades inmediatas. Entonces entendí algunas de las críticas y disidencias de Manolo Sacristán, porque a mí también me parecía evidente que la dirección del PSUC en el exilio, igual que la del PCE, difícilmente podía captar toda la diversidad de aquella ebullición, y menos todavía organizar y dar salida a toda aquella energía dispersa. En esto no nos equivocamos totalmente, pero los avatares iban a ser más complejos.

Fue también el momento de la eclosión de nuevos movimientos cristianos, plenamente comprometidos en la lucha contra el franquismo y renovados en la letra y el espíritu por la gran conmoción de Juan XXIII y del Concilio Vaticano II. A la vez, el nacionalismo catalán entraba en una nueva fase de organización y de elaboración teórica y Jordi Pujol, recién salido de la cárcel, iniciaba la compleja y contradictoria aventura de Banca Catalana.

También la sociedad había cambiado. Cuando yo me exilé la televisión todavía era un lujo y a mi regreso empezaba a ser un consumo de masas. Había más movimiento, entraban en escena más protagonistas y también había más audacia de una parte de la prensa —por lo menos en Barcelona—. Si Edicions 62 me había parecido un milagro, una excepción, ahora la rigidez casi absoluta del régimen era superada desde muchos otros ángulos. La Nova Cançó ya no era una curiosidad frágil, sino una espléndida realidad, y el grito inicial de Raimon ya iba acompañado de otros, de Joan Manuel Serrat, de Maria del Mar Bonet, de Francesc Pi de la Serra, de Guillermina Motta, de Lluís Llach, de Ovidi Montllor, de unos llamados Setze Jutges y muchos jueces más, desiguales en energía y calidad, pero todos creadores, todos renovadores de conceptos y de estilos. Aquel movimiento fue el símbolo y la proa viva de muchos otros porque, de hecho, la Nova Cançó significaba también la ruptura con un cierto provincianismo de nuestra cultura, impuesto ciertamente por la represión franquista pero también por un repliegue en nosotros mismos, por una cierta autosatisfacción que veía en la hermosa canción popular *Rosó, llum de la meva vida* la máxima expresión de nuestra identidad colectiva. Aquella energía de los nuevos cantantes y creadores, aquel desafío ante las barreras impuestas por el enemigo y de las mantenidas por nuestra inercia, significaron la plena entrada de la cultura catalana en la modernidad de los años sesenta, cuando la gran canción francesa todavía era el principal punto de referencia, aunque los Beatles y los Rolling Stones ya empezaban a romper todos los esquemas. Era también la eclosión de un nuevo teatro, que a partir de las raíces plantadas por la Agrupació Dramàtica de Catalunya y el Adrià Gual, y con el empuje de grandes creadores como Fabià Puigcerver y sus compañeros del futuro Teatre Lliure, Albert Boadella y Els Joglars, Els Comediants, Ricard Salvat, Núria Espert, Maria Aurèlia Capmany, Jordi Teixidó y tantos otros, iban a convertir el teatro catalán en otra lanza afilada contra la estrechez de la cultura franquista.

Y, en otro terreno, era también el momento de la entrada en la acción política antifranquista de sectores que hasta entonces se habían mantenido a la expectativa o se habían movido con discreción. El ejemplo más espectacular había sido las declaraciones a *Le Monde* del abad Escarré, en las que el máximo representante de la Abadía de Montserrat criticaba abiertamente al franquismo y que pronto le obligarían a ir al exilio.

En aquel ambiente nuevo, lleno de estímulos y de peligros, mi situación personal era bastante peculiar. En pocos años había recorrido media Europa y había vivido algunas experiencias poco ordinarias, pero a duras penas conocía mi propio país. Ya tenía treinta y cinco años y, en España, no me había movido nunca de Cataluña, excepto un viaje a Mallorca con el Coro Clavé de Mollet, y en la misma Cataluña apenas había salido de mi entorno barcelonés. El resto de España me era totalmente desconocido.

Hice mi primer viaje a Madrid con August Gil Matamala, su compañera Maribel, hermana de Salvador Giner, y Anny, los cuatro metidos en un Citroën dos caballos, lento y destartalado. Fue un viaje pesado y larguísimo por una carretera inverosímil, pero me impresionó mucho el choque con aquel Madrid imperial, la capital del franquismo, tan distinto de la Barcelona mediterránea, burguesa, menestral y proletaria que yo conocía, donde el franquismo nos parecía algo impuesto desde fuera.

Pronto percibí, no obstante, la otra vertiente, la de la gente que en peores condiciones que en Barcelona intentaba desafiar a un franquismo que era más inmediato, más directo, más prepotente, más oscuro y más arraigado en la sociedad civil. En Barcelona nos enfrentábamos con un enemigo que percibíamos como exterior y ajeno a la sociedad catalana, aunque no era exactamente así. En Madrid, en cambio, aquel mismo enemigo era físicamente visible en la vida cotidiana, en los símbolos, en los monumentos, en el estilo periodístico y radiofónico e incluso en el lenguaje de la calle. La confrontación entre franquismo y antifranquismo era más cortante, más radical. En Cataluña aquella confrontación, aquella lucha por la democracia siempre iba vinculada a la recuperación de las libertades nacionales y de la autonomía, elemento singular que nos unía y nos daba una imagen del adversario más uniforme y más ajena. En Madrid, entre un franquismo poderoso y directamente visible en su acción y en sus símbolos y un antifranquismo que sacaba la cabeza como podía en el cine, la literatura, la Universidad y un movimiento obrero más reciente y más separado del gran núcleo urbano de la derecha tradicional, la línea divisoria era más brutal y más simple: dictadura o democracia. Y si en Cataluña, a pesar de las dificultades, la lucha por la autonomía y por las libertades nacionales era compartida por todos los grupos, en Madrid no era fácil unificar los distintos caminos de aquella confrontación directa, que no tenía matices ni otros puntos de referencia. Por eso, en Cataluña la unidad contra el franquismo fue más fácil que en Madrid y el resto de España.

Allí tuve una primera reunión con Javier Pradera y Elías Querejeta para contarles mi impresión directa del asunto Claudín-Semprún. Y también aprovechamos el encuentro para explorar las posibilidades de lanzar alguna iniciativa en aquel momento de gestación de propuestas inciertas pero llenas de futuro, como *Cuadernos para el Diálogo*, *Triunfo* y otras. Javier Pradera y Elías Querejeta habían contactado con Faustino Lastra, un amigo de Claudín que vivía en México y que poco tiempo después se instalaría en Madrid, que estaba dispuesto a financiar una nueva revista de carácter democrático, a pesar de las dificultades. Dimos muchas vueltas al asunto, nos propusimos elaborar un primer proyecto, pero muy pronto llegamos a la conclusión de que aquello sería visto como la revista de los "claudinistas", y que en lugar de favorecer la unidad de la gente de izquierdas nos exponíamos a recibir bofetones desde todos los lados y, por lo tanto, a introducir factores de división en el mundo de una izquierda clandestina ya suficientemente crispada por la represión. Hablamos mucho del proyecto, pero al final lo abandonamos.

La ida a Madrid fue el primer paso de una pasión desaforada por conocer mi país, por recorrer Cataluña y el resto de España de arriba a abajo. Pero nuestras posibilidades eran limitadas, vivíamos precariamente y no podíamos meternos en grandes aventuras. Mientras nuestro hijo Albert cursaba una primaria compleja, porque en casa le hablábamos en francés, en la escuela le enseñaban en castellano y le hablaban en catalán, Anny iniciaba la carrera de Filosofía y Letras en la Universidad de Barcelona sin la autonomía suficiente para definir un espacio propio.

Una vez pasada la cautela inicial, yo me lancé de lleno a la acción política en la Universidad. A los cuatro o cinco meses ya formé parte del núcleo impulsor del movimiento de los PNN, con Manolo Sacristán, Paco Noy, Oriol Bohigas —¡el arquitecto!—, Lluís Carreño, Lluís Daufí, Antoni Julglar, Enric Lluch, Joaquim Marco, Gabriel Oliver, Raimon Obiols y otros. Organizamos una primera asamblea en la Facultad de Medicina y empezamos una batalla vertiginosa por nuestros derechos como profesores y por una nueva Universidad democrática, que conectaba totalmente con el movimiento estudiantil del Sindicato Democrático de Estudiantes.

Había abandonado ya todas las precauciones. Aquel movimiento era el mío, lo que había imaginado siete u ocho años atrás cuando ingresé en la estructura clandestina del PSUC. Era, pues, una extraña situación. Me sentía plenamente identificado con aquel nuevo movimiento universitario y muy especialmente con el núcleo del PSUC que lo dirigía, pero era totalmente hostil al PSUC como partido. Estaba convencido de que nunca más volvería a aquel partido y, más aún, estaba convencido de que los partidos de la izquierda tradicional, o sea, socialistas y comunistas, tal como los había conocido en Francia, habían sido superados por la evolución de las cosas y estaban condenados a la extinción. Si antes me había inquietado la existencia de los dos bloques en Europa y el mundo, ahora era un adversario total de dicha bipolaridad y estaba convencido de que éste era el principal obstáculo para nuestra lucha por la democracia y, en definitiva, para el progreso de la humanidad. También estaba convencido de que Estados Unidos y la Unión Soviética eran los grandes culpables de una situación imposible, que sólo se podía resolver con la rebelión mundial de los oprimidos. Se necesitaban, pues, ideas nuevas y fue entonces cuando entré en una concepción más moderna del marxismo, cuando estudié seriamente los clásicos del pensamiento de izquierdas y, sobre todo, los nuevos pensadores —entre ellos los norteamericanos Paul Baran y Paul M. Sweezy, más abiertos que los filósofos europeos—, las nuevas corrientes, los nuevos luchadores y, desgraciadamente, mezclados con todos ellos, los nuevos profetas, a menudo difíciles de identificar. Por esto mi evolución personal fue tan compleja y junto con percepciones, ideas e inquietudes muy realistas caí más de una vez en un marxismo mecánico y cuadrado.

Era, pues, un momento lleno de esperanzas y de contradicciones. Había vuelto tocado en las fibras más profundas, pero sentía que todo volvía a moverse y que lo que veía era exactamente lo que me había impulsado nueve años atrás a entrar en la acción clandestina contra el franquismo. Regresaba con resentimiento contra los dirigentes del PSUC que me habían expulsado, pero volvía a encontrar el entusiasmo de los momentos iniciales, con compañeros de los años anteriores y compañeros nuevos. Por lo tanto, no sólo no me costó en absoluto entenderme con los protagonistas del movimiento universitario, sino que me convertí con entusiasmo en uno de ellos. Los viejos instrumentos de la clandestinidad se habían hecho, precisamente, viejos, y por lo tanto ya no los veía como un proyecto de futuro, aquello que encontraba ya anunciaba un futuro distinto.

También me lancé con entusiasmo al terreno profesional de la traducción. El resultado fue la traducción de unos cuarenta libros, la mayoría al catalán, siempre con Edicions 62. Hice, además, diversas propuestas de publicación y un día propuse a Josep Maria Castellet la publicación de una primera antología de Antonio Gramsci. Con el fin de no levantar demasiado la liebre, centramos la antología en temas de cultura y de literatura y en abril de 1966 se publicó, en catalán, el volumen *Cultura i literatura*, con una introducción mía. Un año más tarde la Editorial Península, de la misma casa, publicó la edición en castellano, también con una introducción mía. Animados por el éxito, nos atrevimos a publicar una antología política, basada en el volumen *El Príncipe moderno* de la edición Einaudi, y lo publicamos con un prólogo mío titulado "Actualidad de Gramsci". El carácter mismo de aquel texto, redactado por Gramsci en la cárcel y, por lo tanto, en un lenguaje especial para burlar a la censura fascista, nos ayudó a pasar nuestra propia censura y así se publicaron por primera vez unos textos de Gramsci en nuestro país.

Los italianos estaban sorprendidos y una de las consecuencias de su sorpresa fue la invitación que recibí para participar en el Congreso de Estudios Gramscianos que se celebró en Cagliari (Cerdeña) en abril de 1967. Con una mezcla de entusiasmo, de respeto y de nerviosismo de neófito asistí, pues, a un foro con todos los maestros italianos de la ciencia política, de la filosofía y de la política en sentido estricto, y de muchos especialistas en Gramsci de los países más diversos. Presenté una pequeña ponencia sobre Gramsci y España y asistí al congreso con los ojos y los oídos bien abiertos. Allí tuve largas conversaciones con Norberto Bobbio, el gran maestro, y también con grandes historiadores de la filosofía como Eugenio Garin y Nicola Badaloni. También conocí a algunos otros dirigentes del PC italiano, como Luigi Berlinguer y Gerardo Chiaromonte, el veterano líder político sardo Emilio Lussu, el filósofo checo Karel Kosic, los franceses Georges Haupt y Jacques Texier, el biógrafo de Gramsci Giuseppe Fiori, el austriaco Franz Marek, director de la revista marxista *Weg und Ziel*, el inglés Perry Anderson y muchos otros.

Para mí, simple traductor y aprendiz de divulgador de Gramsci, aquel congreso fue una gran experiencia que me deslumbró. Sólo así se explica que, una vez terminada la reunión de Cagliari, tuviese el atrevimiento de aceptar la propuesta del historiador Ernesto Ragionieri de participar con él y con Franz Marek —¡y en italiano!— en un acto público en Florencia sobre el Congreso Gramsci. Cuando lo pensé con más detenimiento me pareció una insensatez, pero cuando lo he recordado con más calma he llegado a la conclusión de que estas insensateces también pueden hacer avanzar las cosas y las personas. A mí, por lo menos, me hicieron avanzar.

También empecé a moverme por otros sitios. A través de Salvador Giner, que ejercía de profesor en Gran Bretaña, recibí una invitación de la Universidad de Reading para participar en un coloquio internacional sobre el fascismo y las diversidades sociales, también en 1967. Mi conferencia, "The Political Instrumentality of Fascism", fue publicada el año siguiente en el volumen colectivo, coordinado por S.J. Woolf, *The Nature of Fascism*. Y un año después volví a la misma Universidad de Reading para una conferencia sobre el futuro de las dictaduras ibéricas en la perspectiva de la construcción de una nueva Europa.

Y en nuestro país inicié una actividad de articulista y ensayista sobre temas de política internacional, de historia del catalanismo, de historia política general, e incluso sobre la situación política en España, muy difícil de abordar abiertamente, en la revista montserratina *Serra d'Or*, la más interesante y viva en aquel panorama todavía limitado de la lengua catalana, y también en las revistas *Destino, Promos, Triunfo, Cuadernos para el Diálogo* y el diario *Madrid*. Y muy pronto inicié otra tarea, la de conferenciante —que de hecho se mezclaba con la de agitador— que iba desde el colegio mayor femenino Verge de Núria hasta las escuelas de verano de Rosa Sensat, Sant Medir, el Clot, el club Huracans de Lleida, la Facultad de Ciencias Económicas de Bilbao y muchos otros lugares, entre ellos Lisboa, donde participé en un coloquio internacional con una delegación española formada por Pedro Laín Entralgo, Dionisio Ridruejo, Pablo Martí Zaro y yo mismo. Esta última experiencia fue particularmente interesante. Yo había participado en un coloquio en Madrid sobre las ideologías en la España del momento, organizado por Pablo Martí Zaro, y fue él quien me puso en contacto con Laín Entralgo y Ridruejo, dos auténticos pesos pesados de la cultura española y dos protagonistas de excepción del viaje político de tantos intelectuales franquistas hacia la democracia. La convivencia con ellos en Lisboa me hizo ver algunos horizontes que no tenía demasiado claros y, sobre todo, me enseñó que en aquella España tan cerrada había muchas maneras de abrir las puertas y que las líneas divisorias de la posguerra no eran ni rectilíneas ni inmutables, una lección que más tarde revalidé en circunstancias muy distintas.

Y entre tantas idas y venidas un día recibí una carta de un chico de pueblo, como yo, que me comentaba con una extraña agudeza y una percepción finísima algunas de las cosas que yo había publicado, sobre todo en el terreno difícil y decisivo de la recuperación de nuestra autonomía y de las fuerzas que teníamos que unir para conseguirla. El autor de la carta residía en Roda de Ter, se llamaba Miquel Martí i Pol y escribía poemas. Yo había oído hablar de él y recordaba que había sido galardonado con un premio importante, pero no había seguido su trayectoria poética. Muy pronto descubrí que aquel muchacho de pueblo, trabajador del ramo textil, era un poeta extraordinario y cuando le conocí personalmente tuve la convicción de que él sería el adalid de una nueva generación de poetas catalanes comprometidos con el país, la libertad y la democracia, que culminarían el legado de Salvador Espriu, Pere Quart, Gabriel Ferrater y tantos otros que habían luchado por la lengua catalana contra la miseria cultural del franquismo. La vida ha sido terriblemente injusta con Martí i Pol, pero aquel chico de pueblo, aquel trabajador de Roda de Ter ha confirmado todas las expectativas y todas las esperanzas. Yo me he sentido orgulloso de ser su amigo y su seguidor constante en la gestación de tan espléndida obra poética.

Éste era, pues, nuestro terreno, inseguro y desconocido, por una parte y pletórico, creador y renovador, por otra. Vivíamos situaciones complejas, que iban de una mayor libertad de movimientos en el exterior hasta la amenaza constante de la privación de todo tipo de libertades en el interior, sin saber si al día siguiente nos moveríamos libremente por la calle o nos tocaría ir al exilio o a la cárcel. Pero la misma inseguridad nos daba alas para no aceptarla y, por lo tanto, alas para superarla. Aquel fue, en definitiva, el camino que empezamos a recorrer desde muchos puntos de partida.

Capítulo XIV

La Capuchinada

1966 fue el año de lo que se llamó popularmente la Capuchinada, es decir, la culminación en el convento de los Capuchinos de Sarrià, en Barcelona, de una revuelta universitaria total, gestada en los años anteriores y a punto de estallar ya en el tramo final de 1965. Por la forma y por el fondo, por el contexto general y por el contenido, la Capuchinada fue una de las acciones políticas contra el franquismo más vivas, más estimulantes y más emotivas. En realidad, fue la culminación de un periodo de combates dispersos que terminaron adquiriendo una sola forma y un solo espíritu. Fue también el punto inicial de una nueva acción antifranquista en la sociedad catalana que abrió paso a la primera institución realmente unitaria de los grupos políticos antifranquistas en Cataluña y toda España. Pero precisamente porque fue final y principio al mismo tiempo, la Capuchinada fue también el momento del sacrificio, del nacimiento impetuoso y del holocausto de un movimiento universitario que, movido y multiplicado por su propio éxito unitario, fue motor de una nueva fase de las luchas por la democracia más allá de la Universidad y, como si hubiese llegado exhausto a la propia cima, se dispersó después en muchas líneas políticas e ideológicas.

1965 y 1966 fueron años de culminación del proceso iniciado siete u ocho años atrás en la lucha contra el SEU. En febrero de 1965, dos meses después de mi regreso, asistí en la Facultad de Derecho a una asamblea libre de distrito con centenares y centenares de estudiantes que empezó a abrir el camino a lo que un año más tarde llevaría a la Capuchinada. Allí fue elegida una junta de delegados que ya era una nueva hornada de nuevos dirigentes políticos en la Universidad.

Pocos días después, se reunía en Madrid otra asamblea libre con más de cinco mil estudiantes y, por primera vez, con la presencia de catedráticos como José Luis Aranguren, Montero Díaz y Agustín García Calvo, culminada con una gran marcha hacia el Rectorado y violentamente reprimida por la policía, que detuvo a los catedráticos y a un buen grupo de estudiantes, todos ellos inmediatamente expedientados por el rector. Al día siguiente, una nueva asamblea multitudinaria convocaba la huelga indefinida y hablaba de la creación de un sindicato libre de estudiantes, en presencia de más catedráticos, como Enrique Tierno Galván y Aguilar Navarro, y con la adhesión explícita de otros, como Laín Entralgo y Tovar. En la Universidad de Barcelona se declaró la huelga general, en solidaridad con los detenidos y represaliados de Madrid y cuando se reabrieron las facultades los estudiantes de Derecho y de Ciencias Económicas fueron sancionados con la pérdida colectiva de la matrícula, sanción que provocó una nueva huelga general y la clausura total de la Universidad.

Después de una serie de dimisiones y de cambios en el gobierno, el 5 de abril de 1965 fue publicado el decreto de creación de las Asociaciones Profesionales de Estudiantes (APE) en una maniobra desesperada para aguantar el viejo SEU con otro nombre pero que, de hecho, era el reconocimiento de su destrucción definitiva. Al mismo tiempo, José Luis Aranguren, Enrique Tierno Galván y Agustín García Calvo eran expulsados de la Universidad a perpetuidad, y Montero Díaz y Aguilar Navarro por un periodo de dos años. Otros profesores, encabezados por José María Valverde en Barcelona y Eloy Terrón y Tovar en Madrid, dimitieron de sus cátedras en señal de protesta.

Casi al mismo tiempo, Francisco García Valdecasas era nombrado rector de la Universidad de Barcelona, y la primera medida que adoptó fue la expulsión de Manuel Sacristán como profesor de la Facultad de Económicas, pese a la protesta unánime de la Junta de Profesores y de los estudiantes.

Las luchas contra el SEU, en la nueva versión de las APE, y la lucha por la reintegración de los profesores sancionados se extendieron entonces a todas las facultades de Barcelona y Madrid, con repercusiones importantes en otras Universidades. En todas las facultades de Barcelona, por ejemplo, se celebraron elecciones libres, mientras que las elecciones oficiales de las APE y las instrucciones del Rectorado eran boicoteadas unánimemente, y se constituyó una Junta de Delegados de distrito que, de hecho, se convirtió en el núcleo dirigente de lo que muy pronto sería el Sindicato Democrático de Estudiantes. Los estudiantes que formaron aquella Junta de Delegados extraoficial eran, prácticamente, los mismos que más tarde iban a presidir la reunión de los Capuchinos de Sarrià.

El rector García Valdecasas emprendió de inmediato una dura represión contra los estudiantes y los profesores rebeldes. Después del fracaso de las elecciones de las APE, se llegó a exigir a los estudiantes que no hubiesen participado en ellas una justificación por escrito, con la pérdida de la condición de alumnos oficiales si no lo hacían. Los expedientes contra los delegados elegidos al margen de las estructuras oficiales se multiplicaban con acusaciones formales de "rebelión contra las autoridades académicas" y de "actitud rebelde y subversiva", mientras la policía era continuamente utilizada para disolver reuniones y manifestaciones, y el intento de García Valdecasas de utilizar el claustro de profesores contra los estudiantes fracasaba por la oposición clara y abierta de la mayoría del profesorado. Aquél fue el camino que llevó al estallido de la Capuchinada.

Yo seguí el movimiento muy de cerca y acabé implicándome en él con todas las consecuencias. Como ya he dicho, una vez superada la prudencia del retorno me integré sin límites ni reticencias en la organización del movimiento de los Profesores No Numerarios, los PNN, como se les llamaba. Siempre entendí, sin embargo, que nuestro movimiento era subsidiario del de los estudiantes, que éste era el único capaz de romper los viejos obstáculos y abrir las puertas cerradas, y que nuestra misión, además de la lucha por nuestras reivindicaciones profesionales y corporativas, era apoyar a los estudiantes, darles un espaldarazo contra la represión a la que se exponían y ayudarles a conectar con el cuerpo de catedráticos. En la Facultad de Derecho, núcleo principal de la acción universitaria en aquellos momentos, asumí enseguida el compromiso, colaboré intensamente con los nuevos dirigentes que surgían e hice de puente con el núcleo más comprometido de los catedráticos, la mayoría de los cuales se alejaba progresivamente de las autoridades oficiales pero todavía eran reticentes a una acción abierta de protesta.

El impulso definitivo hacia la Capuchinada surgió principalmente del PSUC. Y quizá no del PSUC en general, sino más exactamente del PSUC universitario, en el que tenía un peso decisivo Manuel Sacristán. De él y de su núcleo de militantes salieron los principales documentos que fueron leídos y aprobados en los Capuchinos de Sarrià, como la *Declaración de principios del Sindicato Democrático de Estudiantes*, los *Estatutos* y el *Manifiesto por una Universidad Democrática*, todos de gran nivel político que marcaban un hito en la trayectoria de lucha contra el franquismo y en la definición de la democracia que queríamos.

Era discutible si aquello se tenía que expresar en forma de un gran desafío, como el de la asamblea en los Capuchinos, o de otra manera menos espectacular pero la fuerza que había tomado el movimiento y la imbecilidad represora del rector García Valdecasas y de su gente no dejaban margen a demasiadas opciones porque no era fácil convertir aquel movimiento en marcha en un gran movimiento gradual y reformista ante una represión tan dura y tan cerrada.

Yo tenía muchas dudas y cuando me comunicaron que se optaba por un desafío total expresé algunas reticencias. Lo que más me preocupaba era el día siguiente: un Sindicato Democrático de Estudiantes proclamado de aquella manera difícilmente podría aguantar la represión que se iba a desencadenar. Pero también tenían razón los que opinaban que el sindicato en sí mismo quedaría bloqueado si su aparición pública no tenía un impacto más amplio, más general, más desafiante que el de la simple acción en el marco estrictamente universitario. Se trataba, en definitiva, de una acción política que tenía que mover otros sectores de la opinión y de la acción antifranquistas.

Consciente, pues, de las posibilidades, de los peligros y de las limitaciones, acepté la invitación a apoyar públicamente el Sindicato Democrático de Estudiantes y a participar en su acto fundacional. Cumplí con todo mi entusiasmo y con una dedicación absoluta todo lo que se me pedía. El día previsto era el 9 de marzo de 1966 y hasta el último momento se preservó el secreto del lugar donde se iba a celebrar la reunión. Inicialmente se había intentado hacerlo en una Facultad o en otro local universitario, pero nadie se atrevió a cargar con la responsabilidad del desafío. Finalmente se consiguió el acuerdo de los Capuchinos de Sarrià, después de un contacto con el provincial, el padre Salvador de les Borges.

El secreto se mantuvo hasta el último minuto, y los convocados fuimos reunidos en distintos lugares, desde los cuales los organizadores del acto nos condujeron al convento de los Capuchinos. Muchos eran los comprometidos, pero en el momento decisivo un cierto número de ellos se echaron atrás. De mi Facultad de Derecho, por ejemplo, sólo acudimos tres profesores no numerarios: Luis Gorostiaga, José Cano y yo mismo. Los catedráticos decidieron no implicarse, algunos con la esperanza y los otros con la excusa de poder actuar como grupo mediador en el momento de la represión, aunque algunos de ellos nos enviaron un mensaje de apoyo. A pesar de esto, un número importante de profesores y de intelectuales de prestigio adoptaron una posición clara e inequívoca y asumieron el riesgo de una presencia directa que no se prestaba a ninguna ambigüedad. Su asistencia al acto, su implicación, su complicidad responsable y sincera produjeron un impacto enorme entre los estudiantes, y más tarde fueron un elemento decisivo para la movilización en España y en el extranjero contra la represión del régimen.

Allí nos encontramos con el patriarca Jordi Rubió, entonces presidente de un semiclandestino Institut d'Estudis Catalans, Salvador Espriu, Joan Oliver (Pere Quart), Maria Aurèlia Capmany, Antoni Tàpies, Antoni de Moragas, decano del Colegio de Arquitectos, Albert Ràfols Casamada, José Agustín Goytisolo, Carlos Barral, Ricard Salvat, Joaquim Molas, Josep Maria Martorell y Francesc Vallverdú. La lista de profesores no numerarios coincidía en gran parte con la de los que más nos movíamos en la lucha por los derechos de los penenes y estaba integrada por Manuel Sacristán, expulsado de la Universidad y alma principal del acto; los tres de Derecho ya mencionados; Xavier Folch y Josep Maria Vidal Villa, de Económicas; Raimon Obiols, de Ciencias; Enric Lluch, Joaquim Marco, Miquel Izard, Antoni Juglar, Gabriel Oliver y Ricard Martín, de Filosofía y Letras; Lluís Daufí y Carles Martí, de Medicina, y Oriol Bohigas, Lluís Domènech, Lluís Carreño y Enric Vilardell, de Arquitectura.

Estaban también el catedrático madrileño Agustín García Calvo, expulsado de la Universidad a perpetuidad, y dos representantes de asociaciones universitarias internacionales, el norteamericano Frederich Berger y el holandés Wilfred Rutz. Y, si no me equivoco, también el consiliario del escultismo confesional, Ricard Pedrals.

La Junta de Delegados, núcleo principal y motor del acto, estaba formada por Ramon Torrent, de Derecho, Josep Maria Maymó, de Ciencias, Francisco Fernández Buey, de Letras, Joaquim Boix, de Ingenieros, Albert Ortega, de Ciencias Económicas y Robert Rodríguez, de Medicina. También estaba una buena parte de la primera Junta de Delegados ya mencionada. Y con ellos, cuatrocientos cincuenta estudiantes, muchos de ellos delegados y delegadas de todas las facultades y escuelas de la Universidad, un grupo de observadores y otro de periodistas.

Todos éramos conscientes de la importancia del momento. También lo éramos del riesgo que corríamos, pero la emoción del acto, la sensación de audacia y el sentimiento de solidaridad eran tan fuertes que lo compensaban todo.

Bajo la presidencia de Jordi Rubió y de los miembros de la Junta de Delegados, y con la presencia en el escenario del salón de actos del convento de Salvador Espriu, Joan Oliver, Agustín García Calvo y Manuel Sacristán, el acto empezó con la lectura de los *Estatutos del Sindicato*, la *Declaración de principios*, y finalmente el *Manifiesto por una Universidad Democrática*, que todos íbamos a firmar. Después hablaron los delegados extranjeros: Agustín García Calvo, que nos desorientó un poco con un discurso distinto a los que se oían en Cataluña; Jordi Rubió, que pronunció un discurso sencillo y emotivo, y Manuel Sacristán, auténtico inspirador del manifiesto.

Y cuando se abrió el turno para otras intervenciones un fraile capuchino nos comunicó que el lugar de la asamblea había sido descubierto y que el convento estaba totalmente rodeado por la policía, con una gran parafernalia de caballos, coches y armas. La mesa decidió dar por finalizado el acto y recomendó que todos abandonásemos la sala con orden pero cuando salieron los primeros estudiantes la policía les retiró el carnet universitario y todo el mundo se negó a salir en aquellas condiciones. Empezaron las negociaciones para una salida sin represalias, pero ante la actitud intransigente de la policía, la reacción general y prácticamente unánime fue encerrarnos en el convento. La policía intentó separar a los intelectuales de los estudiantes y profesores, ofreciendo a los primeros una salida libre, pero también se negaron a aceptarlo y fue Jordi Rubió quien comunicó que todos serían fieles al compromiso y que todos compartirían la suerte de los universitarios. La respuesta de la policía fue cortar el teléfono y el agua e impedir que entrasen alimentos en el convento.

Así empezó el sitio que iba a durar tres días y que conmocionó el clima político de Barcelona y de todo el país. Para mí, y creo que para todos los demás, aquellos días fueron una espléndida e inolvidable experiencia personal y colectiva, tres días de convivencia estimulante, de solidaridad moral y material. Todos sabíamos que aquello acabaría mal pero también sabíamos que nada volvería a ser igual en la Universidad ni en la política en Cataluña y en toda España.

El convento de los Capuchinos de Sarrià se convirtió en el punto de mira y en el centro de atención de todos. En seguida se iniciaron las acciones de solidaridad con los recluidos, que iban desde la recogida de alimentos hasta las acciones de protesta en el Colegio de Abogados, en el Colegio de Arquitectos y otras instituciones. Un grupo de catedráticos y profesores, encabezado por Manuel Jiménez de Parga y formado por Ángel Latorre, Josep Lluís Sureda y J.A. González Casanova, entre otros, intentaron sin éxito una mediación, mientras en otras instancias se recogían firmas y se organizaban manifestaciones alrededor del convento, con conciertos de claxon incluidos. Algunos intentaron hacer salir a Jordi Rubió y Salvador Espriu, los más delicados de salud, pero los dos se negaron. También hubo episodios grotescos, como el del abogado Salvador Casanovas, que consiguió entrar en el convento y anunció una psicodélica maniobra de ayuda y de solidaridad, que consistía en enviarnos un helicóptero con mantas, alimentos y, sobre todo, jamones. El anuncio fue motivo de mucha broma y, evidentemente, nunca llegamos a ver ningún helicóptero ni, menos todavía, jamón alguno. En cambio, sí recibimos mucha ayuda en alimentos y mensajes desde el Liceo Francés, que comparte pared con el convento.

Aquello nos daba una idea, más o menos exacta, del impacto que nuestra reunión estaba produciendo en la sociedad barcelonesa. Pero nosotros estábamos inmersos en una euforia que no procedía tanto de aquel posible impacto público como de nuestra situación en el interior del convento. De golpe se habían roto muchas líneas de separación reales o ficticias y vivíamos una experiencia singular de convivencia humana, que iba mucho más allá de la dimensión estrictamente política. Chicos y chicas, hombres y mujeres convivían en un convento de clausura, rompiendo de manera natural todas las normas de la comunidad con el acuerdo igualmente fácil y natural de sus miembros, ocupábamos camas y habitaciones de los frailes, nos organizábamos para las tareas cotidianas, repartíamos una comida escasa en almuerzos y cenas frugales, organizábamos recitales, conciertos y charlas, asistíamos a insólitos recitales de poesía de Salvador Espriu, Pere Quart y José Agustín Goytisolo, discutíamos de temas históricos, políticos y sociales con conferenciantes como Jordi Rubió, Manuel Sacristán, el médico Lluís Daufí, Agustín García Calvo y yo mismo. Y de hecho nos descubríamos recíprocamente, más allá de las barreras de una Universidad jerarquizada, en una especie de explosión de libertad sin mayúscula, de convivencia fácil sin grandes palabras ni proclamas encendidas, mientras descubríamos también la dimensión ignorada de unos frailes capuchinos llenos de sentido del humor. Y todo en un marco que invitaba a la serenidad, que nos alejaba de la dura realidad de nuestro entorno y del brutal desenlace que nos esperaba, porque sabíamos que alrededor nuestro se había levantado una ola de solidaridad.

Naturalmente, también intentábamos valorar el sentido exacto de lo que estaba pasando y de las posibles consecuencias personales y políticas. Recuerdo una conversación con Manolo Sacristán en el jardín del convento sobre este tema, precisamente. Manolo estaba eufórico y no paraba de decir que aquello era la confirmación total de la línea del PSUC, que era una victoria política de enormes dimensiones y la constatación de que todas las otras opciones políticas deberían resituarse y avanzar hacia la unidad si no querían ir al fracaso. Yo le aceptaba el fondo de la argumentación, pero le insistía en que aquel acto era, efectivamente, el gran estallido del sindicato Democrático de Estudiantes, pero seguramente también el anuncio de su destrucción. El desafío era muy fuerte y difícilmente lo podía ganar el sindicato porque no tenía las armas políticas necesarias ni suficientes para superar la represión que le caería encima y el riesgo que corríamos era la dispersión futura de las energías y de las siglas, porque si el sindicato era destruido no lo sustituiría ningún otro organismo unitario sino un conjunto de grupos dispersos e incluso enfrentados. Con todo, él tenía razón en el punto fundamental: el impacto producido por el acto y sobre todo por el sitio policial abriría una nueva fase en el complicado proceso de unidad de las fuerzas políticas antifranquistas.

Finalmente todo se precipitó. El tercer día del sitio, hacia el mediodía, mientras asistíamos a un coloquio sobre arte y pintura con Antoni Tàpies, Albert Ràfols Casamada, Oriol Bohigas, Antoni de Moragas y Lluís Domènech, la policía entró en el convento sin contemplaciones ni respeto alguno por lo que se denominaba el fuero eclesiástico. Un grupo de policías, dirigidos por el temible jefe de la Brigada Político-Social, Antonio Juan Creix, y su hermano, entraron en la sala de actos, ordenaron el desalojo de los estudiantes y retuvieron a los intelectuales y a los profesores. Recuerdo aquella irrupción como una escena de viejas películas de gánsteres, con dos protagonistas principales, los hermanos Creix, que con ganas de aterrorizarnos jugaban a ser los duros de la película con gritos de: "¿Y ustedes qué coño hacen aquí? ¿Creen que pueden jugar así con sus alumnos? ¿No les da vergüenza?". Y después se nos dirigían uno a uno, mirándonos fijamente, y a los más conocidos les decían aquello de: "¿Y usted qué, haciéndose el héroe? ¡Pues ahora se va a enterar!".

Todos fuimos detenidos, transportados a la jefatura de Via Laietana y encerrados en los calabozos del subterráneo. Yo tuve el inmenso honor de compartir la celda con Pere Quart y enfrente teníamos a Antoni Tàpies, solitario en la suya. A última hora de la tarde supimos que Jordi Rubió y Salvador Espriu habían sido confinados en sus respectivos domicilios.

Al día siguiente empezaron los interrogatorios. Como a los demás, a mí me interrogaron los hermanos Creix y Olmedo, otro miembro de la Brigada muy conocido. Yo estaba muy preocupado por la posibilidad de que saliesen los antecedentes de los años anteriores y por si sabían algo de La Pirenaica, y respiré cuando vi que el interrogatorio giraba únicamente alrededor de la asamblea, sin entretenerse en los antecedentes, como si sólo les interesase el acto de los Capuchinos y no quisiesen o no tuviesen órdenes de ir más allá porque no estaban seguros de las repercusiones y de las complicaciones que todo aquello podía llegar a tener, con un grupo como aquél lleno de nombres de prestigio internacional. Naturalmente fue un interrogatorio desagradable, brutal en la forma y en la palabra, como si su objetivo fuese degradarnos, pero no hubo violencia física. Aquello nos demostraba que el ambiente general nos protegía y que el impacto de la detención de personas como Antoni Tàpies, Jordi Rubió, Salvador Espriu y Pere Quart era muy fuerte, no sólo en Cataluña y en toda España, sino también en el extranjero. Enseguida se conocieron las reacciones internacionales, las movilizaciones de sectores importantes de la cultura y la política, de las tomas de posición de grandes personalidades, y todo obligaba a la policía y a las autoridades franquistas a ir con mucho cuidado.

En los calabozos del subterráneo vivíamos, pues, momentos difíciles pero no angustiados. Mi compañero de celda, el gran y admirado Pere Quart, era el que mejor se lo tomaba, y de vez en cuando se abalanzaba a la reja y se ponía a gritar, con toda su fuerza: "¡Creix, Creix, però no et multipliquis!", que en castellano significa literalmente "¡Crece, crece, pero no te multipliques!" y que provocaba grandes risas y hasta animaba a un preocupado Antoni Tàpies, ante la reacción enfurecida de los guardias.

A los tres días fuimos liberados en un clima de preocupación general, pero también de cierta euforia. E inmediatamente empezó la otra fase de la represión: los periódicos del régimen marcaron el ritmo y los contenidos de la ofensiva del gobierno, hablaron de "contubernio", se escandalizaron por la actitud de los capuchinos y denunciaron, en las páginas de *Arriba* "...el espúreo matrimonio de un grupo heterogéneo de revoltosos y un centro de oración y de formación religiosa".

Pero al mismo tiempo empezaron las muestras de solidaridad con manifestaciones, asambleas, apoyo público de movimientos confesionales y una gran manifestación en Barcelona el 17 de marzo, que fue seguida inmediatamente de actos y asambleas en las universidades de Madrid, Valencia, Salamanca, San Sebastián y hasta en París.

El gobierno entendió la amplitud del desafío y reaccionó con mucha violencia. Los intelectuales y profesores que asistimos a los Capuchinos fuimos sancionados con multas muy fuertes que entonces equivalían a una fortuna. Algunos, como Jordi Rubió, Antoni Tàpies, Agustí de Moragas, Carlos Barral, Josep Maria Martorell y Agustín García Calvo, con doscientas mil pesetas. Otros, como Pere Quart, Salvador Espriu, Manuel Sacristán, Oriol Bohigas y yo mismo con cien mil pesetas, y el resto con cantidades distintas. Inmediatamente se generó un movimiento de solidaridad y en París se organizó una gran exposición para pagar las multas, con unos resultados que nos ayudaron mucho.

Y como la lucha continuaba, a pesar de todo, y el movimiento de los PNN se ampliaba y se radicalizaba, se abrieron expedientes académicos —con un juez especial, el rector de la Universidad de Murcia, Manuel Batlle— para los que habíamos participado en la asamblea de los Capuchinos y otros que, junto con nosotros, habían firmado un documento a favor del Sindicato Democrático y exigiendo la dimisión del rector García Valdecasas, y un grupo de sesenta y nueve profesores fuimos expulsados de la Universidad durante dos años. Es interesante ver con la perspectiva de hoy aquella lista de expulsados, entre los que cito a modo de muestra y aparte de los ya mencionados como asistentes a la Capuchinada, a Joan Reventós, Josep Maria Bricall, Narcís Serra, Joaquim Nadal, Isidre Molas, Miquel Roca Junyent, Joan Ramon Capella, Josep Fontana, Josep Termes, Ernest Lluch, Frederic Correa, Emili Donato, Francesc Noy, etcétera.

También fueron expulsados de todos los centros docentes durante un periodo de tres años los miembros de la Junta de Delegados que habían presidido la asamblea de los Capuchinos y un número considerable de estudiantes de distintas facultades y escuelas. De hecho, casi todos los que habían sido elegidos delegados de centro o de curso del Sindicato Democrático fueron expedientados y expulsados.

Volvía a encontrarme, pues, en una situación difícil. Una fuerte sanción económica, que en gran parte había superado gracias a la ayuda internacional, y una expulsión de la Universidad. Era como volver a empezar, pero el camino ya era muy distinto y ninguno de nosotros estaba solo.

Con su espectacular aparición pública, el Sindicato Democrático había abierto nuevas perspectivas en la acción política y, de hecho, había obligado a las fuerzas políticas clandestinas, hasta entonces dispersas y marcadas por el rechazo del PSUC, a ponerse de acuerdo, primero en la defensa de los represaliados y después en la definición de una política unitaria contra el franquismo. El primer paso fue la Mesa Redonda de las Fuerzas Políticas; el segundo, la Comisión Coordinadora de Fuerzas Políticas de Cataluña, creada a finales de 1969. Creo que sin el impacto de la Capuchinada aquel impulso unitario no habría sido posible o se habría retrasado mucho.

Pero también es cierto que con el impacto de la Capuchinada y la posterior represión, el movimiento antifranquista en la Universidad de Barcelona se fragmentó. O, más exactamente, dejó de ser un movimiento sindical para convertirse en un movimiento político más diverso, más autónomo, más ideológico, más influido por los grandes acontecimientos del momento, como la guerra del Vietnam, la invasión de Checoslovaquia por las fuerzas soviéticas y, sobre todo, el mayo francés de 1968.

Estoy convencido de que toda aquella nueva ebullición política, con sus avances y sus retrocesos, sus grandezas y sus contradicciones, sus aciertos y sus errores fue posible porque la creación del Sindicato Democrático de Estudiantes y el impacto de la Capuchinada habían creado los fundamentos de aquel impulso. Fue un movimiento abierto, creador y generoso, solidario en el sentido más amplio de la palabra. Reivindicó el retorno de las libertades de Cataluña, pero no fue un movimiento nacionalista, sino internacionalista. No se encerró en el limitado ámbito de la Universidad de Barcelona, sino que fue a buscar —y encontró— la colaboración solidaria del movimiento universitario de Madrid, del País Vasco y de otros lugares de España, con la consciencia clara de que la libertad de Cataluña no sería posible sin una acción general por la libertad en toda España. Fue, en definitiva, un movimiento de izquierdas solidario con la lucha por la libertad en nuestro país y en todo el mundo.

Capítulo XV

'Catalanismo y revolución burguesa'

Volvía a estar, pues, fuera de la Universidad y con una situación personal muy difícil. En casa vivíamos exclusivamente de mis traducciones y de algunos trabajos ocasionales de Anny. No tenía ninguna otra perspectiva, no estaba vinculado a ninguna empresa ni a ningún proyecto colectivo y, de hecho, era una persona aislada, con un cierto renombre entre las vanguardias universitarias y culturales, pero sin poder real ni liderazgo en ninguna organización. Pero ni yo ni la mayoría de compañeros míos expulsados aceptamos las cosas con pasividad y muy pronto empezaron a surgir iniciativas para volver a emprender la acción o, más exactamente, para mantener el clima de movilización creado por la Capuchinada.

Entre estas iniciativas salió una bastante atrevida que muy pronto tuvo más implicaciones que las que podíamos prever de entrada: se trataba de crear un centro de estudios universitarios, una estructura paralela de enseñanza superior fuera de la Universidad.

El asunto no era ni fue nunca fácil, porque la represión continuaba y nuestro margen de maniobra era muy escaso, pero también porque se necesitaban recursos económicos y nosotros carecíamos de ellos. Una vez lanzada la idea, la primera y difícil tarea fue, por consiguiente, encontrar los recursos necesarios. Junto con Josep Maria Castellet, Isidre Molas, Joaquim Molas, Jordi Carbonell y otros exploramos la posibilidad de encontrar ayudas en algunos sectores del empresariado catalán y muy pronto vimos que eran muy pocos los que estaban dispuestos a comprometerse. Encontramos respuestas positivas, aunque poco entusiastas, en un reducido núcleo de empresarios o en activistas como Joaquim Vallvé, Josep Maria Vilaseca Marcet y Salvador Casanovas, y prácticamente nada más. Pero de repente apareció en la escena Jordi Pujol, ya embarcado en la aventura de Banca Catalana. Era un político con prestigio por su enfrentamiento con la dictadura y el alto precio que había pagado con la detención, la tortura, la condena y el encarcelamiento por su acción política. Jordi Pujol nos recibió y nos comunicó que estaba dispuesto a financiar la puesta en marcha del proyecto, que consistiría en crear una sociedad anónima con el nombre de Estudios e Investigaciones, Sociedad Anónima (EISA). El doctor Agustí Pedro i Pons aceptó la presidencia del consejo de administración y a él se incorporaron, aparte de los mencionados, Antoni M. Badia i Margarit, Antoni de Moragas, Josep Maria Castellet, Josep Benet, Jordi Carbonell, Joan Reventós, Félix Martí, Carlos Ferrer y yo mismo, con Joan García Grau como secretario. En cuanto a los profesores, además de los hermanos Molas, Joaquim e Isidre, de Josep Maria Castellet, Jordi Carbonell, Josep Benet y yo mismo, se incorporaron Josep Fontana, Josep Termes, Antoni Jutglar, Lluís Daufí, Eduard Bonet y otros.

EISA se instaló en un piso del barrio del Ensanche, y enseguida empezaron los cursos de historia, de sociología, de ciencia política y de ciencias naturales. Arrancó relativamente bien durante el primer año, 1966-67, y se encalló a mitad del curso 1967-68. Era, sin duda, un proyecto difícil, con unas estructuras débiles y unos obstáculos administrativos omnipresentes y, sobre todo, con una sensación de estar al margen mismo de la ley que no favorecía, precisamente, la entrada masiva de alumnos. Pero se impartieron cursos interesantes y se formó un grupo de alumnos que iba desde estudiantes universitarios expulsados hasta gente que buscaba puntos de referencia cultural y política fuera de los ámbitos oficiales. Era, de algún modo, una fuente de cultura antifranquista semilegalizada como sociedad anónima y, por lo tanto, constantemente expuesta a la represión.

Pero la causa principal de la extinción de EISA fue un incidente político que prefiguró muchas de las cosas que sucedieron en Cataluña en años posteriores. En junio de 1968 Jordi Pujol planteó al consejo de administración dos temas decisivos: la falta de rentabilidad económica de la sociedad y la indefinición de su orientación general, es decir, política e ideológica. El tema aparentemente decisivo era la falta de rentabilidad económica, argumento que nos sorprendió a todos porque desde el primer momento sabíamos que aquella empresa no sólo no tendría beneficios sino que funcionaría con grandes dificultades financieras y por eso nunca se había planteado su existencia y su funcionamiento en términos de beneficios empresariales. En realidad la cuestión que realmente preocupaba a Jordi Pujol era la otra, la definición política e ideológica del centro, y muy pronto se puso de manifiesto que lo que él esperaba de EISA era su definición como centro de estudio y de difusión del nacionalismo catalán. La propuesta provocó la reacción inmediata de la mayoría del profesorado, que entendía que EISA era un centro básicamente antifranquista en cuyo seno tenían que convivir concepciones plurales, nacionalistas o no. La reacción se convirtió en pelea y finalmente Jordi Pujol planteó las cosas con toda la claridad: o EISA era realmente lo que él quería o retiraba la aportación económica.

La mayoría de profesores nos negamos a aceptar aquel planteamiento, la aportación económica fue retirada y EISA dejó de existir un año y medio después de su puesta en marcha. Recuerdo con precisión la disputa final, las cartas de protesta y la última conversación que sostuve con Jordi Pujol, los dos crispados dentro de su Renault Dauphine negro, junto al campo del Español, en la ronda de General Mitre, la calle donde vivíamos ambos.

La crisis estalló en la reunión de la comisión económica del consejo de administración del 5 de julio de 1968. Jordi Pujol planteó la cuestión del déficit económico, y J.M. Vilaseca i Marcet y Carlos Ferrer propusieron enseguida dejar el local y pasar la entidad "a una forma latente", que era una manera suave de decidir su liquidación. Ante la violencia del choque, se decidió aplazar la discusión y convocar una nueva y decisiva reunión del consejo el 12 de julio.

En aquella reunión final, Josep Maria Castellet planteó el asunto sin tapujos pidiendo que quedase muy claro cuál era el motivo de la liquidación, si se trataba de incompatibilidades ideológicas o de razones económicas. Salvador Casanovas, Josep Maria Vilaseca i Marcet, Josep Benet y Carlos Ferrer repitieron que el problema era económico y que faltaba dinámica empresarial. Josep M. Castellet insistió en que el problema eran las discrepancias ideológicas, y recordó conversaciones y reuniones anteriores, y muy especialmente una reciente entre Jordi Pujol, Josep Benet, yo y él mismo, en la que el tema había sido, precisamente, la discrepancia sobre la orientación política de EISA. Recordó también que en el consejo nunca se habían planteado problemas económicos serios y que, en definitiva, el motivo de la propuesta de liquidación era que Jordi Pujol había asumido el peso de financiar la institución y se había cansado. Finalmente, Jordi Pujol pidió la palabra, habló de la necesidad de hacer todos una autocrítica, manifestó su decepción por la falta de fe y de entusiasmo de los consejeros, de los estudiantes y de los profesores, y cerró el debate con una frase tajante que lo resumía todo: "No ha habido espíritu de servicio, y en cambio sí ha habido aprovechamiento por más de uno". Joan Reventós y Jordi Carbonell intentaron llegar a un último acuerdo para la continuidad de EISA, reivindicando la satisfacción de los estudiantes y la necesidad de mantener los compromisos, pero Salvador Casanovas propuso la cancelación de toda la infraestructura y así se aprobó por mayoría.

No recuerdo por qué causa yo no pude asistir a aquella última reunión, pero envié una carta a todos los miembros del consejo de administración explicando mi punto de vista. Después de expresar mi oposición a la propuesta de dejar EISA en "estado latente", que era una manera de dejarla morir sin decirlo explícitamente, entraba así en el tema principal:

> EISA es, en cierto modo, una versión reducida de la situación política general de Cataluña. Nació de un compromiso entre grupos que sabían que eran discordantes, pero que entraban en el cometido —por lo menos por mi parte y en lo que yo podía representar— con la voluntad de hacer una obra creadora hasta el límite máximo de las posibilidades de colaboración. Hay que decir, sin embargo, que estas posibilidades han sido muy escasas y que cuando las personas y los grupos que aportaban las fuentes de financiación se dieron cuenta de que EISA no respondía totalmente a su visión particular del problema, prefirieron abandonarla. (...) Si el profesorado de EISA no sirve para redactar un manual de historia de Cataluña desde el ángulo específico de los grupos que lo financiaban, no sirve para nada y es mejor liquidar el asunto: ésta me parece que es la verdadera moral del episodio que ahora nos disponemos a concluir.

Después de insistir en mi decepción, hablaba de las responsabilidades de todos nosotros en el fracaso del proyecto, que yo atribuía a la composición del consejo de administración, más pensada por los contrapesos políticos y la representatividad social y económica que por el afán de creación, y añadía:

> Pero mentiría si no dijese que la responsabilidad principal recae, a mi parecer, sobre otras espaldas. Se ha querido lanzar EISA como una empresa comunitaria y patriótica, pero monopolizando la interpretación de la comunidad y de la patria. Se ha

querido suscitar el entusiasmo, pero subordinándolo a los intereses específicos de unos grupos, los financieros. Estos grupos sabían muy bien que ellos no podían aportar profesorado porque no tenían. Esperaban, eso sí, que EISA sería un buen instrumento para fabricarlo por cuenta propia. Cuando han visto que no era así, que la mayoría de los profesores seguían aferrados a unas orientaciones ideológicas propias, y que su control era difícil, por no decir imposible, han preferido acabar con el experimento. Estas son, y no otras, las "divergencias ideológicas" a las que se ha hecho referencia en esta misma sala como justificación del cierre.

La pequeña aventura de EISA acabó, pues, con una lección política que prefiguraba muchas cosas del futuro. De hecho, era lo mismo que ocurrió con las Escuelas de Verano que se organizaron desde el grupo de Rosa Sensat en la lucha por la democratización de la enseñanza. También Jordi Pujol se interesó por la iniciativa, también mostró su disposición a colaborar económicamente en la misma y también se desentendió de ella cuando vio que aquel movimiento masivo no se orientaba hacia su nacionalismo.

Pero sin querer darme importancia, siempre he creído que en aquel triste desenlace del episodio de EISA tuvo mucho que ver la publicación, unos meses antes, de mi libro *Catalanisme i revolució burgesa*, un libro que Jordi Pujol y sus colaboradores consideraron un ataque directo a su nacionalismo y, en general, un ataque directo a la patria catalana tal como ellos la entendían.

Éste fue, precisamente, el tema de la conversación mencionada más arriba que mantuvimos Jordi Pujol, Josep Benet, Josep Maria Castellet y yo mismo. Fue una discusión áspera y difícil, en la que Jordi Pujol y Josep Benet criticaron con mucha dureza la publicación de mi libro con el argumento de que dividía a los catalanes y, por lo tanto, hacía el juego a la dictadura, argumento que ni Castellet ni yo aceptamos. Para Jordi Pujol el libro era, por lo tanto, la constatación de que la gente de EISA —o por lo menos una parte de sus componentes— no aceptaba sus posiciones sobre el nacionalismo y, por tanto, no valía la pena financiar la empresa. Lo cierto es que la primera edición del libro lleva la fecha de junio de 1967, que en el transcurso de un año se publicaron y agotaron tres ediciones y que a final del mismo curso 1967-68 se decidió la liquidación de EISA. No pretendo decir que la única causa del cierre fue mi libro, pero sí que fue un factor importante en un proceso que Jordi Pujol veía cada vez más alejado de sus proyectos políticos. Tampoco hay que olvidar que el final de EISA coincidió con un momento de muchas pasiones, poco después del terremoto del mayo francés y más o menos en el mismo momento de la invasión de Checoslovaquia por parte de las tropas soviéticas, es decir, en una situación muy convulsionada en la Universidad y entre la gente de la cultura, que tenía muy poco que ver con el nacionalismo catalán.

Catalanisme i revolució burgesa fue la culminación de una inquietud y de un proyecto que me rondaban desde hacía tiempo. Después de mi expulsión de la docencia a causa de la Capuchinada decidí ordenar los muchos papeles que había redactado sobre el tema del nacionalismo catalán y emprender un estudio más profundo del pensamiento y de la acción de Enric Prat de la Riba, teórico y organizador principal de la Lliga Regionalista e indiscutible líder político del primer nacionalismo catalán.

Durante meses pasé todas las tardes en la Biblioteca de Cataluña —entonces llamada Central— y acumulé un buen número de referencias, comentarios e ideas que convertí en un proyecto de tesis doctoral. Bajo la dirección de Manuel Jiménez de Parga, presenté la tesis en la Facultad de Derecho con el título de *El pensamiento político de Enrique Prat de la Riba* —en castellano, como era preceptivo— y la leí ante un tribunal presidido por Josep Maria Pi i Sunyer y formado por Josep Maria Font i Rius, Carlos Seco Serrano, Manuel Jiménez de Parga y J.A. González Casanova, que me concedió un sobresaliente cum laude.

Poco tiempo después hablé con Josep Maria Castellet sobre la posibilidad de convertir la tesis en un libro en catalán más amplio y más político y de publicarlo en Edicions 62. Castellet aceptó enseguida y yo trabajé como un poseso para redactarlo en catalán en un tiempo récord. El título que yo proponía era el mismo que el de la tesis, o sea, *El pensament polític d'Enric Prat de la Riba*, pero Francesc Vallverdú objetó que era un título demasiado académico y demasiado abstracto y él mismo propuso el título de *Catalanisme i revolució burgesa*, que yo acepté.

El libro era la síntesis y la culminación de las esperanzas y los interrogantes sobre Cataluña y su destino que me había planteado desde años atrás. Más exactamente era un intento de respuesta al dilema que me preocupaba: ¿con quién podíamos contar en la lucha por la autonomía y las libertades de Cataluña en aquella España franquista que nos las negaba brutalmente? ¿Seríamos todos capaces de unirnos o seríamos víctimas de los intereses de grupo y de clase social? En definitiva, ¿quién iba a dirigir el cambio? ¿Qué papel tendría una clase trabajadora cuya inmensa mayoría era castellanoparlante? ¿Era posible una reconquista de la autonomía sin la participación en primera fila de este sector social? ¿Íbamos a dejarlo todo en manos de una burguesía que ya nos había demostrado sus debilidades y sus traiciones?

En el fondo de estas preocupaciones estaba el recuerdo trágico del papel de la gente de la Lliga Regionalista —y muy especialmente de Francesc Cambó— durante la República y la guerra civil, cuando se pusieron al lado de Franco en nombre de un interés de clase que destruía la pretendida homogeneidad de la nación catalana. A mi entender, aquello demostraba que no había un nacionalismo totalmente integrador sino diversos nacionalismos que reflejaban distintos intereses sociales y distintas concepciones de la relación entre Cataluña y el resto de España. Y demostraba también que la derrota de la autonomía de Cataluña y su consiguiente pérdida no sólo se debía a la brutalidad del franquismo, sino también a nuestras divisiones internas, a las traiciones de grandes dirigentes y al escaso protagonismo de una clase trabajadora igualmente dividida, que hasta bien entrada la guerra civil no se organizó desde una perspectiva catalana y, aún, con el peso muerto de un anarquismo que la dividía y la inmovilizaba.

Por lo tanto, quise ir a las raíces y la raíz principal era Enric Prat de la Riba, teórico y dirigente fundamental de la primera organización política del nacionalismo catalán, la Lliga Regionalista. El libro resultante de mi trabajo era una descripción de la trayectoria de Prat, de la formación de su pensamiento y de su concepción de las relaciones entre Cataluña y el resto de España, aunque de hecho era más que esto. Era también un análisis de los antecedentes, de las propuestas fallidas o recogidas por el mismo Prat en una síntesis muy heterogénea, como el federalismo de Pi i Margall, el federalismo regionalista de Valentí Almirall, el regionalismo conservador de Manyé i Flaquer o el carlismo reestructurado por Torras i Bages. Creía entonces y sigo creyendo que la fundación de la Lliga Regionalista fue una versión catalana de lo que hemos llamado el "regeneracionismo del 98", una versión mucho más política y mucho más estructurada que la de los intelectuales regeneracionistas, muy alejada también del nacionalismo vasco de Sabino de Arana y muy centrada en dos ideas básicas: construir un entorno social fuerte, una nación catalana con unas estructuras propias, y convertirlo en una plataforma política, social y económica para poder gobernar en España. Eso era lo que querían los burgueses catalanes de fin de siglo, decepcionados por la pérdida de Cuba y Filipinas, decididos a jugar la carta de un régimen militar fuerte, con el general Polavieja en la vanguardia, que no querían oír hablar de independencia ni de nada parecido y, finalmente, resignados a seguir otra vía, la del nacionalismo que ofrecían Prat de la Riba y los suyos, y que el mismo Prat y Cambó sintetizaron en aquel eslogan de "Por Cataluña y la España grande".

Las resistencias con que chocó aquel proyecto por parte de un poder central que dejó la reconstrucción de la España herida en manos de un ejército humillado en Cuba y Filipinas demostraron que las cosas iban a ser muy complicadas por dos motivos esenciales: primero, porque aquel ejército iba a transformarse muy pronto en el eje central de un nuevo nacionalismo español brutal y reaccionario que convertiría el proyecto de la Lliga y todo el catalanismo posterior en un enemigo y llevaría a la confrontación entre dos nacionalismos; segundo, porque se desencadenaron las grandes tensiones sociales escondidas en la sociedad catalana y en la de toda España y, ante aquella explosión, la burguesía catalana siempre se puso al lado de las fuerzas del orden, por muy anticatalanas que fuesen. Era lo que Gaziel, el gran periodista, definió de manera sutil en su libro *Tots els camins duen a Roma*:

> El catalanismo burgués tenía, sin embargo, una gravísima contradicción interna: quería transformar radicalmente España sin que se produjese ningún estropicio en Cataluña.

O también lo que escribía Josep Benet en su espléndida obra *Maragall i la Setmana Tràgica*:

> Podríamos decir que el planteamiento político del nacionalismo catalán sufría un retraso de cincuenta años. En lo social y en lo político Cataluña no había tenido su 1848.

El análisis de aquel periodo y de aquellos protagonistas pretendía, pues, explicar cómo se había forjado políticamente la Cataluña moderna, la Cataluña diversa y plural que se había dividido profundamente ante los grandes episodios — la Semana Trágica, la huelga general de 1917, la dictadura de Primo de Rivera (proclamada en Barcelona con el consenso de una buena parte de la burguesía catalana), la República, el Estatuto de Autonomía de 1932 y, finalmente, la espantosa guerra civil— para llegar a dos conclusiones: la primera, que el hecho nacional no era ni es un hecho metafísico incuestionable, sino un hecho histórico y, por lo tanto, variable y sometido a un juego dialéctico de factores y contrafactores; la segunda, que en una nación conviven sectores sociales y fuerzas políticas muy diferentes y que, por lo tanto, el problema es saber cuál de estas fuerzas, cuál de estos sectores será el dirigente de los procesos politicosociales y de los grandes cambios.

La conclusión definitiva fue que era necesario reconocer la aportación política y doctrinal de Prat de la Riba y de los nacionalistas de principios de siglo, pero que a las alturas de la segunda mitad del siglo la lucha por la nueva Cataluña contra la dictadura y por su autonomía y sus libertades tendría que estar dirigida por otro sector social que ya no sería la burguesía inicial ni ninguna fuerza política que se proclamase continuadora de aquélla. Así lo resumía en las consideraciones finales de la versión en castellano:

> La Cataluña definida por Prat de la Riba era demasiado unilateral, estaba demasiado condicionada por una perspectiva de clase para poder tener validez general. Es necesario, pues, un esfuerzo nuevo y sin prejuicios para saber dónde estamos y hacia dónde vamos. (...) Es imposible no sentirse impresionado todavía por las protestas de Prat y sus predecesores contra las carencias de un Estado burocrático y oligárquico. Nada ni nadie puede prescindir de su aportación renovadora a la arcaica vida política de nuestro país. Un auténtico esfuerzo de renovación en esta segunda mitad del siglo XX tendrá que integrar algunos de estos elementos, pero no por afán de homenaje sino por una radical comprensión del presente. Pues, en defini-

tiva, la clase social que en nuestra época puede encabezar un verdadero movimiento renovador ya no es aquella burguesía que Prat de la Riba supo interpretar con tanta exactitud ni aquellas capas medias que quisieron "recuperarle" aun a costa de mutilar su verdadero pensamiento.

En aquella Cataluña compleja de los años sesenta, *Catalanisme i revolució burgesa* tuvo un impacto considerable que yo no esperaba. En poco tiempo se publicaron tres ediciones, y el jurado de la revista *Serra d'Or*, que en aquel momento tenía un gran papel en la sociedad catalana, me otorgó el premio al mejor libro del año. Y no era un jurado cualquiera: lo formaban Joan Fuster, Josep M. Castellet, Joaquim Molas, Joan Triadú y J. Lluís Marfany. Pero muy pronto estallaron las contradicciones lógicas del momento. Un sector político y social consideró que aquello era un ataque innoble al nacionalismo catalán cuando éste no se podía defender bajo la dictadura franquista. Jordi Pujol fue uno de los críticos más duros y también lo fue, sorprendentemente para mí, Josep Benet. También se sumaron a ellos los dirigentes de Òmnium Cultural y desde aquel momento empezó la acusación de anticatalán que desde algunos grupos se me ha hecho durante todos estos años y que todavía perdura. Por esto he hablado antes de la relación entre la publicación del libro y la crisis de EISA.

Por otra parte, es indudable que el libro podía ser —y fue— interpretado desde otros sectores como una batalla frontal contra el nacionalismo catalán en nombre de un marxismo cuadriculado. Vivíamos momentos decisivos de la lucha universitaria contra el franquismo, pero era una lucha que había perdido uniformidad y coherencia y se fragmentaba en decenas de grupos y de proyectos, a menudo basados en un marxismo mecanicista y elemental que lo transformaba todo en una lucha decisiva entre el proletariado y la burguesía. El nacionalismo burgués era visto como una trampa para la revolución proletaria y en la Universidad había grupos que rechazaban el catalán porque, según ellos, era la lengua de la burguesía. Por tanto era posible que algunos de ellos entendiesen mi libro como un panfleto teórico que justificaba sus planteamientos radicales.

De todas aquellas peleas sólo me entristeció una: la disputa con Josep Benet, un hombre íntegro que yo respetaba mucho y que siempre he considerado un amigo y un hombre de bien. Fue la parte más amarga del asunto. Pero debo decir que entré en la disputa con todas mis fuerzas y nunca me dejé arrinconar. El artículo de réplica a la crítica de Josep Benet que publiqué en *Serra d'Or* con el título de "Josep Benet i l'ortodòxia. Crítica d'una crítica" es uno de los más dolorosos que he publicado a lo largo de mi vida porque tenía en mucha estima a Benet pero no estaba dispuesto a aceptar una crítica políticamente tan exagerada. Mi argumento básico era que posiblemente yo era parcial pero que también lo eran los que me criticaban y que nadie podía hablar en nombre de toda Cataluña ni ejercer de intérprete único e indiscutible de una sociedad catalana compleja y cambiante. Es un argumento que tenía muy claro y que siempre he mantenido. Y en cualquier caso me parecía absurdo que un libro pudiese dividir al antifranquismo catalán y que no lo dividiese, por ejemplo, el uso partidista de los recursos financieros.

Mi anhelo político principal, tanto en el plano teórico como en el práctico, era la recuperación de las libertades y la autonomía de Cataluña. Pero estaba convencido de que nunca conseguiríamos la autonomía sólo con nuestras propias fuerzas y encerrándonos en nosotros mismos, sino en una lucha conjunta con los demócratas de toda España contra la dictadura de Franco, porque sólo podríamos recuperar la autonomía en una España democrática. O, más exactamente, en una España democrática y federal.

También estaba convencido de que la lucha por la democracia y la autonomía no sería posible sin la movilización de los trabajadores de Cataluña por estos dos objetivos. Pero también creía que no habría movilización si no éramos capaces de superar la terrible contradicción en que vivíamos sobre el tema de la lengua; queríamos recuperar el catalán como nuestra lengua propia, pero sabíamos que no lo conseguiríamos sin la fuerza y el empuje de una clase trabajadora que en su inmensa mayoría hablaba castellano, la misma lengua con que los opresores franquistas nos prohibían la nuestra. Algunos grupos radicales resolvían el problema despreciando al catalán, como ya he recordado. Pero por otra parte, si todo el acento se ponía en una lucha por el catalán contra el castellano, nos alejaríamos de un sector de nuestra sociedad que era fundamental para ganar el combate. Era el mismo tema que había planteado Francisco Candel, desde otro ángulo, con un libro que también causó un gran impacto, *Els altres catalans*, o sea, los "otros catalanes" no nacidos en Cataluña pero catalanes en el sentido más exacto.

Este tema me obsesionaba. Entre los papeles de aquellos años he encontrado una respuesta mía a una encuesta de *Serra d'Or* de agosto de 1969 sobre si existía o no en la sociedad catalana una nueva generación bien definida. El cuestionario me lo envió Jordi Sarsanedas, y la lista de las personas a las que se pedía respuesta era muy significativa: Josep Maria Benet i Jornet, Maria Aurèlia Capmany, Josep Maria Carandell, Josep Maria Castellet, Alexandre Cirici, Gabriel Ferrater, Ferran Fullà, Josep Galí, Jordi García Soler, Romà Gubern, Ernest Lluch, Isidre Molas, Joaquim Molas, Pere Quart, Baltasar Porcel, Albert Ràfols Casamada, Raimon, Pau Riba, Joan de Sagarra, Enric Sió, Joan Triadú y yo mismo. Mi respuesta expresa bastante bien las certezas y las incertidumbres de aquel momento de mi vida:

> Hablar de una nueva generación bien definida —escribo—me parece simplemente excesivo. Hay un estado de espíritu que predomina en la gente joven, pero que no pasa forzosamente

por la edad (ni evidentemente por la generación). Es un estado de espíritu inquieto, desorientado, expectante. Entre la gente que en Cataluña se ha incorporado de una manera u otra a la acción pública en estos últimos años es casi general la tendencia a replantearnos las cosas de arriba a abajo, a romper con un pasado que no nos ha aportado nada bueno. (...) Quien más quien menos habla de socialismo. Pero en las condiciones actuales, escribir en catalán significa escribir para la burguesía alta, y sobre todo, pequeña. Yo puedo traducir Marx al catalán, pero sé que casi ni un solo obrero lo leerá. Hacen falta, pues, cambios radicales. Pero estos cambios no son posibles sin la participación activa de unas masas trabajadoras que no son catalanas, de dentro y de fuera de Cataluña. Y para llegar a estas masas no basta con hacer cultura en catalán. (...) Yo diría, extremando las cosas, que el verdadero conflicto generacional es entre aquellos que creen que el recurso a la catalanidad y la integración en ella lo resuelven todo y aquellos que creen que hace falta algo más.

Repasando aquellos papeles y recordando aquellas circunstancias, he tenido la sensación de que entre los debates medio clandestinos de entonces y los de ahora no hay demasiadas diferencias. Los que entonces discutíamos y polemizábamos éramos una minoría semioculta. Ahora quizá también somos una minoría, pero creemos ser una mayoría especial por el ruido de unos medios de comunicación de gran alcance. Ni una cosa ni otra. Pero cuando hoy, treinta años más tarde, desde las filas nacionalistas de Cataluña se hacen acusaciones de anticatalanismo contra los adversarios políticos, y cuando este mismo sector se atribuye el monopolio de definir qué y quién es catalán y qué o quién no lo es, y se habla de Cataluña como si la sociedad catalana fuese un conjunto uniforme representado por un líder que es el mismo con quien yo y otros chocábamos hace más de treinta años, la conclusión es bastante evidente: muchas cosas han cambiado, tenemos la democracia y la autonomía, que eran nuestros objetivos, pero los problemas de fondo todavía son problemas de fondo porque hay gente interesada en que lo sean.

En cualquier caso, la sucesión de los hechos me ha hecho recordar una anécdota de dos o tres meses antes de la pelea, más exactamente del mes de mayo de aquel mismo 1968. En pleno mayo francés me encontré en París con otros intelectuales y universitarios catalanes para participar en unas Jornadas de Cultura Catalana. Naturalmente, aquel París de las barricadas estudiantiles no era precisamente el ambiente más favorable para la celebración de las jornadas. Todos teníamos en la mente otras impresiones y en la retina otras imágenes. Por esto, a pesar de que las jornadas se celebraron, no recuerdo grandes cosas de la reunión, excepto una discusión sobre la política de ayudas y de fomento y un recital de la Nova Cançó, con Guillermina Motta y Xavier Ribalta como protagonistas.

Pero allí conocí a Josep Tarradellas, nuestro presidente de la Generalitat en el exilio, y esto sí que lo recuerdo muy bien. Tarradellas apareció en una de las sesiones de las jornadas y conectó enseguida con todos nosotros. A través de Romà Planas, que yo había conocido en el exilio parisino y al que siempre aprecié mucho, me hizo llegar su deseo de tener una conversación conmigo y, efectivamente, nos reunimos en una de las salas de La Mutualité. Con Josep Tarradellas tuve desde entonces una relación clara y directa, incluso cuando no estuve de acuerdo con las cartas que nos enviaba a principios de los años setenta sobre el papel de la Asamblea de Cataluña y la Coordinadora de Fuerzas Políticas. Tuvo la dignidad de aguantar con muchas dificultades y casi en solitario la legitimidad de aquella Generalitat de Cataluña destruida por el franquismo y ello permitió, muchos años después, que la transición democrática en Cataluña tuviese una continuidad institucional con la autonomía de 1932 y, por tanto, con la II República. Después tuvimos muchas discusiones, con acuerdos y desacuerdos, sobre temas importantes, sobre todo en el momento de restaurar la Generalitat de Cataluña. Pero siempre le agradecí la franqueza y el respeto con que nos tratamos. Y si he recordado ahora aquel encuentro es por todo esto y no sólo por la anécdota con la que concluyó.

Allí, en un oscuro rincón de La Mutualité, inmersos en la gran conmoción de aquel increíble mayo francés, tuvimos una larga conversación sobre la situación interna en Cataluña, sobre las perspectivas a corto plazo, sobre la estabilidad o la inestabilidad del régimen de Franco, sobre las ideas y los sentimientos de las nuevas generaciones, sobre los posibles nuevos líderes, etcétera. Y cuando estábamos hablando precisamente de esto, de los posibles líderes del futuro, Tarradellas detuvo la conversación, me cogió del brazo, me miró fijamente y me dijo: "Todo esto de los nuevos dirigentes es discutible y ya veremos qué pasa. Pero hay uno que me preocupa mucho. Es este chico que se llama Jordi Pujol, el del Palau de la Música y de Banca Catalana. Mire lo que le digo, Solé: este Pujol, si no lo paramos, nos joderá a todos".

Naturalmente, la anécdota es exactamente esto, una anécdota. Había otras cosas en juego y nunca me atrevería a atribuirme el monopolio de la verdad ni el de la clarividencia en todas ellas. Más bien lo contrario; en aquellos años y unos cuantos más, viví en medio de una tempestad de ideas que a veces sólo eran espejismos y, aún, mal percibidos. Muchas cosas me habían pasado en poco tiempo y, sobre todo, muchas más cosas pasaban en todo el mundo. Vivíamos en un país políticamente cerrado y en una sociedad que cada día se abría un poco más. A causa de aquel hermetismo tendíamos a buscar ideas por todo el mundo y, muy a menudo, nos llegaban cocinadas por grandes pensadores abstractos. Por esto caíamos con frecuencia en una mezcla de conceptos universales y de problemas cotidianos y tendíamos a querer resolver estos últimos con la aplicación geométrica de ideas venidas de lejos y de espacios distintos al nuestro. Recuerdo, por ejemplo, una discusión pública sobre la socialdemocracia —también en las páginas de *Serra d'Or*, si no me equivoco— en la que Jordi Pujol tenía mucha más razón que yo y que otros, metidos como estábamos en una concepción radical y abstracta de la política internacional en Europa.

Quiero decir con todo esto que hacíamos lo que podíamos, que acertábamos en algunas cosas y nos equivocábamos en otras. Pero hablábamos de hechos y de ideas y si nos peleábamos no era por el gusto de la discusión y de la polémica, sino porque no nos resignábamos y queríamos salir del inmenso agujero en que vivíamos. Por eso creía y creo todavía que todo aquello valía la pena, más allá de las confrontaciones.

En definitiva, el episodio de EISA y de mi libro sólo era esto, un episodio, quizá significativo, pero no la madre de todas las batallas. A pesar de todo, yo respetaba a Jordi Pujol, porque apostó fuerte contra el franquismo y sufrió duramente sus consecuencias, y también porque siempre tuve muy claro que el enemigo era Franco y no los que desde distintos ángulos lo combatían. Y también tuve claro que por importantes que fuesen las polémicas en aquella sociedad de finales de los sesenta había, como he dicho, muchas más cosas en juego y se necesitaban instrumentos más poderosos y más colectivos y yo sólo era un profesor no numerario, expulsado del PSUC y de la Universidad, que vivía de traducciones a tanto la página.

Capítulo XVI

Mayo de 1968

El azar me convirtió en testigo directo del extraordinario movimiento del mayo francés de 1968. Como he dicho, en París se habían organizado unas Jornadas de Cultura Catalana, más políticas que culturales en sentido estricto, y yo era uno de los invitados. Entre los demás participantes recuerdo a Maria Aurèlia Capmany, Teresa Pàmies, Josep Maria Castellet, Joan Triadú, Josep Termes, Jordi Borja, Enric Bastardes, Guillermina Motta y Xavier Ribalta. A los restantes no los recuerdo bien.

El jueves 9 de mayo al anochecer salimos de Barcelona en coche Josep Termes, Enric Bastardes, Jordi Borja —que había regresado del exilio unos meses atrás— y yo mismo, que era el conductor. Viajamos durante toda la noche y, muertos de fatiga, llegamos a casa de Núria Sales y de su compañero Oriol Bohigas, el físico. Dormimos unas horas y ya nos disponíamos a ir al encuentro de los participantes en las jornadas en La Mutualité de París, cuando nos llegaron los anuncios de la gran confrontación que se preparaba para aquel mismo día, el viernes 10 de mayo, entre los estudiantes sublevados y las fuerzas de la policía, los CRS, tras semanas de huelgas, peleas, detenciones y negociaciones fallidas. Todo aquello en el mismo día en que, por otro azar lleno de simbolismo, se reunían en París las delegaciones norteamericana y vietnamita, encabezadas respectivamente por Cyrus

Vance y Ma Van Lau, para empezar las negociaciones de paz de aquella terrible guerra que tanto nos había afectado y que durante tanto tiempo había estado en el centro mismo de las movilizaciones universitarias en toda Europa y en Estados Unidos.

Fuimos, a pesar de todo, a La Mutualité y nos encontramos con la mayoría de los participantes en las jornadas, pero ya todos con la mente en otro lugar. La tensión en toda la Rive Gauche era enorme, físicamente palpable por la presencia siniestra de los CRS, equipados con toda la parafernalia de armas e instrumentos de disuasión, inmóviles en un silencio expectante y con ganas de venganza. Mientras, en la plaza Denfert Rochereau, lugar de encuentro e inicio de todas las manifestaciones estudiantiles de las semanas anteriores, se reunía una enorme masa de universitarios y bachilleres dispuestos a ocupar la Sorbona y a liberar a los estudiantes encarcelados por las acciones previas.

Hacia las siete de la tarde, la manifestación se puso en marcha, pasó por delante de la cárcel de la Santé, donde estaban los estudiantes detenidos, y se dirigió hacia el cruce de Saint Michel y Saint Germain. No parecía que nadie buscase el enfrentamiento directo con los CRS, como en jornadas anteriores, pero poco a poco la manifestación se dividió en centenares y centenares de grupos reducidos y sin ninguna consigna aparente empezaron a surgir barricadas heteróclitas por todas partes, unas construidas de cualquier manera, otras más imponentes. Algunas se habían levantado con montones de adoquines arrancados de la calzada de los bulevares, otras añadían ramas de árboles, otras sumaban contenedores de basura, sacos de cemento e incluso algún coche. Ya avanzada la noche, el Barrio Latino era una especie de fortín surrealista delimitado por una red de barricadas desde las que miles y miles de estudiantes desafiaban a las fuerzas de policía. Todo era transmitido en directo por las radios y cuantas más emisoras se añadían más barricadas se alzaban

El padre de Jordi Solé Tura.

Carmen Flores, cuñada del autor, su hermano Joan, su madre,
Jordi Solé Tura, arrodillado, su primo Joan Planellas.

Con el equipo de fútbol de Mollés. Solé es el cuarto por la izquierda, de pie.

En la *colla* de sardanas Montserratina. El autor es el quinto por la izquierda, de pie.

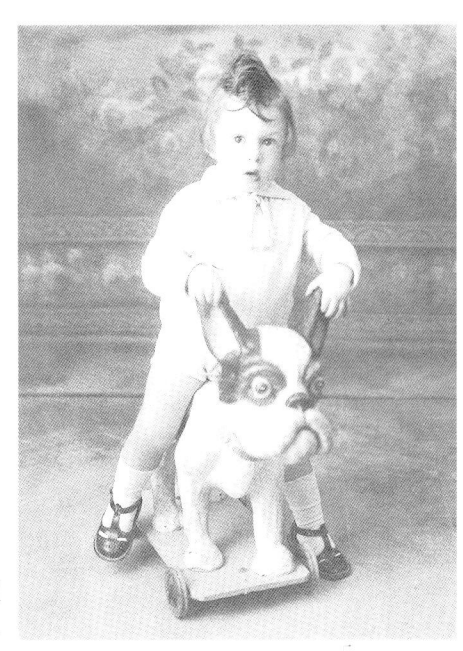

Fotografía infantil tomada en estudio.

Paseando en 1945 junto a su hermano mayor en las fiestas de Mollet.

En el horno de la panadería familiar. De izquierda a derecha, Diego (el aprendiz), su hermano Joan y Jordi.

En una guardia durante el servicio militar (segundo por la izquierda).

Junto a su madre, en 1957, el día de la entrega del premio extraordinario de licenciatura, en los jardines de la Universidad.

Junto a un grupo de amigos: August Gil, Maribel Giner, Salvador Giner, el autor y Anny.

Con su hijo en brazos, junto al lago Snapov (Rumania).

Con su hijo Albert en París, en los días de su expulsión del PCE.

En el VI Congreso del PCE, el 24 de diciembre de 1959, junto a Francesc Vicens y Tomás García.

Algunos miembros de la emisora Radio España Independiente. En la parte superior, de izquierda a derecha, Roberto Carrillo, Federico Melchor, Jordi Solé Tura; en el renglón de en medio: Ignacio Hidalgo de Cisneros, Josefina López, Santiago Carrillo, Ramón Mendoza, Luis Galán, Teresa Lizarralde, Pedro Felipe y Esperanza González; arrodillados: Santiago Álvarez y Goyo Aparicio.

La Caputxinada. De pie, hablando, el doctor Rubió. Sentados detrás (de izquierda a derecha), Salvador Espriu, Pere Quart, García Calvo, Manuel Sacristán, Joaquim Boix y Enric Argullol.

La policía rodea el Convent dels Caputxins.

Los amigos que le ayudaron en los momentos difíciles:
Josep M. Castellet, Manuel Jiménez de Parga y Manuel Sacristán.

Fernando Claudín

En un abrazo con Alfonso Carlos Comin, el 11 de septiembre de 1976 en Sant Boi.

El autor con Miquel Nuñez, Isabel Allende y Jordi Borja.

En el Comité Central del PCE, con Enrique Curiel y Pilar Bravo.

Con su mujer, Teresa Eulalia Calzada.

Practicando su deporte favorito, el esquí de fondo.

Con su hijo Albert en Mallorca.

En los Picos de Europa, en la arganta del Cares. De izquierda a derecha: Solé Tura, Adolf Amató, Rosa Carrió y Teresa Eulalia.

En un mitin, hablando con Josep Solé Barberà.

Durante la campaña electoral de 1977.

Los siete ponentes que redactaron la Constitución española: (de pie) Gabriel Cisneros, José Pedro Pérez Llorca, Miguel Herrero de Miñón; (sentados) Miguel Roca Junyent, Manuel Fraga Iribarne, Gregorio Peces Barba y Jordi Solé Tura.

Grupo del PCE en el Congreso de los Diputados. De izquierda a derecha y de abajo arriba: Gregorio López Raimundo, Marcelino Camacho, Simón Sánchez Montero, Horacio Fernández Inguanzo, Santiago Carrillo, Jordi Solé Tura, Ramón Tamames, Felipe Alcaraz, Francisco Cabral, Jaime Ballesteros, Tomás García, Josep Solé Barberá, Miguel Núñez, Josep Maria Riera y Pilar Bravo.

en un especie de carrera mediática que anunciaba el gran momento de una confrontación iniciada un mes antes. Y por encima de todo, estaba el símbolo: todas las revueltas populares en París, desde finales del siglo XVIII, habían sido revueltas de barricadas.

El terreno parecía preparado, pero nadie se movía. Quien más quien menos decía que los dirigentes de la sublevación — Daniel Cohn-Bendit, Alain Geismar, Jacques Sauvageot y otros nombres que ya sonaban como símbolos— intentaban negociar *in extremis* con el gobierno el punto central de la revuelta, la liberación de los estudiantes encarcelados y la reapertura de la Sorbona y, por lo que se supo después, aquello era cierto pero el gobierno vacilaba. El general De Gaulle, presidente de la República, quería mantener por encima de todo la autoridad del Estado; el primer ministro, Georges Pompidou, estaba ausente en una insólita visita a Afganistán, y los ministros y los rectores encargados de la negociación —que en algunos momentos incluso negociaron en directo a través de las antenas de las radios— no sabían muy bien hacia dónde tenían que ir y hasta dónde podían llegar.

Ya entrada la madrugada, hacia las dos, el gobierno dio orden a la policía de asaltar las barricadas y allí empezó el aquelarre de porrazos, gases lacrimógenos, gritos, incendios y destrucción de coches y calzadas. Como si por fin se sintiesen liberados, los CRS cargaron con una brutalidad que no veía ni aceptaba distinciones: asaltaban y destruían barricadas con una extraordinaria violencia y una gran eficacia, mientras los estudiantes se defendían con una lluvia de adoquines. Los CRS, vestidos de negro y armados como una policía del cine futurista, gritaban, embestían y zurraban a todos lo que tenían la mala suerte o la imprudencia de pasar por allí, estudiantes, turistas, vecinos o simples noctámbulos, entre ellos gente como nosotros mismos, que muy pronto entendimos que lo mejor era tomar distancias y no hacerse el héroe.

El centro de la Rive Gauche era, en la oscuridad de la noche, un paisaje de terremoto, de violencia, de odio y, paradójicamente, también de una cierta alegría colectiva, de un estallido de solidaridad entre la gente joven que finalmente se sentía liberada de mil tensiones y mil prudencias. El combate —porque aquello era realmente un combate— duró hasta las seis o las siete de la madrugada. Y cuando los CRS se retiraron, el paisaje de la batalla era increíble, como si sobre aquel París del Barrio Latino lleno de vitalidad hubiese caído una inmensa catástrofe. Como mucha otra gente aquella noche no dormí ni un minuto y entre la mezcla de emociones, de carreras, de angustias, de solidaridades y de cansancio, pasé de la noche al alba y del alba a la mañana como un sonámbulo, sin creer lo que veía y como si de golpe me hubiesen transportado a otro país o a otro planeta.

Las Jornadas de Cultura Catalana terminaban, pero París nos retenía. Después de la enorme pelea de aquel 10 de mayo inolvidable todo parecía posible porque la noche de las barricadas lo convulsionó todo de arriba a abajo. Los grandes sindicatos obreros, encabezados por la CGT y la CFDT, decidieron entrar en la batalla, cambiando la posición que habían mantenido hasta entonces, según la cual todo era una revuelta de chicos y chicas de buena familia y de radicales de extremísima izquierda. Los partidos políticos de la oposición también empezaron a moverse contra el gobierno y en el seno del gaullismo saltaron las primeras disensiones, especialmente cuando Georges Pompidou, ya regresado del viaje asiático, intentó negociar con importantes concesiones a los estudiantes. Todo el mundo se sentía tocado por la brutalidad de la policía y la falta de visión de un gobierno y de un presidente De Gaulle que sólo pensaban en mantener la autoridad del Estado al precio que fuese. Francia había entrado de golpe, cuando menos se lo esperaba, en una gran crisis política y todo el mundo se sentía implicado, unos llenos de esperanzas nuevas, otros inquietos y otros dispuestos a cerrar filas contra aquella revuelta juvenil.

La entrada en acción de los sindicatos fue el elemento decisivo de la nueva fase, porque significaba la transformación de una revuelta estudiantil, poderosa pero socialmente aislada, en una gran acción de protesta en la que una parte de los trabajadores apoyaba a los estudiantes y viceversa. Al día siguiente de las barricadas los sindicatos anunciaron la huelga general y todos juntos, sindicatos, partidos y organizaciones estudiantiles convocaron para el lunes 13 de mayo —décimo aniversario del gobierno gaullista, para más inri— una manifestación que desbordó todas las previsiones.

Siempre recordaré aquella manifestación, la concentración política más grande que había visto hasta entonces. Centenares de miles de personas recorrieron el largo itinerario desde la plaza de la República hasta Denfert-Rochereau y siguieron después, Montparnasse abajo, hasta el Champ de Mars, al pie mismo de la torre Eiffel. Allí nos encontramos muchos de nosotros, los catalanes de las jornadas, al lado de los principales líderes del momento. La mayoría hicimos todo el trayecto, desde la plaza de la República hasta el Champ de Mars, mezclados con estudiantes, sindicalistas, políticos e intelectuales. Durante un buen rato tuve a mi lado a Fernando Arrabal, que llevaba una pancarta en solitario y la aguantó en silencio hasta el final. Y cuando al final nos echamos sobre la hierba muertos de cansancio pero animados por la movida, llegó la gran noticia: ¡los estudiantes estaban ocupando la Sorbona! El Champ de Mars se vació inmediatamente e inmersos en una muchedumbre desorganizada pero pletórica, fuimos a la Sorbona y allí, entre discursos, asambleas, coloquios encendidos y conciertos improvisados, pasamos otra noche en blanco, mientras Josep Maria Castellet repetía una y otra vez que aquello era el comienzo de una nueva fase de la política y de la cultura en Europa y el mundo entero.

Al día siguiente el general De Gaulle se fue a Rumania en un gesto que quería ser una demostración de normalidad, pero que fue interpretado por la mayoría como un abandono de la nave. En las grandes empresas empezaron enseguida las huelgas salvajes, como se decía, encabezadas por Sud-Aviation y las fábricas principales de la Renault en Boulogne-Billancourt, Cléon y Flins, mientras los estudiantes ocupaban el teatro del Odéon y organizaban manifestaciones de confraternización con los trabajadores de la Renault en huelga, y grupos de profesionales de la comunicación e intelectuales conocidos ocupaban la televisión, desmantelaban los equipos oficiales de una televisión absolutamente supeditada al gobierno e iniciaban una contraprogramación sensacional que nos dejó boquiabiertos. Con Jordi Borja y Enric Bastardes fuimos a visitar a Fernando Claudín y fue allí, en su casa, donde asistimos en transmisión directa a la ocupación de la televisión y al inicio de la nueva fase, condenada seguramente a la provisionalidad pero llena de fuerza creadora y de espíritu renovador. Fue el gran momento de las pintadas en las paredes, de los mensajes trabajados con el yeso y la pintura, de la explosión de una cultura de la igualdad, la tolerancia y la libertad, de una glorificación gozosa de la sexualidad, de una ruptura alegre de mil tabúes. Todos estábamos alucinados y nos costaba creer lo que veíamos. Y no sólo nosotros; recuerdo una larga conversación con uno de los grandes sociólogos del momento, André Gorz, en su casa, que fue una especie de concurso para decidir cuál de los dos estaba más perplejo. Pero más allá de la perplejidad, empezábamos a adivinar que aquel gran movimiento era algo más que una protesta juvenil, que una reivindicación universitaria, que un conflicto político. De hecho era una auténtica revolución cultural que rompía normas de funcionamiento ancestrales e introducía en las sociedades avanzadas de Europa y América del Norte los grandes temas que nos han marcado hasta hoy mismo, desde la igualdad de sexos y la autonomía de las personas hasta la ecología.

MAYO DE 1968

Cuando De Gaulle volvió de su insólito viaje, seis millones de trabajadores estaban en huelga en toda Francia y lo que había empezado como un movimiento reivindicativo de unos miles de estudiantes se convirtió en una crisis general de la economía y del Estado. La República gaullista empezó a tambalearse, el mismo De Gaulle creó el estupor general con una extraña huida a Baden-Baden que durante unas horas creó un vacío total de poder, Pompidou fracasó en el intento de gobernar la nave en medio de la tempestad y de repente pareció que todo el edificio del Estado francés se hundía.

El resto es suficientemente conocido: el mitin de Charletty, al que asistieron los principales dirigentes de la oposición y donde empezó a sonar el nombre de Pierre Mendés-France como líder de una alternativa política; las tomas de posición del Partido Comunista Francés, principal fuerza política de la izquierda, que no quería la caída de un De Gaulle antiatlantista y que sólo pretendía aprovechar la situación para obtener concesiones sindicales pero que, por primera vez, hablaba de la posibilidad de un nuevo gobierno con participación comunista; la declaración sorpresa de François Mitterrand, pidiendo nuevas elecciones y anunciando su candidatura a la presidencia de la República; las negociaciones entre el gobierno y los sindicatos, que culminaron con los acuerdos de Grenelle, inmediatamente rechazados por los huelguistas; las vacilaciones y la desorientación general de la izquierda política y de sus principales dirigentes, y, finalmente, el retorno del general De Gaulle de su viaje fantasma, la disolución del Parlamento y la convocatoria de nuevas elecciones. Y ya a final de mes, la gran manifestación-revancha de apoyo a De Gaulle que culminaría, un mes después, con una espectacular victoria electoral de los gaullistas y un retroceso de la izquierda política.

Yo regresé a Barcelona en plena huelga general. Lola Puig, la madre de Anny, había decidido volver a Cataluña después de casi treinta años de exilio y regresó conmigo, aprovechando el viaje para cargar el coche con algunas de las cosas que conservaba. Nunca olvidaré aquel viaje por unas carreteras y autopistas desiertas, como un país de fantasmas en el que, de vez en cuando, te cruzabas con algún coche solitario y no sabías si llegarías muy lejos o te quedarías encallado sin refugio ni gasolinera alguna. Parecía imposible que aquello fuese la Francia dinámica y creadora que había conocido hasta entonces y empecé a creer que quizá tenían razón aquellos —entre los cuales se encontraba el mismo Georges Pompidou, en su discurso al Parlamento convocado de urgencia— que decían que lo que el movimiento juvenil había puesto en crisis no era el gobierno, ni las instituciones, ni Francia como país, sino toda su civilización. El impacto era impresionante, por su fuerza y su extensión, pero también por su novedad, totalmente imprevisible. De hecho, nadie lo previó porque ni siquiera los síntomas de un mes antes anunciaban la dimensión real del movimiento.

Ya en Barcelona, nos convertimos en narradores de los hechos de aquel extraordinario mes de mayo de 1968. Pero pronto los acontecimientos nos desbordaron. Si el año anterior nos había conmocionado la muerte trágica del Che Guevara en Bolivia, o si el 9 de abril del mismo 1968 nos había impresionado el asesinato de Martin Luther King en Memphis, el 4 de junio llegaba la noticia de otro asesinato político, el de Robert Kennedy en Los Angeles.

Poco después llegaron las noticias de otras sublevaciones universitarias en distintas capitales de la Europa occidental, e incluso de la Europa oriental, culminadas al cabo de unos meses por la terrible masacre de estudiantes en la plaza de Las Tres Culturas, de México, a manos de una policía feroz que cumplía las órdenes de un gobierno corrupto.

Y en plena vorágine saltaba otra noticia escalofriante: el 22 de agosto las tropas del Pacto de Varsovia, bajo mando ruso, invadieron Checoslovaquia y pusieron fin trágicamente a aquel experimento de renovación, llamado Primavera de Praga, que tantas esperanzas había levantado en todas partes, un intento de reforma del comunismo desde dentro con un objetivo extraordinario: crear un socialismo "de rostro humano" bajo la dirección del gobierno de Alexander Dubcek. La brutalidad de la invasión, la destrucción del proyecto renovador, la supresión de las libertades conseguidas en aquellos meses apasionantes, la prepotencia de una Unión Soviética que obligaba a todos los países del bloque oriental a cerrar filas a su alrededor, cayeron como una losa sobre todos los que confiaban en la fuerza renovadora de la experiencia checoslovaca. Y, para remachar el clavo y aumentar la confusión, llegaba la noticia del apoyo total e incondicional de Fidel Castro a la invasión soviética, un Fidel Castro que hasta entonces había mantenido distancias con la URSS y que, precisamente por esto, era visto por mucha gente como un nuevo modelo de lucha para la liberación de los países sometidos por el colonialismo, al margen de la política de bloques.

Todos teníamos, pues, la sensación de que terminaba una fase de la política mundial y que empezaba otra, pero no sabíamos muy bien qué terminaba y qué empezaba. La guerra de Vietnam y la Cuba castrista habían sido dos elementos fundamentales de una visión del mundo que rechazaba la lógica de los grandes bloques y el dominio de las dos grandes potencias, Estados Unidos y la Unión Soviética, y que, precisamente por aquel rechazo, abría paso a nuevas experiencias y nuevas posibilidades de emancipación de los pueblos oprimidos y colonizados. De repente todo cambiaba, todo era discutible, se abrían puertas y perspectivas y se cerraban otras.

Aquello era especialmente complicado para nosotros. Mientras los estudiantes franceses habían conseguido remover los fundamentos de un país avanzado, civilizado, próspero y estable, nosotros nos debatíamos para abrir pequeños espacios de democracia en un régimen brutal. Por esto éramos tan sensibles a aquello que sucedía fuera de España: era la manera de participar en un gran cambio a pesar de nuestro aislamiento, de identificarnos con grandes ideas prohibidas en nuestros país, de solidarizarnos con otros pueblos y, en definitiva, de salir de nuestro agujero. Pero precisamente porque vivíamos de verdad en un agujero, corríamos el peligro de hacer una lectura muy ideologista y abstracta de lo que realmente pasaba: si entre los estudiantes franceses que disfrutaban de una inmensa libertad había maoístas, trotskistas, marxistas-leninistas, situacionistas y libertarios, era fácil que entre nosotros, que no disfrutábamos de la misma libertad y vivíamos de referencias lejanas, aquellos ismos se multiplicasen como armas de combate contra el franquismo.

Sólo hay que recordar nuestras asambleas en la Universidad, nuestras conferencias masivas sobre Vietnam, con conferenciantes encendidos que denunciaban el imperialismo norteamericano y que a menudo se pasaban —miles de millones más o menos— en las cifras de la economía de guerra de Estados Unidos, o del recibimiento triunfal en la Facultad de Derecho de Juan Bosch, el líder democrático de Santo Domingo, derrotado y exiliado por la invasión norteamericana, o las broncas contra J.J. Servan-Schreiber porque defendía la política de Estados Unidos. En definitiva, vivíamos nuestra propia versión del mayo francés bajo un régimen político de dictadura y todo era más difícil, más limitado, más oscuro y más peligroso.

Fueron unos meses frenéticos y, como ya he dicho, aquellos que por un azar habíamos sido testigos directos del mayo francés nos convertimos en predicadores e intérpretes autorizados del gran acontecimiento. Con Josep Maria Castellet, Maria Aurèlia Capmany, Jordi Borja y muchos otros participamos en decenas de reuniones y de coloquios, desde la escuela Eina, hasta las escuelas sindicales de las parroquias del Clot o de Sant Medir, pasando por facultades y centros sociales, contando los hechos y dando nuestras interpretaciones de los mismos.

Volví de París con unas cuantas convicciones, algunas acertadas, otras erróneas, algunas realistas, otras utópicas. La primera era que no sólo teníamos que denunciar la prepotencia nefasta de Estados Unidos y de la Unión Soviética, las dos potencias culpables de todos los males del mundo, sino que había que terminar lo antes posible con la división de Europa en dos bloques antagónicos. La segunda, que habían entrado en crisis profunda e irreversible los partidos de la izquierda tradicional, o sea, los partidos socialistas y comunistas, incapaces de ofrecer una alternativa y de impulsar un cambio de verdad. La tercera, que estaban entrando en la escena política y social unas nuevas generaciones que, al revés de las generaciones anteriores, habían llegado a los veinte años sin vivir una guerra devastadora como las de 1914-1918 y 1939-1945. La cuarta, que esas mismas generaciones pedían cambios radicales en la cultura, en las costumbres, en las oportunidades profesionales y en la igualdad entre los sexos. La quinta, que los trabajadores también querían un nuevo reparto de los resultados del crecimiento económico y estaban dispuestos a obtenerlo con los partidos y los sindicatos o sin ellos. La sexta era que todo aquello ya no se podía resolver sólo en el marco de cada país y de cada sociedad y que, por lo tanto, había que impulsar más que nunca movimientos y organizaciones transnacionales o internacionales. La conclusión era muy clara: hacían falta nuevos instrumentos de acción política, nuevos tipos de organización, nuevos partidos.

Pero de la conclusión a la solución había un vacío enorme, no sólo por las dimensiones planetarias del problema sino también porque todo aquello lo pensaba y lo predicaba —como ya he dicho— en un país cerrado por la dictadura donde todo estaba condicionado por una cuestión fundamental: ni partidos viejos ni partidos nuevos, ni sindicatos de antes ni sindicatos de ahora, ni grandes ismos ni ismos pequeños mientras tuviésemos encima la losa de la dictadura. Volvíamos trastornados de las batallas de París y teníamos conflictos sobre el ser o no ser de EISA. Vivíamos mentalmente las veinticuatro horas del día en México, en Vietnam, en Cuba, en París, en China, en California y en Praga, pero el cuerpo lo teníamos en Cataluña y en la España del franquismo, leíamos a Marcuse, Sartre y Althusser, pero en ellos no encontrábamos respuestas para cambiar nuestro entorno inmediato, rechazábamos los viejos partidos y los viejos sindicatos pero deseábamos tenerlos en nuestro país, queríamos crear instrumentos nuevos pero no sabíamos cuáles ni cómo ni con qué recursos humanos y de organización.

Ahora bien, más allá de los límites, más allá de las dificultades, más allá de las angustias, el mensaje directo del mayo francés nos había llegado muy adentro: si habíamos visto cómo a partir de una revuelta universitaria y de una energía joven se tambaleaba hasta el límite de la caída un sistema político tan sólido, tan prestigioso y tan arraigado en el alma colectiva del pueblo francés, ¿por qué nosotros no podíamos hacer tambalear y derribar un régimen tan negro, tan odiado, tan aislado y tan viejo como el franquismo? Este fue para mucha gente el mensaje fundamental del mayo francés, el aliento que nos dio vida y optimismo, el empuje que a pesar de las curvas falsas y los virajes inútiles nos animó a seguir adelante.

Capítulo XVII

La cárcel

A finales de 1968 y tras haber cumplido la sanción universitaria que me había sido impuesta dos años antes, Manuel Jiménez de Parga pudo nombrarme de nuevo profesor ayudante de Derecho Político en la Facultad de Derecho, prácticamente sin sueldo. Pero muy pronto pude constatar que tampoco en aquella ocasión podría empezar y terminar el curso sin dificultades y que repetiría una vez más el ciclo de experiencias académicas frustradas a medio camino desde mi primer nombramiento, diez años atrás.

La cátedra de Derecho Político tenía, como todas las demás, unos recursos limitados, pero yo empecé a incorporar a un núcleo de profesores jóvenes que más adelante convertirían aquel departamento en uno de los más activos y renovadores de toda la Universidad de Barcelona. Algunos se consolidaron como grandes universitarios, como Isidre Molas y Josep Maria Vallés. Otros pasaron de camino hacia otras profesiones. Y también empezaron a llegar estudiantes, atraídos por la pequeña fama de aquella cátedra liberal y abierta. Un buen día, a principios de curso, se presentó un chico rubio, santanderino de origen y formado académicamente en Valladolid, que quería licenciarse en Barcelona precisamente por las noticias que le habían llegado sobre nuestro departamento. Se llamaba Eliseo Aja. Muy pronto se convirtió en uno de nuestros mejores alumnos y después en uno de nuestros mejores profesores y, personalmente, en uno de mis mejores compañeros y colaboradores. Luego se añadirían Miguel Ángel Aparicio, otro gran profesor y amigo, y una larga nómina de estudiantes que se convirtieron en profesores y, finalmente, en catedráticos que hoy llenan las cátedras de Derecho Constitucional y de Ciencia Política de todas las universidades de Cataluña.

Vivíamos conmocionados por aquella primavera y aquel verano de 1968 que en casi toda Europa y en una buena parte de América habían sacudido todas las realidades y todas las teorías. Era una ola que removía el mundo entero con una mezcla de sentimientos, reivindicaciones, rechazos y esperanzas que anunciaban la entrada en escena de unas generaciones que no habían hecho la guerra y exigían un nuevo espacio social pero chocaban con las intolerables divisiones de la guerra fría y con la rigidez de un sistema social y político y de una cultura que, precisamente por el peso de la división mundial en dos bloques antagónicos, cerraban todas las puertas. Sólo así cabe entender que aquel movimiento se extendiese simultáneamente a tantos países, con unas justificaciones y unas exigencias que eran prácticamente iguales en todas partes.

En nuestro país, sin embargo, el impacto era distinto. Y así lo entendieron muy bien algunos de los miembros del gobierno de Franco cuando a principios de 1969 declararon el estado de excepción en toda España después de los conflictos universitarios de Madrid y de Barcelona, a raíz de la muerte del estudiante madrileño Enrique Ruano a manos de la Brigada Político-Social. Mientras Carrero Blanco, anclado en los años cincuenta y sesenta, denunciaba la juventud universitaria que "...se ha entregado a las drogas, al ateísmo y al anarquismo, sólo Dios sabe por qué medios", Fraga Iribarne, más al corriente de lo que pasaba fuera de España, relacionaba directamente los hechos del Paraninfo con el impacto del 68 y decía sin tapujos aquello de: "Más vale prevenir que curar.

No vamos a esperar una jornada de mayo para que luego sea más difícil y más caro el arreglo".

Como era de prever, la represión posterior a la Capuchinada había destruido la organización del Sindicato Democrático y había abierto la puerta a una gran proliferación de grupos y a una multiplicación de planteamientos ideológicos cada vez más radicales. Pero el impacto de aquella asamblea también había provocado la caída de los dirigentes más reaccionarios y duros de la Universidad. A principios de enero de 1969, el rector García Valdecasas era destituido y se nombraba una nueva Junta de Gobierno con Manuel Albaladejo como rector, Fabià Estapé como vicerrector y una serie de decanos más abiertos y liberales.

Sin embargo, el radicalismo era ya tan fuerte, tan directo, tan exasperado, que ni aquel cambio pudo frenarlo. El 17 de enero de 1969, pocos días después de la toma de posesión del nuevo rector y de los demás cargos, un grupo de estudiantes exaltados del PCE (Internacional) y de algunos núcleos trotskistas decidieron asaltar el Rectorado como signo de protesta, provocaron grandes destrozos, quemaron una bandera española y lanzaron por la ventana un busto de Franco. La reacción del Gobierno fue brutal: el 24 de enero decretó el estado de excepción en toda España y restableció la censura de prensa. Dos días después, el domingo 26 —que coincidía con el treinta aniversario de la entrada en Barcelona de las tropas de Franco— se organizó en la plaza de la Universidad, precisamente, un acto oficial de "desagravio a la bandera", presidido por el siniestro capitán general de Cataluña, Pérez Viñeta. E inmediatamente empezaron las detenciones.

A mí me detuvieron un par de días después, a las seis de la madrugada, como diría la bella canción de Maria del Mar Bonet. Volví a pasar, pues, por la temible Jefatura Superior de Policía de la Via Laietana y, tras un interrogatorio somero, a las pocas horas fui conducido a la cárcel Modelo. Me acusaban de ser el cerebro instigador de los disturbios y de haber organizado el acto contra la bandera y contra el busto de Franco en el Rectorado aprovechando una conferencia pronunciada en la Facultad de Ciencias Económicas. Pasé allí medio año pero siempre tuve la sensación de que me iban a tener encerrado mucho más tiempo.

Era cierto, por ejemplo, que yo había pronunciado una conferencia multitudinaria en la Facultad de Económicas más o menos a la misma hora del asalto al Rectorado. Pero el motivo del acto era, precisamente, el contrario de lo que me acusaban. La verdad es que el día anterior un grupo de estudiantes del PSUC y de la UER, que conocían la intención de los más radicales de asaltar el Rectorado, fueron a verme para intentar impedirlo. En concreto, me pidieron que pronunciara una conferencia en Económicas para poder concentrar los distintos grupos estudiantiles y hacer fracasar el intento de asamblea en el Paraninfo de los radicales. Y yo, que creía que con el nuevo equipo rectoral podríamos empezar a dialogar y a abrir puertas, acepté.

El acto de Económicas fue, efectivamente, multitudinario. Pero ni yo ni los organizadores fuimos capaces de controlar a todos los asistentes y un sector se desmarcó y cortó el tráfico en la Diagonal, justo a la misma hora en que era asaltado el Rectorado. Por lo tanto, cuando se decretó el estado de excepción, fui consciente del peligro que corría porque ni la policía ni el ejército iban a hacer demasiadas distinciones entre uno y otro acto. Efectivamente, dos días después de la algarada fui citado por la Brigada Político-Social y sometido a un interrogatorio de tres horas, desagradable pero no violento, que acabó con muchas amenazas verbales pero sin ningún cargo contra mí. Pero cuando se decretó el estado de excepción pensé que el asunto se complicaba y me escondí, al igual que otros compañeros. Dos o tres días después empezamos a salir de nuestros refugios, nos reunimos discretamente y después de constatar que nuestros domicilios no parecían vigilados, llegamos a la conclusión de que sería mejor empezar a hacer vida normal. Nuestra percepción del momento no debió de ser muy exacta, porque aquella noche fui a dormir a casa y a las seis de la mañana llamaron a la puerta.

En la cárcel fui interrogado por un militar, el comandante de infantería Manuel Camps, instructor de mi proceso, un hombre duro pero discreto que no sé si creía demasiado en aquel papel que le habían encargado. Al cabo de dos o tres interrogatorios llegué a la conclusión de que ni él ni sus superiores creían que yo fuese de verdad el instigador o el organizador del asalto al Rectorado y que lo que querían de mí era que denunciase a los organizadores del acto de Económicas. Y así lo concretaron más adelante cuando en una de las sesiones del interrogatorio se me ofreció claramente la libertad si les daba los nombres de los que presidían la mesa de la conferencia y los que me habían invitado. No soy ni he sido nunca una especie de héroe ni tampoco un partidario de los grandes gestos y de las grandes palabras, pero siempre he creído en unos cuantos principios esenciales y entre ellos el de no traicionar nunca la confianza que otros han depositado en mí. Por ello me negué rotundamente a dar nombres y a entrar en la descripción de personas como, por ejemplo, la del estudiante que presidía la mesa, mi amigo Lluís Boada. Más allá de la incertidumbre y de la cárcel era una cuestión de principio. En definitiva, yo era el rehén de una policía y de unos militares que ignoraban lo que pasaba en la Universidad y que habían detenido a docenas y docenas de estudiantes sin poder llegar nunca a identificar ni a uno solo de los protagonistas reales del caso. No me pegaron ni me sometieron a ninguna presión física: simplemente me decían que si no cooperaba con ellos podría pasar mucho tiempo en la cárcel. La parafernalia podía ser fría y burocrática, como la del instructor, o muy aparatosa, como la visita a la Modelo del capitán general Pérez Viñeta en persona, con una escenificación que parecía la de un tribunal de la Inquisición. Se trataba, sin duda, de una presión psicológica y, por tanto, cuando el comandante Camps me insinuó el intercambio de libertad por denuncia le dije, tan rotundamente como pude, y sin saber demasiado bien cuál sería su reacción: "Mire, comandante. Mejor que lo dejemos. Si ustedes me quieren tener aquí, encerrado, nada lo impedirá. Cometerán una injusticia, pero no será ni la primera ni la última. Lo pasaré mal, pero no me vuelva a pedir que me rebaje moralmente". No sé si aquello sirvió de algo, pero ya no volvieron a interrogarme y pasaron los meses sin saber qué pensaban hacer conmigo.

Aquellos meses de cárcel y de incertidumbre fueron, pues, una experiencia muy amarga, pero también me enseñaron cosas nuevas y me ratificaron cosas ya sabidas. Allí encontré, de entrada, a Alfonso Comín y a todo su grupo de cristianos de izquierdas, detenidos en una reunión con la viuda de Mounier. Coincidir con Alfonso y sus compañeros en aquel edificio sórdido y en aquellas circunstancias fue para mí como una ventana abierta a la luz y al aire fresco. Con Alfonso tuve largas conversaciones, allí maduramos algunos proyectos de futuro en común y allí se hizo más sólida que nunca nuestra amistad y nuestra estima mutua. Coincidimos poco tiempo porque él y su grupo fueron liberados al cabo de un mes, pero en octubre de aquel mismo año él volvió a la cárcel en cumplimiento de una sentencia del Tribunal de Orden Público —el temible TOP presidido por el siniestro magistrado Mariscal de Gante— que lo había condenado a un año y medio de cárcel por un artículo publicado el año 1967 en la revista francesa *Témoignage Chrétien* sobre el referéndum franquista de 1966. En aquel segundo encarcelamiento coincidió con Jordi Borja, y lo menciono porque creo que aquel encuentro fue decisivo para el ingreso de Alfonso en el grupo Bandera Roja.

Allí encontré también al núcleo dirigente de Unió Democràtica de Catalunya, y más concretamente a Miquel Coll i Alentorn y su hijo, mi compañero de curso Llibert Cuatrecasas y otros que no recuerdo. Era un núcleo fiel a unas convicciones que provenían de un pasado muy honroso, simbolizado por la figura de su primer gran dirigente, Manuel Carrasco i Formiguera, fusilado por Franco.

Por allí pasaron también, en una especie de rueda desenfrenada, decenas y decenas de estudiantes detenidos, maltratados y sometidos a una fuerte presión con el fin de descubrir a los autores del "agravio a la bandera y al caudillo". Con muchos de ellos, protagonistas más tarde de una buena parte de nuestra vida democrática, de la política, de la Universidad o del periodismo, compartí celda, patio, angustias, esperanzas y sueños de futuro. Finalmente, algunos de ellos que no habían tenido nada que ver con el asunto fueron condenados a algunos años de cárcel para salvar la cara de los policías y los militares encargados de la mano dura.

También encontré algunos trotskistas, especialmente del grupo llamado Camarada Posadas. Eran una mezcla de dureza, de ingenuidad y de dogmatismo, que se habían forjado un mundo propio y pretendían vivir en el mismo muy alejados del mundo real. Practicaban una clandestinidad rigurosísima, formaban grupo aparte, aprendían a escribir a oscuras y se pasaban las noches escribiendo sin luz panfletos que denunciaban con más intensidad a los "revisionistas" y los "estalinistas" que a los franquistas.

La cifra de detenidos, en Barcelona y en Madrid, pasó de los ochocientos. Y entre ellos hubo casos muy dramáticos. Recuerdo muy especialmente la angustia de un grupo de estudiantes que habían creado el grupo PCE (Internacional) como escisión y contrapeso de un PSUC que consideraban revisionista y traidor y que, llevados por su propio radicalismo, habían intentado asaltar un banco con el fin de recaudar dinero para la causa. Entre ellos, en la Modelo estaban Tono Albareda, Frederic Sánchez, Miquel Inglès y Joaquim Berenguer, y el fiscal militar pedía —y consiguió imponer— penas de más de veinte años de cárcel.

Pero el grupo más perseguido, más maltratado, más torturado, fue, sin duda, el de los obreros e intelectuales del PSUC. El estado de excepción fue, por encima de todo, una gran ofensiva contra el PCE y el PSUC y allí, en la cárcel, empezaron a aparecer militantes comunistas, algunos veteranos como Luís Salvadores, otros jóvenes, con la cara y el cuerpo hinchados por las palizas y los malos tratos. Una de las detenciones más espectaculares fue la de un grupo de activistas del sector de artes gráficas del PSUC que la policía y los militares presentaron con gran parafernalia como el Comité Ejecutivo del partido, ya definitivamente desmantelado y derrotado. Entre ellos estaba Jordi Sánchez, torturado en la comisaría de Via Laietana delante de su mujer, Dora Carrera, ella también torturada delante de su compañero. Eran una pareja discreta, inteligente y abierta, segura de sus convicciones y clarividente en la percepción de la realidad. Allí empezó entre nosotros una relación muy profunda, que nos ayudó a superar muchas amarguras y nos ha hecho vivir después el placer de una amistad íntima. Allí estaba también Jesús Maria Rodés, brillante, apasionado y dotado de una energía que a veces se le escapaba en distintas direcciones a la vez, que también fue salvajemente torturado. Años más tarde sería el director de la Escuela de Policía de la Generalitat de Catalunya. Y Àngel Abad, más tranquilo, más marcado por una vida dura, que también sería, años después, uno de los grandes organizadores de la policía urbana y de los sistemas de seguridad en los Juegos Olímpicos de Barcelona. Y con ellos Ángel Aragües, Josu Gondra y Antonio González Valiente, un grupo de gente abierta, activa, dedicada a la causa con modestia y clarividencia, sin fanatismo. Con todos ellos organizamos una especie de comunidad que nos ayudó mucho a superar aquel difícil momento, hasta que un día fueron convocados a un Consejo de Guerra, condenados a muchos años de cárcel y enviados a distintos penales de España.

Naturalmente, una vez pasado el trauma de la detención y los primeros días de aislamiento, la vida se reinicia en otra dimensión y no tienes más remedio que aceptarla tal como llega. En un primera fase compartíamos la celda con detenidos comunes y a mí me tocó convivir con un loco que había entrado en la cárcel por un delito menor pero que había quemado vivo a otro preso y esperaba una larga condena, y también con un muchacho joven, homosexual y de buena familia, que había asesinado brutalmente a su amante. En aquella celda pequeña, con tres literas y un lavabo raquítico, poca luz y ventilación escasa, el panorama no era precisamente maravilloso.

Afortunadamente, unas semanas después fui trasladado a otra celda, donde conviví con Josep Broggi, uno de los estudiantes detenidos, hijo de familia ilustre y de sólidas convicciones democráticas, compañero amable, tranquilo y dotado de un excelente sentido del humor, y un joven delincuente, apellidado Torres, que me impresionó muchísimo. Era un muchacho elemental y abierto, que no había cumplido todavía los treinta años y había pasado la mayor parte de su vida encerrado en reformatorios y cárceles o recibiendo golpes y vejaciones en la Legión. Su historia, que nos desgranaba cada día al atardecer cuando charlábamos recluidos en la celda, era como una síntesis perversa de todo lo que me indignaba.

Finalmente, cuando la Modelo se llenó de detenidos políticos conseguimos que nos concentrasen a todos en una misma galería. Y muy pronto entendimos los mecanismos reales de funcionamiento de aquel universo cerrado. Uno de ellos era el soborno, y entre sus receptores destacaba, muy por encima de todos, el cura de la cárcel. Por él teníamos que pasar si queríamos una bombilla más potente en la celda o que la luz se apagase más tarde o disponer de una mesa o, incluso, obtener el lujo de una celda individual. También había algunas complicidades solidarias, pero en general predominaba un clima de burocracia decadente, de desconcierto ante aquel alud de gente joven e instruida, y de organización vetusta.

Con todos aquellos ingredientes en contra terminamos creando, naturalmente, nuestra propia organización. Discutíamos intensamente de política y de lo que fuese, intercambiábamos lecturas, jugábamos a baloncesto —capitaneados por Antoni Farrés, el futuro gran alcalde de Sabadell—, a fútbol, a voleibol y a frontón. Cuando surgían problemas con la dirección o con tal o cual funcionario a menudo me tocaba hacer de negociador porque había corrido la voz de que yo era el rector de la Universidad y todos decidimos no desmentirlo. Y siempre intentábamos introducir una nota de humor o de amabilidad para no caer en la depresión de aquel aislamiento, que no sabíamos cómo ni cuándo terminaría.

Recuerdo, por ejemplo, unos juegos florales esperpénticos que organicé en forma de parodia, y a los que contribuí con muchos pareados. O una famosa "huelga del membrillo" que puso fin a una de aquellas peleas internas que tanto se podían complicar en un ambiente cerrado. Algunas organizaciones del PSUC habían lanzado la idea de impulsar en todas las cárceles grandes huelgas de hambre para protestar contra las detenciones masivas. En la Modelo, los núcleos del PSUC recibieron la consigna con una gran división de opiniones y la mayoría no querían complicar más las cosas y añadir tensiones a una situación ya de por sí tan difícil. La división de opiniones se convirtió en pelea y con el fin de relativizar todo aquello con un poco de humor propuse otra acción "heroica", que consistía en hacer una huelga del membrillo, o sea, un rechazo del odioso membrillo que nos daban sistemáticamente de postre. La mayoría se lo tomó con buen humor, la "huelga del membrillo" fue proclamada con una gran parafernalia y aunque los militantes del PSUC más cerrados se lo tomaron como una burla, la mayoría la entendieron como lo que realmente era: una forma de aguantar aquello con la mayor tranquilidad posible. O también cuando creamos un diccionario de frases selectas para contestar a los guardias que nos llamaban la atención por el uso de palabrotas: cuando jugábamos a fútbol, a baloncesto o a frontón y se acercaba un funcionario utilizábamos, en voz alta, un lenguaje del tipo "Cáspita, la fallé", o "Pardiez, cuán esquiva es mi suerte", o "Voto a bríos, cuán grande es tu fortuna" o "Ah, malandrín, cuán retorcida es tu acción", etcétera.

Leí muchísimo y a menudo renunciaba al paseo en el patio para encerrarme con los libros. Vivíamos el gran estallido de la narración latinoamericana y devoré a Alejo Carpentier, Mario Vargas Llosa, Juan Rulfo, Alvaro Mutis, Carlos Fuentes y Gabriel García Márquez. Muchos años después, cuando le conté a García Márquez que había leído *Cien años de soledad* en la cárcel me comentó que yo debía tener, más o menos, el número mil entre los que lo habían leído por primera vez en la cárcel. También devoré en desorden a Miguel Delibes, Francisco Ayala, Josep Pla, Salvador Espriu, Pere Quart, Gabriel Ferrater, las memorias de Josep Maria de Sagarra, Thomas Mann, Guy de Maupasant, Zola, Balzac y todo lo que caía en mis manos. Conseguí, incluso, que autorizasen la entrada del libro de Wilhelm Reich *La revolución sexual*, un título que era la síntesis perfecta de todo lo que nos estaba prohibido.

Pero no creo que nadie haya sacado experiencias y conclusiones positivas de una estancia en la cárcel. La privación de libertad es la negación misma del principal impulso del cuerpo y de la mente, que es el impulso de los horizontes abiertos, de las relaciones sin trabas, del contacto vivo y creador con las personas queridas, de la comunicación fecunda con la gente más diversa, de la igualdad. La cárcel es el horizonte cerrado, la relación obstaculizada, la incomunicación o la comunicación restringida y de hecho destruida por reglas y restricciones perversas, la desigualdad absoluta y la humillación continua frente al carcelero y el interrogador. Y, sobre todo, la añoranza de los seres queridos y el aislamiento a mil kilómetros de distancia de la gente normal que oyes pasar por la calle a pocos metros de los barrotes de tu ventana. Y por encima de todo, la incertidumbre del futuro ante un poder oscuro que te puede destruir sólo con una firma al pie de una hoja de papel.

Por tanto, a medida que pasaban las semanas sin saber cuál sería el final, mi angustia aumentaba. Angustia, en primer lugar, por la situación de Anny, obligada a salir adelante sin mis ingresos como traductor. Angustia por la repercusión que todo aquello podía tener en mi hijo Albert, que apenas había cumplido los siete años. Angustia por la pena de mi madre, de mi hermano y de mi cuñada. Y, más allá, angustia ante una situación política que no sabíamos a dónde nos llevaría.

Aparte de las comunicaciones semanales con Anny, que batallaba con gran esfuerzo para conseguir mi libertad llamando a muchas puertas y buscando muchas ayudas, y con mi madre, mi hermano y mi cuñada, abatidos los tres por una situación que ellos percibían como una tragedia, mis canales de información eran básicamente mi abogado y amigo íntimo, August Gil Matamala, y otro gran abogado, Josep Solé Barberà, que llevaba los casos de los detenidos del PSUC y que a menudo me hacía llegar noticias importantes. Poco adivinaba en aquel momento que ocho años más tarde Josep Solé Barberà y yo compartiríamos tantas esperanzas y tantas realidades en las Cortes Constituyentes y, menos todavía, que en aquellas mismas Cortes iba a correr la voz de que éramos padre e hijo.

Pasaban las semanas y los meses y ni August me podía asegurar nada ni se abría ninguna perspectiva, ni siquiera cuando fue levantado el estado de excepción. Sabía que tenía amigos dispuestos a ayudarme y a ayudar a mi familia, que Josep Maria Castellet lo haría desde Edicions 62, que Joaquim Sabrià, Romà Cuyàs y Marisa Trigo no me abandonarían en el proyecto de escribir una historia de España que ya tenía relativamente avanzada y que otros me ayudarían desde diferentes lugares, como Georges Raillard, entonces director del Instituto Francés de Barcelona, que me comunicó que mi hijo Albert entraría en el Liceo Francés gratuitamente.

Sabía, también, que las principales autoridades de la Universidad se movían a favor mío, que la Junta de la Facultad de Derecho, con el decano Manuel Alonso García al frente, había pedido mi liberación, que el rector Manuel Albadalejo, el vicerrector Fabià Estapé, Manuel Jiménez de Parga, el decano de la Facultad de Ciencias Económicas, doctor Solé Vilallonga y los profesores de Económicas, doctores Pedrós y Javier de Salas, habían testificado a mi favor en las peticiones de libertad provisional, continuamente denegadas, y que diversas personalidades, entre ellas el abad de Montserrat, Dom Cassià Just, y Joaquín Ruiz Jiménez, habían hecho gestiones para conseguir mi libertad. A todos ellos les agradecí mucho la ayuda y la demostración de solidaridad en aquellos momentos tan difíciles. Y también la solidaridad que me llegó del extranjero. En Francia, el gran escritor Claude Roy publicó un artículo muy emotivo sobre mi caso en *Le Monde*, en Bruselas un grupo de altos funcionarios de la Comunidad Europea exigió mi libertad con cartas al ministro de Educación Villar Palasí y en Gran Bretaña Salvador Giner impulsó la protesta de algunos de los profesores más conocidos de la London School of Economics. Aquello me emocionaba y me confortaba, pero los días pasaban y no se movía nada.

El 15 de julio, día de la Virgen del Carmen, se permitía la entrada de los hijos en la cárcel, porque era el santo de la señora de Franco. Aquello era una vergüenza y una humillación, pero también era la oportunidad de ver a mi hijo y yo lo deseaba intensamente, aunque temía que el impacto de entrar en una cárcel a aquella edad le afectase demasiado. Lo hablé con Anny y finalmente aceptamos que Albert me visitase en la celda. Fue un momento muy duro que me compensó de muchas tristezas pero me dejó un regusto amargo, porque no sabía cuándo iba a volver a abrazarlo. Y también porque pensé que las cosas se repetían y que si yo todavía tenía una imagen tan clara y tan emotiva de mis visitas infantiles a las cárceles, quizá él quedaría marcado por la imagen de un padre encerrado en aquella cárcel oscura, sórdida y deprimente.

Pero al día siguiente Josep Solé Barberà me comunicó el rumor de que me liberarían precisamente y para más inri el 18 de julio, aniversario del levantamiento militar de 1936 contra la República. Unas horas después, August Gil me lo confirmó y, efectivamente, el 18 de julio a primera hora de la mañana fui llamado con el añadido estentóreo de aquel "¡Con todo!", que significaba la salida, la libertad. En el exterior me esperaban Anny y Eliseo Aja. Se terminaba la pesadilla, respiraba libremente el aire húmedo y bochornoso de una Barcelona silenciosa y medio desierta y, por el momento, sólo pensaba en el futuro inmediato de volver a ver a Anny y a Albert sin rejas exteriores ni interiores y de reencontrar la calma perdida.

Dos días después nos íbamos de acampada a Asturias. Plantamos la tienda en Llanes y, de madrugada, ante aquel verdor y aquella costa, me puse a gritar como un loco bajo la lluvia y arrojé a la mar brava diez mil demonios que me torturaban. En aquellos mismos momentos el hombre pisaba por primera vez la Luna. Si Armstrong y Aldrin hubiesen buscado a fondo, seguro que habrían encontrado por allí más de uno de aquellos demonios extraviados.

Capítulo XVIII

Bandera Roja

A finales de 1968, en plena resaca del mayo de aquel mismo año, nació en Cataluña el grupo Bandera Roja. El nombre coincidía con el del título de la revista clandestina que publicaba. Más tarde, ya consolidado, a partir de julio de 1969, adoptó el nombre más específico de *Organización Comunista Bandera Roja (OCBR)*, si bien siempre fue conocido por Bandera Roja o por las siglas BR. Desde entonces han pasado muchos años y muchos avatares, pero siempre me ha sorprendido agradablemente la cantidad de personas, algunas conocidas y otras no tanto, que me saludan diciéndome que estuvieron en Bandera Roja y que guardan un buen recuerdo de ella. Yo también. Cuanto más pienso en ello, más lo entiendo como una aventura política que se convirtió en mucho más que esto, porque creó un estilo propio, una manera específica de pensar y de hacer las cosas y, también, un tipo de relación humana muy distendida, muy directa, muy igualitaria y muy cordial. De allí surgieron amistades muy profundas y muy sinceras. La gran mayoría se han mantenido, otras se han diluido y unas pocas se han perdido pero todavía hoy puedo identificar a la gente de Bandera Roja por la manera de enfocar los problemas, por el tipo de razonamiento y por un lenguaje que raramente habla de problemas abstractos, de frases hechas y de conceptos intocables. Nunca veneramos jerarquías y, por tanto, nunca nos consideramos portadores de la verdad absoluta ni buscamos las fuentes más allá de nosotros mismos y del entorno en el que nos movíamos. Y no he encontrado a nadie que recuerde aquella experiencia como un tiempo perdido.

El motor del proyecto fue un núcleo de estudiantes, de enseñantes y de obreros que tuvieron como puntos de referencia a gente más veterana como Alfonso Comín, Jordi Borja y yo mismo. Me resulta difícil citar los nombres de todos los que configuraron el núcleo inicial porque corro el riesgo de olvidar a algunos, pero me parece injusto silenciarlos a todos porque formaron un grupo muy interesante en el ámbito político y, muchos de ellos, un grupo de amigos en el plano personal. Entre los que impulsaron el trabajo de barrio quiero mencionar a Josep Maria Maymó, Enric Solé, Manuel Pujadas, Ignasi Faura, Carles Prieto, Josep Maria Torres, Ignasi Subirats, Blanca Moll y Prudenci Sánchez. Entre los universitarios, profesores y estudiantes, fueron pioneros Marina Subirats, Lluís Crespo, Ferran Fullà, Borja de Riquer, Eliseo Aja, Carlos Martínez Shaw, Josep Maria Vidal Villa, Francesc Bonamusa, Joan Oms, Josep Maria Colomer, Elena Posa, Lluís Isern, Marçal Tarragó, Félix Ibáñez Fanés, Albert Serra, Anna Pedreira, Eulàlia Vintró, Ramon Bagué, Jordi Domingo, Dolors Alegre, Josep M. Bernat, Joan Subirats, Pere Vilanova, Joan Vintró, Santiago de Torres, Carlos González Zorrilla, Lluís Boada, Jordi Vallverdú, Manuel Ludevid, Ferran Mascarell, Joan Barril, Rafael Cáceres y Carles Teixidor entre muchos otros. En el ámbito de la enseñanza, Carme Sala, Teresa Eulàlia Calzada, Carme Guinea, Eulàlia Bota, Carme Turró y Nuria Silvestre. Y en el sector obrero Jordi Costa, de Hispano Olivetti, Santi Medina, Antonio Costán y Francesc Amorós, de la Pegaso, y otros de la Escuela Sindical del Clot.

Como otras iniciativas parecidas en toda Europa occidental, Bandera Roja era el resultado de muchas contradicciones y de muchas expectativas. Como he dicho y repetido, éramos muchos los que habíamos interpretado el mayo de 1968 como acto final de una determinada izquierda y acto inicial de una izquierda renovada. Era, sin duda, una visión exagerada de la realidad y una afirmación muy voluntarista, pero no totalmente falsa. En Francia, concretamente, aquel mes de mayo fue el final de un determinado socialismo, la SFIO rígida y envejecida en manos de los Guy Mollet y compañía, y el comienzo de otro proyecto que culminaría con el Partido Socialista de François Mitterrand. Y aunque en los primeros momentos no estaba tan claro, también fue el final de un Partido Comunista ampliamente mayoritario en la izquierda francesa y el inicio de su declive hacia una posición secundaria que se ha convertido en definitiva.

En nuestro país, evidentemente, las cosas eran más complicadas porque los partidos no existían como tales y el marco era totalmente cerrado. Dentro de los límites estrechos en que nos movíamos no sabíamos gran cosa del socialismo democrático español, pero lo que habíamos visto en el exilio se parecía demasiado a la SFIO y aún no conocíamos a una nueva generación en el interior ni los nombres de los que unos años más tarde lo dirigirían y lo renovarían. En Cataluña tampoco veíamos en aquellos momentos una corriente socialista suficientemente fuerte y unificada, por lo menos en los ámbitos en que nos movíamos. Yo sabía dónde estaban algunos de mis amigos, como J.A. González Casanova e Isidre Molas, líderes visibles de un socialismo catalán, el del FOC, con espíritu renovador y en el que aparecían nombres como los de Pasqual Maragall, Narcís Serra o Miquel Roca Junyent, aunque todavía sin la fuerza y la energía que tendrían después, y tenía un gran respeto por Joan Reventós y Raimon Obiols, dirigentes de otra corriente. Pero cuando nosotros iniciábamos la aventura de Bandera Roja, el FOC se disolvía y aquello aumentaba todavía más nuestra percepción del socialismo catalán como un espacio fragmentado en el mundo obrero, en la Universidad y entre los intelectuales, si bien valorábamos su papel en el terreno de la enseñanza, sobre todo la experiencia de las Escuelas de Verano.

La relación con el PSUC era distinta, porque como partido era más fuerte y más visible a pesar de la clandestinidad, pero el punto de mira era parecido porque conscientemente o no transponíamos a nuestro país la visión que teníamos del Partido Comunista Francés. Después de la Capuchinada habían aparecido muchos grupos y grupúsculos que proclamaban la necesidad de la revolución y denunciaban al PSUC como "revisionista" y "pactista", y en el interior mismo del PSUC había sectores que pensaban más o menos lo mismo. Evidentemente, ni las cosas eran tan cuadriculadas ni las situaciones tan tajantes, pero nos preocupaba la forma y el fondo de la batalla que teníamos que librar contra el franquismo. Éramos muchos los que creíamos que si el PSOE todavía no era plenamente visible y si el PCE y el PSUC empezaban a entrar en un camino de acuerdos inciertos por arriba y sin una clara acción por abajo se alargaría y se complicaría mucho el final del franquismo.

Éste fue, sin duda, el elemento decisivo de nuestra toma de posición. Después del estado de excepción de 1969 nos parecía todavía más evidente que había un desfase progresivo entre el sistema político del franquismo y la realidad de la sociedad española. Por otra parte eran evidentes los cambios hacia una economía más abierta a Europa que terminaría chocando con los restos del intervencionismo estatal de los años más duros. Pero todo aquello parecía condicionado por la violencia represora y el inmovilismo del sistema franquista, como lo demostraba la misma Ley Orgánica de 1967, votada en referéndum y promulgada como un mecanismo de control seguro de los posibles cambios de futuro, con un Franco que ya tenía un sucesor, el príncipe Juan Carlos, y con un sistema, la monarquía que, tal como la entendía el franquismo, iba a mantener más o menos intactas las claves principales del régimen.

Con aquella perspectiva de fondo partíamos de dos referencias importantes. Una era más o menos la misma que ya había planteado Fernando Claudín unos años atrás, es decir, el rechazo de las convocatorias generales porque entendíamos la fase final del franquismo como un proceso y no como una caída rápida provocada por huelgas insurreccionales. La otra era la experiencia del mayo francés que, según la entendíamos, nos llevaba a abrir nuevos frentes de lucha con un estilo descentralizado, participativo y abierto a las características específicas de cada uno de ellos.

Naturalmente, las cosas no eran inicialmente ni tan claras ni tan rotundas. En el interior mismo de Bandera Roja había gente convencida de que aquello que estábamos montando era, por fin, el auténtico partido revolucionario que esperaban las masas populares, desorientadas por la falta de organización del socialismo democrático y por el "revisionismo pactista" del PCE y el PSUC. Pero la gran mayoría de nosotros no creyó nunca que Bandera Roja sería "el partido" por definición y ni siquiera "un partido", y más bien entendíamos aquel grupo como un elemento de movilización social en determinados sectores, como un núcleo de formación de cuadros, como un instrumento de discusión interna y externa, y como un movimiento capaz de vincular continuamente las ideas con las acciones y viceversa, sin elaborar teorías definitivas sobre el gran tema de la democracia y de la liberación de los oprimidos. También nos parecía que era una manera de contribuir a definir más claramente las líneas políticas y organizativas de la futura izquierda en Cataluña y en toda España. Y aspirábamos a hacer todo aquello con un estilo abierto, con objetivos inmediatos y tangibles y con la modestia necesaria para no llegar nunca a considerarnos los salvadores de la izquierda catalana, española y mundial.

Si tuviese que resumirlo, diría que aquel grupo de gente joven que tenía como referencia a unos cuantos veteranos se organizó y funcionó como una escuela activa de educación política. Por esto tuvo una cultura y un estilo propios y por esto tuvo más tarde dificultades para integrarse en un auténtico partido político.

El primer núcleo de acción fue la Unió d'Estudiants Revolucionaris (UER), una organización que se había apartado del sectarismo del grupo "Unitat" —surgido más o menos de una escisión del PSUC universitario y convertido después en el núcleo duro de aquello que se llamó el Partido Comunista Internacional— y que muy pronto ocupó un espacio importante en algunas facultades, especialmente en Derecho y en Ciencias Económicas. La UER fue, de hecho, el motor principal del grupo más amplio que adoptó el nombre de Organización Comunista Bandera Roja.

Yo cooperé con la UER y también participé en la redacción del primer número de la revista *Bandera Roja*, que se publicó a finales de 1968. Y, de hecho, el núcleo que intentó parar el asalto al Rectorado de la Universidad de Barcelona en febrero de 1969 con aquella conferencia mía en la Facultad de Económicas fue una UER ya completada con un sector de BR.

La revista clandestina fue, desde el primer momento, un instrumento de organización, que muy pronto se extendió, como decía, a cuatro frentes: el universitario, el obrero, el de la enseñanza y el de barrios, con una estructura organizativa muy flexible para cada uno de estos sectores y con un secretariado reducido. Más adelante se crearon nuevos grupos territoriales en el Baix Llobregat —muy importantes a partir de 1970 por la conexión con los núcleos de Cristians pel Socialisme y por la aparición de un grupo de dirigentes nuevos, entre los que quiero destacar a Ton Albés, Carles Navales y el grupo de la Siemens—, en el Vallés Oriental, en Sabadell, Terrassa, Igualada, Girona, etcétera, y también núcleos sectoriales de artistas, arquitectos, urbanistas, etcétera.

En julio de 1969, pocos días después de mi salida de la cárcel, se celebró una reunión de los principales dirigentes, que consolidó el trabajo ya realizado y que muy bien se puede calificar de reunión fundacional de la nueva fase organizativa de BR. Yo fui invitado pero no asistí porque todavía estaba muy tocado por la experiencia de la cárcel y en aquel momento deseaba por encima de todo una cierta tranquilidad.

Lo cierto es que mi estado de ánimo era, por decirlo de alguna manera, complejo. Me sentía bien en aquel grupo de gente joven y creadora, con ganas de hacer cosas, pero al mismo tiempo sentía la necesidad de buscar nuevos espacios personales. Fue un tema que discutí mucho con Jordi Borja y con Alfonso Comín y que ellos también habían discutido cuando habían coincidido en la cárcel. Alfonso, por ejemplo, había tenido una gran experiencia de militancia política y confesional en Málaga, había colaborado intensamente en proyectos renovadores y, de hecho, sentía la necesidad de encontrar un margen más amplio para su acción una vez regresado a Barcelona, pero era reticente a la plena integración en un grupo político y temía las posibles rigideces internas.

Lo que nos decidió por el compromiso sin reticencias fue, precisamente, la apuesta por la organización flexible y por el espíritu audaz y renovador de los planteamientos. El núcleo fundacional era muy abierto y muy imaginativo, y enseguida se creó un clima interior sin consignas ni programas ni imposiciones desde arriba, que daba mucho margen a la acción política abierta y a la reflexión teórica sin prejuicios.

Sorprendentemente, aquella propuesta cuajó enseguida y se extendió más allá de lo que habíamos previsto. El grupo inicial se amplió con una gran rapidez en Cataluña, donde se convirtió en una fuerza política considerable por el número de militantes, y muy pronto estableció una red muy interesante en Valencia, Madrid, Andalucía, Galicia, Mallorca y otros puntos de España. También creó algunos núcleos en Francia y en Suiza; en París, con universitarios como Manuel Castells, Josep Ramoneda, Félix Ibáñez Fanés y Manuel Campo Vidal; en Ginebra, con dirigentes de la emigración vinculados a Comisiones Obreras, como Máximo Loizu y la hija y el yerno del gran sociólogo Paulo Freire. En total llegó a tener más de mil militantes, jóvenes en su gran mayoría.

Enric Solé se instaló en Madrid durante una temporada y creó un grupo muy interesante, encabezado por J.L. Malo de Molina y J.L. Palacín y al que se incorporaron universitarios como Pilar del Castillo y Guillermo Gortázar que, años más tarde, pasarían a las filas del Partido Popular. A su vez, Manuel Pujadas se instaló durante unos meses en Sevilla, desde donde dirigía la organización de Andalucía, especialmente fuerte en Málaga por las raíces que había plantado Alfonso Comín. En Valencia se creó un grupo muy notable, bajo la dirección de Lluís Puig y con los hermanos Amparo y Jesús Tuzón como vínculo entre Valencia y Barcelona, y un buen grupo de militantes y simpatizantes, entre los cuales había una joven universitaria de nombre Carmen Alborch. Y en Galicia se organizó un grupo reducido pero combativo bajo la dirección de Carlos Otero, Yoyo y, entre otros, Xerardo Estévez, el futuro gran alcalde de Santiago de Compostela.

Yo mismo me harté de ir a Madrid, Valencia, Sevilla, Málaga, etcétera a menudo con avatares muy complicados. Siempre recordaré un 18 de julio en Sevilla, encerrado todo el día con el núcleo dirigente andaluz en una habitación sin ventanas, una temperatura de casi cuarenta grados y por todo alimento unos bocadillos de pan seco con jamón y un cántaro de agua. No recuerdo si resolvimos muchos problemas ni si abrimos muchas perspectivas pero sí que salí literalmente deshidratado de aquella reunión y con pocas ganas de jarana. Y quien dice Sevilla dice otros lugares. En Madrid nos reuníamos en las barracas del Pozo del Tío Raimundo y más de una vez tuvimos que salir por piernas. Y en Salamanca tuve que saltar de escalera en escalera como un acróbata desentrenado, al lado mismo de la catedral.

Naturalmente, estuvimos en contacto con otros grupos, no sólo para ver de cerca cómo evolucionaban sino también para explorar las posibilidades de acción conjunta. Muy especialmente establecimos relaciones con varios grupos extranjeros, sobre todo en Italia y Francia. En el verano de 1970, Jordi Borja, Ramon Bagué y yo viajamos a Turín para contactar con los italianos del Colettivo Lenin y de Avanguardia Operaia, que dirigían Vittorio Rieser y Massimo Gorla. Y en Francia nos relacionamos con el grupo Révolution, dirigido por Samuel Joshua. Eran, evidentemente, grupos reducidos, casi todos ellos escindidos de los partidos comunistas respectivos, con más rodaje los italianos, más jóvenes e inexpertos los franceses, todos combativos y todos condenados a una cierta marginación. Con los italianos tuvimos una relación muy fluida y nos sentimos muy identificados, incluso en el ámbito personal. Con los franceses había demasiada retórica y demasiadas pretensiones de encabezar la revolución mundial. De hecho, nosotros éramos el grupo más numeroso y, sobre todo, el más activo, el que tenía un espacio propio más amplio y, al mismo tiempo, el menos ideologista.

También hubo contactos esporádicos con otros sectores y en una ocasión Joan Ràfols y yo asistimos a una reunión de coordinación fracasada entre representantes de distintos países en Liubljana, la capital de Eslovenia, cuando ésta formaba parte de la Yugoslavia de Tito. Pero por muchas que fuesen las debilidades, las dificultades y las ingenuidades, aquello era la expresión de un movimiento que no se sentía a gusto en las estructuras tradicionales de la izquierda y que, a pesar de todo, no quería caer en el extremismo fácil ni en el radicalismo teórico ni menos aún en el grupusculismo violento.

En aquel contexto general tuvimos también los primeros contactos personales con algunos de los grandes teóricos del nuevo marxismo francés, entre ellos Louis Althusser y Nicos Poulantzas.

Con Althusser tuve unas relaciones escasas, porque desde el primer momento me pareció un tarambana y un personaje difícil. Me habían interesado algunos de sus libros sobre el marxismo, pero pronto me desconcertó aquel tipo de mecanicismo con que enfocaba y resolvía todos los problemas y la enorme distancia que había entre sus textos y la realidad cotidiana, que era la que realmente me interesaba y la que él no conocía, ni en Francia ni en nuestro país. Y personalmente no sólo daba la impresión de ser un chiflado, sino que lo era de verdad, como se demostró al cabo de unos años. Recuerdo un almuerzo con él en Barcelona con Jordi Borja, Alfonso Comín, Lluís Crespo y Teresa Eulàlia Calzada que nos dejó estupefactos por su egocentrismo y su increíble superficialidad.

Nicos Poulantzas, en cambio, era un personaje entrañable y un escritor mucho más vivo e interesante. Nicos era un teórico que quería hacer política, pero vivía a caballo entre la política concreta de una Grecia natal que cada vez le resultaba más lejana y la teoría de una Francia más viva e inmediata, pero en la que no encontraba demasiadas oportunidades de acción.

Precisamente porque tenía vocación política, su análisis teórico era más fluido, más dialéctico, más vivo que la del rígido estructuralismo de Althusser o de Balibar y sus conceptos de "bloque en el poder", de "hegemonía", de "bloques de clase" y del Estado como aparato organizador, represor y al mismo tiempo aparato ideológico, muy próximos a los de Gramsci, se acercaban mucho más a la realidad. Nicos me interesó, pues, como teórico, como político y como persona y mis primeros contactos con él dieron paso a una estrecha amistad personal. Durante aquellos años siempre le visité en mis viajes a París y muy pronto conseguimos traerle a Barcelona y a Madrid, donde no sólo daba conferencias sino que conectaba con la acción política de Bandera Roja. En Barcelona, concretamente, su aparición pública fue todo un acontecimiento y llenamos muchas salas de actos de diversas Facultades de la Universidad. Yo mismo me impregné bastante de su análisis teórico y de sus conceptos generales, y en 1974 publiqué y prologué una serie de ensayos suyos en la Editorial Laia con el título *Sobre el Estado capitalista*.

Nicos Poulantzas tuvo, pues, un gran predicamento entre nosotros. Pero era patente que le faltaba otro espacio y aquel desasosiego y aquella sensación creciente de desarraigo se intensificaron mucho cuando empezó en nuestro país el cambio hacia la democracia, después de las primeras elecciones de 1977. Recuerdo un almuerzo en Barcelona con él y con Jordi Borja —y con Ana Belén y Víctor Manuel de vecinos de mesa— en el que nosotros le hablábamos de política concreta, de la Constitución, del Estatuto de Autonomía, de los movimientos de barrios, de la organización de los partidos y él nos decía, con una expresión más bien triste: "Qué suerte tenéis. Vosotros hacéis política de verdad y yo escribo mucho, pero no tengo ni idea". Algún tiempo después, en Madrid, tuvimos una charla en el Congreso de los Diputados con Ramón Tamames y cuando le enseñé el hemiciclo me pidió que le mostrara concretamente el sillón que yo ocupaba. Se sentó un momento en él y me hizo la misma reflexión: "Tú haces política en serio y yo escribo sobre la política en abstracto; ni la conozco ni la toco". Unos meses más tarde se suicidó en París saltando desde la ventana de un gran edificio. Es un episodio que me impresionó mucho y que todavía hoy, veinte años después, me persigue como una pesadilla.

En cambio, los resultados de los contactos con los grupos extremistas de nuestro país no sólo fueron totalmente decepcionantes sino rechazables, tanto por la extraordinaria carga de sectarismo y de ideologismo barato, como por la absoluta incompatibilidad con sus métodos de acción. Y, en algunos casos, incluso estuvimos a punto de convertirnos en víctimas de su furor sectario.

Uno de los episodios más extraño, más siniestro y, visto con el paso del tiempo, más tragicómico, me concernió directamente y todavía no lo he olvidado porque por poco no me costó el pellejo. En verano de 1973 Jordi Borja y yo viajamos a París para establecer un contacto con algunos dirigentes del FRAP que, a través de Manuel Castells, nos habían hecho llegar su deseo de hablar con nosotros. Nos instalamos, pues, en la misma casa de Manuel, que ya estaba en camino de convertirse en un sociólogo de fama mundial, y tuvimos un primer contacto con ellos totalmente psicodélico, en un café de la avenida de la Ópera donde se reunían los sordomudos de París, y en el que nosotros éramos los únicos que hablábamos en voz alta: todo un ejemplo de cómo pasar desapercibidos. Aquello no nos aportó nada, entendimos que aquel viaje era totalmente inútil y decidimos dejarlo. Pero a última hora de la tarde, Manuel Castells nos contó muy alarmado que los dirigentes del FRAP estaban muy peleados entre sí y que un sector de los más violentos le había amenazado a él mismo con pegarle una paliza por "revisionista". Jordi Borja y yo, que conocíamos el talante un poco exagerado de Manuel en aquellas historias, nos lo tomamos como una broma más de aquella misión esperpéntica y nos olvidamos del asunto. Pero la noche siguiente, hacia las cinco de la madrugada, me despertaron unos ruidos extraños y unos gritos ahogados de Manuel y de su compañera Katherine Burlen, militante activa de BR. De repente entraron en mi habitación dos jóvenes de aspecto feroz y empuñando sendas pistolas, me sacaron violentamente de la cama y me pusieron contra la pared mientras gritaban algo así como "Aquí hay otro revisionista. Os vais a enterar". Uno de ellos me dio un fortísimo golpe de culata en la cabeza, caí al suelo y los dos intrusos se lanzaron sobre mí, me cosieron a patadas y a golpes de culata, y cuando ya me tenían cerca del KO empezaron a discutir si tenían que matarme o no. Uno de ellos era partidario de dispararme un par de tiros para dar una lección a todos los revisionistas; el otro dudaba y creía que con la paliza ya habían dado un buen aviso a todos los traidores. De pronto, el más violento se arrodilló y me puso la pistola en la sien diciendo que me enviaría al infierno por revisionista, pero el otro le paró diciendo que si me disparaba habría muchas complicaciones. Finalmente se contentaron con llevarse el pasaporte, el dinero y todos los papeles que encontraron en mi cartera, me propinaron otra serie de patadas y puñetazos, cortaron el hilo del teléfono y se fueron diciendo algo así como "De ésta te salvas, pero la próxima vez no lo contarás". Yo me quedé en el suelo, desnudo, con todo el cuerpo amoratado y todos los miembros doloridos, mientras fuera de la habitación Manuel Castells intentaba consolar a Katherine por los golpes que los dos habían recibido. Mientras, Jordi Borja dormía en otra habitación del fondo, separado del resto, y afortunadamente no se enteró del ataque y de los gemidos hasta que le despertamos y se encontró, consternado y angustiado, con aquella escena increíble. Y digo afortunadamente porque él era más conocido que yo entre aquellos sectores extremistas y muy posiblemente habría sido la víctima principal de aquel siniestro episodio. Yo tardé un tiempo en rehacerme y en rehacer también, con muchas dificultades, mi pasaporte y mis papeles. Y muy pronto empecé a sentir las consecuencias físicas de aquel disparate, con intensos dolores de espalda que me persiguieron durante muchos años. Supongo que aquel par de insensatos se reciclaron con el paso del tiempo e incluso es posible que con la democracia hayan convivido en el mismo partido que yo. Pero prefiero no indagar cuál fue o es todavía su trayectoria porque es seguro que mi espalda maltratada me pediría venganza.

Bandera Roja actuó como tal desde 1969 hasta finales de 1974. Eran los años de las noticias confusas sobre una organización vasca llamada ETA, que había ejecutado a Melitón Manzanas, uno de los miembros de la Brigada Político-Social más execrados, y que parecía decantarse hacia un tipo de acción violenta que nos desorientaba. Después de la muerte de los últimos guerrilleros republicanos en los años cincuenta y del planteamiento de la reconciliación nacional como elemento clave de la acción contra la dictadura, el tema de la violencia contra el franquismo había desaparecido de nuestros horizontes, a pesar de los momentos insoportables de las detenciones y las torturas de tantos antifranquistas, a pesar del fusilamiento de Julián Grimau y a pesar de la condena a muerte del inolvidable Jordi Conill, entonces un joven anarquista novel que fue salvado gracias a una gran campaña de solidaridad en España y en el extranjero. Por tanto, la aparición de una organización antifranquista violenta como ETA nos desconcertaba, porque por una parte aceptábamos las represalias contra los torturadores franquistas pero por otra parte temíamos que todo aquello nos llevase a un terreno imposible.

Afortunadamente, nuestro escenario principal era Cataluña y Cataluña fue, en aquel momento, el gran laboratorio de la lucha pacífica contra el franquismo. Lo fue desde la Capuchinada, cuando las fuerzas políticas más o menos organizadas y más o menos clandestinas decidieron crear la Mesa Redonda de Fuerzas Políticas, el primer órgano unitario que incluía al PSUC, es decir, los comunistas, hasta entonces apartados de cualquier iniciativa conjunta. Y siguió siéndolo después, con la creación de otro organismo más amplio, más cohesionado y más representativo, la Coordinadora de Fuerzas Políticas de Cataluña que, por primera vez, planteó como objetivo unitario el restablecimiento provisional del Estatuto de Autonomía de 1932. De hecho, la coordinadora rompió la famosa línea divisoria que la guerra civil había creado, que el franquismo había mantenido y que la guerra fría a nivel internacional había consagrado, entre comunistas y no comunistas, y con ello creaba las bases de una unidad, contradictoria como todas las unidades, pero que definía las primeras bases de una alternativa de gobierno.

El proceso de Burgos contra el grupo de miembros de ETA que fueron condenados a muerte a finales de 1970 amplió la batalla política contra la dictadura en Cataluña, en

Madrid y en muchos otros lugares de España. Fue una gran movilización, más o menos clandestina, más o menos apagada, pero cierta, real y combativa. Y era evidente que aquello daría —como efectivamente dio— nuevas alas, nuevas energías al movimiento unitario, especialmente en Cataluña. La Asamblea de Intelectuales que se encerró en el Monasterio de Montserrat en aquel terrible final de 1970 fue una prueba muy clara. De hecho, era como una reedición ampliada del espíritu de la Capuchinada, pero con mucha gente que entonces no se había movido y ahora se movía y daba un paso adelante en una acción de protesta que ya nadie iba a parar.

Pero de aquellas movilizaciones, del empuje de aquella coordinadora y de aquella asamblea tenía que salir forzosamente algo más. Y aquel algo más fue la Asamblea de Cataluña, impulsada básicamente por el PSUC y muy pronto convertida en un modelo de acción antifranquista insólito en todo el país, porque no sólo agrupaba a grupos políticos más o menos existentes y consolidados en aquel clima opresivo, sino también a organizaciones sociales, legales algunas, ilegales otras, e incluso personalidades de la vida pública catalana a título individual. La Asamblea de Cataluña fue el fruto de un ramalazo de genio y con aquel programa claro, coherente y sencillo de cuatro puntos —restablecimiento de las libertades políticas y sindicales sin discriminaciones, restablecimiento provisional de los principios y las instituciones del Estatuto de 1932, amnistía política y coordinación de la lucha política de Cataluña con la lucha democrática del resto de los pueblos de España— definía una alternativa clara y posible para la recuperación de la democracia y de la autonomía en Cataluña y en toda España.

Bandera Roja se integró en la Asamblea de Cataluña e incluso en la Coordinadora de Fuerzas Políticas, y siempre tuvimos claro que aquella Asamblea era la plasmación de un movimiento y de una estrategia acertados, a pesar de que nos siguiesen preocupando algunas ambigüedades. Pero obviamente BR no era un elemento decisivo ni ocupaba ningún lugar de máxima dirección y aquello le daba una gran libertad de movimiento para impulsar iniciativas en todas partes y para dedicar todas sus fuerzas a la organización de sectores de base, porque no estaba limitada por compromisos superiores ni por coyunturas.

En aquel marco general, la cuestión de la monarquía o de la república fue uno de los ejes de nuestro planteamiento y de nuestras reivindicaciones. Pero esto no significa que la lucha por la república fuese el *sine qua non* de nuestra dialéctica ni que la alternativa entre monarquía o república fuese la línea divisoria principal de nuestra batalla por la democracia. Nuestro temor era que la dictadura continuase a través de una monarquía que cerraría el paso a la democracia y nos hundiría en una batalla oscura y difícil, con un precio exorbitante para conseguir la normalidad democrática. Por ello, la reivindicación de la república en aquel momento era más un mecanismo para presionar al sucesor monárquico y sus asesores que una apuesta absoluta por una república incierta.

Pero más importante que la definición de las grandes líneas políticas fue lo que llamábamos, con una retórica excesiva, la organización de las masas, o sea, la creación de formas más o menos sólidas de organización, más allá de los partidos clandestinos y de las estructuras más formales. Nuestro gran éxito fue, sin duda, la organización de grupos en los barrios periféricos y la creación de unas asociaciones de vecinos que combinaban la acción reivindicativa con la lucha inmediata y concreta por la democracia. Alrededor de Jordi Borja, Josep M. Maymó, Enric Solé y tantos otros surgieron una serie de líderes vecinales y de organizadores llenos de imaginación que crearon un tejido social y, de hecho, político, de grandes dimensiones. Allí dedicamos nuestras mejores energías y, de hecho, Bandera Roja se convirtió en la punta de lanza de un movimiento vecinal en el que también trabajaban, ciertamente, otras organizaciones pero que nadie igualó en imaginación. Nada lo demostró mejor que la iniciativa —que muchos consideraron insensata y contraproducente— de presentar un candidato vecinal, Rodríguez Ocaña, en las elecciones municipales de Barcelona de 1973, y otro, Tono Cunill, en Tarrasa, bajo la legislación franquista. Aquello nos permitió hacer un primer ensayo de campaña electoral que movilizó a miles de personas y que, ante la sorpresa de muchos, dio la victoria a aquellos candidatos, con una gran diferencia. Como era de prever, las autoridades del régimen invalidaron la elección de Rodríguez Ocaña con una argucia procesal, pero el experimento había funcionado; habíamos introducido un elemento nuevo en la batalla contra aquel edificio político destartalado y reaccionario y, sobre todo, los ciudadanos de aquellos barrios habían comprobado que, a pesar de las dificultades, podían ser fuertes y plantar cara. Por esto, cuando la mayoría de Bandera Roja ingresó en el PSUC a finales de 1974 pudo aportar casi íntegra toda la teoría y la práctica de aquel movimiento, preparando el terreno que culminaría después en las primeras elecciones municipales de la democracia.

Cuando bastantes años después fui ministro de Cultura del gobierno socialista, me reuní un día en Bogotá con diversos ministros del gobierno colombiano. Al final de la reunión uno de ellos me preguntó si conocía a un tal Jordi Borja y cuando le dije quién era él me explicó el porqué de la pregunta. El ministro había sido elegido alcalde de una ciudad importante en las primeras elecciones municipales que se habían celebrado en Colombia —porque hasta entonces los alcaldes eran nombrados desde arriba— y se había encontrado, al igual que muchos de sus colegas, con un vacío enorme respecto de la organización y el funcionamiento de los ayuntamientos democráticos. "Pero un día —siguió el ministro y ex alcalde— me llegó a las manos un libro que se titulaba *Manual de Política Municipal*, editado en España y escrito por un tal Jordi Borja, y con aquel libro aprendí el oficio e hice circular muchas copias que fueron leídas ávidamente por otros alcaldes y concejales que iban tan despistados como yo." Aquel libro era, efectivamente, un gran manual, sus raíces nacieron en las primeras batallas vecinales de Bandera Roja y después en la experiencia democrática del Ayuntamiento de Barcelona y en la discusión dentro de una entidad tan creadora como el CEUMT.

Otra gran experiencia fue la del sector de la enseñanza. En éste ya teníamos más puntos de referencia, sobre todo a partir de las Escuelas de Verano que se pusieron en marcha durante los años sesenta por iniciativa de algunas organizaciones de maestros y de padres, bajo el liderazgo del centro Rosa Sensat que dirigía Marta Mata. Allí ya coincidieron desde el primer momento las distintas izquierdas, principalmente socialistas, miembros del PSUC y después de Bandera Roja. También participaron algunos sectores nacionalistas pero cuando Jordi Pujol decidió apartarse de lo que él consideraba un contubernio marxista los nacionalistas disminuyeron y se dedicaron a cultivar sus propias escuelas privadas. A pesar de las dificultades políticas y económicas, las Escuelas de Verano se desarrollaron con una gran energía, fueron puntos de encuentro, de discusión, de formación y también de controversia, y contribuyeron de manera decisiva a forjar una conciencia democrática y catalanista que, de hecho, iba más allá del sector educativo. Por aquellas escuelas pasamos casi todos los que nos movíamos en el frente antifranquista y para mí, personalmente, fueron una experiencia inolvidable, llena de ideas y de amistades. Naturalmente, también eran un lugar de propaganda política y las diversas formaciones clandestinas aparecían allí no diré que con todas las banderas desplegadas, pero sí con todas las armas dialécticas.

Bandera Roja aportó mucha savia y mucha fuerza a aquellas escuelas, pero su originalidad más interesante fue la organización de asociaciones de padres y madres en todos los barrios periféricos, desde Sant Andreu hasta Nou Barris y La

Mina. El núcleo de enseñanza tuvo una extraordinaria capacidad de organización y una gran originalidad en las formas de agrupación y de acción, experiencia que en algunos momentos era motivo de confrontación con otras fuerzas clandestinas pero que, a más largo plazo, aportó muchas energías al PSUC y, en general, a toda la oposición antifranquista.

Como he dicho, la Universidad dio el primer empuje a BR, que continuó siendo uno de sus núcleos decisivos, hasta el punto que la UER llegó a ser casi tan fuerte como el PSUC universitario. Por tanto, BR siguió trabajando en primera línea durante los años que prefiguraban el cambio, o sea de 1969 en adelante, tanto entre los estudiantes como entre los profesores. Fue un elemento dinamizador que ocupó un lugar importante y, como tal, terminó rivalizando con otros grupos, muy especialmente el PSUC, que ocupaba un espacio parecido, tanto desde el punto de vista organizativo como desde el político. El resultado de todo ello fue una fuerte rivalidad entre los dos grupos principales que dificultó mucho el proceso de fusión a partir de 1974.

En el sector obrero, Bandera Roja jugó muy claramente la carta de Comisiones Obreras y llegó a tener un peso significativo en determinados sectores y en determinadas empresas, como la Pegaso o la Olivetti y, sobre todo, en la comarca del Baix Llobregat.

En el terreno de la cultura y de la elaboración teórica impulsó un tipo de reflexión muy "gramsciano" y, desde el mundo obrero y desde el mundo confesional hizo confluir dos concepciones que para muchos eran radicalmente antagónicas: el marxismo y el cristianismo o, más exactamente, un cierto marxismo y un cierto cristianismo. La cabeza pensante, el teórico, el organizador y el líder carismático fue Alfonso Carlos Comín, rodeado de un magnífico grupo de personas entusiastas y solidarias, como Maria Lluïsa Oliveres, su mujer, Joan Nepo García-Nieto, Josep M. Rovira Belloso, Ignasi Pujadas, Pep Ribera, Jordi López Camps,

Montserrat Comas y muchos otros. Profundamente marcado y estimulado por su tarea en Andalucía, Alfonso volvió con una energía extraordinaria y abrió un campo de acción muy amplio, que iba desde nuevas editoriales, como Nova Terra, Estela y Laia, hasta los fórums de ESADE o de las parroquias del Clot y de Sant Medir, bajo el cobijo de Josep Bigordà, los contactos con movimientos apostólicos obreros, como la HOAC y las JOC y las comunidades de base, hasta culminar en la puesta en marcha en nuestro país de Cristianos por el Socialismo, después de la reunión fundacional de Santiago de Chile el año 1972. A aquella reunión habían asistido Josep M. Rovira Belloso y Pep Ribera y cuando regresaron, Alfonso, impresionado por su informe y por la energía de los grandes líderes de la Teología de la Liberación presentes en ella, levantó inmediatamente la antorcha y no sólo impulsó la organización de Cristianos por el Socialismo, sino que se convirtió en uno de sus principales teóricos, a nivel mundial, con libros de gran impacto como *Por qué soy marxista y otras confesiones* y *Cristianos en el Partido, comunistas en la Iglesia*, a pesar del avance implacable de la enfermedad que le llevaría a la muerte pocos años después. Fue tanta la energía de aquel grupo, que mucha gente identificó a Bandera Roja con Cristianos por el Socialismo, y más de un dirigente del PCE, empezando por Santiago Carrillo, se interesó de inmediato por la novedad.

Creo que uno de los principales atractivos de Bandera Roja fue su capacidad pedagógica. Pero más allá de la pedagogía se fue definiendo en nuestra reflexión una línea argumental cada vez más clara que llevaba a una conclusión inevitablemente traumática.

En general, entendíamos —como el PSUC y los grupos socialistas— que el franquismo entraba en la fase final, no sólo por la previsible desaparición física del dictador, sino también porque ya no podría controlar los cambios de una sociedad cada vez más orientada, cultural y económicamente, hacia la Europa comunitaria. El desfase entre la evolución de la sociedad española y el inmovilismo del régimen franquista se estaba convirtiendo en una contradicción cada vez más insalvable y más negativa para el futuro del país. Por tanto, toda la actividad política de la oposición clandestina se debía orientar hacia la organización de una salida democrática que no sería revolucionaria pero que tendría que ser una auténtica ruptura con el franquismo. Cataluña ya había abierto un camino con los cuatro puntos de la Asamblea de Cataluña, pero en el resto de España la situación era más oscura y complicada y aún no se percibía cuál sería la línea principal de acción para llegar a una auténtica unidad del antifranquismo. Nos preocupaba, por ejemplo, la tendencia a marginar al PCE y no veíamos clara la vinculación entre las fuerzas políticas catalanas agrupadas en la asamblea con las del resto de España. En conclusión, era necesario reforzar los partidos de la oposición, especialmente los de izquierda; poner fin a la proliferación de grupos y grupillos y construir instancias unitarias que no marginasen a nadie.

Por tanto, a medida que nuestra acción crecía y se diversificaba era más evidente que tendríamos que tomar una opción definitiva: la pregunta era si entendíamos Bandera Roja como un partido político que tendríamos que crear y desarrollar no sólo contra el franquismo, sino también en confrontación con las principales fuerzas de la izquierda clandestina, o como un grupo que había impulsado algunas cosas e innovado en otras y ahora tenía que poner todo aquello al servicio de una acción y de una organización más amplia y, sobre todo, unitaria. Como ya he dicho, siempre nos habíamos negado a definir Bandera Roja como un partido, pero llegaba el momento de decidir nuestro propio futuro para no despilfarrar el trabajo hecho y poner nuestro grano de arena en la batalla final contra la dictadura.

Después del gran movimiento contra las sentencias de muerte del proceso de Burgos, tres episodios violentos aceleraron nuestra discusión interna: uno fue el asesinato de Carrero Blanco, otro la ejecución de Salvador Puig Antich el 2 de marzo de 1974 y el tercero el golpe militar en Chile y la muerte trágica de Salvador Allende. Y como trasfondo, dos episodios más: el llamado proceso 1001 contra la cúpula dirigente de Comisiones Obreras, con Marcelino Camacho a la cabeza y, en otro plano, el enorme impacto de la revolución de los claveles en Portugal.

La desaparición de Carrero Blanco, por ejemplo, podía acelerar el cambio político, pero también nos podía complicar mucho las cosas si la confrontación se centraba en dos extremos violentos: un franquismo moribundo pero todavía con una gran capacidad represora y una ETA que nos colocaría a todos en un terreno muy difícil. Y con la ejecución de Puig Antich teníamos una demostración trágica de la capacidad de violencia de la dictadura y también una prueba de la incapacidad de hacerle frente. Lo mismo se podía decir del proceso contra los dirigentes de Comisiones Obreras. Y si la revolución portuguesa nos abría nuevas perspectivas y nuevas posibilidades, todos sabíamos que las Fuerzas Armadas españolas tenían una trayectoria distinta, que nunca habían conocido una experiencia colonial como la de los militares portugueses y todavía se consideraban protagonistas de una guerra civil y de una posguerra que habían derrotado al comunismo nacional e internacional. Finalmente la destrucción de la democracia en Chile y la represión salvaje de los militares contra toda la izquierda no sólo nos sublevó, sino que nos puso en guardia contra la posibilidad de una continuidad violenta en nuestro país, patrocinada por Estados Unidos. Si había dado carta blanca a Pinochet para destruir la democracia en nombre de la lucha contra el comunismo internacional, ¿por qué no la podía dar a los militares españoles cuando Franco desapareciese de la escena?

Quizá nuestros temores eran excesivos, pero la conclusión a la que llegamos era que si las fuerzas antifranquistas no se agrupaban, si no se fortalecían, si no tenían una gran capacidad de acción y de presión unitaria, corríamos el riesgo de que el final de la dictadura fuese un final de violencia y de sangre, que fortaleciese los reductos más cerrados de la propia dictadura, destruyese los posibles puentes de diálogo, situase todas las instituciones —entre ellas la propia monarquía— en un terreno de confrontación radical e hiciese imposible un cambio democrático más o menos controlado y pacífico.

Nuestra discusión no era, pues, un simple ejercicio dialéctico. En cierto modo éramos prisioneros de nuestro mismo éxito y nos sentíamos responsables del futuro de un colectivo numeroso y experimentado. Si no hubiésemos pasado de ser un grupúsculo más o menos activo, más o menos cerrado, todo habría sido más fácil. Pero formábamos parte de un grupo respetable, combativo y lúcido, y teníamos que gestionar nuestro futuro con clarividencia y sensatez.

La discusión se convirtió en un serio debate sobre el futuro de la izquierda en aquella fase decisiva de la dictadura. La gran mayoría optamos por lo que podríamos llamar la suma de fuerzas, es decir, reforzar los grupos de izquierda uniendo las organizaciones existentes y no manteniéndolas separadas. Por tanto, reconsideramos seriamente el papel que una organización como Bandera Roja podía tener en la etapa decisiva de un final del franquismo que no podía durar mucho más y la conclusión fue clara y evidente: BR tenía que preservar ciertamente el capital político acumulado, pero no podía ni debía ser un partido rival de las otras fuerzas de izquierda. Dicho de otra manera: precisamente porque tenía un capital político tenía que ponerlo al servicio de la unidad de la izquierda y, por lo tanto, tenía que sumar fuerzas con otro grupo, que sólo podía ser el Partido Socialista o el Partido Comunista. Una minoría combativa se opuso, bajo la dirección de destacados miembros del grupo, como Ignasi Faura, Ferran Fullà y Joan Oms, y defendió la tesis de convertir Bandera Roja en un auténtico partido, con un espacio propio, sin ningún tipo de integración ni de fusión con unos partidos que consideraban revisionistas.

La solución no era ni fácil ni clara. Primero, porque no estábamos demasiado seguros de la situación en los dos partidos mencionados y, por otra parte, porque sabíamos que una posible fusión generaría tensiones entre ellos y nosotros. Abrimos, pues, una gran discusión en el seno de la organización. Y digo grande, porque tanto en las dimensiones como en los contenidos fue un debate abierto, participativo, lúcido, a pesar de unas confrontaciones que llegaron a ser muy dolorosas entre los oponentes. Pero quedó claro que una amplísima mayoría se decantaba hacia la integración en otro partido y, más concretamente, en el PSUC y el PCE.

¿Por qué nuestra opción fue el PSUC y el PCE, y no el Partido Socialista, por ejemplo? En aquel momento, el PCE-PSUC era, a pesar de las limitaciones de la clandestinidad, "el partido" por excelencia, o sea el elemento más fuerte y más cohesionado de la oposición antifranquista. Por tanto, no parecía que tuviésemos que reforzarlo. Por otra parte, el Partido Socialista iniciaba una nueva fase, todavía incierta, con la renovación total de su equipo dirigente en el Congreso de Suresnes y la aparición, apoyada por algunos de los dirigentes históricos más respetados, como Ramón Rubial, de un núcleo de gente joven encabezado por unos líderes poco conocidos hasta entonces, como Felipe González y Alfonso Guerra, pero surgidos de la lucha contra la dictadura y muy distintos de los viejos líderes del exilio. De hecho, en uno de mis viajes a Sevilla, los compañeros de BR me habían organizado una reunión con Felipe González, que se aplazó en el último minuto por problemas de calendario imprevistos y que después ya no pudo tener lugar.

Sin embargo, veíamos al socialismo español lejano, tanto en las personas como en las referencias concretas, y en Cataluña todavía nos parecía demasiado disperso al socialismo catalán. Con Isidre Molas hablamos más de una vez de la posibilidad de un pacto con BR, pero nos costaba mucho encontrar vías de aproximación, sobre todo para la mayoría de los miembros más jóvenes de nuestro grupo que se habían movido en un terreno más inmediato y muy marcado por el PSUC. Veíamos al socialismo catalán demasiado dividido y demasiado en estado de proyecto. Los escasos contactos con la Federació Socialista de Catalunya (PSOE) nos habían dejado un regusto agridulce porque nos parecía que no se desmarcaba de un anticomunismo que a nosotros nos parecía desfasado y perjudicial para la lucha contra la dictadura. Desde un ángulo distinto, también nos molestaba mucho el anticomunismo de un hombre lúcido como Josep Pallach, tanto en el exilio como en Cataluña cuando regresó, porque rompía la indispensable unidad forjada en las luchas de los últimos años y, sobre todo, plasmada en el gran salto adelante de la Asamblea de Cataluña.

En definitiva, tanto yo como otros compañeros del núcleo dirigente de BR estábamos convencidos de que en la fase final del franquismo éste intentaría mantener al máximo su condición de aliado del mundo occidental en una Europa todavía dividida en dos bloques y, por consiguiente, mantendría hasta el último minuto la divisoria comunismo-anticomunismo como línea principal de la política española para contentar a los militares y preservar su pretendida razón de ser y sus apoyos internacionales. Por tanto, sin perjuicio de que a medida que se acercase el final se abriesen espacios de acción a algunos grupos de la oposición, desde los demócrata-cristianos que ya colaboraban incluso con los sectores reformistas del régimen, hasta los liberales que también se acercaban al mismo, y en una segunda fase quizá a los socialistas y los nacionalistas moderados, el aparato franquista mantendría hasta el final el veto al comunismo. Dicho de otra manera: creíamos que en aquellos momentos el PCE y el PSUC eran la principal fuerza de la oposición, el partido por definición, pero que cuando las cosas se precipitasen los comunistas serían aislados y que, precisamente por esto, necesitarían apoyos.

Éste fue el argumento clave y el punto fundamental en la discusión del año 1974 sobre el futuro de Bandera Roja. O intentábamos —como preconizaban algunos— convertirnos en el principal partido de la auténtica izquierda o poníamos nuestro patrimonio político al servicio de la causa unitaria de la izquierda existente. La primera opción no sólo era inviable, sino que cambiaba la razón de ser de un grupo como Bandera Roja, que nunca había pretendido ser un partido. La segunda era la más sensata y nos llevaba a una conclusión inevitable: reforzar la causa unitaria de la izquierda, no sólo en aquellos momentos sino también en el futuro previsible, quería decir aportar nuestras fuerzas al partido que tendría más dificultades en la hora decisiva, el PCE-PSUC. Esta fue la decisión que tomó la gran mayoría, una decisión que nos abría un camino nuevo e incierto, pero que nos parecía coherente con todo lo que habíamos hecho hasta entonces.

Personalmente, me impliqué mucho en aquella discusión, pero con un trasfondo complejo, porque me daba mucha pereza volver al PSUC y al PCE. Pero ni podía ni quería abandonar la discusión ni marginarme una vez tomada la decisión que yo mismo defendía. El resultado final es conocido: una gran mayoría de los militantes de Bandera Roja, yo entre ellos, ingresamos en el PSUC y el PCE. Después hubo de todo: momentos apasionantes y momentos oscuros, amigos reencontrados y adversarios implacables, grandes episodios políticos y contiendas miserables. Pero todo ello fue el resultado de una decisión libre que nadie me impuso contra mi voluntad.

Capítulo XIX

Los cuarenta años

Todo aquello me pasaba a los cuarenta años, pero no sabría decir si en aquellos momentos viajé de la juventud a la madurez, o al revés. Lo cierto es que a partir de los cuarenta años empecé a encontrar más sentido y más plenitud a la vida y, en consecuencia, a sentirme mejor en ella. Quizá porque había aprendido más cosas y, por tanto, valoraba con más claridad las grandes y las pequeñas. Quizá porque empecé a entender mejor la realidad concreta de factores y de principios que hasta entonces había considerado más abstractos y lejanos. Quizá porque yo mismo era más maduro pero todavía me parecía lejana la madurez. Quizá porque tenía más puntos de referencia y sabía que todavía podía tener bastantes más. Quizá porque tenía todos los sentidos abiertos y pensaba más en el futuro que en el pasado. Quizá porque me enfrentaba a la vida con más serenidad. Y, por encima de todo, quizá porque se me abrieron unos vínculos afectivos de una intensidad desconocida.

En septiembre de 1969, gracias al esfuerzo de Manuel Jiménez de Parga y del nuevo equipo rectoral, encabezado por Manuel Albaladejo, fui readmitido en la Facultad de Derecho, empecé el curso como profesor ayudante y lo terminé en junio de 1970, o sea, que por primera vez, desde que en 1959 empecé a dar clases en la Universidad, inicié el curso el mes de septiembre y lo terminé completo en junio.

Hasta entonces nunca había podido acabar el curso de manera normal: por la huida al exilio primero, las sanciones, las expulsiones, la detención y el encarcelamiento después. Me pareció un milagro, y de hecho lo era, y a partir de aquel momento empecé una tarea ininterrumpida de profesor que me hizo vivir muchos de mis mejores momentos personales.

Poco después la cátedra de Derecho Político pudo convocar un concurso de dos plazas provisionales de profesor adjunto y las ganamos Isidre Molas y yo. Unos meses antes se había puesto en marcha en Lleida una sección de Derecho adscrita a nuestra Facultad, como primer paso de una futura Facultad de Derecho leridana. Para dirigirla se requería un profesor adjunto y el único que por diversas circunstancias estaba disponible era yo. Fui nombrado, pues, director de la Sección de Derecho de Lleida y ejercí como tal durante un par de años. De repente pasaba, pues, de la precariedad absoluta a un trabajo estable y muy estimulante. Durante aquellos dos años compatibilicé las clases en Lleida con las de Barcelona, y contribuí con todo mi entusiasmo a sentar las bases de la futura Facultad y de la futura Universidad de Lleida. La sede de la Sección de Derecho de Lleida estaba en el magnífico edificio histórico del Institut d'Estudis Il·lerdencs y allí encontré una gran acogida de los alumnos, entre los cuales había algunos militares de la guarnición de Lleida que siguieron sin problemas unas clases muy heterodoxas sobre la historia de España y de Cataluña. En general, guardo un gran recuerdo de aquellos momentos y de aquellos alumnos, algunos de los cuales han perdurado como amigos a lo largo de los años.

Todo aquello coincidió con una nueva fase de movilizaciones de los estudiantes y de muchos profesores, y de intentos fracasados de las autoridades franquistas para controlar la situación. Ya no eran las batallas de tres o cuatro años atrás por la destrucción del SEU, sino una especie de sublevación general que no sólo rechazaba el sistema franquista, sino que vivía al margen del mismo. Era como una vida paralela a la de los mecanismos oficiales de un régimen moribundo, pero todavía con ganas de pelea, que iba desde un funcionamiento no proclamado ni legalizado y, por tanto, prácticamente autónomo de los estudiantes, de la mayoría de los profesores e incluso de las autoridades académicas hasta unas actividades docentes cada vez más alejadas de los programas oficiales. Por tanto, el único instrumento, el único recurso de las autoridades franquistas era enviar la policía cada vez que se anunciaba una concentración, un acto reivindicativo, una acción de protesta o una simple conferencia que el gobernador civil consideraba subversiva. La consecuencia de todo aquello era la multiplicación de unos actos de violencia policial que llegaban incluso a las aulas. En más de una ocasión mi clase se convirtió en refugio de estudiantes perseguidos por la policía y en sala de actos para reuniones que habían sido impedidas en el Aula Magna. En uno de aquellos episodios de carreras y refugios, la policía entró violentamente en mi clase y empezó a repartir golpes y porrazos mientras los estudiantes saltaban por las ventanas o caían al suelo, y cuando yo desde mi tribuna ordenaba a los agentes que abandonasen el aula, uno de los policías de civil se plantó delante de mí y me dijo: "A quien tendríamos que aporrear es a usted y a unos cuantos como usted, que son los que envenenan a estos chicos. Vaya con cuidado, pues, porque la próxima vez iremos a por usted".

Entre idas y venidas, entre clases y violencias policiales, yo ejercía una profesión que era exactamente la mía, la que yo quería. Me sentía bien, conectaba fácilmente con los estudiantes y los profesores colegas, aprendía muchas cosas e intentaba explicarlas con la máxima sencillez, condición fundamental, a mi parecer, de una buena pedagogía. También fue un cambio en mi batalla por la subsistencia y por primera vez cobré un sueldo fijo, pequeño pero suficiente, que me permitió abandonar las traducciones. Y también por primera vez vi que había posibilidades para poder dedicarme profesionalmente a la Universidad, como siempre había deseado.

En 1971 di un paso en aquel camino incierto cuando decidí presentarme por primera vez a unas oposiciones oficiales. Estaba en juego una cátedra de Derecho Político y nos presentábamos nueve o diez candidatos. El tribunal estaba presidido por un viejo catedrático de Derecho Natural, Corts Grau, acartonado y reaccionario, y otro de los miembros era Fueyo Álvarez, destacado ideólogo de FET y de las JONS. Sabía, pues, que no tenía nada que hacer pero quise probarme a mí mismo en aquel mundo enrarecido de una Universidad dirigida por carcas y que, a pesar de todo, empezaba a explotar por todas partes.

Mi presencia en aquellas oposiciones fue más bien exótica. Yo no era un opositor normal, porque mi currículum académico no era, precisamente, ortodoxo y también porque me había relacionado escasamente con la mayoría de los otros opositores y, además, no conocía bien el ambiente universitario de Madrid y ni siquiera Madrid como ciudad. Pero en 1970 había publicado en Madrid el libro *Catalanismo y revolución burguesa*, en versión castellana y actualizada de aquel *Catalanisme i revolució burgesa* tan controvertido, había participado en algunos coloquios importantes con miembros de la oposición madrileña y no era un desconocido.

Con aquel trasfondo, mis ejercicios de oposición fueron diferentes de los demás, para decirlo suavemente, y el primero de todos, que era conocido en aquellos sectores con la frase de "Mecachis, qué guapo soy" porque consistía en una explicación de la propia trayectoria en la Universidad y una síntesis de las obras publicadas, provocó desconcierto en algunos y curiosidad en otros. Ramiro Rico, catedrático de la Universidad de Zaragoza, miembro del tribunal y veterano testigo de muchas lides como aquélla, levantó las cejas y me escuchó con mucha atención. E Ignacio María de Lojendio, catedrático de la Universidad de Sevilla, miembro de una conocida familia vasca de diplomáticos, empresarios y catedráticos, me miró con curiosidad y me siguió con interés durante todos los ejercicios obligatorios. Finalmente, la cátedra en juego fue para el profesor previsto y, con gran sorpresa mía, tuve un voto a favor, el del profesor Lojendio, y una alabanza especial del profesor Ramiro Rico. La conclusión que saqué fue que el camino estaba cerrado con muchas llaves pero que en la valla empezaban a abrirse grietas y quizá podría abrirla algún día, cuando los viejos cerrojos fuesen sustituidos por otros más nuevos y más flexibles.

Con aquella lógica optimista, pero muy incierta, un par de años después Isidre Molas y yo decidimos presentarnos a un concurso de plazas de profesor adjunto de Derecho Político. Teníamos pocas esperanzas, porque el tribunal estaba presidido por Torcuato Fernández Miranda y la mayoría de los miembros restantes no nos eran especialmente favorables. Nos instalamos en un colegio universitario de Madrid, el Chaminade si no me equivoco, compartiendo la misma habitación, e hicimos las oposiciones con mucha tranquilidad y con el distanciamiento necesario para no caer en la depresión. No recuerdo bien el número de plazas pero si eran una docena yo gané finalmente la undécima e Isidre la siguiente, o sea, las dos últimas. Delante nuestro pasó gente preparada, como Óscar Alzaga, que ganó la primera, y un grupo de desconocidos que siguieron siéndolo después. Isidre y yo pasamos, pues, por los pelos, *in extremis* y rozando la catástrofe, pero pasamos. No era ninguna maravilla, pero éramos profesores adjuntos de carrera y en aquella Universidad a medio camino entre un pasado sórdido y un futuro poco claro pero inevitablemente más abierto era un considerable paso adelante.

En la primavera de 1975, unos meses antes de la muerte del dictador, me presenté a otra oposición para una plaza de profesor agregado en la Universidad Autónoma de Madrid. Nos presentábamos tres candidatos, y uno de ellos era Miguel R. Herrero de Miñón, un joven aparentemente atrabiliario, pero inteligente, culto y sarcástico, con quien establecí enseguida una interesante complicidad. Miguel no pasó del primer ejercicio, porque cuando el tercer candidato desarrolló su "Mecachis, qué guapo soy", Miguel, con aquel estilo mordaz que ya cultivaba, le hizo una crítica brutal, con acusaciones de plagio, tan dura y violenta que el tribunal lo expulsó de inmediato. Yo seguí hasta el final sabiendo que no ganaría, y así fue. Un par de años después los dos perdedores fuimos elegidos para redactar la Constitución de 1978.

Finalmente, en 1976, ya muerto Franco, me presenté de nuevo a una oposición para la plaza de profesor agregado de Derecho Político de la Universidad Autónoma de Barcelona, celebrada todavía en Madrid, y la gané por unanimidad. Así iban las cosas en aquel mundo académico que todavía estaba muy condicionado por la estrechez y la dureza del periodo franquista, pero que intentaba salir del agujero y respirar definitivamente el aire libre.

En definitiva, y a pesar de los inconvenientes y las limitaciones, aquellos fueron años de una dedicación plena y activa a la tarea universitaria. La cátedra de Derecho Político se convirtió en un foco de vitalidad y de innovación en los métodos y en los contenidos, y de allí salieron la mayoría de los profesores de Derecho Constitucional y de Ciencia Política de todas la universidades de Cataluña, como Eliseo Aja, Miguel Ángel Aparicio, Enoch Alberti, Joan Subirats, Joan Botella, Joan Vintró, Pere Vilanova, Francesc Pallarès, Jordi Capo, Marc Carrillo, Antoni Monreal, Manuel Gerpe, Xavier Arbós, Jaume Vernet, Cesáreo Rodríguez Aguilera, Jaume Colomer, Esther Mitjans, Pere Jover, etcétera. Más aún, aquella cátedra fue como un segundo hogar, un espacio de amistad y de acción común de un grupo de profesores, que además de colegas eran compañeros en la política y en la vida cotidiana, todos bajo el amparo administrativo de Maria Capdevila, que era una especie de amiga, hermana, madre e incluso hija de todos nosotros.

No sé si la plenitud es un concepto tangible, pero si tuviese que definirla diría que es algo muy parecido a lo que yo sentía muy adentro cuando entraba en el aula llena de estudiantes. Un ejemplo muy claro de lo que quiero decir es el episodio de mis clases sobre el régimen de Franco. Por una decisión jamás tomada oficialmente pero aceptada por casi todos los profesores de Derecho Político de las nuevas hornadas, en los programas de la asignatura no incluíamos nunca el régimen político español, porque no era un sistema constitucional homologable con los regímenes democráticos. Pero un día un grupo de alumnos me pidieron que dedicase una parte del curso a explicar mi visión de la historia y de la realidad del régimen de Franco. Acepté la propuesta pero no había más horario libre para el cursillo que los sábados por la mañana. Estuvieron de acuerdo, y durante un par de meses di todos los sábados unas clases sobre el franquismo que tuvieron un éxito increíble de alumnado y de seguimiento, a pesar de que nunca sabíamos si al terminar nos iríamos tranquilamente a casa o a la Jefatura de la Via Laietana.

Con estos antecedentes, supongo que el lector ya habrá comprobado que en aquella Facultad y aquella Universidad me sentía literalmente como pez en el agua, si es que los peces se sienten realmente bien en el agua. Pero si, como ya he dicho, me empecé a encontrar bien en la vida a partir de los cuarenta años, no fue sólo por esto.

Después de la gran conmoción por la condena a muerte del grupo de activistas de ETA en diciembre de 1970 y de la campaña que se realizó en todas partes para evitar la ejecución de la sentencia, se empezaron a abrir una serie de espacios precarios pero reales en toda la sociedad española. Un ejemplo de ello, en el plano personal, es que a mediados de 1972 el director del diario de tarde *El Noticiero Universal*, M. Tarín Iglesias, me ofreció colaborar en su periódico con un artículo quincenal. La oferta tenía, sin embargo, una importante limitación: la censura no aceptaba que escribiese sobre temas interiores y, por lo tanto, sólo podría hacerlo sobre temas internacionales. A pesar de la restricción, tanto yo como mis compañeros de BR pensamos que había que aceptar la oferta y así lo hice. Durante casi dos años publiqué, pues, con regularidad quincenal, unos artículos de política internacional que iban desde los conflictos entre los dos grandes bloques, la evolución del Mercado Común, la revuelta de Irlanda del Norte, los avatares del gaullismo en Francia, el cambio de régimen en Grecia o la revolución de los claveles en Portugal hasta la evolución del régimen comunista en China, la situación en Vietnam, la guerra en Camboya, la resistencia palestina, la independencia de Guinea-Bissau, la dictadura militar de Uruguay, el retorno de Perón a Argentina y, sobre todo, el terrible golpe militar de Pinochet en Chile. Eran artículos de análisis y de combate, porque no eran neutrales y, por tanto, reflejaban una visión a veces unilateral de la política internacional. Algunos estaban muy documentados, otros eran más partidistas, algunos muy equilibrados, otros más dogmáticos. Cuando he releído más tarde algunos de ellos, he encontrado una mezcla de tonos y de conclusiones a veces acertados y a veces demasiado sesgados, como el análisis del papel de la izquierda ante el golpe militar de Pinochet, por ejemplo. Pero en general, y a pesar de las deficiencias, fueron bien acogidos porque hablaban de política internacional en unos términos distintos a los oficiales. En 1974 la editorial Laia publicó una buena parte de ellos en forma de libro con el título *Política internacional y conflictos de clase*.

También seguí publicando artículos en *Triunfo*, en *Cuadernos para el Diálogo* y en *Serra d'Or*, mientras multiplicaba las charlas y las conferencias en los lugares más diversos de Cataluña y del conjunto de España. A veces, cuando reviso papeles y examino archivos, me quedo perplejo ante aquella actividad desbordada y aquellas idas y venidas. Quizá se debía, para volver a la afirmación inicial de este capítulo, a la vitalidad de los cuarenta años, quizá a la energía que me daba el nuevo equilibrio personal y afectivo, quizá a la intuición de que se acercaban tiempos decisivos y nos teníamos que preparar, o quizá a todo ello al mismo tiempo.

Pero no sólo me ocurría a mí. La mayoría de mis compañeros de Bandera Roja y de mis amigos del PSUC y del futuro PSC también multiplicaban su activismo. Y en algunos casos se jugaban en ello mucho más que yo. Siempre recordaré, por ejemplo, el extraordinario episodio de solidaridad y de valentía de Jordi Borja y de su compañera Carme Guinea en Chile, cuando se jugaron la vida y estuvieron a punto de perderla en Santiago de Chile el día del golpe de Pinochet y de la muerte de Salvador Allende, actuando de correo entre gente perseguida y escondiendo en su casa a personas especialmente buscadas por los militares, como Joan Garcés, colaborador íntimo de Allende, que salvó la vida gracias a la serenidad y a la audacia de mis dos amigos. Aquello legitimaba nuestra propia acción y justificaba nuestro esfuerzo y por eso no nos cansábamos ni retrocedíamos.

Pero todo aquello no habría tenido el sentido que tuvo si mi entrada en los cuarenta años no hubiese coincidido con importantes cambios en mi vida afectiva.

El primero de ellos fue la muerte de mi madre, el 1 de mayo de 1971, un día lluvioso que entristecía aún más la tristeza del adiós. Murió después de una larga fase de amargura y de soledad. Y no porque hubiese estado sola, muy al contrario: siempre tuvo mi compañía y, sobre todo, la de mi hermano y de mi cuñada. Siempre tuvo, también, la compañía del resto de la familia y de algunas amigas de su generación. Pero siempre le resultó difícil compartir nuestra propia afectividad. Quizá era ineluctable porque en su mundo de Mollet, cada vez más cerrado mientras el pueblo se abría, cada vez más reducido mientras el pueblo se ampliaba, le costó entender los cambios de mentalidad y, por tanto, nuestras propias trayectorias. Fue, por tanto, un final doloroso, por la esclerosis que la mataba y por la larga agonía. Y para todos nosotros, y muy especialmente para mi hermano y para mi cuñada, fue el cierre también muy doloroso de una etapa que nos había condicionado mucho.

Poco tiempo después Anny y yo nos separamos. Fue un proceso que queríamos corto y sencillo y acabó siendo largo y complicado. Por encima de todo queríamos evitar disgustos y angustias a nuestro hijo Albert, pero tomamos tantas precauciones mal entendidas que finalmente le creamos más problemas de los necesarios. Queríamos darle una sensación de normalidad y de racionalidad, pero él empezó a ver anormalidades e irracionalidades más allá de las apariencias. Era, sin embargo, un final previsible, por todos los condicionamientos y las peripecias anteriores y, sobre todo, porque en el seno de la pareja había habido demasiadas desigualdades, demasiadas dependencias. La lección que sacamos es que una pareja sólo puede sobrevivir como tal si la mujer y el hombre tienen un grado suficiente de autonomía personal respecto del otro. Nosotros no la tuvimos, por las circunstancias y por la inexperiencia. Sin una profesión determinada, Anny intentó crearse un espacio autónomo y no lo consiguió porque ni la carrera de Filosofía y Letras ni otras posibilidades que exploró le dieron un lugar propio en una sociedad que no era del todo la suya a pesar de los esfuerzos por situarse en ella. Finalmente encontró el lugar que buscaba cuando decidió emprender el camino de la estética femenina y en él se situó extraordinariamente bien, cuando ya nos habíamos separado.

Pasados los primeros momentos nos serenamos y con el paso del tiempo hemos sabido mantener los dos aquella serenidad. Desde entonces, siempre nos hemos respetado y hemos mantenido una estima mutua muy sincera porque entendimos que una separación como la nuestra no era el resultado de una confrontación entre un culpable y un inocente, entre un bueno y un malo. Simplemente llegó un momento en que dimos por terminada una fase de la propia vida e intentamos empezar otra y muy pronto entendimos que entre personas sensatas ni el pasado tiene que condicionar el futuro ni el nuevo presente puede hacer cruz y raya del pasado cuando siguen vivos vínculos tan importantes como el hijo común.

Todo el mundo vive como puede las separaciones, y ciertamente yo no me sentía muy feliz después de la mía, e incluso llegué a la conclusión de que no me volvería a casar nunca más. La conclusión duró unos meses y muy pronto cambié de parecer.

La culpable de este cambio fue una chica rubia y de intensos ojos azules, de apariencia tímida pero de voluntad muy firme y dotada de un enorme sentido común. Se llamaba Teresa Eulalia Calzada, era de Lleida, maestra, licenciada en Ciencias Económicas y una de las líderes del sector de la enseñanza de BR.

La había conocido unos años atrás, cuando yo acababa de regresar del exilio y ella vino a verme para proponerme una conferencia en su residencia de estudiantes sobre las recientes elecciones en Francia. Después la perdí de vista, hasta el estado de excepción de 1969, cuando los que nos habíamos escondido nos reunimos para decidir nuestra actuación, con los magníficos resultados ya conocidos, y lo hicimos precisamente en el piso que ocupaba ella con dos amigas.

Después volví a verla con grupos de amigos y amigas que procedían casi todos de Lleida, y con los que entré en relación a través de otros amigos y también por mi dedicación a la Sección de Derecho de Lleida. Y cuando se puso en marcha Bandera Roja, nos encontramos en muchas reuniones y se estableció un clima de amistad distante, pero amistad al fin y al cabo.

Poco después de haber tomado la decisión de separarnos Anny y yo, en verano de 1972, un grupo de amigos —Teresa Eulalia entre ellos— organizamos un viaje monstruo con el siguiente itinerario: Barcelona-Niza-Génova-Venecia-Liubliana-Zagreb-Belgrado-Bucarest-Sofía-Skopje-Titogrado-Dubrovnik-Ancona-Bolonia-Turín-Génova y regreso por donde habíamos empezado. Viajamos con tiendas de campaña e hicimos todo el itinerario de cámping en cámping en un mes. Era, de hecho, una locura, pero no nos dábamos demasiada cuenta de ello porque éramos o nos sentíamos jóvenes e íbamos embalados.

Fue un viaje insólito porque, además de la enorme distancia, nos metimos en terrenos que parecían difíciles e incluso prohibidos, como Yugoslavia, Rumania y Bulgaria, y regresamos por Macedonia, Kosovo y Montenegro, rozando Albania. Pasamos, pues, por mil peripecias, entre ellas un accidente muy violento ya en tierras de Kosovo, cerca del pueblo de Urosevac.

Pero si recuerdo tanto el viaje, si repaso en la memoria todos los detalles, si fundo en una sola imagen los espacios de la Venecia recóndita, de los Alpes eslovenos, del mercado de Zagreb, de las llanuras del Sava y del Danubio en Croacia y Serbia, de los Cárpatos rumanos, de la Bucarest reencontrada y estancada, de los impactos bizantinos de Bulgaria, de la Macedonia histórica y dividida, de la tierra áspera de Kosovo, de la maravilla de Dubrovnik y de una Italia que me parecía más abierta y más alegre que nunca, es porque de etapa en etapa Teresa Eulalia y yo nos enamoramos.

Fue el momento iniciático de un amor que empezó con un abrazo en Venecia, como mandan los cánones románticos, y que ha continuado intacto, claro y transparente sin ningún choque a lo largo de todos estos años.

Poco tiempo después empezamos a vivir juntos. El momento era más bien confuso, porque yo me estaba separando de Anny, pero seguía legalmente casado con ella e incluso habíamos convalidado el matrimonio civil francés para que no se quedase sin nacionalidad y no nos pudimos divorciar hasta que se aprobó la Ley del Divorcio. Mientras tanto, Teresa Eulalia y yo éramos una pareja de hecho y seguimos en aquella situación durante muchos años, hasta 1990. En marzo de aquel año nos casamos por insistencia mía, porque cumplía los sesenta años y empezaba a preocuparme por el problema de los papeles, o sea del futuro. Pero nunca ha habido ninguna diferencia entre nuestra vida como pareja de hecho y como pareja de derecho.

Teresa Eulalia ha sido y es para mí una fuente de felicidad, un inmenso factor de equilibrio, un estímulo permanente, un contrapeso tranquilo de los momentos difíciles, una guía lúcida en los periodos de desorientación y una adversaria muy seria en las controversias. Yo he intentado siempre hacer lo mismo con ella, y no estoy seguro de haberlo conseguido porque los hombres no somos tan completos como las mujeres ni tenemos una visión tan clara de los mecanismos profundos de la afectividad.

Hemos sido y somos una pareja segura de sí misma con un alto nivel de independencia de cada uno. Tanto ella como yo hemos tenido y tenemos espacios propios muy consolidados y muy estimulantes. Los ponemos en común cuando uno de los dos lo pide, pero normalmente nos concedemos una gran autonomía y la ejercemos sin trabas, aunque no nos abstenemos de la crítica recíproca cuando no vemos claras las opciones del otro. Y como esposa y marido vamos seguros por la vida porque nos sabemos seguros de nuestro afecto, o sea, de nuestro amor y de nuestro respeto mutuo.

Desde el primer momento adoptamos, como estandarte no escrito, un principio fundamental: que la vida pasa muy deprisa y nada puede justificar en nuestra vida de pareja ni un minuto agrio ni un minuto de mal humor. Ya sé que es casi imposible mantener este lema al pie de la letra, pero cuando hemos hecho balance siempre hemos llegado a la conclusión de que si hemos tenido momentos agrios y malhumorados nunca han pasado de los cincuenta y nueve segundos.

Teresa Eulalia también me aportó el calor de otra familia, la suya, a medias entre una hermana en Lleida, Divina, y dos hermanos emigrados a Panamá, Josep Maria y Norbert, todos casados y con tres o cuatro hijos cada uno. De repente me convertí en cuñado y tío —de hecho y más tarde de derecho— de una familia multinacional, abierta y encantadora que me recibió con los brazos abiertos y con la que mantenemos una relación muy viva y muy intensa. Y con ella, un buen grupo de amigos y amigas, también de Lleida y de Panamá.

Ésta es, pues, la historia. Y aquí me detengo porque sé que no le gusta que hable demasiado de ella.

Aquél fue, ciertamente, un viaje insólito, pero de hecho fue el comienzo de una etapa de viajes estivales igualmente interesantes, igualmente alocados, siempre con tiendas de campaña a cuestas. Otro año repetimos el experimento, pero sólo hasta Viena y Budapest. Fuimos al Portugal de la revolución de los claveles donde después de Obidos, de Batalha, de Alcobaça, nos entrevistamos en Lisboa con algunos de los líderes socialistas y comunistas del movimiento. O descubrimos la belleza increíble de Noruega y de las islas Lofoten, con aquel rincón anclado en el tiempo de Nussfjord, mientras Jaume Melendres y yo hacíamos escuchar a Marina Subirats y a Teresa Eulalia una interminable *Saga de los Catalanes*, e incluso componíamos y cantábamos a voz en grito una versión porno de *La Internacional*. Con el grupo de amigos formado por Dora Carrera y Jordi Sánchez, Adela Agelet y Antonio Merino, Rosa Carrió y Adolf Almató, recorrimos el paisaje insólito y cautivador de Islandia, con aquella mescolanza sensacional de unas montañas de colores inverosímiles que se peleaban con el gris del desierto volcánico y los inmensos glaciares. O volvimos a las islas Lofoten y al norte de Noruega. O hicimos turismo desangelado en una Unión Soviética a punto de desaparecer. O subimos, después, hasta las heladas islas de Spitzbergen y pisamos los hielos del Polo Norte.

Y con nuestros amigos y parientes de Barcelona y Lleida y con muchos compañeros y compañeras de Bandera Roja, volvimos a encontrar el estímulo y la belleza de la montaña. Con ellos —y sobre todo con la compañía fiel de Rosa Carrió y Adolf Almató— pisamos nuestros Pirineos y también los Pirineos franceses, los Alpes franceses, suizos, austriacos y eslovenos, los Dolomitas italianos, los Picos de Europa e incluso, años más tarde, las Montañas Rocosas de Canadá, con las maravillas de los parques Jasper y Banff, bajo la mole del Robson. Cada salida, cada cima escalada —los Besiberris, el Montardo, el Monteixo, el Peguera, el Ratera, el Carlit, el Canigó, el Puigmal, el Tuc de Sarraera, el Pedraforca, el Puigllançada, el Bastiments, el Puig Pedrós, el Costabona, la Tossa d'Alp, el Moixeró, etcétera —, cada gran espacio escalado o pisado —el glaciar del monte Perdido, la Brecha de Roland, Aigües Tortes, Benasque y el Aneto, el Montseny, Ordesa, Gavarnie, Troumousse, el Vignemale, el Midi d'Ossau, el Mont Blanc, la Jungfrau y todo el espacio del Grindelwald, la barrera de los cuatro mil coronada por el Cervino y el monte Rosa, el Marmolada, el Grossglockner, etcétera— eran más que un canto a la naturaleza: eran una sensación de plenitud personal y colectiva. Y eso que todavía no había descubierto mi —nuestra— pasión por el esquí de fondo, un deporte maravilloso que me ha hecho y me hace vivir momentos inolvidables y que, al deslizarme por los bosques nevados, me fortalece el cuerpo y me limpia el espíritu. Y digo el espíritu, porque a veces, esquiando, me detengo en medio del bosque nevado y me pongo a gritar de alegría y sé que he expulsado de golpe todos los demonios que se me habían acumulado dentro.

Todo esto, más el reencuentro con la ópera, el gozo infinito de Mozart, la alegría de Rossini y Bellini, el genio melódico de Verdi y la exaltación cautivadora de un Wagner que a veces me indignaba y me indigna; el teatro, el cine, los libros, los episodios culturales masivos, como *El Price dels poetes*, el gran recital de poesía catalana con Salvador Espriu, Gabriel Ferrater, Joan Brossa, Miquel Bauçà, Joan Teixidor y tantos otros, y Joan Oliver (Pere Quart) por encima de todos, un público enfervorizado y una policía dispuesta a repartir porrazos a la mínima; las grandes fiestas musicales y políticas de Raimon, Joan Manuel Serrat, Lluís Llach, Maria del Mar Bonet, Ovidi Montllor y demás; el jazz, el rock, la música africana, cubana y brasileña y, finalmente, el deporte, todo esto, digo, me sucedió a partir de los cuarenta años. De hecho, jugué al fútbol hasta los cincuenta y lo hice con tanto ímpetu que incluso lesioné seriamente a más de un contrario, como el pobre Borja de Riquer. Me siento un poco avergonzado por ello y desde aquí presento mis excusas públicas a todas las víctimas de mi furia.

Pensándolo bien, llego a la conclusión de que siempre he hecho las cosas tarde, pero quizá ésta es precisamente la clave de la cuestión: cuanto más te aproximas a la vejez, más se alarga lo que has vivido como juventud si haces lo que te gusta, si mantienes la curiosidad viva, si el cuerpo te aguanta y, sobre todo, si tienes una vida afectiva plena, sólida y serena. No sé qué ocurrirá mañana pero esta parte de la vida ya la hemos vivido y nada ni nadie nos la podrá arrebatar.

Capítulo XX

Otro PSUC, otro PCE

A mediados de 1974 empezaron las reuniones con la dirección del PSUC y del PCE sobre la posible integración de Bandera Roja. En Cataluña nos entrevistamos sobre todo con Gregorio López Raimundo, Antoni Gutiérrez Díaz y Miguel Núñez. En París con Santiago Carrillo, Manuel Azcárate, Santiago Álvarez y otros dirigentes que no recuerdo bien.

Personalmente me emocionó volver a ver a Gregorio López Raimundo y a Miguel Núñez. Con Miguel había mantenido contactos cuando salió de la cárcel, pero lo había perdido de vista cuando volvió a pasar a la clandestinidad. Y con Gregorio el contacto todavía era más difícil porque mantuvo una clandestinidad estricta hasta el último minuto, como lo describe Teresa Pàmies en su espléndido libro *Amor clandestí*. Ni ellos ni yo éramos los mismos de diez años atrás pero creo que recuperamos sin problemas la cordialidad y la estima mutua de antes.

A las reuniones de París asistimos Alfonso Comín, Jordi Borja, Teresa Eulalia Calzada, Josep Maria Maymó y yo mismo. También me gustó encontrarme de nuevo con Santiago Carrillo y Manuel Azcárate, éste con aquella mezcla tan suya de ingenuidad y de obstinación. Fue una reunión cordial que terminó con una cena, de la que se ausentó Santiago Carrillo y que nos sorprendió mucho porque durante toda la velada aquellos dirigentes históricos del comunismo español no pararon ni un minuto de contar chistes antisoviéticos. Pensamos que aquello era un signo de los cambios y quizá una forma sencilla de superar en voz alta la angustia contenida de tantos años de dogmatismo y de silencio.

Santiago Carrillo nos recibió con gran interés pero enseguida comprendimos que tenía una visión bastante limitada de lo que era realmente Bandera Roja. Entre otras cosas, estaba convencido de que el máximo dirigente político e ideológico de BR era Fernando Claudín y de la relación con nosotros le interesaban sobre todo dos aspectos, no explícitos pero evidentes: hacer las paces con Claudín y la incorporación al PCE de Cristianos por el Socialismo.

Cuando le dijimos que Fernando Claudín no tenía nada que ver con BR, a pesar de nuestra amistad personal y nuestra identificación con muchas de sus ideas, tuvo una gran decepción. Y nosotros entendimos que después de la Primavera de Praga y de la posición clara y contundente del PCE contra la invasión de Checoslovaquia por las tropas del Pacto de Varsovia, Carrillo y sus seguidores habían entrado en un camino que, en buena parte, convertía en superflua la anterior pelea con Claudín y Semprún, y él quería la reconciliación, sobre todo con Fernando Claudín. Pero nosotros no le podíamos resolver el problema.

En cuanto a Cristianos por el Socialismo, Carrillo tenía muy claro que aquel podía ser un factor importante para ampliar la influencia del PCE en sectores muy combativos pero hasta entonces alejados y, también, un gran paso hacia su legitimación como fuerza no sectaria ni excluyente. Y, con toda evidencia, sería también un factor de modernidad en un PCE que en sus estructuras y en la mentalidad de muchos de sus miembros, sobre todo en el exilio, todavía pensaba en las batallas anticlericales de la República.

También le interesó nuestro importante colectivo de mujeres, sobre todo en el terreno de la enseñanza. Y, en general, pese a la decepción sobre Fernando Claudín, entendió la entrada de BR en el PCE y el PSUC como una aportación de gente joven y activa a las filas de un partido que en el interior se estaba renovando con el ingreso de nuevas generaciones de militantes, pero que en el exterior todavía arrastraba muchas inercias del pasado.

Ya en Barcelona las cosas se aceleraron y en el otoño de l974 la mayoría de los cuadros y los militantes de Bandera Roja nos integramos en el PSUC y, en menor cuantía, en el PCE. Alfonso Comín, Jordi Borja y yo fuimos incorporados al Comité Ejecutivo del PSUC y Josep M. Maymó, Teresa Eulalia Calzada, Enric Solé y alguno más que no recuerdo bien lo fueron al Comité Central. Como ya he señalado un núcleo reducido de BR decidió continuar con las siglas y la estructura debilitada de la organización y un sector residual mantuvo incluso el nombre hasta muy entrados los años noventa, cuando finalmente se integró en Iniciativa per Catalunya.

Visto fríamente y desde la lejanía de los años transcurridos no deja de ser un episodio insólito. Que casi un millar de militantes clandestinos se incorporasen en masa a un partido comunista más clandestino todavía en una fase compleja pero peligrosa de una dictadura que se encaminaba hacia su fase final, es un hecho realmente extraordinario. Por ello ni la integración en masa ni el desarrollo posterior fueron, precisamente, fáciles ni ordinarios.

El PSUC que encontramos y que yo particularmente reencontré era diferente de aquel PSUC que había conocido años atrás. Evidentemente, las circunstancias no eran las mismas y aquel margen estrecho en que nos habíamos movido a finales de los años cincuenta y comienzos de los sesenta se había ampliado y diversificado en el seno de una sociedad catalana que también cambiaba, a pesar del inmovilismo del régimen. Cuando aquel grupito de estudiantes de 1956 ingresamos en él en la más estricta clandestinidad era un partido comunista en el que ya empezaba a manifestarse el disenso entre los comunistas prosoviéticos y los comunistas renovadores. Cuando volví a entrar en él, dieciocho años después, ya no era exactamente un partido comunista en sentido estricto sino un partido antifranquista y autonomista muy diverso en el que, en el plano ideológico, confluían comunistas prosoviéticos, eurocomunistas, nacionalistas, socialdemócratas y liberales y, en el plano social, obreros, funcionarios, estudiantes, profesores, maestros, periodistas, arquitectos, pintores, escritores, jueces, editores, actores, cantantes, empresarios y, evidentemente, dirigentes clandestinos. Los cimientos que unían a un colectivo tan diverso eran, evidentemente, la lucha contra el franquismo por las libertades democráticas y la autonomía de Cataluña como programa pero, sobre todo, un cierto orgullo de grupo avanzado, un espíritu de desafío contra una dictadura que se justificaba a sí misma como enemiga del comunismo, una sensación de pertenecer no a "un" partido sino "al partido" por antonomasia y un deseo de convivir en una comunidad plural y comprometida. Aquello era más real y visible en el PSUC que en el PCE, entre otras razones porque la dirección del PSUC operaba desde hacía años en el interior y había avanzado mucho en la mezcla generacional mientras que la del PCE mantenía su equipo principal de dirección en el exterior y todavía no había conseguido renovarse plenamente con gente del interior.

Aquel PSUC era, pues, un partido formalmente comunista o, mejor dicho, formalmente eurocomunista, en el que convivían sectores muy diversos. Todos entendían el partido como un instrumento fundamental para la conquista de la democracia en toda España y la autonomía en Cataluña pero, más allá de estos objetivos compartidos por todos, había, por ejemplo, un sector minoritario que creía sinceramente que el modelo del futuro en nuestro país y en todo el mundo sería, más o menos, el modelo soviético, aunque fuese el de Jruschov. Los demás no querían ni oír hablar del modelo soviético, pero eran muchos los que creían que la derrota del franquismo sería el primer paso hacia una revolución social encabezada y dirigida por la clase obrera. Y también había otro sector que, en líneas generales, entendía que los grandes objetivos del partido eran efectivamente la conquista de la democracia y de la autonomía pero que, más allá, el modelo político y social a conquistar sería muy parecido al del socialismo que intentaban crear, dentro del sistema capitalista, los comunistas italianos y hasta la socialdemocracia nórdica.

Aquella diversidad le daba fuerza mientras el objetivo fuese el derrocamiento del franquismo, pero era también el anuncio de los problemas que se podrían presentar en el futuro. El PSUC —más que el PCE— era mayoritariamente proitaliano en las bases y en la dirección y una buena parte de los militantes se veían a sí mismos en el espejo del Partido Comunista Italiano, el PCI. También el PCE se miraba en él, desde luego, pero más en la teoría que en la práctica, más en las formulaciones genéricas del eurocomunismo impulsado por Santiago Carrillo en persona que en la organización y el funcionamiento de un colectivo nuevo y plural. Como ya he dicho, en el PSUC también había admiradores de Olof Palme y Willy Brandt y la socialdemocracia sueca era seguida con mucha atención. Al PCE le costaban más aquellas admiraciones e identificaciones. Finalmente, el PSUC se veía a sí mismo como la fuerza principal de Cataluña bajo la dictadura y posiblemente como la fuerza principal de Cataluña —o por lo menos de la izquierda catalana— cuando se conquistase la democracia. El PCE, en cambio, tenía muchos más problemas para situarse en el conjunto de España y sabía que difícilmente sería la fuerza principal de la izquierda, pese al optimismo de algunos sectores del interior.

Estaba claro, pues, que aquel colectivo atrevido y optimista sólo podría subsistir como tal, sólo podría mantener la unidad obtenida bajo el franquismo si conseguía liderar el cambio democrático y convertirse en el principal partido de Cataluña o, por lo menos, de la izquierda de Cataluña.

En el seno de aquel PSUC y menos en el del PCE fuimos recibidos, como era de prever, con una cierta división de opiniones. Un amplio sector nos acogió muy bien, otro con reticencias y otro con manifiesta hostilidad. Digo que era de prever si teníamos en cuenta las peleas de años anteriores en la Universidad y en el sector de la enseñanza. Pero no se trataba sólo de aquello. En realidad, nuestra llegada era vista por unos como un reforzamiento de sus posiciones y por otros como un nuevo factor de confrontación y, queriéndolo o no, nos empujaban a tomar partido en unas tensiones que nosotros no compartíamos o que nos resultaban muy lejanas.

Más o menos ya sabíamos que el asunto no sería nada fácil. Pero además los dirigentes del PSUC y nosotros mismos cometimos muchos errores de entrada. Uno de ellos fue la propuesta de que yo encabezase inmediatamente, sin ningún proceso de transición, por así decirlo, la dirección del importante núcleo de profesores universitarios y de intelectuales, un error completado por mi propia aceptación. Supongo que una parte del PSUC creía que yo podría poner orden en aquel sector, por un lado tan vivo y tan influyente, pero que a la vez les creaba muchos quebraderos de cabeza, pero ni ellos ni yo mismo previmos el impacto de un cambio tan radical. Lo cierto es que lo pasé muy mal hasta que empecé a situarme en aquel embrollo y encontré personas que me aportaron seguridad y afecto. Como un símbolo de aquella situación, quiero recordar de entre los nuevos compañeros la memoria de Carles Caussa, un joven militante de Figueras y un gran dirigente en potencia con el que me sentí identificado enseguida y que murió súbitamente, de una embolia, en plena juventud cuando empezábamos a entrar en la democracia.

Jordi Borja y todo el grupo del movimiento de barrios también tuvieron algunos problemas parecidos, pero aquel sector aportado por BR era muy fuerte y se consolidó muy bien durante los primeros años. El sector de la enseñanza también tuvo al principio algunas dificultades, pero la fusión se consolidó pronto. Lo mismo cabe decir, con los matices correspondientes, del sector obrero, ya integrado por su cuenta en Comisiones Obreras. Y el grupo de Cristianos por el Socialismo tuvo, obviamente, todas las puertas abiertas.

Pese a todo, aquellas tensiones fueron absorbidas o, por lo menos, apaciguadas por el impulso colectivo de aquellos momentos decisivos, cuando salían por todas partes nuevas iniciativas y se organizaban acciones contra un franquismo ya muy tocado pero que todavía mantenía viva su capacidad de represión. Era el momento de auge de un movimiento obrero que desde la huelga de SEAT en 1971 y la muerte del trabajador Antonio Ruiz Villalba a manos de la policía se había extendido por el Baix Llobregat, el Maresme —donde la policía mató a otro trabajador, Manuel Fernández Márquez, en la huelga de la Térmica de Sant Adrià—, las minas de Sallent, Girona y tantos otros lugares.

Era también un momento de nueva efervescencia en unas Universidades que en cuatro o cinco años casi habían duplicado el número de estudiantes y habían dado entrada a gente joven que procedía de las clases medias y también de los sectores obreros de la emigración. La lucha contra las estructuras vetustas y dictatoriales de la Universidad franquista seguía siendo muy intensa pero ya empezaban a plantearse otros problemas, entre ellos el de la organización y el funcionamiento de unas Universidades que empezaban a masificarse, el papel de un profesorado nuevo que ya no aceptaba las viejas jerarquías y el del paro creciente de los estudiantes que acababan la carrera.

También era el momento de un nuevo impulso cultural, que había empezado con la puesta en marcha desde ámbitos diversos del Congreso de Cultura Catalana, que había continuado con una gran discusión abierta sobre el presente y el futuro de una cultura y de una lengua que salían de la oscuridad de la dictadura y tenían que enfrentarse con nuevas realidades sin dividir a la sociedad catalana en dos mitades lingüísticas separadas pero también sin renunciar a su propia plenitud después de tantas persecuciones. Aquella era una cuestión decisiva para nuestro futuro.

Como anécdota significativa así entendimos, por ejemplo, la filmación de una película en catalán, *La ciutat cremada*, que su director, Antoni Ribas, quería convertir en un factor de unidad política haciendo intervenir en ella como actores a representantes de las fuerzas políticas catalanas, todavía en la clandestinidad o en la semiclandestinidad. Entre los protagonistas aparecíamos, pues, Joan Reventós, Josep Benet, Alfonso Comín, Maria Lluïsa Oliveres, Jordi Borja y yo mismo, además de otros que no recuerdo bien. Sí recuerdo, en cambio, que Alfonso Comín, con su barba, no se tuvo que maquillar como los demás y que yo interpreté el papel de un diputado que ante el estallido de la revuelta popular pronunciaba una frase contundente: "A veces —decía— no hay más remedio que hacer la revolución". Cuando se proyectó la película hubo, en referencia a mi caso, una división de opiniones: unos opinaban que yo pronunciaba la frase como un grito de revuelta y aquello demostraba que yo era un revolucionario, otros que la pronunciaba con resignación y fatalismo y aquello demostraba que era un socialdemócrata. Se trataba de una broma, naturalmente, pero cuando vi la película pensé que ni una cosa ni otra y que en realidad me parecía más a un sociólogo displicente que a un líder de la extrema izquierda.

Finalmente, era también el momento de definir opciones políticas frente a un franquismo que estaba entrando ostensiblemente en la recta final. Después de la muerte violenta de Carrero Blanco, el gobierno de Arias Navarro había iniciado un tímido movimiento de aproximación a algunos sectores de la oposición con aquello del "espíritu del 12 de febrero", que muy pronto se diluyó. En Cataluña empezaban algunos movimientos de la gente del régimen. Rodolfo

Martín Villa, que hasta entonces había hecho carrera política en el sindicalismo vertical, era nombrado gobernador civil de Barcelona y empezaba a dar señales de reagrupamiento a los jerarcas afincados en Cataluña. Surgían también aspirantes a construir una posible Democracia Cristiana y los más duros se empeñaban todavía en organizar actos de afirmación falangista contra "...el pensamiento desfigurador y disolvente de nuestras esencias".

Nadie sabía cómo y cuándo se acabaría el franquismo pero todos sabíamos que acabaría con la muerte de Franco y el dictador ya empezaba a dar síntomas de enfermedades irreversibles. Era, pues, el momento de organizarse, de preparar plataformas políticas, de definir programas y acciones. Bajo la dirección de Santiago Carrillo, el PCE ya había puesto en marcha aquella especie de órgano unitario, medio real, medio irreal, llamado Junta Democrática. Era una mezcla de organizaciones realmente existentes, como la del propio PCE, de organizaciones ficticias encabezadas por personas sin nada detrás suyo, como Calvo Serer, García Trevijano y Vidal Beneyto, de intelectuales de prestigio y con ganas de hacer política, como Enrique Tierno Galván, y hasta de carlistas reciclados. Siempre creí que, en sí misma, la Junta Democrática era una fantasmada pero que, a pesar de ello, daba una cierta carta de legitimidad al PCE y le abría contactos y posibilidades de negociación que al partido, por sí solo, le resultaban mucho más difíciles. A su vez, el PSOE, ya encabezado por Felipe González, con una dirección nueva y, sobre todo, joven, ponía en marcha, junto con sectores demócrata—cristianos, otro organismo, la Plataforma Democrática, que quería —y lo consiguió— forjar un espacio propio en el conjunto de la oposición al franquismo.

También se movían las cosas en Cataluña. A finales de 1974 Jordi Pujol pronunció una conferencia en ESADE anunciando su entrada en la política activa después de haber gestionado durante años Banca Catalana y de haber puesto en marcha unas iniciativas culturales que, de hecho, ya eran políticas en sí mismas. En el turno de intervenciones del público le pregunté si pensaba establecer relaciones con las fuerzas más o menos clandestinas de la izquierda y me contestó con algunas frases muy generales. Pero aquella conferencia era una demostración más de que las cosas se movían y que pronto se iban a mover con más rapidez.

Sin embargo, la Asamblea de Cataluña seguía siendo el punto de referencia principal, a pesar de que los sectores más específicamente nacionalistas, con los liderados por el propio Jordi Pujol, no se comprometían mucho con ella y tendían a transitar por caminos propios.

Al mismo tiempo, la Coordinadora de Fuerzas Políticas daba entrada a los grupos encabezados por Jordi Pujol y Josep Pallach y a finales de 1975 se convertía en el Consejo de Fuerzas Políticas de Cataluña. No era un simple cambio de nombre sino el intento de crear una estructura institucional más fuerte y más capaz de entrar en la batalla que pronto empezaría para la definición de la autonomía catalana. Desde los sectores reformistas del régimen franquista ya se insinuaban iniciativas en forma de Consejos y otras instituciones y había que tener a punto unas alternativas de la oposición más sólidas.

De hecho, a partir de 1973-74 se habían acelerado las iniciativas, las tomas de contacto, las relaciones más o menos clandestinas y las entradas en escena de nuevos protagonistas y nuevas opciones. En Cataluña era indudable que la fuerza principal era el PSUC y esto creaba a menudo tensiones entre las diversas fuerzas en gestación, que ni aceptaban la hegemonía del PSUC ni podían prescindir de él para la recuperación de las libertades.

Y en plena efervescencia nos llegaban periódicamente las cartas personales de Josep Tarradellas desde el exilio de Saint-Martin-le-Beau que criticaban duramente la Asamblea de Cataluña y la Coordinadora de Fuerzas Políticas e insistían en que todo aquel movimiento obstaculizaba el camino hacia una negociación sobre el retorno de la Generalitat —que él representaba— a Cataluña. Yo era uno de los receptores de aquellas cartas y debo decir que no me gustaban nada. Tal como yo entendía la situación, la negociación sobre el retorno de la Generalitat y de su presidente sólo sería factible si existía un gran movimiento popular apoyado en los cuatro puntos de la Asamblea de Cataluña y, por tanto, no eran dos procesos diferentes e incompatibles sino complementarios. Comprendía incluso la impaciencia del presidente Tarradellas y su temor a ser desplazado de su puesto como presidente de una Generalitat restaurada dentro de Cataluña por los dirigentes de la oposición, sobre todo por Jordi Pujol, al que temía por encima de todos, pero me parecía contraproducente abrir una discusión como aquélla en un momento en que había que sumar fuerzas, implicar a todos los sectores de la sociedad catalana y crear instancias unitarias. Como se demostraría tres años después, la movilización del pueblo catalán en favor del Estatuto y la restauración de la Generalitat, con Josep Tarradellas como presidente, fueron efectivamente dos procesos complementarios, complicados y tensos, sin duda, pero que culminaron con éxito.

En el resto de España la situación era parecida, pero más dispersa. El PCE era también una fuerza fundamental de la oposición pero no con la claridad y la contundencia de Cataluña y, por otra parte, los núcleos de acción antifranquista estaban más divididos, menos articulados, más centrados en algunas figuras que, a menudo, se desenganchaban del régimen franquista. También eran diferentes, pero en sentido contrario, las estructuras del Partido Socialista. Mientras en Cataluña el socialismo se debatía en un difícil proceso de unidad entre tres organizaciones, en el resto de España empezaba la renovación profunda de un socialismo cada vez más unificado, con rostros nuevos y jóvenes en la dirección y con una presencia creciente en el conjunto de los núcleos antifranquistas.

Aquél era, en líneas generales, el clima en que nos movíamos y, más allá de las peleas, pronto pudimos comprobar la fuerza de aquel movimiento, tanto en el plan interno como en el externo, muy diferente, por su amplitud y su profundidad, del PSUC y del PCE de diez años atrás. Uno de los momentos iniciáticos fundamentales fue el gran mitin conjunto de Enrico Berlinguer y Santiago Carrillo en la ciudad italiana de Livorno, para proclamar abiertamente la nueva línea del eurocomunismo. Yo asistí a él con mi hijo Albert y allí encontré a muchos compañeros, la mayoría ex miembros de Bandera Roja pasados al PSUC, todos alucinados por aquella multitud de banderas y de hombres y mujeres del Partido Comunista Italiano, pletóricos de entusiasmo y de confianza en sí mismos, que abrazaban sin parar a los "compañeros españoles", nos auguraban el próximo final de la dictadura y nos preguntaban, algo extrañados, cuál era el significado de aquella bandera con las cuatro barras catalanas que hacían ondear Joan Subirats y otros al frente de un grupo de jóvenes entusiastas. Y cuando les decíamos que era la bandera de la Cataluña democrática lanzaban vivas a "la Catalogna" sin saber muy bien por dónde paraba pero convencidos de que valía la pena si nosotros lo decíamos. Fue un mitin sensacional, una manifestación de masas impresionante, un baño de solidaridad y de hermandad.

Después de los discursos se celebró una reunión pública en un edificio cercano al puerto, en la que Enrico Berlinguer y Santiago Carrillo hicieron efectivo el pacto de cooperación entre el PCI y el PCE. La sala estaba llena a reventar, el calor era insoportable, pero nadie se movía, llevados todos por la emoción del momento. Y de golpe, Enrico Berlinguer interrumpió su discurso, se levantó con rapidez y dijo alarmado: "¡Cuidado con este chaval que está sentado en la ventana! Agarradlo bien porque se puede caer". El chaval en cuestión era mi hijo Albert y no sé cuántas manos se abalanzaron a protegerle mientras Berlinguer recuperaba el discurso entre ríos de sudor.

Fue un gran momento. Y no por ser un gran cambio político ni el comienzo de una nueva fase sino porque era la demostración de que existía un amplio movimiento solidario más allá y por encima de las fronteras cerradas y de nuestro aislamiento. El comunismo italiano nos parecía —y era— un movimiento poderoso, con millones de raíces sólidamente plantadas en los pueblos y en las ciudades de toda Italia, políticamente creador y abierto a todas las novedades. Y aquel encuentro mostraba que era posible extender a nuestro país el impulso, la creatividad y la fuerza de aquella multitud amiga y compañera.

A su vez, el PSUC había establecido relaciones especiales de cooperación y de intercambio de ideas con los comunistas italianos del Piamonte y con los comunistas yugoslavos de Eslovenia y muy pronto Turín y Liubljana —y también Barcelona, a pesar de las dificultades de la clandestinidad— se convirtieron en puntos de encuentro con gentes muy capaces y abiertas que también buscaban nuevas vías de acción y nuevos principios políticos contra los viejos esquemas del bloque soviético. Con muchos de ellos establecimos unas relaciones personales de amistad que han perdurado hasta hoy y, en cualquier caso, aquellos contactos y aquellas discusiones, sobre todo con los italianos, nos abrieron unas perspectivas muy estimulantes que, como decía, convirtieron al PSUC en un partido muy proitaliano, especialmente en sectores como la cultura y la enseñanza.

Otra experiencia internacional que me impresionó mucho fue el Congreso del nuevo Partido Socialista Francés, celebrado en Pau en marzo de aquel año 1975. El PCE había sido invitado como observador y envió una delegación encabezada por Manuel Azcárate, de la que yo formé parte. El congreso me impresionó por la potencia de aquel partido y por la riqueza de un debate que era, de hecho, una confrontación muy dura pero muy civilizada sobre el papel del nuevo partido y sobre su organización interna. Me impresionaron especialmente las intervenciones de Michel Rocard, Lionel Jospin y Jean Pierre Chevenement, entre otros, y, por encima de todo, el discurso de François Mitterrand, que aceptaba todos los pluralismos internos pero exigía la máxima unidad y, por tanto, la máxima uniformidad en la dirección del partido. En realidad, era la primera vez que veía en acción un congreso de aquellas dimensiones y características, es decir, la primera vez que veía cómo discutía un partido ideológicamente diverso, estructurado en corrientes que se oponían en algunas cosas y confluían en otras y que se expresaban con una extraordinaria libertad de criterios y de opiniones.

Algún tiempo después de la concentración de Livorno el PCE celebró otro gran acto en Roma con motivo del ochenta aniversario de Dolores Ibárruri, que fue otra demostración de la fuerza de aquel movimiento internacional. Estuvieron en él representantes de todos los partidos comunistas del Este y del Oeste, algunos interesantes, otros siniestros, y también representantes de partidos socialistas, como Mario Soares y varios dirigentes del Partido Socialista Francés y de los socialistas italianos, y muchas figuras de la política y de la cultura europeas. A Dolores Ibárruri no la había vuelto a ver desde aquella cena de mi aniversario en Bucarest, doce años atrás. Era ya muy mayor y representaba más el pasado que el futuro, pero mantenía viva su fuerza como oradora y aquella voz suya, tan impresionante. Asistieron también muchos exponentes de la cultura de nuestro país y recuerdo una larga conversación entre Raimon, Manolo Vázquez Montalbán, Alfonso Comín y yo, en una habitación del hotel que compartíamos y en la cual, entre discusiones y copas, diseñamos definitivamente el futuro del comunismo, del socialismo y de la democracia en nuestro país y en el mundo entero.

En el verano de 1975 se celebró una gran reunión del PCE en el norte de Francia, cerca de Arras, en una de aquellas residencias de vacaciones del Partido Comunista Francés o de la CGT. Allí me encontré con compañeros de antes, como Tomás García, Simón Sánchez Montero y Ramón Mendezona pero, sobre todo, conocí gente nueva, como la malograda Pilar Brabo, Carlos Alonso Zaldívar, Enrique Curiel, Roberto Lertxundi, que provenía de la primera ETA, Juan Infante, los hermanos Pérez Royo —Fernando y Javier—, Amparo Rubiales, Charo Peral y tantos otros. Eran los exponentes de una nueva generación que empezaba a ocupar una importante espacio bajo la fuerte dirección de Santiago Carrillo. Pese a todo, tuve la sensación de que el PCE se había renovado menos que el PSUC, que sus estructuras y sus ideas eran más pesadas y que la dirección y la orientación general del partido dependía demasiado del liderazgo personal e incontestable de Carrillo.

La reunión sirvió para legitimar la línea seguida con la creación de la Junta Democrática pero, sobre todo, para empezar a plantear algunos problemas que podían bloquear al partido y conducirlo a una gran confrontación interna si no se resolvían a tiempo. Franco ya había dado señales de una enfermedad final y el PCE seguía en la clandestinidad mientras las demás fuerzas políticas empezaban a organizarse abiertamente en una legalidad no proclamada pero sí consentida.

En el seno del PCE se generalizaba, pues, la inquietud y existía el peligro de un salto en el vacío si no había signos claros de una legalización inmediata. Entre los dirigentes y los militantes hervía la impaciencia y había que encontrar una línea política que no fuese ni la claudicación, ni la marginación ni la huida hacia adelante. Los temas principales estaban muy claros: ¿Ruptura o reforma? ¿Aceptación de la monarquía o lucha por la república? ¿Aceptación de una clandestinidad sin fecha de caducidad o forzar la legalización? Y en caso de forzarla, ¿qué camino seguir? ¿La confrontación a través de acciones de masas más o menos violentas o renunciar a las acciones en nombre de posibles negociaciones por arriba?

En general, el clima de la reunión fue sensato y pasablemente optimista porque era evidente que se acercaban momentos decisivos y que el franquismo había entrado en la recta final. Pero nos inquietaba la posible violencia del ejército y de la policía, bien demostrada en aquellos mismos momentos por la dura reacción de la cúpula militar contra los militares demócratas de la UMD, la condena a muerte de dos miembros de ETA y tres miembros del FRAP y también por el encarcelamiento de periodistas que denunciaban actividades especuladoras de algunos militares, como J.M. Huertas Clavería, de *TeleXpress*.

El sentido de la reunión era, pues, establecer una línea de acción homogénea, sin derivas parciales ni confrontaciones internas. En la práctica quería decir reforzar el liderazgo de Santiago Carrillo y su equipo y, de hecho, aceptar los pasos dados hasta entonces —Junta Democrática, contactos con algunos exponentes del régimen que se extinguía—, buscar una amplia alianza de todas las fuerzas antifranquistas, crear las condiciones para la plena legalización del partido y, en definitiva, dejar en manos de la dirección, y más concretamente de Santiago Carrillo, los pasos tácticos y estratégicos de una ruptura que todos sabíamos ya que no sería plena y que, en el mejor de los casos, sería pactada.

En aquella reunión Alfonso Comín fue nombrado miembro del Comité Ejecutivo y mi compañera, Teresa Eulalia Calzada, Jordi Borja y yo, miembros del Comité Central. Fue, en general, un encuentro más bien optimista, con gente que representaba el pasado y gente que prefiguraba el futuro y, por tanto, con mentalidades diversas, no sólo en el terreno político sino también en el de la vida cotidiana. Teresa Eulalia y yo, por ejemplo, tuvimos problemas para estar juntos porque la organización había establecido una clara línea divisoria entre la residencia de los hombres y la de las mujeres. Quince años atrás aquel mismo principio había separado a los universitarios y las universitarias del PSUC que venían a París y a mí me habían encargado organizar y justificar la separación hasta que nos rebelamos todos, ellos, ellas y yo. O sea, que en algunas cuestiones esenciales se había avanzado muy poco.

Poco tiempo después otro estado de excepción en España anunciaba la ejecución inminente de los procesados de ETA y el FRAP y, angustiados por la perspectiva inmediata de aquel crimen que cerraría el círculo de una represión iniciada cuarenta años atrás, todos nuestros esfuerzos se concentraron en la batalla contra el fusilamiento de los condenados. Desde la Universidad, desde el Colegio de Abogados de Barcelona y desde otras plataformas cívicas, religiosas y sindicales se organizó una acción de protesta, pero no fue una protesta masiva porque el régimen franquista todavía daba miedo y porque en muchos sectores de la sociedad catalana ya empezaba a manifestarse el desconcierto de tener que optar entre dos violencias, la del franquismo y la del terrorismo, aunque en aquel caso no había ninguna prueba seria de terrorismo contra los condenados.

La noche del 26 al 27 de septiembre de aquel año 1975 fue, pues, una noche dramática. Un buen grupo de juristas nos concentramos en el Colegio de Abogados de Barcelona para presionar a las autoridades e impedir la ejecución de los condenados, especialmente de Juan Paredes Manot, "Txiqui", el único que iba a ser ejecutado en Cataluña. Pero nuestros esfuerzos fueron débiles e inútiles y cuando de madrugada llegó al Colegio Magda Oranich, la abogada defensora de "Txiqui", y nos confirmó la ejecución, con todos los detalles que había seguido directamente, estalló entre los reunidos una explosión de indignación y, a la vez, de impotencia. Fue el último crimen de Franco pero era exactamente un crimen y no habíamos sido capaces de evitarlo.

Sin embargo, todos los signos anunciaban una aceleración del final de Franco. La primera caída del dictador nos fue comunicada en una reunión de empresarios catalanes en Platja d'Aro, en la que yo participaba como representante oficioso del PSUC ilegal, en plena conversación con Carlos Ferrer Salat sobre el eurocomunismo y el socialismo, que se alargó hasta altas horas de la madrugada. Naturalmente, la noticia conmocionó a todos los participantes y el resto de la reunión se centró en las perspectivas que podían abrirse de inmediato.

Pero Franco no sólo tardó en morir sino que todavía presidió aquella siniestra concentración en la plaza de Oriente de Madrid que era, a la vez, una confirmación de la fase final del régimen y un regreso a las concentraciones de los primeros años de la dictadura, por las formas, por los contenidos del discurso y por la actitud beligerante de los participantes. Todavía daba miedo, pero ya no era el miedo de antes. Y entre aquellos rostros siniestros y aquella gestualidad fascista me inquietaba la figura triste y dramática de un Juan Carlos, príncipe y futuro rey, que quizá era el único entre aquella multitud que pensaba en el futuro pero que no sabíamos todavía en qué futuro concreto.

La noticia de la agonía del dictador nos llegó en una reunión clandestina de la ejecutiva del PSUC en Aiguablava, también en la Costa Brava. Mantuvimos la radio abierta durante toda la noche y por la mañana nos dispersamos con la seguridad de que muy pronto íbamos a entrar en una etapa nueva y decisiva.

Aquella noche Teresa Eulalia y yo decidimos ir a dormir fuera de casa. Nos instalamos en casa de una amiga muy íntima, Adela Agelet, que de madrugada nos despertó con la noticia más esperada: "Acaban de decir por la radio que Franco ha muerto". Nos abrazamos los tres en silencio, conscientes de que era el abrazo que habíamos esperado durante tantos años y de que era, también, el abrazo inicial de una nueva fase de nuestra vida política y personal.

A las ocho de la mañana nos reuníamos unos cuantos miembros de la ejecutiva del PSUC en el despacho de Pere

Portabella y empezamos a planificar los contactos inmediatos con las demás fuerzas. Las consignas eran claras: serenidad, no caer en provocaciones, aumento de la vigilancia pero, a la vez, intensificación de las relaciones con otros grupos y sectores y reforzamiento de los vínculos unitarios. A las nueve de la mañana nos dispersábamos y empezaban las rondas de encuentros con otros grupos políticos y sindicales, con la alegría en el alma pero, a la vez, con una cierta angustia ante las incógnitas de aquella situación singular. Pero entre la alegrías y las angustias empezábamos ciertamente a sentirnos protagonistas reales de una nueva fase de nuestra historia colectiva.

CAPÍTULO XXI

La oscuridad y la luz

A finales de 1975 salíamos efectivamente de la oscuridad pero todavía no adivinábamos las dimensiones de la luz. Era indudable que el franquismo sin Franco no aguantaría la presión por el cambio, pero había muchas opciones intermedias que podían convertir aquel cambio en un sistema todavía muy cerrado. El franquismo se dividía, ciertamente, pero las Fuerzas Armadas no. Y, como he dicho, todavía no sabíamos con certeza cuál sería el itinerario del nuevo rey, Juan Carlos I.

Lo que ya llamábamos la "ruptura pactada" era la síntesis de nuestras esperanzas y de nuestros agobios. Aunque nos resistíamos a decirlo en voz alta, todos sabíamos que el problema principal era que íbamos a construir la democracia con los aparatos de Estado de una dictadura, con unos partidos que estaban saliendo de la clandestinidad o que todavía no existían como tales y con una población que sin duda quería el cambio pero vivía con los temores y las cautelas del pasado inmediato. La única posibilidad de avanzar era a través de un gran pacto pero no sabíamos si podríamos ser protagonistas reales del mismo ni con quién tendríamos que pactar ni de qué manera. El "espíritu del 12 de febrero" no había llegado ni al mes de marzo y los únicos mensajes del gobierno Arias Navarro eran aquel "La calle es mía" de Fraga Iribarne después de la tragedia de Montejurra y una Ley de Asociaciones Políticas que no servía para avanzar ni para contentar a los inmovilistas.

En Cataluña dominaba el debate sobre nuestro papel como catalanes y demócratas en aquel momento decisivo, sobre nuestra autonomía, sobre el modelo de Estado democrático y sobre la relación de Cataluña con el resto de España en la lucha final por la democracia. Teníamos, ciertamente, dos instancias propias, la Asamblea de Cataluña y el Consejo de Fuerzas Políticas, pero cada día era más evidente que no eran aquellos los instrumentos que se necesitaban para la dura negociación que se abriría. La Asamblea de Cataluña era un magnífico soporte para las iniciativas de cambio y de afirmación democrática pero no un mecanismo para decidir las formas, los ritmos y las etapas de la puesta en marcha efectiva de sus cuatro puntos fundamentales cuando ya no teníamos enfrente a un dictador. A su vez, el Consejo de Fuerzas Políticas se había estancado por las disensiones internas sobre el camino a seguir y era difícil que pudiese encabezar aquel cambio tan complejo sólo desde Cataluña y con una parte de sus miembros legalizada y otra parte todavía ilegal.

En Madrid se habían fusionado las dos plataformas unitarias —la Plataforma Democrática y la Junta Democrática— en una sola, la llamada Coordinación Democrática, en la que por fin se había integrado al Partido Comunista. Y nuestro problema era saber qué pintaba Cataluña en todo aquello, si para conseguir la autonomía y las libertades teníamos que ponernos de acuerdo con Coordinación Democrática y participar con ella en las negociaciones que sin duda se abrirían con el gobierno Suárez o si teníamos que negociar la autonomía sólo desde Cataluña y, por tanto, al margen de las acciones que pudiese emprender Coordinación Democrática en el conjunto de España.

La opinión del PSUC, por la que yo batallé con todas mis fuerzas, era que nosotros, los catalanes, teníamos que participar plenamente en los órganos negociadores de toda España porque la conquista de nuestra autonomía sólo sería posible si se establecía en el conjunto de España una auténtica democracia. Era un tema que ya prefiguraba muchas de las cosas que ocurrieron después, pero tanto el PSUC como los socialistas catalanes, todavía divididos mas ya en un proceso acelerado de unificación, se mantuvieron en esta posición y cortaron un camino que nos habría llevado al aislamiento y a la frustración.

Aquél fue, afortunadamente, el criterio que se impuso, de modo que cuando se constituyó la llamada "Comisión de los Nueve" —o de "los Diez" si se sumaba a un representante de los sindicatos que a veces estaba presente y a veces desaparecía—, una especie de representación colectiva de las principales fuerzas de la oposición para negociar el cambio con el gobierno de Adolfo Suárez, formaron parte de ella tres representantes de las nacionalidades históricas, Cataluña, Euskadi y Galicia.

La discusión pasaba naturalmente por los diversos grupos políticos, algunos ya consolidados, otros en proceso de formación, otros simples intentos que no llegarían a puerto. Pero pasaba también por una prensa que rompía los viejos controles, por las reuniones públicas y privadas, por los artículos de prensa, por las mesas redondas y por los ciclos de conferencias individuales o colectivas.

Aquel periodo final de 1975 y todo el año 1976 se convirtió en una auténtica locura de reuniones, debates, conferencias, declaraciones, artículos de prensa y entrevistas. Los principales dirigentes del PSUC se mantenían todavía en la clandestinidad y otros ya muy conocidos, como Antoni Gutiérrez Díaz, se ocupaban básicamente de la dirección efectiva del partido y de las relaciones con las demás fuerzas políticas. Por mi condición de profesor universitario, de escritor y de articulista me convertí, pues, en una especie de portavoz público del PSUC y en un transmisor igualmente público de las ideas y las opiniones del partido. Un papel parecido tenían Alfonso Comín, Jordi Borja y muchos otros, entre los cuales quiero destacar a Josep Solé Barberà, abogado de tantos comunistas detenidos, juzgados y encarcelados y persona de una inmensa vitalidad, del que no me resisto a recordar una buena anécdota.

Una de las iniciativas importantes de aquel momento en Cataluña fue un ciclo de conferencias en el que los principales grupos de la oposición, legales unos, medio legales otros e ilegales unos terceros, presentaban sus programas políticos. Josep Solé Barberà fue el conferenciante designado por el PSUC y conociendo su tendencia a la improvisación la dirección del partido le exigió que, precisamente porque el momento era delicado, redactase y leyese el texto de su intervención. Era ya legendaria su defensa de Miguel Núñez, años atrás, en la que había leído ante el tribunal militar un artículo completo de *Le Monde* sobre la situación en España, inventado sobre la marcha. Prometió, pues, que redactaría el texto y, efectivamente, se presentó a la conferencia con un buen número de páginas que pasó una por una con gran seriedad y circunspección. Al terminar la charla constatamos que todas las páginas estaban en blanco.

En febrero de 1976 empecé mi labor de articulista en *Mundo Diario*, el periódico que Sebastián Auger había puesto al servicio de todas las fuerzas políticas en aquel momento. Durante tres años o más publiqué en él un artículo semanal que era, desde luego, mi opinión sobre los acontecimientos de aquellos meses complicados pero que, en buena parte, era también la opinión de la dirección del PSUC sobre el momento político, sobre su programa y sobre sus expectativas. También publiqué muchos artículos en el diario en catalán *Avui*, que se había puesto en marcha con el esfuerzo de todos y que en aquel momento todavía estaba abierto a todas las fuerzas políticas de Cataluña.

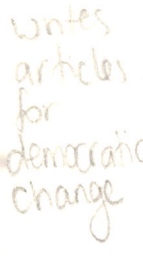

Las posibilidades y las perspectivas del cambio democrático eran los temas que yo desgranaba cada semana en las páginas de ambos periódicos y también en centenares de artículos, de conferencias, de mesas redondas y de entrevistas en otros, como *Por Favor, Arreu, TeleXpress, Diari de Barcelona, La Vanguardia, Cuadernos para el Diálogo, Triunfo* y, poco después, en *El País* y una buena cantidad de diarios de Málaga, Granada, Palma de Mallorca, Cádiz, Las Palmas, Santa Cruz de Tenerife, etcétera. Recuerdo especialmente una multitudinaria conferencia —más mitin que conferencia— en el Hospital Real de Granada desde una tribuna situada en el centro mismo de la gran sala y rodeado de público por los cuatro lados mientras la policía rodeaba el bellísimo edificio. U otra charla imponente en la sala de actos de un colegio mayor de Madrid. O las conferencias en las Islas Canarias, autorizadas en Santa Cruz de Tenerife y prohibidas en Las Palmas. O las charlas interrumpidas por grupos de falangistas, con pistolas al aire, en Granada y en la propia Barcelona. O reuniones como la organizada por la revista *Canigó* en enero de 1976 en Besalú con Joan Fuster, Raimon y Josep Guía, entre otros, para discutir la cuestión nacional catalana en el ámbito de los Países Catalanes. Y otros actos bien diferentes, como un coloquio en la Universidad de Perpiñán sobre el mismo tema en el que fui pitado e insultado por un grupo de nacionalistas radicales porque defendí la autonomía de Cataluña y rechacé la independencia. Y en medio de aquel incesante movimiento, los viajes a Pau para participar en algunos de los coloquios anuales sobre la historia de España que organizaba Manuel Tuñón de Lara en su Centro de Estudios Hispánicos.

Después de un intento de revitalizar la editorial Estela con Alfonso Comín, Josep Verdura, Jordi Borja y el inolvidable Josep M. Pinyol —gran amigo y, sin duda, la persona con más información sobre las interioridades del Vaticano y de la Iglesia Católica en general que yo he conocido— a finales de aquel año 1976 lanzamos una nueva revista en catalán, *Taula de Canvi*, que definíamos en la presentación como "...una revista plural y de izquierda en la que tienen un lugar todos los que están por la construcción del socialismo". Y concluíamos la presentación diciendo que "...*Taula de Canvi* es un lugar de confrontación, de debate plural y abierto, a partir de unos objetivos y de unas problemáticas comunes. Todo lo que pueda enriquecer a la izquierda de nuestro país tiene en ella su espacio". El director era Alfonso Comín, el redactor en jefe Josep Ramoneda, la secretaria de redacción Carmen Isasa y el consejo de redacción estaba formado por Eliseo Aja, Jordi Borja, Jordi Carbonell, Josep M. Castellet, Antoni Castells, Josep Fontana, Jaume Melendres, Isidre Molas, Raimon Pelegero, Joaquim Sempere, Manuel Vázquez Montalbán, Josep M. Vegara y yo mismo. Más tarde se incorporaron al consejo de redacción Josep Benet, Alex Broch, Alexandre Cirici Pellicer, Josep M. Cullell, José Antonio González Casanova, Pere Jover, Ernest Lluch, Antoni Monreal, Ignasi Riera y Montserrat Roig y después de la muerte de Alfonso Comín el director de la revista fue Manuel Campo Vidal. Era realmente un punto de encuentro entre el PSUC y el PSC y otros sectores de la izquierda catalana y tuvo una trayectoria compleja pero muy interesante en aquellos momentos de cambio tan complicados.

Eran también los momentos de plenitud del Congrés de Cultura Catalana y todavía recuerdo con emoción mi participación en unas jornadas del Congrés en mi pueblo, Mollet del Vallés, con todas las calles llenas de banderas catalanas, que yo glosé en un artículo titulado, precisamente, "Las banderas de Mollet". Nada de aquello era legal pero se avanzaba por un camino que ni era legal ni ilegal, con entusiasmo por parte de unos demócratas que ya se infiltraban en las estructuras del sistema —como en los ayuntamientos, por ejemplo— y desconcierto por parte de unos gobernantes que ya no sabían si lo eran de verdad ni cuánto durarían.

De golpe pareció que todo se aceleraba, sobre todo cuando el mes de julio Arias Navarro fue destituido por el Rey y sustituido por Adolfo Suárez. Teresa Eulalia y yo nos enteramos de la noticia en un hotel de Ribes de Fresser, después de un intento fallido de escalar el pico Balandrau. Mi primera reacción fue de disgusto porque en aquellos momentos apostábamos más por José María de Areilza como nuevo presidente del gobierno y no nos fiábamos mucho de un Adolfo Suárez que, en definitiva, había sido secretario general del Movimiento hasta el último momento y del que no conocíamos ni ideas ni actitudes de apertura. O sea que su nombramiento nos pareció —a mí y a muchos más— un paso que no resolvía nada. Luego pudimos comprobar que sería un paso seguido de muchos otros y que habíamos entrado de verdad en la recta decisiva.

Parecía, pues, que el cambio había empezado pero no estaba claro en qué consistiría. En Cataluña, por ejemplo, Adolfo Suárez retomaba un intento fallido de Arias Navarro sobre un posible régimen especial y con el apoyo de Juan Antonio Samaranch, Federico Mayor Zaragoza, Juan Sardá, Carlos Sentís, Joaquín Viola, Pablo Porta y otros lanzó el proyecto de un Consejo General de Cataluña, una especie de Mancomunidad de Diputaciones con atribuciones muy imprecisas y muy limitadas, que fue rechazado por todos los grupos de la oposición.

El nuevo gobernador civil de Barcelona, Salvador Sánchez Terán, fue el encargado de vender el proyecto y, como tal, entró en contacto con todas las fuerzas políticas, abiertamente con las consideradas legales, secretamente con las demás. Yo fui su contacto con el PSUC y un día, a propuesta suya, nos reunimos en casa de Manuel Jiménez de Parga, en L'Ametlla del Vallés, con la excusa de una cena de veraneantes, entre los cuales estaba también Josep Laporte, por entonces rector de la Universidad Autónoma de Barcelona. Después de cenar y mientras los invitados alargaban el café, él y yo nos retiramos a una habitación. Fue una conversación franca y abierta en la que él me reiteró que, a pesar de las dificultades de un cambio que chocaría con muchas resis-

UNA HISTORIA OPTIMISTA

tencias entre los núcleos duros del franquismo, la voluntad de Suárez era hacer desaparecer las Cortes franquistas de manera controlada y proceder a la legalización, igualmente controlada, de los partidos políticos. Pero, precisamente por la necesidad de no perder el control de un cambio tan importante ni desencadenar reacciones brutales de los sectores más cerrados del régimen, los partidos y los grupos más conflictivos, como el PCE y el PSUC —y también Comisiones Obreras y Esquerra Republicana de Catalunya— sólo podrían ser legalizados en un futuro todavía incierto, después de aprobada en referéndum una Ley para la Reforma Política si todo iba bien y si nosotros no hacíamos demasiado ruido. Aquel era también el sentido del Consejo General que proponía como fórmula especial para Cataluña. Yo le expresé los puntos de vista del PSUC sobre el proceso de democratización y el restablecimiento provisional del Estatuto de Autonomía de 1932 en Cataluña y le reiteré que mantener el partido en la ilegalidad, aunque fuese de manera temporal, era inaceptable y que tampoco aceptaríamos una Ley para la Reforma Política con el PCE, el PSUC y otros partidos y grupos impedidos de participar libremente en un supuesto referéndum.

Lo cierto es que Adolfo Suárez siguió adelante con su proyecto, pese a todo, y en febrero de 1977 creó un flamante Consejo Nacional de Cataluña que fue barrido del mapa por el resultado de las primeras elecciones, cuatro meses después.

La posición del PCE y del PSUC era muy clara y su fuerza era evidente, pero a medida que progresaba el intento de Suárez de hacer aprobar en referéndum aquella ley sin habernos legalizado nuestra inquietud aumentaba y empezábamos a detectar tensiones serias en el interior de ambos partidos. Luchábamos por la negociación, queríamos que Cataluña no se desvinculase de las fuerzas que negociaban en Madrid, pero el representante que Cataluña envió a la Comisión de los Nueve era Jordi Pujol, los méritos del cual no discutíamos, pero que ni nos representaba ni representaba a los socialistas, o sea, a los que más habíamos batallado y batallábamos.

El ejemplo más contundente de aquellas contradicciones y de aquellos estados de ánimo fue el formidable estallido de la conmemoración del Once de Septiembre de 1976 en Sant Boi de Llobregat. Recuerdo con emoción aquel día y algunas de las fotografías que conservo con más aprecio son la de Teresa Eulalia, mi hijo Albert y yo con otros amigos ondeando la bandera catalana y otra en la que Alfonso Comín y yo nos fundimos en un largo abrazo. Si en Madrid había dudas y reticencias, si el gobierno de Adolfo Suárez creía que se podía obviar o relativizar el clamor por la autonomía, el acto de Sant Boi puso las cosas en su punto exacto: no servían las fórmulas intermedias, no servían los compromisos difusos, no servían los aplazamientos. Detrás de la exigencia de nuestra autonomía no había sólo la presión de unos grupos políticos más o menos fuertes, no sólo la presión de unos núcleos intelectuales, no sólo la exigencia de unas organizaciones sociales sino el clamor de todo un pueblo que, por fin, veía un poco de claridad en la oscuridad de aquellos cuarenta años siniestros y exigía la plenitud de la luz.

Pese a aquel gran éxito, dentro del PSUC crecía, por consiguiente, el malestar. En aquel acto sensacional, hecho posible sobre todo por el entusiasmo de las gentes de izquierda y muy especialmente por el entusiasmo y el coraje de nuestra gente, no pudo intervenir ningún orador del PSUC y aquello nos dejaba un sabor agridulce. Estábamos entusiasmados por la inmensa manifestación y, a la vez, angustiados por el peligro de una marginación injusta. Y también porque temíamos que aquella discriminación acabase otorgando a la derecha, nacionalista o no, una hegemonía que ni se merecía ni nos haría avanzar.

Durante algún tiempo aceptamos la singularidad, sobre todo porque todo estaba todavía muy oscuro y las líneas de separación cambiaban a menudo. En nuestra vida pública, por ejemplo, nos movíamos y éramos reconocidos como miembros y hasta dirigentes de un partido socialmente reconocido como tal pero jurídicamente ilegal. En todas las conferencias y entrevistas, por ejemplo, yo era presentado como un "dirigente del PSUC" y lo mismo ocurría con los demás dirigentes, más o menos conocidos. Aquello incluso nos divertía tanto por la novedad como por lo que significaba en un momento de cambios inseguros. Pero cuando nuestra marginación se convertía en discriminación y cuando se nos pedía prudencia sin ninguna garantía de futuro y todo aquello redundaba en que el protagonismo de los cambios pasase por otras gentes que no nos representaban, nuestra paciencia se convertía en impaciencia y eran muchos los que, dentro de nuestras filas, empezaban a decir que ya bastaba y que había que lanzarse a una acción más contundente.

La salida lógica de aquella situación era dar un paso adelante y forzar los límites de nuestra legalidad. Este fue el sentido de la espectacular reunión del Comité Central del PCE en Roma. Era todavía una reunión fuera de España porque fracasaron los intentos de hacerla en Madrid pero se presentó y se organizó como un acto plenamente abierto a los medios de comunicación y, por tanto, sin rostros escondidos ni nombres ocultos. Allí estaban Dolores Ibárruri, Santiago Carrillo, Simón Sánchez Montero, Ignacio Gallego, Tomás García, Manuel Azcárate, Santiago Álvarez, Marcelino Camacho y tantos otros, pero también estaban dirigentes de otra generación como Nicolás Sartorius, Ramón Tamames, Julián Ariza, Adolfo Piñedo, Pilar Brabo, Carlos Alonso Zaldívar, Alfonso Comín y yo mismo, todos elegidos o ratificados en aquella reunión como miembros del Comité Ejecutivo del PCE.

Pero aquello no sólo era un desafío sino también una muestra de solidaridad de otras fuerzas. El PSOE envió a Txiqui Benegas, que pronunció un emotivo saludo, y prácticamente estuvieron presentes todos los grupos de la izquierda clandestina y una representación de la Democracia Cristiana. A su vez, el gobierno y los partidos italianos hicieron otra demostración de apoyo, iniciada por la recepción oficial de Sandro Pertini y Amintore Fanfani en la Cámara de Diputados y en el Senado y por las intervenciones en las sesiones públicas de Enrico Berlinguer en nombre del PCI, de Bettino Craxi en nombre del Partido Socialista y de los representantes de la Democracia Cristiana y del PSD, además de la presencia de los principales dirigentes del PCI.

Aquella reunión fue, también, un paso adelante en la restructuración de un partido forjado en la clandestinidad y que tenía que prepararse para funcionar en la legalidad y hasta con la voluntad de llegar a ser un partido de gobierno. No sólo se afirmó la apuesta por el eurocomunismo, es decir, por un socialismo entendido como objetivo permanente del desarrollo y la ampliación de la democracia, sino que se definió el cambio en España como una ruptura pactada entre los reformistas del régimen y las fuerzas de la oposición, se modernizó la estructura orgánica del partido y se crearon unos mecanismos que, en teoría, iban a terminar con lo que aún se denominaba el centralismo democrático. Otra cosa es si aquellos mecanismos funcionaron bien o mal, pero la voluntad renovadora era indiscutible, por lo menos en aquel momento.

En las sesiones públicas de aquella espectacular reunión intervinieron naturalmente Dolores Ibárruri y Santiago Carrillo pero yo recuerdo especialmente el impacto que provocó la intervención de Alfonso Comín, tanto por su mensaje de comunista cristiano como por su figura, que parecía realmente la de un Cristo vivo y evangelizador.

Regresamos a casa con una cierta euforia pero sabiendo que aquello no era más que un paso incierto. La mayoría de nosotros habíamos salido de España y regresado libremente, pero los dirigentes principales todavía vivían en la clandestinidad o en la semiclandestinidad. Por ello se buscaron otras iniciativas espectaculares y, sin duda, la que causó un mayor impacto fue el regreso clandestino de Santiago Carrillo y otros dirigentes del PCE, y en Cataluña la aparición pública de personajes como Gregorio López Raimundo, Miguel Núñez, Cipriano García, Rafael Vidiella, Josep Serradell, Margarida Abril y otros dirigentes veteranos que ya vivían clandestinamente en Cataluña o que todavía estaban en el exilio. El regreso de Rafael Vidiella, sobre todo, fue un acto público de grandes dimensiones, con centenares y centenares de militantes que recibían al viejo dirigente en la estación de Sants con banderas e himnos.

Pero el grueso de los militantes se seguían moviendo entre la impaciencia y la indignación y el malestar se convertía en alarma cuando aquella discriminación era interpretada en términos ideológicos. En el interior del PCE y del PSUC pronto empezaron a oírse las primeras voces de una deriva peligrosísima sobre la izquierda y sus componentes. El argumento era fácil y contundente: si el gobierno, con el visto bueno de la oligarquía monopolista, como se decía entonces, legalizaba a los socialistas y dejaba a los comunistas en la ilegalidad era porque nosotros éramos revolucionarios y los socialistas no, porque nosotros teníamos un proyecto de cambio social y los socialistas hacían el juego al capitalismo, porque nosotros éramos los auténticos representantes de la clase obrera y los socialistas eran los traidores que la dejaban indefensa en manos del capital. De momento no eran más que explosiones de ira aisladas pero cada día, cada hora transcurrida con los socialistas legalizados y los comunistas marginados eran como un regreso al pasado y un paso más hacia la insensatez de una izquierda dividida. A pesar de todo las cosas no pasaron de ahí, por el momento, porque la mayoría de los militantes eran conscientes de que el camino sería largo y complicado y de que, pese a la marginación, el sendero se abriría cada día un poco más.

Todos sabíamos que el obstáculo decisivo para la culminación del proceso democrático era el absoluto rechazo de los jefes militares y de los núcleos todavía influyentes del franquismo a la legalización de lo que ellos consideraban aún como su enemigo histórico. Pero también sabíamos que sin aquella legalización el proceso democrático se estancaría y se complicaría y los que saldrían ganando serían los sectores más cerrados de las Fuerzas Armadas y de los residuos del Movimiento.

Un ejemplo bien claro de la contradicción en que vivíamos fue la celebración del cuarenta aniversario de la fundación del PSUC en el mes de julio de 1976. No hubo permiso oficial, los actos de celebración eran ilegales pero hubo actos, artículos de diarios y un documento de solidaridad con el PSUC firmado por ciento sesenta personalidades de la cultura catalana, encabezadas por Joan Miró, Antoni Tàpies, J.L. Sert, Salvador Espriu, Joan Oliver (Pere Quart), Maria Aurèlia Capmany, Josep M. Castellet, Josep Benet, Maurici Serrahima, Jordi Carbonell, Manuel Jiménez de Parga, Josep Lluís Sureda, Agustí de Semir y tantos otros. Nadie fue detenido ni multado pero el PSUC seguía siendo un partido ilegal.

En mis artículos de aquel año, expreso nuestras quejas y nuestras expectativas pero también intento romper la tendencia al autoaislamiento y celebro los pasos dados por otras fuerzas. En mi primer artículo en *Mundo Diario*, del 4 de febrero de 1976, saludo el congreso de la Democracia Cristiana y en otro del 3 de noviembre saludo con entusiasmo el nacimiento del Partit dels Socialistes de Catalunya, que más tarde se denominaría PSC (Congrés), tras aquel mitin multitudinario del Palau Blaugrana. Siempre creí que la división de los socialistas perjudicaba a la izquierda en su conjunto y que cada paso hacia la unidad de los diversos grupos socialistas sería un paso adelante para toda la izquierda de Cataluña. Lo mismo pensaba del socialismo en el resto de España. No me gustaba nada la dispersión de siglas y confiaba en que el impulso y la energía de los nuevos dirigentes, como Felipe González y Alfonso Guerra, superarían las divisiones y crearían un PSOE fuerte, capaz de dar un gran impulso a la izquierda de nuestro país.

No se trataba de simples saludos formales. A medida que se acercaba el desenlace de tantas expectativas y contradicciones crecía mi preocupación por el tema que ya había planteado algunos años atrás, a saber, si en Cataluña —y ahora también en el resto de España— la democracia se construiría bajo la hegemonía de la derecha o de la izquierda. Yo veía al PSUC como una fuerza sólida y unida, pese a las contradicciones internas que, de momento, se habían calmado. Pero estaba convencido de que el PSUC por sí solo no podría asegurar una mayoría de izquierda en Cataluña ni siquiera si llegaba a ser el partido más votado. Por consiguiente, me inquietaban mucho las dificultades de los socialistas para crear un partido unido y me parecían una auténtica locura aquellas disputas entre los seguidores de Josep Pallach, por un lado, y los de Joan Reventós, Raimon Obiols, Narcís Serra y otros sobre la unidad y hasta sobre el nombre del partido que estaban creando. La fórmula pactada entre ellos para compartir el nombre del Partit dels Socialistes de Catalunya y, a la vez, diferenciarlo con el añadido de "Reagrupament" o de "Congrés" era, ciertamente, un compromiso que permitía seguir adelante, pero también era una fuente de confusiones. Y cuando, tras la muerte súbita de Josep Pallach, el PSC (Reagrupament) se acercó a Jordi Pujol en aquel camino insólito que le llevaría a formar una coalición con Convergencia en las primeras elecciones de 1977, el desbarajuste y el disgusto fueron enormes. No era aquel, precisamente, el camino que llevaba a la mayoría de izquierda en Cataluña.

Afortunadamente el PSC (Congrés) y la Federació Socialista de Catalunya (PSOE) consiguieron, con dificultades, la unidad de acción, un paso importantísimo hacia la fusión definitiva, y aquello abrió nuevas perspectivas, aunque las noticias que nos llegaban sobre la disputas internas, sobre todo en torno al tema clave de las identidades "catalana" o "españolista", no calmaban, precisamente, las inquietudes.

Aquél era, realmente, el tema decisivo, que ya empezaba a tener otras connotaciones, tanto en el PSC como en el PSUC. Entre las inquietudes no calmadas estaba el problema de nuestro futuro lingüístico, primero para la recuperación plena de nuestra lengua catalana y después para la convivencia del catalán y el castellano, que era la lengua de la gran mayoría de los trabajadores.

La batalla por el catalán entró, de hecho, en una etapa final imparable pese a los obstáculos. Aparte de las muchas iniciativas y de las muchas batallas en este terreno siempre he recordado una durísima reunión en Madrid sobre nuestra reivindicación de la lengua catalana en la Universidad entre un grupo de representantes de la Universidad de Barcelona, encabezados por Fabià Estapé, y el ministro de Educación, Robles Piquer, durante el gobierno de Arias Navarro. La discusión fue muy tensa y en un momento determinado le dije a Robles Piquer: "Ustedes han conseguido convertir al pueblo catalán en un pueblo analfabeto en su propia lengua y esto no se lo podremos perdonar nunca. No sé si se sienten muy orgullosos de esta proeza, pero espero que lo pagarán muy caro". Por muy poco no fui expulsado inmediatamente de la sala.

Pero nuestra propia discusión era también complicada. Un artículo de Xavier Folch que defendía el bilingüismo como fórmula de convivencia para el futuro de la sociedad catalana había provocado una serie de violentas réplicas por parte de algunos nacionalistas exaltados que preconizaban el catalán como lengua única, y aquello había abierto un debate muy desagradable. El propio Salvador Espriu tuvo que intervenir en público a favor del bilingüismo y de la cooficialidad en una entrevista publicada en el volumen *PSUC: per*

Catalunya, la democràcia i el socialisme, aquel mismo año 1976, en la cual el poeta se pronunciaba sobre el tema con unas palabras que no fueron bien acogidas por los más intransigentes. Después de defender la cooficialidad Salvador Espriu añadía: "Si expulsamos la lengua castellana cometeremos muchos errores y estupideces. (...) Por otro lado, apartar una lengua universal como el castellano es contraproducente, antipolítico, es recortar la cultura de la juventud porque le eliminamos una de las lenguas universales, es adoptar una actitud antipática al revés. Tenemos que esforzarnos para demostrar al castellano el respeto a una lengua universal que ha producido el *Quijote*, entre otras muchas cosas. (...) Es querer vejar a los castellanoparlantes. ¿Tenemos que infligirles esta ofensa?".

El tema de la lengua estaba vinculado al otro gran problema que tanto me había preocupado desde hacía tiempo y que en el horizonte de la democracia se convertía en un tema capital, sobre todo para las gentes de izquierda. Hablo de la relación entre la identidad catalana y la inmigración. Si antes había sido una discusión entre minorías ahora se convertía en un problema político fundamental.

Desde hacía mucho tiempo temía aquella posible escisión y sabía que habría mucha gente interesada en fomentarla porque una clase obrera dividida por la lengua, las costumbres y la marginación social era un sector social condenado a la derrota. Por esto multiplicaba artículos y conferencias sobre la cuestión y resumía mis inquietudes y mis esperanzas en párrafos como el siguiente, publicado en *Mundo Diario* en marzo de 1977: "Cuando decimos Cataluña no hablamos de una Cataluña formada sólo por los catalanes de origen. (...) Cataluña es el conjunto, complejo y contradictorio, de los que vivimos y trabajamos en ella, vengamos de donde vengamos, sea cual sea nuestra procedencia y nuestra cultura de origen. Dividirnos por este origen sería hacer imposible la liberación de todos, sería dejar el terreno libre a los que nos han privado de nuestros derechos como catalanes, han obligado a tanto miles de hombres y mujeres a emigrar y aspiran a seguir haciéndolo en el futuro".

O también este otro, publicado en *Avui*, sobre una romería financiada por miembros de Alianza Popular, el partido organizado por Fraga Iribarne, que los patrocinadores habían presentado como un gesto a favor de una cultura andaluza contrapuesta a la cultura catalana y despreciada por los partidos catalanes: "En una Cataluña autónoma hay que llegar a la integración efectiva de todos los que trabajan y viven en Cataluña. Pero esta integración no se puede entender en sentido único, como si los inmigrantes tuviesen que integrarse como tales en una cultura y en una sociedad catalanas ya completamente hechas. La integración será una fusión de cosas diversas, como se dijo en Sant Boi el Once de Septiembre. (...) Y entre estas 'cosas diversas' habrá, evidentemente, aportaciones culturales de los sectores inmigrados. (...) Todas las fórmulas culturales, por minoritarias que sean, han de tener la plena posibilidad de manifestarse. Sólo así será posible que estas manifestaciones culturales, auténticamente sentidas, se conviertan en elementos de integración y no de afirmación de identidades irreductibles".

Hoy, veinte años después y viendo cómo han ido las cosas en este terreno, sabemos que aquella inquietud no era exagerada. Temíamos mucho que la derecha pudiese manipular a los inmigrantes contra la izquierda y la autonomía. Y también que en el interior de la izquierda entrásemos en el terrible juego de querer organizar a los trabajadores según los criterios de origen y de lengua en vez de organizarlos como lo que realmente eran: un sector social formado por trabajadores andaluces, extremeños, murcianos y catalanes que, si encontraban un empleo, trabajaban para patronos andaluces, extremeños, murcianos y catalanes.

Éstos eran, pues, los temas que me preocupaban y que nos preocupaban. Pero el tema principal de todas las conferencias, de todos los coloquios, de todos los artículos y de todas las entrevistas era el de la autonomía de Cataluña y del federalismo como proyecto esencial del futuro Estado democrático. Este era también el tema clave de las discusiones en el seno de la izquierda y hay que señalar que las posiciones del PSUC y de los socialistas eran, afortunadamente, muy parecidas, por no decir que idénticas. Y cuando hablábamos de autodeterminación unos y otros añadíamos que en el caso de ejercer aquel derecho tan genérico no votaríamos por la independencia sino por la autonomía. Personalmente creía —y así lo explicaba una y cien veces— que el futuro Estado democrático se debería organizar como un Estado federal, es decir, como un sistema general de autonomías, con tres de ellas especiales —Cataluña, Euskadi y Galicia— pero con unas competencias generales que hiciesen posible el verdadero autogobierno de todas. No creía en absoluto que el futuro Estado democrático pudiese continuar como un Estado centralizado después de la violenta centralización impuesta por el franquismo ni creía, tampoco, que se pudiese combinar un Estado centralizado con tres excepciones autonómicas —como se había intentado, sin éxito, durante la II República— porque ello generaría unas enormes confrontaciones entre territorios y acabaría convirtiendo el Estado jacobino, por democrático que fuese, en un mecanismo de presión insoportable sobre las tres autonomías excepcionales. También creía que el nuevo Estado democrático tenía que asegurar una nueva redistribución de los recursos públicos para superar las tremendas diferencias entre las zonas desarrolladas y las subdesarrolladas y acabar con las emigraciones internas y externas de tantos millones de ciudadanos, y que aquella redistribución sólo sería factible en el marco de un sistema descentralizado y federal.

Creía, igualmente, que para conseguir un cambio de aquellas dimensiones sería decisivo el empuje de una izquierda catalana unida en un mismo proyecto y capaz de superar, precisamente por su unidad y su fuerza, los residuos jacobinos que persistían en las filas del PSOE y del PCE y conseguir que los dirigentes de ambos aceptasen y liderasen aquel cambio fundamental del modelo de Estado, como así ocurrió.

El seguimiento de los avatares del socialismo catalán y la constante comparación de ellos con los avatares del PSUC no era, por consiguiente, un simple ejercicio de teoría política ni un análisis circunstancial. Personalmente, me preocupaba sobre todo por lo que ya he dicho y repetido: la necesidad de una victoria de las fuerzas de izquierda en Cataluña y, naturalmente, también en el resto de España, aunque esto me parecía más difícil. Pero me preocupaba también por el tema de la unidad de la izquierda y las viejas discusiones entre socialistas y comunistas en un momento en que tanto necesitábamos la unidad para salir del agujero y, sobre todo, para construir el futuro.

Éste fue uno de los asuntos que más problemas me creó. Desde hacía mucho tiempo daba vueltas a la gran cuestión histórica de la división de la izquierda entre socialistas y comunistas a partir de la revolución rusa y agravada después por la guerra fría y la división de Europa en dos bloques. En realidad, el concepto de eurocomunismo inventado por los comunistas italianos y adoptado formalmente por los españoles equivalía a dar por terminada la fase histórica de confrontación entre la socialdemocracia y el comunismo. Nosotros nos oponíamos a la OTAN, ciertamente, pero también nos oponíamos al Pacto de Varsovia y habíamos pasado de críticos a partidarios de la integración de España en el Mercado Común. Italianos y españoles rechazábamos la idea del acceso al poder por la vía de la revolución y hablábamos de un socialismo que solo existiría y avanzaría a través de la profundización de la democracia.

Por otro lado, era evidente que las causas que habían provocado la gran escisión desde la revolución rusa pertenecían pura y simplemente al pasado y nada tenían que ver con aquella nueva Europa que se estaba construyendo y a la que queríamos pertenecer. Ciertamente la confrontación entre los bloques todavía lo condicionaba todo, pero era evidente que el comunismo italiano y el español rechazaban, precisamente, la división en bloques y se habían alejado de la teoría y la práctica del bloque soviético hasta la ruptura explícita, en mucho casos. O sea que ni la teoría ni la realidad de aquellos años de cambio eran líneas divisorias insuperables entre los socialistas y los eurocomunistas y cada vez me parecía más absurdo que, a pesar de todo, las líneas de separación se mantuviesen.

Esto era lo que pensaba y, por consiguiente, lo que empecé a decir en privado y muy pronto en público. Y cuando un día añadí a todo ello que la historia demostraba que las estructuras fundamentales de los Estados perduraban incluso después de una revolución y que, por consiguiente, era más complejo, más difícil y más apasionante hacer una buena reforma que una revolución —y así empecé a decirlo en voz alta un día en el congreso sobre "Política e historia en Gramsci", organizado por el Partido Comunista Italiano en Florencia en diciembre de 1977, otro día en prólogos de libros sobre el eurocomunismo y otro en conferencias y actos del partido—, empezaron a saltar muchas alarmas, al principio controlables y controladas, pero incontrolables y brutales unos años más tarde.

Por el momento, todavía nos movíamos en un terreno que permitía incluso las ironías finas. A finales de 1977, cuando ya era uno de los siete miembros de la ponencia redactora de la Constitución, la *Hoja del Lunes* de Madrid me dedicó una nota muy elogiosa en la columna titulada "Figuras parlamentarias" que empezaba así: "Con sus cuarenta y siete años y su aspecto de payés endomingado, es un hombre tranquilo, de exquisita corrección y claro decir en el momento oportuno. Diríamos que es un hombre amable, sociable, abierto al diálogo". Continuaba después con otros elogios y terminaba de este modo: "El señor Solé Tura... ¡Oh —nos dice un diputado comunista—, el señor Solé Tura es el ala derecha de nuestro partido!".

Aquella frase irónica y hasta amable de un colega mío desconocido era el anuncio inconsciente de muchas de las cosas, ni irónicas ni amables, que nos ocurrirían en un futuro no demasiado lejano. Sobre todo cuando un periodista irresponsable y algunos exaltados empezaron a popularizar aquello de "Bandera Roja, Bandera Blanca".

Afortunadamente, nunca me abandonó el sentido del humor y gracias a él pude seguir tocando tranquilamente muchas cosas que parecían intocables, relativizando las verdades absolutas —acertando en algunas ocasiones y equivocándome en otras, como es natural— y, sobre todo, manteniendo la capacidad de reírme de mí mismo. Éramos o nos sentíamos jóvenes y, en realidad, el futuro, por complicado que fuese, apenas acababa de empezar.

CAPÍTULO XXII

El final del túnel

El Sábado de Gloria de aquel año 1977 el Partido Comunista de España fue legalizado. EL PSUC todavía tuvo que esperar pero desde aquel mismo momento empezó a actuar de hecho como un partido legal.

Unos días antes de aquel sábado memorable habíamos tenido una tensa discusión en la dirección del PSUC sobre si nos teníamos que lanzar a la calle para forzar la legalización o si había que esperar para no complicar más las cosas y uno de los miembros, Joaquim Sempere, normalmente muy discreto y poco adicto a los alborotos, había pronunciado una frase que días después recordé más de una vez: "Tenemos que salir a la calle y subirnos a las farolas". Aquel sábado de Semana Santa la mayoría de los dirigentes estaban fuera y yo, casualmente, estaba en casa. Al oír la noticia, Teresa Eulalia y yo bajamos inmediatamente a la Rambla. Había ya mucha gente concentrada, se habían desplegado las banderas rojas del PSUC y del PCE y cuando salí de las escaleras del metro fui recibido con gritos y ovaciones. Un minuto después ya me habían subido a una de las farolas de Canaletes y desde ella, aguantándome con una mano y gesticulando con la otra improvisé un discurso inflamado que acababa exigiendo la inmediata legalización del PSUC. Después fui fagocitado por los centenares y muy pronto miles de militantes y simpatizantes y durante horas llenamos la

UNA HISTORIA OPTIMISTA

Rambla, la plaza de Sant Jaume y la calle Ciutat, donde tenía su sede el PSUC, con nuestros gritos y nuestras banderas. Hacía treinta y ocho años que el PCE y el PSUC habían pasado a la clandestinidad pero en medio del entusiasmo todavía fuimos agredidos en la Rambla por un grupo de fachas y a mí me tocó, con dificultades, calmar la ira de unos militantes que ni siquiera en aquel momento podían festejar en paz una victoria tan trabajada y tan esperada.

Aquella legalización *in extremis* y casi furtiva era el punto final de una larguísima batalla que, en los últimos meses, había tenido unos cuantos episodios decisivos. Uno de ellos era, evidentemente, la detención de Santiago Carrillo y otros dirigentes a finales de 1976. Tanto para acabar con la discriminación como para frenar la furia de unos militantes cada vez más exasperados, Santiago Carrillo forzó su propia detención en aquella rueda de prensa internacional que organizó clandestinamente en Madrid, rodeado por los principales dirigentes del PCE.

Tras su detención era evidente que ni lo podrían condenar a una pena de cárcel ni podrían mantener durante mucho tiempo aquella situación de espera que no se sabía cómo ni cuándo terminaría. En un momento como aquél la única salida posible, por parte del gobierno, era dejarlo en libertad, esperar y, en definitiva, negociar con él, como así fue.

En aquellas circunstancias el episodio decisivo fue el trágico asesinato de los abogados de la calle Atocha, la mayoría de ellos miembros del PCE y vinculados a Comisiones Obreras, por un grupo de fachas del sindicalismo vertical. Fue, sin duda, uno de los momentos más brutales y peligrosos de aquel complicado camino hacia la democracia porque se temía una reacción violenta del PCE y sus mismos dirigentes no estaban nada seguros de poder contener la ira de los militantes. Y fue entonces cuando Santiago Carrillo y todo el equipo dirigente hicieron una extraordinaria demostración de fuerza y de serenidad. Miles y miles de personas acompañaron los féretros en silencio, con un inmenso dolor contenido, y al acabar la ceremonia del entierro estaba claro para todos que aquel partido todavía marginado y tan profundamente herido por la violencia fascista no podía ser ignorado ni aislado ni castigado.

Un tercer episodio decisivo fue la reunión pública en Madrid de los secretarios generales del PCE, del Partido Comunista Italiano y del Partido Comunista Francés, Santiago Carrillo, Enrico Berlinguer y Georges Marchais, en un encuentro que se presentó como la cumbre del eurocomunismo. No era una reunión autorizada ni una reunión prohibida y tanto por aquella extraña ambigüedad como por el peso político de los reunidos fue una gran reunión mediática nacional e internacional que dio la vuelta al mundo.

Después de todo aquello la conversación secreta entre Adolfo Suárez y Santiago Carrillo sólo podía girar sobre los compromisos que cada uno de ellos aceptaba para hacer efectiva la legalización del PCE y del PSUC y muy pronto supimos cuáles eran los que había aceptado Santiago Carrillo.

El 14 de abril —¡aniversario de la República!— se convocó una reunión del Comité Central del PCE en Madrid. Era la primera vez que se reunía en el interior de España después de la guerra civil y la primera vez que sus miembros se encontraban libremente. La reunión se celebró en la planta inferior de un gran hotel y cuando llegamos a la cita nos encontramos literalmente rodeados por las tanquetas y los pelotones de la policía, que no sólo nos vigilaban a nosotros sino también a los posibles provocadores fachas. En aquel clima de emoción y de reencuentro nos costaba asimilar el cambio y la broma que nos gastábamos era si al terminar la reunión nos iríamos a casa o a la cárcel.

La reunión empezó con el canto de *La Internacional* con una voz contenida y enseguida Santiago Carrillo pidió la palabra para una cuestión previa que cayó como una bomba. La cuestión previa consistía en cambiar la bandera republicana, que acompañaba en el estrado a la del partido, por la de la monarquía española. El argumento era muy claro: si somos legales tenemos que aceptar los símbolos de la legalidad y la bandera oficial de España es la rojigualda y no la republicana. Aquello cayó sobre los reunidos como una tempestad de mil rayos y mil truenos a la vez, e inmediatamente empezó una discusión acalorada en favor o en contra. El argumento principal de los contrarios al cambio era que una decisión como aquélla se debía consultar a las bases del partido y, por consiguiente, exigían una discusión general en todos los niveles. Los favorables al cambio —yo entre ellos— considerábamos que una discusión general se alargaría mucho y, sobre todo, desviaría el principal centro de atención, que era la preparación de las elecciones. Y cuando algunos propusieron que votásemos sobre discusión sí o discusión no, Santiago Carrillo tomó la palabra, dijo que el tema estaba muy claro y que había que tomar la decisión allí mismo, antes de entrar en materia. Entre los gritos e incluso las lágrimas de algunos, el Comité Central votó y por una mayoría clara pero no rotunda aprobó el cambio de la bandera. Una vez proclamado el resultado, Santiago Carrillo hizo un gesto con la mano y de detrás de la cortina salió una flamante bandera española, ya preparada, mientras uno de los ayudantes se llevaba silenciosamente la bandera republicana. Era, ciertamente, un símbolo pero, más allá de los precios que teníamos que pagar, la lógica de la decisión era muy clara: un partido legal tenía que aceptar los símbolos de la legalidad. Aquello también formaba parte de nuestro nuevo aprendizaje.

Con aquel preámbulo tan traumático el Comité Central entró en el gran tema del futuro inmediato. Sabíamos que pronto se convocarían unas elecciones y había que preparar al partido para una batalla nueva que no libraríamos en las mejores condiciones, pero que marcaría decisivamente nuestro futuro como fuerza política y también el futuro del país. Allí se ratificó toda la teoría y la práctica del eurocomunismo y se decidieron algunas cuestiones muy delicadas, entre ellas la de la opción entre monarquía y república. Aquel debate empezaba, desde luego, condicionado por el episodio de la bandera pero era una nueva prueba de fuego porque nos obligaba a decidir sobre una cuestión que había marcado todo el pasado y que ahora iba a marcar el futuro. También hubo diferencias de opinión al respecto, también se propuso un gran debate entre las bases, también reaparecieron fantasmas del pasado, también saltaron nostalgias y lágrimas pero se impuso una línea argumental que no tenía réplica: ¿cuál tenía que ser la línea divisoria fundamental en el proceso hacia la democracia? ¿La divisoria monarquía-república o la divisoria dictadura-democracia? En aquellas circunstancias de una transición todavía muy precaria, ¿había que dividir el país entre los partidarios de la monarquía y los de la república o agrupar a un lado todos los partidarios de la democracia, viniesen de donde viniesen, y aislar en el otro lado a los enemigos de la democracia? Para la mayoría de los participantes en aquella reunión, entre ellos yo mismo, la respuesta estaba clara: la verdadera divisoria era democracia o dictadura, pero con una condición esencial, a saber, que la izquierda pudiese conseguir en una monarquía los mismos derechos por los que había luchado a lo largo de la historia y que siempre la habían obligado a una hercúlea tarea de derrocamiento previo de la monarquía y a proclamar una república que muy pronto era destruida.

La reunión terminó, pues, en un clima agridulce. Habíamos celebrado la primera reunión del Comité Central en la legalidad, habíamos aprobado un programa sensato, pero muchos salían de allí con la sensación de que alguien les había robado una parte de su historia personal y colectiva y que aquello no era más que el comienzo de una deriva imprevisible. Otros pensábamos que se había dado un buen salto adelante pero que no sería fácil dar muchos más si los resultados electorales no confirmaban la historia de aquella gente y de aquel partido.

La legalización del PCE creó, pues, una euforia contenida. Y en Cataluña no sólo contenida sino recortada por la falta de respuesta del gobierno a la exigencia de legalización del PSUC. Lógicamente, en el interior del partido empezaron las especulaciones: nos lo ponen difícil porque saben que somos el partido más fuerte y quieren impedir que ganemos las elecciones, etcétera. Y la inquietud aumentó cuando se convocaron las elecciones para el 15 de junio y los días pasaban, se acercaba el comienzo de la campaña electoral y nosotros seguíamos estando fuera de juego. Finalmente, el 3 de mayo, un mes y medio antes de las elecciones, el PSUC fue legalizado. Era un día lluvioso que, literalmente, aguó un poco la fiesta pero el entusiasmo de la gente venció al aguacero y calmó nuestras inquietudes. Empezaba una fase nueva, apasionante y decisiva.

En el marco de la campaña "Volem l'Estatut" ("Queremos el Estatuto"), que con tanta fuerza había estallado el día de Sant Jordi, empezó un periodo electoral muy complejo porque no sólo estaba en juego la victoria o la derrota en las elecciones sino también la perspectiva inmediata de la recuperación de la autonomía. Al proyecto del gobierno Suárez de un Consejo General, rechazado por todas las fuerzas de Cataluña, se añadía en aquel momento el proyecto anunciado por el presidente Tarradellas desde el exilio que consistía en crear un llamado Órgano Consultivo, más o menos al margen de los partidos políticos, que haría de puente para el restablecimiento de la autonomía a través de la negociación directa del propio presidente Tarradellas con el gobierno de Madrid. El PSUC, por su parte, propuso la creación de un Consejo o Gobierno Provisional de la Generalitat, formado básicamente por los representantes de los partidos que se preparaban para las elecciones y capaz de negociar el pleno restablecimiento de la autonomía y el retorno de Tarradellas como presidente efectivo de la Generalitat. Aquella era también, en términos muy parecidos, la propuesta del PSC. Era evidente, por tanto, que se había abierto la batalla sobre el futuro inmediato de nuestra autonomía y que la opción final saldría del resultado de las elecciones.

La campaña electoral se convertía, pues, en el epicentro de una gran movilización ciudadana que se enfrentaba, por primera vez, con la perspectiva y la responsabilidad de unas elecciones libres, pese a que algunos partidos, como Esquerra Republicana, todavía no habían sido legalizados y tenían que refugiarse forzosamente en unas siglas y unos pactos extravagantes.

Para nosotros era un momento extraordinario. Yo iba a cumplir los cuarenta y siete años y era la primera vez que participaba en un campaña electoral y que podía votar en unas elecciones libres. Durante un mes y medio, desde la legalización del PSUC hasta el 15 de junio, fecha de las elecciones, vivimos en una especie de encantamiento eufórico, de apertura a los cuatro vientos, de contacto con miles y miles de personas que nos buscaban y nos escuchaban en un ambiente mágico de solidaridades y complicidades que soterraban definitivamente los años del miedo, de la oscuridad, de la violencia y de la persecución.

Todo empezó con aquel inmenso mitin en la playa de un cámping de Gavá que, por primera vez, pudo presentar sin misterios los rostros de los dirigentes más míticos y también los de las nuevas generaciones y que ratificó con entusiasmo aquel invento de la Entesa dels Catalans para el Senado, con Josep Benet, Alexandre Cirici i Pellicer y Paco Candel como símbolos vivos del acuerdo unitario de la izquierda catalana.

Siguió aquel otro gran mitin en el Palacio de Deportes de Montjuïc, la primera gran prueba de fuego y que a mí, personalmente, me permitió dirigirme por primera vez a más de cuarenta mil personas dentro y fuera de un recinto atestado y entusiasta.

Y después la campaña propiamente dicha, una experiencia nueva para todos nosotros que nos hizo recorrer toda Cataluña y más allá, que nos conectó con multitudes salidas del agujero negro de tantos años y que también nos anunció y reveló contradicciones quizá esperadas pero no deseadas, como, por ejemplo, algunos episodios de confrontación lingüística. Muy pronto saltaron algunos timbres de alarma cuando en tal o cual mitin del Baix Llobregat o de los dos Vallés algunos protestaban si hablábamos en catalán y otros protestaban si hablábamos en castellano. Aquello nos ocurrió a nosotros y también a los compañeros socialistas, quizá con más intensidad incluso porque la fusión entre la FSC (PSOE) y el PSC (Congrés) había empezado tarde y la integración de ambos avanzaba con cierta lentitud.

Hubo incidentes de este tipo en los mítines pequeños y en los grandes pero el impulso era tan poderoso, las ansias de avanzar tan intensas, la curiosidad por las novedades tan extendida y el deseo de cambio tan profundo que todo aquello pasó a un segundo plano y el entusiasmo de las multitudes borró las inquietudes y abrió caminos llenos de esperanza en aquellos mítines sensacionales y multitudinarios de los Socialistes de Catalunya en la Monumental, ya con un Felipe González convertido en el nuevo punto de referencia, y del PSUC en el parque de la Ciudadela, con Santiago Carrillo como estrella.

Todo parecía indicar que en Cataluña nos encaminábamos hacia una gran victoria de la izquierda y, de hecho, la discusión principal era pronosticar cuál de los dos partidos principales de la izquierda sería el primero y cuál el segundo. Entre los militantes del PSUC predominaba una euforia contenida, pero el mitin de la Monumental ya anunciaba la victoria socialista. La campaña del PSUC era difícil pero audaz y, en muchos aspectos, innovadora y creo que ninguna de las elecciones posteriores ha superado la fuerza de aquellos carteles en blanco y negro y aquellas consignas que llegaban al fondo del alma de tanta gente, como aquel inolvidable "Mis manos, mi capital". Pero las perspectivas inmediatas eran cada vez más evidentes cuando los militantes del PSUC recorríamos los barrios obreros y tanta gente nos pedía y nos cogía la propaganda porque entendía que aquel "Partit Socialista Unificat" era el Partido Socialista de Felipe González y en todas partes constatábamos la reaparición de una extraordinaria memoria histórica que identificaba al PSOE como el partido obrero y el partido de izquierda por definición.

La jornada electoral de aquel 15 de junio fue, por consiguiente, una jornada memorable. Como tanta gente, Teresa Eulalia y yo fuimos a votar con una emoción contenida porque era la primera vez que votábamos. Y ya de noche, en aquel local de la calle Ciutat, con tanta gente a la expectativa, los resultados marcaron la línea divisoria real entre las angustias, las ilusiones y las esperanzas del pasado y la realidad de un presente que abría muchas puertas y cerraba muchas otras.

En Cataluña había ganado ampliamente la izquierda y aquello era una gran noticia nacional e internacional. En realidad, era un resultado sensacional, extraordinario. Y para mí, en particular, una especie de premio. Recordé de golpe todos los avatares, todas las propuestas y todas las peleas de cinco, diez y quince años atrás, cuando en la clandestinidad o en la penumbra discutíamos sobre el catalanismo y los nacionalismos y yo sostenía que había catalanistas de izquierda y catalanistas de derecha y que el problema no sólo era la autonomía plena de Cataluña sino también quién impulsaría y gobernaría la autonomía una vez conquistada. Yo denunciaba la pretensión de una derecha que se consideraba a sí misma como la encarnación plena y única del catalanismo y reivindicaba la necesidad de un catalanismo de izquierda capaz de integrar la gente nacida en Cataluña y la nacida fuera. Y mientras saltaban en la pantalla los resultados de aquel día histórico recordaba las discusiones y las descalificaciones de aquellos años difíciles y pensaba que todo aquello había valido la pena porque la izquierda catalana y catalanista había ganado. Quizá era demasiado optimista porque en el futuro las cosas no iban a ser tan cuadriculadas pero es indiscutible que la izquierda ha sido desde entonces el punto de referencia esencial en Cataluña.

Pero allí, en la sede de la calle Ciutat, la lectura inmediata era otra porque el partido más votado no era el PSUC sino los Socialistes de Catalunya, con unos diez puntos de ventaja. El PSUC era el segundo, con un dieciocho por ciento de los votos y un excelente resultado en la circunscripción de Barcelona. Detrás nuestro venían los convergentes de Jordi Pujol y sus aliados y la UCD catalana. En el resto de España había ganado, pero sin mayoría suficiente, la UCD de Adolfo Suárez. El PSOE era, con mucho, la segunda fuerza y, por tanto, la única alternativa posible. El PCE quedaba en tercer lugar, muy distanciado, y el cuarto era la Alianza Popular de Fraga Iribarne. Completaba todo aquello el clamoroso éxito de la Entesa dels Catalans en el Senado, que aportaba una amplia mayoría de senadores de izquierda y convertía a Josep Benet en el senador más votado de toda España. El mapa era muy claro: en el conjunto de España el PCE no era ni sería en el futuro el principal partido de la izquierda y en Cataluña tampoco, aunque con la diferencia de una victoria espectacular del conjunto de la izquierda que convirtió a Cataluña, como dirían los periódicos de aquí y del extranjero, en el "espacio rojo" más importante de Europa.

De los dieciocho elegidos como diputados comunistas, ocho éramos del PSUC. Por tanto, aquel PSUC que no había ganado pero que tampoco había perdido se podía considerar a sí mismo como el abanderado de un eurocomunismo avanzado en todo el país, como un modelo de partido renovado y más moderno. Pero todo aquello eran reflexiones etéreas en aquella noche ambivalente de la calle Ciutat.

Algunos cantábamos victoria porque la izquierda había ganado en Cataluña, pero cantábamos con sordina. Otros, la gran mayoría, no habían asimilado el golpe, sobre todo porque los resultados del PCE en el resto de España demostraban que el comunismo español nunca sería un comunismo como el italiano. En aquel ambiente casi nadie reparó en la celebración de una victoria general de la izquierda ni en la necesidad de felicitar a los compañeros socialistas. Y hasta muy avanzada la madrugada no se decidió que una delegación encabezada por mí fuese a felicitar a Joan Reventós, Raimon Obiols y los demás dirigentes de la coalición de los Socialistes de Catalunya por su gran éxito.

Cuando regresé a casa, ya de madrugada, y discutí con Teresa Eulalia la situación, resumí mi punto de vista con un comentario que he recordado, después, en muchas ocasiones: "Este partido —le dije— no aguantará el golpe y en los próximos años se romperá en tres o cuatro pedazos". Nunca he sido un genio de las previsiones de futuro pero aquella era tan clara y evidente que no se necesitaba ser un genio para anunciarla.

Una vez superado el trance teníamos que asumir las nuevas responsabilidades. Por primera vez había sido elegido diputado y aquello cambiaba sustancialmente el ritmo y las condiciones de mi vida.

El PSUC iba al Congreso con la cara bien alta porque él solo aportaba casi la mitad de los diputados comunistas. En la circunscripción de Barcelona habíamos sido elegidos Gregorio López Raimundo, Antoni Gutiérrez Díaz, Cipriano García, yo mismo, Miguel Núñez, Maria Dolors Calvet y Juan Ramos, y por la circunscripción de Tarragona Josep Solé Barberà. Nuestro resultado electoral y el número de diputados que aportábamos crearon una situación nueva en el PCE, como describe Santiago Carrillo, algo alarmado, en sus memorias:

Una historia optimista

El éxito electoral del PSUC —escribe Carrillo— que nos permitió tener ocho diputados en Cataluña realmente valiosos (...) contribuyó a crear una especie de espejismo en algunas organizaciones del partido. Algunos camaradas gallegos, vascos y valencianos llegaron a pensar que un escaso resultado electoral se superaba reproduciendo en sus territorios al PSUC y diferenciándose del PCE. Sin proponérselo, el PSUC se convertía en cierto modo en una doble dirección del PCE.

Era, por consiguiente, un éxito que ya prefiguraba algunas tensiones posteriores, no sólo en las filas del PCE sino también en las del Partido Socialista, sobre todo cuando se pusieron en marcha las autonomías.

Después de una primera reunión con el resto de los diputados del PCE empezó nuestra vida parlamentaria. A mí me impresionó mucho la entrada en aquel Congreso de los Diputados que unos meses atrás todavía había funcionado como las "Cortes" del franquismo. Me resultaba extraño pisar las alfombras solemnes de aquel edificio, sentir casi los olores de sus anteriores ocupantes, encontrarnos con unos funcionarios que habían servido a los "procuradores en Cortes" y empezar a trabajar con un Reglamento que, de hecho, todavía era el de antes. Cuando entré en el edificio por primera vez para registrarme, en compañía de Ignacio Gallego, casi choqué con Manuel Fraga Iribarne y nos saludamos con un apretón de manos frío y protocolario. Los funcionarios nos miraban y nos trataban con amabilidad pero con mucha cautela porque muchos de ellos pensaban seguramente —y se equivocaban— que no tardaríamos mucho en dejarlos en paro.

La primera sesión de aquel nuevo Parlamento, convertido ya en Congreso de los Diputados, fue digna de una gran película. Como es práctica habitual, la sesión inaugural tenía que estar presidida por el diputado o la diputada de más edad y ello significaba que el presidente tenía que ser Dolores Ibárruri. Ante aquella perspectiva se dispararon todos los timbres de alarma: no sólo había en el hemiciclo más de un centenar de diputados socialistas y dieciocho diputados comunistas sino que, para colmo, tenía que presidir La Pasionaria, la gran enemiga oficial de aquellos cuarenta años de franquismo. Ya se oían los ruidos de fondo, las protestas de los ultras, la inquietud de los moderados y los anuncios reales o ficticios de rebelión cuando el gobierno encontró la fórmula mágica: presidiría la sesión inaugural el primer diputado que se registrase como tal. Y el primero, enviado con urgencia y llegado al registro como un rayo, era el diputado de UCD por Segovia, Modesto Fraile. Pero aquel nuevo principio parlamentario de la velocidad registral sólo se aplicaba a la presidencia, no a las vicepresidencias y, por tanto, los dos vicepresidentes de aquella primera mesa iban a ser ineluctablemente Dolores Ibárruri y Rafael Alberti.

Bajo la presidencia de Modesto Fraile empezó, pues, la sesión inaugural e inmediatamente el presidente rogó a Dolores Ibárruri y a Rafael Alberti que, en su condición de decanos de edad, ocupasen los sillones de las dos vicepresidencias. Fue un momento mágico que ni el mejor escenógrafo del mundo podía imaginar. Los dos, casualmente sentados a mi lado, se levantaron juntos, bajaron lentamente los escalones, ella del brazo de él, hasta la rotonda central del hemiciclo y ella de negro riguroso, él con una chaqueta de vivos colores, subieron lentamente los escalones de la presidencia y ocuparon sus sillones en un silencio sepulcral. Era como si el destino hubiese querido impartir una lección magistral, como si todo el pasado se revolviese sobre sí mismo, como si un espíritu bondadoso decidiese compensar a millones de ciudadanos y ciudadanas las penalidades y las humillaciones de tantos años y como si algún artista inmenso hubiese querido resumir en una escena fugaz el sentido profundo del gran cambio hacia la democracia. Fue uno de aquellos instantes que resumen por sí solos toda la historia de un pueblo. Y como si todos hubiésemos comprendido el significado del símbolo, el silencio fue roto finalmente con una gran ovación que borraba de golpe cuarenta años de miseria.

El discurso del Rey redondeó aquel comienzo. Fue un discurso claro y sereno que anunció el sentido y los ritmos del cambio que se iniciaba y que dejó muy claros los puentes que nos unirían en aquel combate difícil por una democracia definitiva.

Después empezaron los primeros debates, la redacción de un primer Reglamento. E inmediatamente se planteó el problema de fondo: aquel Congreso —y aquel Senado— no podían limitarse a legislar en un sistema político y jurídico que tuviese sus raíces en el pasado dictatorial. Las nuevas Cortes tenían que convertirse, por consiguiente, en Cortes Constituyentes y la primera tarea, la más esencial, tenía que consistir en redactar, discutir y aprobar una Constitución que arrinconase definitivamente las instituciones de la dictadura.

Enseguida quedó de manifiesto que la gran mayoría de las fuerzas políticas de aquel momento concordaban en la necesidad de redactar y aprobar una Constitución, pero no todas concordaban en el método a seguir. Desde el gobierno de Adolfo Suárez —que no tenía mayoría suficiente para imponer sus criterios— se proponía que un grupo de juristas eminentes redactase un proyecto de Constitución que sería después discutido y votado por el Congreso y el Senado. Pero la mayoría rechazó aquella propuesta y muy pronto se impuso la idea de crear una ponencia especial del Congreso formada por un número determinado de diputados y encargada de elaborar un proyecto de Constitución que después sería, efectivamente, sometido a la discusión y al voto del Congreso y del Senado.

El siguiente paso era, por tanto, determinar la composición de la ponencia y elegir a sus miembros. En un primer momento la UCD y el PSOE propusieron una ponencia de cinco diputados, como la que ya se había creado para elaborar el nuevo Reglamento del Congreso. Sería, pues, una ponencia formada por tres diputados de UCD y dos del Grupo Socialista. Los demás grupos protestaron y empezó una discusión en la que Santiago Carrillo tuvo un papel decisivo. Su planteamiento se centraba en tres consideraciones: la primera, que era un gran error dejar fuera de la ponencia a los partidos nacionalistas catalanes y vascos y que, por tanto, era indispensable incluir en ella a algún o a algunos diputados que los representasen; la segunda, que también era un gran error dejar fuera al grupo de Fraga Iribarne, Alianza Popular, porque se podría convertir en el punto de referencia de todos los descontentos y de todos los que se oponían al cambio democrático; la tercera era que no se podía dejar fuera al Grupo Comunista, el tercero del Congreso en dimensión y en peso político.

El Grupo Socialista aceptó enseguida el primer punto, renunció a uno de los dos puestos que le correspondían y lo ofreció a los grupos nacionalistas, que nombraron a Miquel Roca Junyent como representante de ambos. Pero a la vez se resistía a la ampliación propuesta porque tenía un contencioso no resuelto con el PSP de Enrique Tierno Galván y no quería crear situaciones que complicasen todavía más el acuerdo entre ellos.

En aquellas condiciones se creó y convocó la Comisión de Asuntos Constitucionales para elegir definitivamente la ponencia. Poco antes de la reunión, Santiago Carrillo se reunió con Adolfo Suárez, Leopoldo Calvo Sotelo y Rodolfo Martín Villa e insistió con mucha vehemencia en los puntos todavía no resueltos, o sea, la presencia del Grupo Comunista en la ponencia y la inclusión y, por tanto, la corresponsabilización de Alianza Popular. Los tres dirigentes de UCD pidieron tiempo para acabar de discutir la cuestión y Santiago Carrillo y yo esperamos sentados en aquella sala calurosa del primer piso del Congreso el comienzo de la sesión decisiva. Como de costumbre, Carrillo fumaba sin parar y con mucha parsimonia, mientras se abrían y cerraban puertas y los actores principales iban y venían.

Finalmente, empezó la sesión bajo la presidencia del diputado de UCD por Valencia, Emilio Attard, y la UCD y el Grupo Socialista anunciaron que aceptaban ampliar la ponencia hasta siete miembros, incluyendo un diputado del Grupo Comunista y otro de Alianza Popular. El Grupo Comunista me propuso a mí, Alianza Popular propuso a Manuel Fraga Iribarne y la Ponencia definitiva quedó formada por tres diputados de UCD —José Pedro Pérez Llorca, Miguel Herrero R. de Miñón y Gabriel Cisneros—, uno del Grupo Socialista —Gregorio Peces Barba—, uno del Grupo Comunista —yo mismo—, uno de Convergencia que, en principio, representaba también al Partido Nacionalista Vasco —Miquel Roca Junyent— y uno de Alianza Popular —Manuel Fraga Iribarne.

Era el 1 de agosto de 1977. En Madrid el calor era insoportable pero, sin atender al calor ni al fresco, la Comisión decidió que la Ponencia elegida iniciaría sus tareas el 22 de agosto en una sala estrecha y no muy cómoda de aquel mismo primer piso del Congreso.

Salí de la reunión como si me hubiesen transportado de golpe a otro planeta. Por un lado, me sentía orgulloso por la tarea que se me había encomendado. Por otro, me sentía abrumado por la responsabilidad de aquella obra inmensa. Y, como una clara demostración de las complejas relaciones entre el cuerpo y la mente, muy pronto empecé a padecer serios problemas gástricos, que ya no me abandonaron hasta que la Constitución y el Estatuto de Autonomía de Cataluña fueron aprobados.

Disponía de unos veinte días para preparar nuestro proyecto y para discutirlo con las direcciones del PCE y del PSUC. Llegué a casa entre emocionado y agobiado y Teresa Eulalia vio enseguida que tenía que tomar algunas decisiones. La primera fue salir corriendo hacia el valle de Pineta, en el Pirineo de Huesca. Allí nos oxigenamos, subimos una vez más al Balcón del monte Perdido y ella intentó serenarme con dos o tres días más de caminatas y reposo. Ya de regreso nos detuvimos en Bielsa para ver si algún médico del lugar podía poner orden en aquel vientre revuelto y después seguimos carretera abajo hasta el pueblo de Farena, en el Montsant catalán. Una pareja amiga, Teresa Ollé y Josep Abril, nos habían dejado las llaves de su casa, nos instalamos en ella y con una veterana máquina de escribir portátil como único instrumento redacté de una sola y larga tirada la *Memoria* que iba a presentar a las direcciones del PCE y del PSUC, a partir de las discusiones que ya habíamos tenido durante el mes de julio. Durante horas y horas el único ruido que se oía en aquel pueblo casi desierto era el de las teclas de mi máquina. De vez en cuando me detenía para emprender alguna caminata con Teresa Eulalia y algunos de los escasos habitantes y al caer la tarde íbamos a cenar en una fonda solitaria que su propietaria convertía en un fantástico restaurante y hasta en un pequeño hospital porque, conocedora de mis problemas estomacales, me preparaba un té de roca que curaba todos los males.

Una vez terminada la redacción del documento regresamos a Barcelona y a los pocos días me reunía en Madrid con Santiago Carrillo y algunos otros miembros de la dirección del PCE, Gregorio López Raimundo, Antoni Gutiérrez Díaz y otros dirigentes del PSUC, algunos diputados y un grupo de juristas y profesores para discutir la *Memoria* que había redactado, y empezar a construir una infraestructura de apoyo. La base principal del grupo de apoyo, al que denominábamos Gabinete de Estudios, la formaron Enrique Curiel, José Luis Núñez, Antonio Kindelán, Eliseo Aja, Francesc de Carreras, Javier Pérez Royo, Diego López Garrido, Javier García Fernández, Enrique Ximénez de Sandoval y Luis Arroyo, todos ellos magníficos especialistas y magníficos colaboradores. La *Memoria* y el informe posterior que presenté al Comité Central del PCE el 7 de enero de 1978, cuando la Ponencia ya había redactado el proyecto de Constitución y empezaba el debate en el Congreso de los Diputados, se publicaron el mismo año 1978 bajo el título de *Los comunistas y la Constitución*, en un volumen de Forma Ediciones, que era una especie de editorial del PCE.

El 22 de agosto, agobiados por un calor intenso y por el peso que nos caía encima, los siete ponentes nos reunimos en aquella sala estrecha del primer piso del Congreso de los Diputados, con los letrados y bajo la presidencia —por primera y única vez— de Emilio Attard.

En aquel momento inicial recordé muchas cosas. Una de ellas, la principal, era las largas y difíciles discusiones sobre el futuro institucional de nuestra democracia, nuestras contiendas políticas sobre la estructura del Estado y las autonomías. Había llegado, por fin, el momento de pasar de la teoría a la práctica y yo tenía la inmensa fortuna de ser uno de los protagonistas de primera fila del extraordinario proceso de cambio y de apertura que se iniciaba. Y recordé también aquella frase de Santiago Carrillo después del asesinato de Julián Grimau cuando nos dijo que, a pesar de todo, algún día tendríamos que ponernos de acuerdo con algunos de los que entonces eran nuestros enemigos. Allí estábamos, reunidos en torno a una misma mesa para construir una democracia sólida y duradera, Fraga Iribarne y yo, él ministro de aquel gobierno, yo redactor entonces de una emisora clandestina llamada La Pirenaica. Y con nosotros otros cinco diputados, que también habían estado en distintos bandos. Nuestra tarea consistiría, pues, en reflexionar sobre el pasado en general y sobre nuestros propios pasados, pero no con el fin de detenernos en ellos sino de extraer las lecciones necesarias para construir un futuro que acabase para siempre con los traumas de nuestra historia y nos hiciese avanzar hacia un futuro mejor.

Empezaba, pues, un largo, difícil y apasionante camino que cambiaría muchas cosas en nuestra sociedad y también en nuestras propias vidas. Pero precisamente porque fue largo, difícil y apasionante hablaré detalladamente de él más adelante. Espero que el paciente y cansado lector que me haya seguido hasta aquí no sólo me aceptará una pausa sino que me la agradecerá.

Este libro
se terminó de imprimir
en el mes de noviembre de 1999,
en ROTAPAPEL, S. L., Móstoles (Madrid).

OTROS TÍTULOS PUBLICADOS POR AGUILAR:

EL GRAN PUZZLE AMERICANO, Julio Aramberri. 510 páginas.
Estados Unidos domina la vida económica, política y cultural del final de siglo, pero hasta llegar a este punto, ha experimentado unas transformaciones sociales internas que se reflejan de manera clara y concisa en esta obra. ¿Cómo afecta al resto del mundo la hegemonía americana? Aquí se aportan las claves para esta cuestión.

LUCHAS Y TRANSICIONES, Manuel Azcárate. 216 páginas.
Memorias del líder histórico del PCE que comienzan con su exilio a la antigua URSS tras la guerra civil, la marcha a Francia, su llegada a España, una vez inaugurada la democracia, y su expulsión del partido.

CRÓNICAS CARIBES, Miguel Barroso e Ígor Reyes-Ortiz. 240 páginas.
Esta obra recoge el periplo que los autores siguieron en busca del verdadero espíritu del Caribe, contemplado con una visión crítica y exenta de tópicos. Analiza la historia, la cultura, la música, la gastronomía...

LA TERCERA VÍA, Tony Blair. 144 páginas.
El adalid europeo de la renovación progresista explica en su ideario político las nuevas respuestas económicas y sociales necesarias para afrontar los cambios producidos en este final de siglo.

LA DIÁSPORA VASCA, José María Calleja. 408 páginas.
¿Está en peligro la convivencia entre los vascos? ¿Corre el País Vasco riesgo de sufrir una fractura social? A partir de estas cuestiones tan cruciales en la España de hoy, Calleja analiza el exilio que padecieron quienes se vieron forzados a abandonar el País Vasco, por la intransigencia y las amenazas del terrorismo de ETA.

COMO YO LOS HE VISTO, Josefina Carabias. 230 páginas.
Esta periodista compartió su vida profesional con los más insignes personajes de cuarenta años de la vida española. Aquí se explica cómo eran algunos de ellos: Pío Baroja, Ramón del Valle-Inclán, Gregorio Marañón, Ramiro de Maeztu, Pastora Imperio, Juan Belmonte y Miguel de Unamuno.

ULTREIA, Luis Carandell. 174 páginas.
La narración del viaje nos lleva a descubrir los misterios que rodean el Camino de Santiago en su recorrido español. El arte y la arquitectura, las historias y leyendas...

LOS HIJOS MÁS DESEADOS, Pilar Cernuda y Margarita Sáenz-Diez. 328 páginas.
Una obra útil y práctica cuando se está pensando en adoptar un hijo ya que allana el camino de la burocracia necesaria para adoptar un hijo y orienta sobre las incertidumbres que surgen. Un documento excepcional que también trata el aspecto humano en una decisión tan trascendental.

MANUAL DE LA CRUZ ROJA, Cruz Roja Española. 480 páginas.
La guía básica para la prevención de accidentes que facilita un rápido conocimiento de los primeros auxilios en caso de accidente. Herramienta indispensable en los centros de trabajo, en el automóvil o en el hogar. Una adecuada respuesta y prestación de primeros auxilios puede salvar una vida.

EL PESO DE LA FAMA, Juan Cruz Ruiz. 410 páginas.
Veinte personajes de muy diferente procedencia profesional son requeridos para que cuenten su experiencia con respecto a la fama. ¿Cómo les afecta la popularidad? ¿Cuál es su relación con los medios de comunicación? ¿Qué actitud tienen frente a la celebridad?

EL CAMINO DE VUELTA, María Ángeles Escrivá. 416 páginas.
Historia de la reinserción de los presos de ETA desde dos puntos de vista: qué sucede dentro del Gobierno cuando la aplican y qué se gesta dentro de ETA cuando alguno de sus miembros se acoge a estas medidas.

MIL Y UNA VOCES, Jordi Esteva. 314 páginas.
Libro de entrevistas a intelectuales de ambas orillas del Mediterráneo que trata de los problemas derivados de la falta de diferenciación entre sociedad civil y religión en determinados países árabes.

CIEN AÑOS AZULGRANA, Pere Ferreres. 240 páginas.
El centenario del Fútbol Club Barcelona está en el origen del repaso a las principales gestas y nombres propios que hacen los personajes entrevistados en esta obra.

SUBCOMANDANTE MARCOS: LA GENIAL IMPOSTURA, Bertrand de la Grange y Maite Rico. 472 páginas.
En esta obra, los corresponsales en México de los diarios Le Monde *y* El País *respectivamente desentrañan las dos caras del personaje que lideró en Chiapas la rebelión del Ejército Zapatista de Liberación Nacional.*

GARRAS HUMANAS, Javier Gurruchaga. 355 páginas.
El showman, *cantante y actor muestra la memoria de su tiempo a través de doce entrevistas con otros tantos representantes de la cultura y la política con quienes ha tenido alguna relación a través de su dilatada carrera profesional.*

MEMORIAS DE SOBREMESA, Ángel S. Harguindey, Rafael Azcona y Manuel Vicent. 256 páginas.
Azcona y Vicent son requeridos a preguntas de Harguindey para ir desgranando la realidad política, social y cultural de la España de los últimos cuarenta años.

HIJO DEL SIGLO, Eduardo Haro Tecglen. 320 páginas.
Las memorias del polifacético escritor que abarcan desde sus primeros recuerdos de la República española, la guerra civil, y el franquismo, hasta el regreso de la democracia.

EL REFUGIO, Eduardo Haro Tecglen. 290 páginas.
Tercera parte de las memorias (tras El niño republicano *e* Hijo del siglo*) de uno de los mejores testigos de la historia de España de los últimos sesenta años. Una referencia básica para entender la historia, la sociedad, la cultura y la política de nuestro país, desde una visión humanista que solamente un periodista de la talla de Haro Tecglen podía aportar.*

MUJERES SOBRE MUJERES, Shere Hite. 348 páginas.
La famosa autora del Informe Hite *analiza en esta obra el complejo entramado de las relaciones entre mujeres en todas sus facetas: familiares, laborales, amistosas y sexuales.*

¿QUÉ QUEREMOS LAS MUJERES?, Erica Jong. 296 páginas.
Algunas de las cuestiones que más preocupan a los hombres y mujeres del final de milenio son respondidas con constantes guiños de humor por esta novelista, poeta y ensayista, utilizando habituales referencias a escritores contemporáneos de primera magnitud: Nabokov, Anaïs Nin, Henry Miller, etcétera.

YO TE DIRÉ..., Manuel Leguineche. 488 páginas.
Esta obra recoge sobre el terreno, con impresiones vivas y fuentes nuevas, la

experiencia de la guerra de Filipinas, contada por quien recorrió el escenario de la trágica batalla.

ATHLETIC 100. CONVERSACIONES EN LA CATEDRAL, Manuel Leguineche, Patxo Unzueta y Santiago Segurola. 232 páginas.
Conversación entre tres forofos del Athletic Club de Bilbao el año del centenario de su creación, donde se recoge su visión generacional de una mitología compartida de nombres y gestas.

YO PONDRÉ LA GUERRA, Manuel Leguineche. 312 páginas.
El conflicto de la guerra de Cuba entre Estados Unidos y España en 1898, por el que nuestro país perdía su última colonia, a través de quien fue el principal instigador: el magnate norteamericano W. R. Hearst.

HOTEL NIRVANA, Manuel Leguineche. 375 páginas.
Un recorrido por los hoteles míticos de la Europa de nuestro siglo. La historia de los personajes que habitaron las suites más lujosas, Mata-Hari, Hemingway, Scott Fitzgerald, Orson Welles, Lady Di. Esta obra recrea un tiempo que ha quedado atrás con el cambio de siglo: la unión perfecta entre periodismo e historia que solamente un mago como Leguineche podía conjugar.

EL HÉROE INEXISTENTE, Ramón Lobo. 344 páginas.
Este periodista del diario El País ha cubierto como reportero numerosos conflictos en países de cuatro continentes (Bosnia, Serbia, Albania-Kosovo, Chechenia, Irak, Haití, Ruanda, Zaire-Congo, Guinea Ecuatorial, Nigeria o Sierra Leona). La experiencia profesional y sobre todo humana quedan plasmadas en estas páginas como un impresionante documento histórico.

IÑAKI GABILONDO: CIUDADANO EN GRAN VÍA, Carmelo Martín. 384 páginas.
El locutor de radio más escuchado en España es también un gran desconocido. Este libro recoge parte de esa silenciada biografía así como su trayectoria profesional, paralela a la radio de los últimos treinta años.

RIGOBERTA: LA NIETA DE LOS MAYAS, Rigoberta Menchú. 352 páginas.
Las reflexiones de la Premio Nobel de la Paz que hace una encendida defensa de los derechos conculcados de los pueblos indígenas de todo el mundo. La biografía de un mito viviente.

PASIONES, Rosa Montero. 240 páginas.
Dieciocho historias que la autora ha elegido y revisado cuidadosamente de la

serie que publicó en el diario El País. *Esta obra muestra las pasiones de los más variados personajes de la historia que ayudan a desmitificar el amor.*

TIEMPO DE REFORMAS, Fernando Morán. 320 páginas.
Compilación de artículos de prensa publicados durante los diez últimos años y que ponen de relieve la vigencia del pensamiento que, desde los postulados de la izquierda, siempre ha mantenido su autor.

AQUÍ UNOS AMIGOS, José Ramón de la Morena. 264 páginas.
El líder de audiencia en la radio deportiva con su programa El Larguero, *reúne en un volumen sus recuerdos, su experiencia profesional y las anécdotas que han hecho de él ese gran periodista.*

LAS HERIDAS ABIERTAS, Sami Naïr. 240 páginas.
Los conflictos que afectan al Sur y al Este del Mediterráneo son analizados en profundidad. Una lúcida recopilación de artículos para hacer del Mediterráneo un lugar de encuentro en el siglo XXI.

CUBA SANTA, Román Orozco y Natalia Bolívar. 570 páginas.
El comunismo, la religión y el cruce de culturas en la historia de los últimos cinco siglos en Cuba son los tres grandes temas que se desarrollan en esta obra.

LO MAX PLUS, Máximo Pradera. 257 páginas.
El presentador —junto con Fernando Schwartz— del programa de televisión Lo + Plus *responde a las preguntas más habituales que le hacen los televidentes... y aun a otras cuestiones que él considera indispensables en la "guía del buen plusero". Humor y entretenimiento en cada línea.*

ADIOS MUCHACHOS, Sergio Ramírez. 304 páginas.
La memoria de quien vivió en primera persona la revolución que se llevó a cabo en Nicaragua con el alzamiento de las tropas sandinistas contra el dictador Anastasio Somoza. El autor de esta obra llegó a ser vicepresidente con el Gobierno de Daniel Ortega.

VAGABUNDO EN ÁFRICA, Javier Reverte. 496 páginas.
Este incansable viajero nos describe su recorrido desde Ciudad de El Cabo hacia Zimbabwe, las costas del Índico tanzano, el lago Victoria, Ruanda y finalmente, se adentra en el río Congo siguiendo los pasos de Conrad en su obra El corazón de las tinieblas.

CORAZÓN DE ULISES, Javier Reverte. 532 páginas.
Un viaje a los orígenes de la cultura mediterránea en busca de la estela que dejó

el mítico personaje de Homero: Grecia, Turquía y Egipto. La historia de la civilización occidental y la historia de un viaje conmovedor de uno de los autores de mayor éxito editorial de este género literario.

MAYORES DE EDAD, Josep M. Riera. 224 páginas
Esta obra hace un repaso por los principales temas que preocupan a quienes están a punto de jubilarse o ya han entrado en ese periodo de la vida: el privilegio de la madurez, el paso del tiempo, la salud, el dinero y el amor.

EL SEGUNDO PODER, Margarita Rivière. 296 páginas.
Este volumen reúne una serie de entrevistas con los más destacados personajes del mundo de la comunicación, donde se pone de relieve el creciente poder de la prensa.

SERRAT Y SU ÉPOCA, Margarita Rivière. 304 páginas.
Testigo excepcional de la gran transformación que ha vivido nuestro país en los últimos treinta años, este último trovador del milenio nos habla de los grandes temas universales y de su propia biografía.

EL DIENTE DE LA BALLENA, Chema Rodríguez. 345 páginas.
Los relatos de tres apasionantes viajes por otros tantos continentes (América, África y Asia) que enfrentan al hombre contemporáneo con las más ancestrales culturas que persisten sobre la Tierra.

LAS GRANDES ENTREVISTAS DE LA HISTORIA, edición a cargo de Christopher Silvester. 639 páginas.
Magnífico trabajo de recopilación de entrevistas, género periodístico por excelencia, con algunos de los personajes más relevantes del último siglo y medio de la Historia.

EL ÚLTIMO DÍA DE SALVADOR ALLENDE, Óscar Soto. 288 páginas.
El autor fue médico y asesor personal de Allende. Él se encontraba allí el día del golpe de Estado y por tanto es testigo excepcional de lo que aconteció en el Palacio de La Moneda.

EL GRAN CONTINENTE DEL KAN, Jonathan D. Spence. 368 páginas.
La visión que desde Occidente se ha tenido de China a través de la historia es analizada por este especialista inglés afincado en Estados Unidos y profesor de Historia de Asia en la Universidad de Yale. Los mitos y los hechos de una civilización tantas veces entremezclados desde Marco Polo hasta Borges.

ENTRE LA LUZ Y LA SOMBRA, Christine Spengler. 439 páginas.
Una de las más prestigiosas corresponsales gráficas de nuestro tiempo aporta el desgarrador testimonio de innumerables horas frente al dolor: Camboya, Vietnam,

Irlanda del Norte, el Líbano, Nicaragua, el Salvador, Irán...
La vida de una mujer que está determinada por dos acontecimientos: la muerte de su hermano y el hallazgo de una cámara Nikon en el Chad.

LA VENGANZA DE LA HISTORIA, Herman Tertsch. 384 páginas.
Esta obra revela las claves de la tragedia en que se sumieron los Balcanes en 1989 a partir de la llegada de Slobodan Milosevic al poder en Serbia. Ahora, diez años después de aquel fatídico hecho, el drama se encuentra en su máxima y más trágica expresión, y muy probablemente en su penúltimo capítulo.

LOS TOPOS, Jesús Torbado y Manuel Leguineche. 592 páginas.
Los testimonios de quienes vivieron enterrados en vida, huyendo de la represión franquista, tras la guerra civil española. Un documento conmovedor que ahora se reedita sin haber perdido un ápice de interés y actualidad.

MUJER EN GUERRA, Maruja Torres. 300 páginas.
Las memorias de una periodista con una voluntad inquebrantable que no se conformó con el destino que habían pensado para ella e hizo de su profesión la gran pasión de su vida.
Treinta y cinco años de historia de este país, contados por alguien que ha disfrutado de un destino singular.

LOS CUADERNOS DE VALDANO, Jorge Valdano. 192 páginas.
El as argentino cuenta su experiencia dentro del mundo del fútbol tanto en su faceta de jugador como en la de entrenador.

LIDERAZGO, Jorge Valdano y Juan Mateo. 296 páginas.
Dos profesionales de reconocido prestigio en sus respectivos sectores, unen esfuerzos para desarrollar una metodología que ayude a los directivos y a los componentes de un equipo a obtener el máximo rendimiento de su trabajo. Todo ello basado en la larga experiencia que ambos han acumulado en sus dilatadas carreras profesionales.

Y DIOS ENTRÓ EN LA HABANA, Manuel Vázquez Montalbán. 720 páginas.
El autor se encontraba en La Habana cuando se produjo la visita de Juan Pablo II, y a partir de las vivencias de aquellos días ha construido un retrato de las postrimerías del siglo XX.

CHINA SUPERSTAR, Vicente Verdú. 176 páginas.
Excepcional documento donde se describe la transformación económica, social y cultural más espectacular de la Historia: la irrupción del capitalismo neoliberal en la China actual.